20 世纪中国图书馆学文库·67

连续出版物工作

吴龙涛 叶奋生 编著

囻 國家圖書館出版社

本书据上海科学技术文献出版社 1990 年 12 月第 1 版排印（原书附录未排印）

序

　　图书和报纸、期刊等连续出版物是传播知识的重要载体,也是人类文明的珍贵记载。一个国家,一个地区不能没有图书、报纸、期刊,因此大家都誉之为"精神食粮"。其中连续出版物具有持续性、系统性而且能及时地传播知识和信息的特点,正如作者所归纳的那样,它涉及时事性、报导性、政治理论性、宣传性、专业性、情报性、检索性、普及性等等方面,每个方面都拥有大量固定的读者。这些连续出版物对人们增进知识、提供信息,从加深对某个学科的研究,直到企业、政府制定管理方针、重大决策都会作出贡献。连续出版物一般来说,出版周期要比图书快得多,而且成本也比较低,并能连续不断地向人们提供最新的消息、成就和资料,因而就必然深受各方面的重视。

　　就科学技术而言,各类期刊何止数万种。科学家离开了科学期刊几乎无法工作。因为通过它才能获得最新的科技信息,启发新的科学思路,萌发出新的设想。同时得以避免走别人走过的弯路。因而著名的大学、研究院(所)对于连续出版物的订购、编目、出借等等均极为重视。科学家们称它是延伸的"眼睛和外脑"。

　　图书馆资料是大学、研究院(所)的重要固定资产。图书馆是衡量一个地区,一个城市,一个国家是否重视文化,文化是否发达的重要标志。因此,一些先进的国家和城市都有规模宏大,设备先进的图书馆,其中包括各种类型专业图书馆,普及性的大中小型图

1

书馆。这些图书馆当然要订购连续出版物。这会出现组织与管理、采购、划到、编目、装订、保管、服务、推荐利用等等一连串的问题。图书馆本来就是一门要求知识面较广的综合性学科，而连续出版物还有它自身固有的特性。因此，研究这个问题，做好这方面的工作就必须有大批的专业人员。当然也需要有这方面的专著。

作者写出的这部书是他们 38 年工作经验的积累。这部书既系统地阐述了连续出版物的各个方面，同时也融汇了他们的长期工作经验。全书分两大部分：工作实践与编目规则，并有实例详解，每章之后附有复习提纲。因此可以说是一部内容丰富、论述清晰、例释详实的好书。它可供各种类型图书馆、情报所（室）连续出版物工作者作为工具书，也可作为大学图书情报专业的实用教材。

现在，全国人民正在党和政府的领导下，坚持四项基本原则，坚持改革开放，加速实现四个现代化。物质文明和精神文明的建设都需要知识和信息，需要有更多更好的图书和连续出版物。因此，我深信这部书必然会起到它应起的作用。

1990 年 9 月 14 日

前　言

　　本世纪七十年代,"连续出版物"一词在我国图书情报界初次出现时,曾经使人有点陌生、迷惑的感觉。其实,它既是一门崭新的学科,同时又是一种历史悠久的文献。自从 17 世纪相继诞生了世界上第一份印刷报纸和第一种现代期刊以来,连续出版物就已经产生了。顾名思义,连续出版物的特点之一便是长时期连续出版,而报纸和期刊正是它最早的成员。随着人类社会科技和文明的发展,它的家族成员不断在增加。产生了年度出版物(年鉴、手册、指南等)、学会的会志、纪要、汇刊、成系列的会议录、有编号的丛书,并且成为现代图书馆中最重要、最具生命力的文献。可以说,科技人员一天也不能离开连续出版物。随着图书馆收藏的各种类型连续出版物数量不断增加,其管理上的复杂性也更形突出。过去那种借借还还的传统服务方式,已经无法适应现代图书、情报工作的需要。早在 1935 年,在美国就有人提出,要求对老的隶属于图书部门的工作体制进行改革,建立集采、编、阅,藏于一体的,我们称之为"一条龙"管理的新模式,但是没有成功。直到五十年代,美国有少数图书馆才开始设立连续出版物部,集中了一部分工作。六十年代末,美国的大学图书馆系开设连续出版物管理的专门课程。早期的毕业生,凡从事该项工作者,都得重新补修这门专业课。为了达到国际间文献资源的共享,促进国际间科技资料更广泛的交流,七十年代末,在国际图联的主持下,制订了用于连续出版物的国际标准书目著录——ISBD－S。与此同时，美国国会图书馆与加拿大国家图书馆联合着手执行连续出版物计算机转换计划（Conser Project），对大量连续出版物进行回溯处理。现在已经能够联机检索，实现了资源共享。国外对连续出版物的重视可见一斑。

　　我国连续出版物的产生已有两百年的历史，但是在管理方面却很不尽人意。原因之一可能是，缺少国际上有关连续出物工作的信息和正规、系统的教育。改革开放的十年间，国内外文化的交流，使我国的图书情报事业发生了深刻的变化。许多大学设立图书情报系，并讲授期刊管理，或开办期刊管理短训班。但仍感到缺乏关于连续出版物全套工作程序的教材与资料。1980 年，我们曾将国际上的最新成就结合我们长期积累的工作经验，编写成《外文期刊工作》一书。提倡"一条龙"的管理模式，并根据《ISBD－S》第一标准版，制订了用于外文期刊的编目规则。上海市图书馆学会并为此办了多期短训班，为全国图书情报系统培养了一批人员。八十年代初，图书情报事业的蓬勃发展，促使图书馆更快地走上自动化之路。连续出版物作为我国实现四个现代化的主要信息源，受到了普遍的重视。不少图书馆以建立连续出版物数据库作为图书馆自动化的突破口。著录编目标准化是图书馆自动化的基础，因此受到前所未有的重视。习惯上不编目或只是简单编目的中外文期刊，现在都要按国家标准或国际标准回溯编目。许多同行来信来人要求购买《外文期刊工作》。出版社也建议重印。但是考虑到此书编写于十年之前。经过十年的发展，其中有的内容需要更新，有的需要进一步充实，特别是有的编目规则经过十年的实践、应用，需要针对使用者的反映，作必要的解释和阐述。更重要的是许多同志建议我们增加中文连续出版物管理的内容，以适合更多专业人员的需要。我们确实曾经探讨出版一册包括中外文连续出版物工作的可能性。然而，近几年出版界存在着"买书难、出书难、卖书难"的情况。专业书印数少，出版更是难。融中外文连续出版物工作于一体，排版要求高而复杂，更增加了难度，为此迟迟不敢出版。但是，看到各地同行急切盼望我们及时提供最新资料的心情，以及同行、好友们的一再鼓励、支持，我们还是决定将已经写的资料整理成书，作为自己从事图书馆事业38年的一点贡献。

本书之重点在于：

1. 将中外文连续出版物的管理融合一体，体现两者在管理上的一致性。

2. 强调实用性和管理工作的规范化，介绍以编目为核心、采购作龙头的"一条龙"管理体制及其必要的规章制度。

3. 叙述在工作中可能遇到的各种问题及其处理方法，以期达到理论联系实际之目的。

4. 书目著录标准化是自动化管理与文献资源共享的关键，因此在编目规则中，着重介绍书目著录的标准化，比较详细地阐述各条规则的应用，力求以理论指导实践。

刘振元副市长曾担任图书馆馆长，一向重视图书馆事业的发展，深知图书馆工作的复杂性。他在百忙中审阅了本书，并欣然为它作序。对于他的支持和鼓励，我们衷心地表示感谢。我们还要感谢上海图书馆报刊部的同志们，因为正是他们的长期辛勤工作，支持了著者很多构想的实现。

最后要说的是，著者虽然在图书馆工作多年，但所知仍然有限，加以在短期内匆促成书，疏漏、谬误之处在所难免。望读者不吝指正。

吴龙涛　叶奋生谨识

1990年9月十上海图书馆

总　目

第二部分 编目规则 实例详解

6

7

8

9

11

12

14

16

第一章 概 论

1.1 什么是"连续出版物"

由于各种历史原因,"连续出版物"(serial)一词对我国的图书馆工作者来说,是一个概念比较模糊的名词。70年代末,为了实现我国文献工作标准化,在国家标准局领导下,成立了与国际标准化组织第四十六技术委员会(ISO/TC46)相对应的全国文献工作标准化技术委员会(现已改名全国情报与文献工作标准化技术委员会)简称文标会。文标会下属的第六分委员会主持制订了我国第一个关于连续出版物的标准——《连续出版物著录规则》(GB3792.3-85)。接着,又在全国各地举办了多期学习班。由此,"连续出版物"一词遂日益得到理解,并广为应用。

什么是"连续出版物"? 国际标准化组织公布的 ISO4-1972(E)《文献工作-期刊刊名缩写的国际规则》对"连续出版物"所下的定义是:"连续出版物即带有号码或年月顺序连续出版,并准备无限期地出版下去的一种出版物。连续出版物包括期刊、报纸和年度出版物(报告、年鉴等);学会的会志、纪要、会议录、学会会报等;以及有编号的专著丛书。"1977年出版的《国际标准书目著录——连续出版物》给连续出版物的定义是"印刷或非印刷的出版物,连续地出版,通常有编号或年、月标识,并准备无限期地出版下去。连续出版物包括期刊、报纸、年度出版物(年鉴、指南等),

学会成系列的报告、汇刊、成系列的会议录、丛书"。1978年出版的《英美编目规则,第二版》对连续出版物的含义解释如下:"任何载体的出版物连续地出版,有编号或年月标识,并准备无限期地继续出版。连续出版物包括期刊、报纸、年度出版物(报告、年鉴等);学会的会刊、纪要、会议录、汇刊等,以及有编号的丛书。"在连续出版物庞大的家族中,最主要的成员无疑是期刊了。"期刊"一词在英文中便是"periodical"。这是从"period"(周期)衍生出来的名词,意思是周期性的出版物。《文献工作——期刊刊名缩写的国际规则》对"期刊"的解释是"定期地或以宣布的期限出版,或准备无限期地出版下去的一种连续出版物,通常比年度出版物频繁。每期通常刊登单独的论文、纪事或其他著作。报导一般新闻的报纸、会议录、论文或者主要与会议有关的团体的其它出版物都不属于期刊范围。"明确地说,典型的期刊应该具备下列一些条件:

1. 长期编辑、连续出版,事先不确定出版的卷数或期限。

2. 在一段时期内,有一个相对固定的题名(不是永久不变,也不是每期名称不同)。

3. 在一段时期内,其内容有一个相对固定的学科范围。

4. 有卷号、期号、年份、月份、或只有卷号或期号,或只有年份、月份标识。

5. 出版周期(也称频率)基本上固定,而且每年至少出版两次,但不多于每周两次。

6. 每次(期)发表的文章有两篇以上,著者亦不相同。

7. 一般不再版或修订。

尽管期刊只是连续出版物的一个重要的组成部分,不能代表全部连续出版物,但是,在我国,"连续出版物"这个词用得还不太普遍。多数情况是用"期刊"一词代替了所有的连续出版物这个名称。这一点在我国的专业刊物或专著、目录和组织机构中到处可见。例如,在图书馆专业刊物和有关专著中,讨论书刊划分的文章,实际上是讨论一部分既可作书(单册、零本),也可作连续出版物(成套)的处理问题。又如,一些图书馆设立期刊部或期刊组,却很少图书馆设立连续出版物部或组。如上所述,由于建国四十多年中,我国图书馆界与国际上联系不多,以致对国外图书馆工作中发生的变化所知甚少。今天,当我国实行对外开放政策,积极参加国际上学术活动之际,对于国际上广泛采用的名词术语自然应当有一个统一的认识。

(注)从其定义来说,"连续出版物"的范围相当广泛。但是在我国图书馆界中,连续出版的会议录和有编号的专著丛书、手册、指南、年鉴等大多作为图书处理。

1.2 连续出版物发展的历史与背景

报纸 世界上最早的报纸要算我国汉朝的《邸报》,又称《邸钞》。它是一种手抄形式的报纸。罗马帝国出版了欧洲最早的报纸。它是一种招贴。一直出到罗马帝国灭亡。事实上,它们是一种布告,今天英文中" Gazette"(公报)这个词就是从意大利文"Gazetta"转化过来的。它是一枚金属货币,正好是 1566 年威尼斯出版的"Notizie Scritte"的售价。最早印刷出版的现代报纸大概要算 1609 年 1 月 15 日在德国奥格斯堡(Augsburg)出版的《Avisa, Relation oder Zeitung》。它是一种周报。头一年出版了 50 期。1610 年出版了 52 期。目前在汉诺佛(Hanover)州图书馆还藏有唯一的一份。

在法国,传播消息的人被称为"nouvellists"。一些会动脑筋的人还用纸和白垩作些画。当然,他们也希望围观者给一点钱。就这样,从口头传播逐渐发展到写在纸上。法国第一张真正的报纸出版于 1615 年。

在英国,最早的报纸是单页的。张贴在通衢大道上。起初,政治和宗教观点是不准在报纸上发表的,后来才用来刊登政治和宗教观点。和杂志一样,18 世纪的报纸更接近于十八世纪从咖啡馆里收集来的消息传单。当时,每一个市镇都有几种自己的报纸。每一家咖啡馆都有一批常客。其中有医生、律师、政治家、茶客。他们在咖啡馆里讨论各自感兴趣的东西。伦敦官方派人员渗透到这些咖啡馆里,参加讨论,并向政府报告。第一张英文报纸于 1620 年 12 月 2 日到 1621 年 9 月 18 日在荷兰阿姆斯特丹出版。这张报纸叫做《Corrant out of Italy, Germany, etc.》。新闻来源是大陆上"三十年战争"中的士兵。这种新闻通讯被称为"Coratos"。消息传到伦敦。每周出版一次,并且送到地区报社。这些文章着重政治新闻,比法国报纸的名声好。第一张"真正的"英国报纸创办于 1641 年 11 月底,名为《The Heads of Severall Proceedings in this Present Parliament》(本届国会一些会议的头号新闻)。1660 年,英国出版了第一张月报《A perfect Diurnal of Every Dayes Proceedings in Parliament》(国会每日会议完整纪事)。这张日报一共出了 21 期。

美国报纸开始时与当时的英国报纸差不多水平。1690 年,第一份报纸在波士顿问世,名为《Publick Occurences》(公众事件)。只出了一期,就被迫停刊。现存的一份孤本保存在伦敦国家报纸处内。1857 年 8 月出版的《Historical Magazine》(历史杂志)和 1917 年出版、由詹姆斯·李(James Lee)编著的《美国新闻史》(History of American Journalism)中都有它的影印照片。殖民地时代的报纸大多有着与此相同的命运。只有一种报纸《Boston Newsletter》(波士顿新闻通讯)幸免于难。它办了 72 年。由于欧洲商船带来的消息非常迟。为了按期正常出版,报纸的重点转向了文学。独立战争开始后,出版者受到鼓舞,变得大胆了。于是,政治和爱国主义逐渐渗入到新闻中来。新宪法保证新闻自由以后,报纸开始反映某些更为群众性的观点。

如前所述,我国汉唐时代的《邸报》是世界上最早的报纸。1858年伍廷芳在香港创办的《中外新报》可能是近代最早的中文报纸。它出版了61年,于1919年停版。在香港、上海、宁波、天津等地,也陆续出版了《德臣报》(China Mail,1845),《北华捷报》(North China Herald,1850),《中外新报》(Chinese and Foreign Gazette,1845-1860),《华学日纸》(1864),《上海新报》(1861),《沪报》(1882),《北京日报》,《时报》等中外文报纸。应当指出,在我国出版的早期报纸许多是洋人创办的,就连在中国报刊史上占有重要地位,延续时间最长的中文报纸《申报》也是英国商人美查(E·Major)创办,后来因此人回国才卖给中国人的。它创办于1872年4月30日,直到1949年5月上海解放才停刊。申报社随即由解放日报社接管。《申报》在人民群众中影响很大,以致将报纸都称为"申报纸"。全国仅存的一套《申报》现保存在上海图书馆内,已经出版过照相复制的复制本,并拍摄成缩微胶卷。《北华捷报》可能是我国出版期最长的外文报纸。在英商士林洋行主持下于1850年创刊。原来是一份周刊,六十年代改名为《字林西报》,(North China Daily News),一直出版到上海解放以后才停刊。由于到目前为止,报和刊的区分还缺少一个公认的标准,很难正确统计我国出版过多少种报纸。如果按照《联合国统计年鉴》所作的定义,每周出版4次以上才能算作报纸,那末,近代出版的中文报纸最初大多只能作为期刊。根据有关方面1949年的调查,全国作为报纸登记出版的刊物共有263种。到1955年底,增加到293种。1985年3月31日止,经登记注册的报纸有1777种。出版数量共2亿多份。其中少数民族文种的报纸有13个文种,64家,其中维吾尔文20种,蒙文17种,哈萨克文7种,藏文6种,朝文5种,傣文2种,柯尔克孜文1种,傈僳文1种,锡伯文1种,彝文1

种,景颇文 1 种,壮文 1 种,纳西文 1 种。维文的《新疆日报》每日发行 7 万份,景颇文《团结报》和纳西文的《丽江报》日发行量仅 200 份。

我们目前所见到的现代报纸与早期报纸的重要区别有两个方面。第一,现代报纸的信息是通过电报、长途电话、传真电报、卫星来传递的,而早期报纸的消息是靠驿使、商队、商船来传送的。相比之下,通讯速度大大提高。第二,报纸的外形渐趋规范化,而且纸张和印刷质量提高、内容增加。产生了彩色套印。张数从半张、一、两大张发展到五、六十页。成为反映一个地区或国家的政治、经济、文化和军事的橱窗。

期刊　就目前所知,世界第一份周刊是 1665 年 1 月 5 日在法国出版的《Journal des Scavans》。在序言中,它说明了创办之目的是,1)提供欧洲出版的图书目录;2)刊登名人讣闻,以及他们的成就;3)记录化学与物理方面的成就,以及文艺、科学的发现与发明;4)民事与宗教法庭的裁决;5)向读者报导最近发生的事情。1792 年 12 月到 1816 年 8 月曾一度休刊。复刊时改名为《Journal des Savants》。很自然,目前能保存完整的不多。最少的几卷是 1790—1792。其中最罕见的是 1792 年 1 月至 11 月。1683 年,在荷兰出版了其 1665 - 1681 年的累积索引。这也是最早的累积索引。

1665 年 3 月 5 日,英国皇家学会负责与欧洲科学家联系的秘书奥登堡(Henry Oldenburg)编辑了《Philosophical Transactions: giving some accounts of the Present Undertakings, Studies, and Lobours of the Ingenious in Many Parts of the World》(哲学汇刊)。后来取消了冗长的副题名。这种期刊比诸《Journal des Savants》更偏重于科学。1753 年,皇家学会管它作为学会的会刊,虽然它在 1676 年到 1683 年曾一度休刊,但是到现在还在出版。

1665 年 11 月 16 日还出版了第三种期刊《Oxford Gazette》(牛

津公报）。翌年 2 月改名为《London Gazette》（伦敦公报）。1709年,史蒂尔(Richard Steele)在英国创办了《The Tatler》(闲聊者)。这可能是第一份大众化的刊物。它声称,人们做的,说的,或想的,都是我们这份内容五花八门的杂志的主题。1711 年,伦敦出版了《The Spectator》(观察家)。它取材于许多咖啡馆里的谈话资料,如,从 White Chocolate House 来的辩论和闲聊;从 Will's Coffee House 来的诗;从 Grecian 来的学术讨论;从 St. James Coffee House 来的国内外新闻,都是它最好的素材。

最早的美国期刊有两种。其一是布雷德福(Andrew Bradford)编辑的《American Magazine, or a Monthly View of the Political State of the British Colonies》(美国杂志)。出版了三期。日期是 1741 年1 月至 3 月。另一种则是弗兰克林(Benjamin Franklin)的《The General Magazine and Historical Chronicle for All the British Plantation in America》(美洲英国移民杂志与记事)。从 1741 年 1 月至 6月共出六期。尽管两种期刊上都载明为"1741 年 1 月"。但实际上都是 2 月份出版。两者相差先后不超过三天。

1800 年以前,美国还出版过另外 45 种刊物。它们大多是短命的。为争取读者,并避免参加政治和宗教上的争论,这些杂志有两个共同的特点:1)目标比盈利更为重要;2)著者自己出钱发表文章。所以很多文章都是知名人士写的。这些特点至今还存在于某些学术性期刊中。十九世纪中叶,出版了画报《Gleason's》(葛里申画报)和《The Ledger》(莱吉)。1857 年,《The Atlantic Monthly》(大西洋月刊)出版。

十七、十八以及十九世纪初,美国的杂志出版还不是一种好生意。发行量很小,广告资助也少。因此,很少杂志能够持久出版下去。1850 年左右,印刷技术的进步,新的资本、廉价的纸浆,以及1879 年美国国会通过的邮资优惠法,都刺激了杂志的发展。教育事业的发展,人们文化水平的提高,使得人们对于业余时间的安排有了新的内容。人们准备着改革,渴望得到新的消息,新的技术,既开阔了眼界,又从阅读中得到消遣。由于印刷数量的增加,降低了成本,使原来2角5分到3角美金一册的期刊降低至1角到1角5分美金一册。发行量增大,读者面扩大,使广告商看到了赚钱的苗子——可以在杂志上向广大读者宣传新产品,而出版者也可因之而降低成本。开始时,广告登载在杂志后面几页上,后来甚至塞在文章中间,使读者大为反感。

本世纪六十年代,由于邮资、纸张和工资增长,使大众化杂志遇到困难。有人认为,电视将排挤掉这些大众化杂志。但是,七十年代后期,随着美国经济的复苏,这些杂志又开始发展起来。不管邮资上涨和通货膨胀,人们还是喜欢这些杂志,因为电视广告不如它们深入,而且太贵,节目也过于拥挤。这些消遣性杂志内容遍及生活的各个方面。有专门供妇女阅读的,有体育方面的,娱乐性、手工艺的、烹饪……几乎样样都有。尽管大众化杂志一度受到经济不景气的影响,但是,科学技术的飞速发展却刺激了科技期刊的蓬勃发展。

据1958年金寿山考证,我国现代期刊的产生可以追溯到1792年(清乾隆五十七年)的《吴医汇讲》,由唐大烈编辑,共出版了十一卷。但是,国内许多学者认为,最早出版的中文杂志是,1815年8月5日(清嘉庆二十年)英国新教传教士马礼逊,在马来西亚港口城市马六甲创办的《察世俗每月统计传》(Chinese Monthly Magazine)。它自称以"阐发基督教义为根本要务",当然不免有政治方面的宣传。该刊出版到1821年(清道光元年),计七卷。此后,在香港又陆续出版了《特选撮要》(Monthly Magazine, 1823－1826),《天下新闻》(Universal Gazette, 1828－1829),《遐迩贯珍》(Ohinese Serial, 1853－1856),广州出版了《中西洋考每月统计传》。(Eastern Western Monthly Magazine, 1833－1837)。上海出版了《六合丛谈》,(Shanghai Serial, 1857),《中外杂志》(1862)

等等。据不完全统计,从第一种中文杂志诞生到 1949 年新中国成立,大约出版了两万多种期刊。其中绝大多数是短命的。建国以后才有所发展。到 1958 年,大陆上登记注册的期刊已达 834 种。十年动乱期间,几乎 90% 的期刊被迫停刊,与此同时,不拘形式,内容荒唐的油印"小报"却大量涌现。这些非正式刊物虽然寿命不长,倒是十年动乱时期最好的见证。1979 年以后,随着国家政策趋向开放,期刊像雨后春笋般迅速发展。到 1985 年,正式批准出版的期刊大约已有四千种左右,非正式发行的内部刊物估计不少于陆千种。然而以后的几年里,由于发展过快,在有价值的、优秀的期刊迅速发展的同时,确实也出版了不少格调低下、荒诞黄色或是质量不高的刊物。

以上仅反映了几个国家中连续出版物发展的情况。从全世界范围来说,连续出版物发展的速度确实是相当快的。据 1979 年奥斯邦(Andrew Osborn)的保守估计,从 1609 年第一张印刷报纸问世以来,连续出版物已经出版了一百万个题名以上。1957 年,美国国会图书馆根据 11 种主要书目统计的数字表明,连续出版物题名已有 434,000 个,1969 年国会图书馆连续出版物记录部有现期连续出版物 180,180 个题名,过期(包括停刊或改名)连续出版物 247,044 个题名。两者合计达 427,224 个题名。如果按照国会图书馆 1950 年的年度报告估计,该馆所藏连续出版物为全美国所有研究图书馆的一半,则在 1969 年时,美国研究图书馆所藏现期连续出版物应该有 360,360 个题名,而总数应是 854,448 个题名。1950 年,《新连续出版物题名》(New Serial Titles)创刊到 1970 年,平均每月新增题名 13,125 个。还有相当多的题名未曾收录进这一书目中。因此,完全可以有把握地说,1950－1970 年期间,全世界新增的题名每年必定在 15,000 个以上。估计从 1971 年到 2000 年,每年增长数量当在两万个左右。

综观连续出版物发展的历史大致可分为四个时期:

1. 从产生到 1700 年,奥斯邦称之为摇篮期。16 世纪到 17 世纪的连续出版物有年鉴(almanacs),年度书目(annual book catalogs),报纸(courants),手抄和印刷的新闻通讯,新闻小册子、单页的新闻纸。17 世纪产生了周报,后来又产生了期刊。

2. 1700 - 1825 是一个平稳发展的时期。这期间,每周出版一次的报纸逐渐让位于日报。报纸数量增加,另一方面,从大城市发展到农村,文学和专供男人看的期刊大量涌现,随着大量学会的成立,产生了"会议录",但此时的会议录还只是连续出版物的雏形,它既不是定期出版,也不一定是成系列的。这些学会中有四分之三出版会刊。与此同时,产生了许多科学期刊。科学论文今天的形式大约出现于 1780 - 1790 年之间,与物理,化学、生物、农业和医学等专业期刊同时产生。除此之外,还有法律报告、国会辩论记录和各种法规。法国和德国出版了国家书目。

3. 1825 - 1890。这是第一个大发展时期。技术进步带来了高速印刷。1870 年后,木浆供应充足,保证了造纸用的原料。技术的发展还导致了大规模的知识交流。这就产生了大量科技与工业期刊、农业期刊。1833—1860 年出版了许多医药、法律、教育,以及供银行家、保险业人员、药剂师、五金制造商、电报人员、铁路员工和造马车工人看的杂志。儿童看的杂志也产生了。其中以美国的《Youth's Companion》(少年之友)(1827 - 1936)最为著名。美国期刊在南北战争后期的主要趋势是发展与专业化。1865 年共有杂志 700 种左右,其中也包括报纸。这一段时期,出现了年度报告、大学目录、指南,以及各级政府的报告。这一时期也是报纸的黄金时代。

4. 1890 年以来。是第二个大发展时期,由于纸张便宜,印刷技术的进步,以及照相排版机的产生,使连续出版物进入了一个大量交流的时代。特别是第二次世界大战以后,全世界科学技术飞速发展。在短短的几十年中所取得的成果,超过了人类有史以来直到第二次世界大战的全部成就。交通、电讯、电子技术的发展，尤其是计算机在排版、信息交流等各个领域的应用，使天涯成为咫尺。国家、地区之间的各种交流日益频繁，进一步促进了科学与文化的繁荣。在这种形势下，过去主要依靠图书来记载、传播人类文明的做法，已经无法满足日新月异的科学技术发展的需要。大量的、各种形式的连续出版物蜂拥而来。产生了技术报告，产生了数以千计的文摘、进度报告、评论与索引期刊（估计目前全世界约有四千多种）。50 年代起又产生了大量成系列的会议录。其中相当多的一部分还是国际性的，所以具有较高的质量。发展到今天，会议录已经成为连续出版物大家族中的后起之秀，是广大科技工作者不可或缺的情报来源。此外，两千多个政府间或非政府间国际性组织也出版了大量连续出版物。各种类型的厂矿、企业、团体、学校还出版了大量供内部交流、通报用的非正式的连续出版物，其数量更是无法统计。与此同时，彩色套印已经相当普遍。

1.3 连续出版物的特点

连续出版物有许多不同于图书的特点。其中最主要的特点，无疑是它的长时期连续出版。这种长期连续性，使它在漫长的出版过程中，为了适应科学的发展，以及形势的需要，产生了各种各样的特点。

1. 题名方面的特点

顾名思义，连续出版物是一种有连续性的、成系统的出版物，它通常有一个相对稳定不变的题名（在一段时期内，题名不变）和成系统的编号。图书当然也有题名，但是，连续出版物的题名却不一定像图书那样都有自己的特异性（与众不同）。它的题名有两种类型。第一类题名像图书一样是有独特性质的。这种题名在每一种连续出版物上都不相同,如《人民日报》、《求是》、《Chemical Abstracts》(化学文摘)、《日本经济新闻》、《Paris Match》(巴黎竞赛)、《Der Spiegel》(明镜周刊)、《Times》(时代周刊)、《NewYorker》(纽约客),每一个题名都有其明显的特点,不会与其他题名混淆在一起。第二类的正题名是通用题名。称之为"通用",因为它没有本身的特点,用在什么内容的连续出版物上都可以,如,Bulletin(通报)、Report(报告)、Quarterly(季刊)、Year book(年鉴)、Hand book(手册)、Bericht(报告)、Journal(会志)、Annual Report(年度报告)、Technical Report(技术报告)等。当然,这类题名的出版物大多由团体编辑出版,但是作为正题名却不能将团体名称联在一起(中文连续出版物中这类题名很少见)。在图书中不大可能没有题名,而在特殊的情况下,一种连续出版物在刚开始时,甚至连题名也没有,只是以后出版物成熟了,才给予合适的题名。

2. 有标识系统

连续出版物在一段时期内,题名是不变的。区别每一册连续出版物的依据便是它的识别标志,也就是卷、期或年、月或编号。因为是成系统的,所以称之为标识系统。有的连续出版物最初出版时可能没有标志,后来才有了标识。所谓标识系统并不限于卷、期、年、月或数码。譬如,有的出版物,以一年四季 Winter, Spring, Summer 和 Fall 的顺序作为标识系统,也有用一、两个英文字母作为卷号;英国出版的《Central Patent Index》(中央专利索引)就是每年用一个字母作为卷号;有的用月份作为期号,年份作为卷号;有的用卷号、期号;有的用总期号(每年的期号相连续);另一些用卷、期号再加总期号。凡此种种不一而足。还有一些连续出版物跨年或跨月出版,则用"1983/84"或"3/4",或"Jan/Feb"这样的标识表示。不管这些出版物采用数字或字母、或年、月、季节等等表示，我们都看作是识别一册特定的出版物的标志。

3. 有出版周期

连续出版物既然具有连续性，它必然有出版周期。有的连续出版物，如报纸，是每天出版的。有的则是每周一次，有的是每月一次。两月一次，每季一次，半年一次，一年一次，甚至两年一次、三年一次，还有不定期的。另有一些出版物虽然号称月刊，却每年有两到四个月休息。如，某些大学出版物暑假和寒假期间都会休息。

4. 有副刊、特刊

与图书不同的另一个方面是，连续出版物在其长期出版过程中，为了补充本身资料的不足，往往同时出版一些特刊或副刊。所谓特刊是指有计划地每年增加一册或几册出版物，也有可以临时需要增加一册或几册出版物。这些出版物可以是专著图书的形式（有专门的书名、每册都不一样，有一个或几个编者或著者），或是期刊的形式（载明是"增刊"、"特刊"、"临时增刊"、"Supplement"、或"Special issue"、"Special supplement"。有或者没有本身连续的编号，但是没有固定的题名）。这样的出版物多半是根据需要不定期出版的。有的还载有其所属连续出版物的编码。

副刊虽然也是某一特定连续出版物的补充出版物，但是，它们都有本身固定而独立的题名。就像该连续出版物一样，它们大多是定期出版，有独立的标识系统。极少数出版物还与正刊合用一个标识系统。荷兰爱尔舍费尔出版社的期刊中，有几十种刊物属于这种情况。有些副刊可以和正刊分开订购，但是也有一些副刊必须与正刊一起订购。近些年来，国外一些主要大报还随报定期发行一种或多种期刊形式的副刊。国内有的报纸同样也有这种情况。

5. 每期各有题名

有的连续出版物除了有连续固定题名外,每一期都有一个专题。这一题名在排版上一般比其连续题名还大。通常有一个或两个编者或著者。例如,伦敦的国际冲突研究所出版的《Third World Studies》(第三世界研究),它们每期都有各自的题名,又有连续出版物的编码。它们的性质与丛书差不多,但是以连续出版物的形式出版、发行。也可以认为是一种长期出版的丛书。

6. 会改变题名

变名是连续出版物的重要特点之一。一种连续出版物,从理论上说来,是准备无限期地出版下去的。在出版过程中,任何一个编辑者都可能发现,原有题名不再适合客观形势或科学技术发展的需要,因而有必要更改一个较为合适的题名。于是就产生了变名。有时候,一个题名刚刚改变几个月,就发现改得不合适,因此有必要再度改名。有时候,一种出版物在一年里会改两次名。也有这样的情况,一个题名过去曾经用过,后来不用了,现在又恢复早先的题名,变名后的标识系统可以是继续下去,也可以从头开始。

7. 合并

合并也是连续出版物的特点之一。两种连续出版物经过一段时期的各自单独出版后,为了出版上的需要,或是加强竞争能力,进行了合并。有的连续出版物原来分成两个或两个以上分辑出版,后来因为某种需要,取消分辑,成为一个总的出版物。这样的活动也是合并的一种形式。一般说来,合并的双方地位相仿,合并以后必然导致改变题名。合并以后,可能沿用原来两种连续出版物的标识系统之一,但也可能采用一种新的标识系统,为了区别两种不同形式的合并。我们习惯上称前一种形式为"合并改名",而对合并后采用新的标识系统的,称之为"合并改出"。无论是合并改名或是合并改出,其处理方法基本相同——都算作一种新的出版物。

8. 分辑

一种连续出版物分成两种或两种以上连续出版物。这两种或两种以上连续出版物通常都有一个各辑所共有的题名,称为共同题名(Common title)。这样的活动就称为分辑。分辑活动的结果,每一分辑的题名都成为一种复合形式的题名(Compound title),也就是由共同题名加上分辑题名(Section title)(如,《国外科技资料目录,公路运输》)或共同题名加分辑标识(Section designation)(如,《世界图书,A 辑》),或共同题名加分辑标识和分辑名(如,《上海市微生物学会会报 · A. 医学微生物分册》)所构成。各分辑都是一种单独存在,而且可以单独订购(一般如此)的连续出版物。它们之间可能有某些联系,也可能毫无关联。有些连续出版物在分成几辑后,会取消分辑重新合并,或合并后再度分辑。经过分辑的出版物往往继续沿用原先的标识系统。

9. 分裂与分出

一种连续出版物在出版了一段时期后,因为科学的发展或内容的增加,需要分裂成两种或两种以上连续出版物,这两种连续出版物都采用新的题名。经这样的分裂活动后,卷、期号往往沿用原先的系统,而不是重新开始。

一种连续出版物在出版了一段时期后,因科学发展或内容增加,需要将其中一部分内容单独出版。这种分出活动的结果,产生一种新的连续出版物,但是,原有的出版物外观上(题名或标识系统）几乎不受影响。

10. 休刊

休刊是连续出版物专有的特性之一。所谓休刊是连续出版物由于某种原因（如人力、物力、财力）而中途宣布暂停出版，后来又恢复出版。在暂停出版到恢复出版的这段时期，就称为休刊。但是，宣布休刊只是出版者的主观愿望。有时候，出版者宣布休刊，以后却永远未能复刊。所以，一种连续出版物是否休刊，必须看它是否复刊为准。至于休刊期的长短是没有限制的。有的出版物休刊期极长，例如，《Memoirs/Connecticut Academy of Arts & Sciences》第一卷出版于 1810－1816 年，而第二卷到 1910 年才复刊出版。休刊达 93 年。另一种出版物《Memorias of the Academia de Buenas Letras de Barcelona》第一卷出版于 1756 年，第二卷出版于 1868 年，休刊达 123 年之久。

11. 改变出版格式

连续出版物是长期连续出版的，所以在其出版过程中，由于编辑者更换，或其他原因而改变其出版格式是常有的。这些改变包括，由大开本变成小开本，或是小开本改成大开本，从报纸型改成杂志型，由油印改成铅印，或由平装改成精装。至于排版的格式、题名的大小、纸张改变、封面设计改变，更是变化多端，不胜枚举。这些变化比诸其他文献似乎也更复杂一些。

12. 改变标识系统

连续出版物最繁琐的事情之一便是改变标识系统。这完全是由编辑者主观的好恶而产生的。有时候，一种连续出版物换了主编，或者发生了改名、合并等活动，主编认为有必要换一个新花样，于是就改变了原来的标识系统，而采用一个新的标识系统。标识

16

系统的改变,有时会给连续出版物工作者造成极大的困惑,因为它可能把其他早已并入本刊的连续出版物的卷号,以及本刊先前曾经有过的卷数加在一起,而且不作任何说明。这样,前后卷号完全无法衔接。

13. 改变出版频率

出版频率的改变在连续出版物是司空见惯的事。有些连续出版物在出版初期是作为图书不定期出版的。如,一些"Progress in…"的"Advances in…"之类的出版物,最初是多卷图书。后来,出版者感到这些学科的资料十分丰富,有条件连续地出版下去,于是就改成了连续出版物。美国国会图书馆对于这类资料的处理方法是,早期已作图书处理的不再改动,从某一时期起作为连续出版物处理。当然,在馆藏目录中,要作出说明,很多连续出版物开始时还不规则,或者周期很长,后来逐渐成熟,发展成季刊、双月刊、月刊。出版频率的改变反映了这一学科的发展。也反映了办刊方针是否正确,稿源是否丰富,以及出版物质量的高低。一份成功的出版物,无论在发行数量和出版频率方面,总是呈上升的趋势。

14. 更换出版地、出版者

更换出版地或出版者并不少见。中文期刊发生的比例似乎更大些。外文期刊中,多见于规模巨大的跨国出版公司。由于经济上或编辑上的原因,将一份出版物由一家子公司或在某一国家的分公司转到另一国家的子公司。另一种情况发生于一家出版社因经济原因,而将刊物转让给另一家出版社。相当多的刊物原来由某些学术团体主办,后来转由专业性的出版社出版。五十年代到六十年代期间,不少中文期刊曾经更换出版地或出版者。其中有的是由几个省市的学术团体轮流编辑出版。

15. 合用一种标识系统

近些年来,在外文期刊中产生了几种期刊合用一个标识系统的现象。其中荷兰的 Elsevier 出版公司从六十年代起,率先出版了以一种主刊配几种,甚至十几种副刊的期刊群体。往往是先出版主刊,几年以后,陆续又增出一些副刊。这些副刊既有主刊的卷、期号,也有自身的卷、期号。每年按预定计划,将主刊的某些卷号分配给一种或多种副刊,而主刊自己就不再占有这些卷号。如果不掌握这些情况,不仅主刊永远要年年缺卷(一年中常分成两卷或多卷),副刊的卷号跳号更厉害,给划到工作带来不少麻烦。这个出版集团出版的五百种左右期刊中,大约已有 11 个这样的群体。中文期刊同样也有合用一种标识系统的情况,但不是由主刊与副刊组成的群体。目前这种情况多半出现于创办不久的高等院校的学报,由于出版尚未十分成熟,因此往往将几种不同的版本或分辑,如社会科学版与自然科学版,或者文学、历史、地理等等不同内容的专辑(出版物印的是不同版本)合用一个标识系统,交替出版。其实,它们大多只是一种出版物。

16. 改变责任者

连续出版物的责任者一般是指一个或多个团体,而不是个人。在中文期刊中,改变责任者并不少见。其中相当多的一部分是团体名称改变。例如,某某学院改名为某某大学,一个研究所改名为研究院,或者一个国家行政机构经过兼并、改组、更换了名称。在外文期刊中,比例似乎不大,但是,有人统计过,团体名称的改变平均每 15 年至 20 年发生一次。由于连续出版物没有出版的期限,这个统计数字不容忽视。更何况,有的期刊出版极不稳定。例如,有一种期刊在 14 年中,改变题名和责任者名称达 41 次之多。当然,这也是罕见的。

17. 同时属于两种丛刊

丛刊是由两种以上期刊所组成的一个题名。正像树林是由一棵棵树木所组成一样。丛刊比较少见,而更少见的是一种期刊同时属于两种丛刊。迄今为止,中文连续出版物中还没有见到过。

18. 停刊

尽管连续出版物是没有出版期限的,但有的常常由于各种主客观原因(如经济困难、被政府禁止等),不得不停止出版。曾经有一份美国音乐期刊。出版者在创刊时就声称,该刊经费完全自筹,需要卖掉第一期,才能有钱来出版第二期。结果,它出了两期就停刊了。又如,美国第一份报纸《Publick Occurences》于1690年在波士顿出版一期就被政府扣压了。从1741年到1794年期间,美国期刊能出满三年半的只有4%,60%的期刊生命不满一年,4%的期刊只出版一期就停刊了。在我国,十年动乱期间,绝大多数的中文期刊也被迫停刊。

19. 有替换版(或称更新版)

连续出版物的替换版,并不是一种必需著录的版本,主要是一些散页形式的连续出版物,刊载的资料、数据,不断在进行更新。为了及时报导,出版者每月、或每一季度或半年出版一些单页,供订户替换原有连续出版物的一部分散页(每一页上都印有应该被替换的页码和年份)。这种特殊形式的版本就称为"替换版"(replacement edition)。

20. 有缩微印刷版和摘要版并存

图书有大字印刷版和小字印刷版。这两种版本的区别仅仅是印刷形式的不同。但是,期刊之有缩微印刷版却是与摘要版同时使用。有的期刊因稿源充足，而篇幅有限。如果全部刊载，只怕每一期都要 500～600 页，售价可能太高。于是分出缩微和摘要两种版本。每篇文章都摘成一页，用一般大小字体印刷。原文缩微至 1/9，读者可以先看摘要，如有必要读全文，则可查缩微印刷版。缩微版的文字清晰，视力正常者并不需要放大镜即可阅读。

21. 有索引

图书很少需要索引，但是，很多连续出版物都附有索引。特别是报纸和检索期刊如果没有索引，使用价值会大大降低，简直无法查找资料。从索引的内容来看，有主题索引、篇名索引、分类索引、著者索引等。从形式来看，有当年（卷）的、即期的、当月的，以及多年累积索引。当年（卷）索引多半附在当年（卷）最后一册中，或下一年（卷）的某一册中，但也可以单独成为一册。多年累积索引有的是同一个出版者编的，也有一些累积索引是由书目索引服务社之类的机构编的。

22. 有成系列的会议录

成系列的会议录本身就是连续出版物。这些会议录通常是每年或两年一次定期会议的论文集。每次大会出版一卷或几卷。这样的会议录一般有会议序列（年份或次数）。但是，有的会议并无序列，只有地点。这些会议的论文集除了作为图书出版外，往往在学会会刊上发表，或者作为一种专集，以特刊形式出版。当然，这也包括成系列的会议录。成系列的会议录一般是图书形式，同时，印有 ISBN 和 ISSN。成套的作连续出版物处理，另本则作为图书。

1.4　形形色色的连续出版物

连续出版物大家庭中,成员众多,形态各异,但是,其中最复杂的还得数期刊。

第一流的学术期刊大多是供学者、科学家交流思想、传播经验的论坛。所以,这类性质的期刊多半是由学术团体或专业性学会、大学或研究机构编辑的。一些商业性出版社常常代这些组织负责出版。这些组织则成立专门的编辑部门承担具体的编辑工作。这样的刊物往往是刊登原始文章的主要载体。

期刊的数量很大,但出版速度经常跟不上,因此引进了激光照相排版技术。为了缩小体积,又采用了缩微印刷版,另外又出版摘要版,只对需要看全文的人提供缩微印刷的全文。例如,英、德、法三国化学会合办的《Journal of Chemical Research》(化学研究杂志)的摘要版刊登文章的摘要,而缩微印刷则将原文缩小至九分之一。每一页上包括九页打字的原文,但肉眼仍能阅读。从而使期刊的体积减少了九分之八,大大降低了成本。1989年它又出版了缩微平片版。

大多数学术团体和研究机构不止出版一种期刊。每一种刊物有其专门的一面,或者含有不同类型,或不同层次的资料。也可以一种是学术性杂志,而另一种则是一般性报导或本团体的人事动态。例如,英国的皇家统计学会出版的《Journal. Series A, General》含有文章、评论、讣告、近期期刊的目次、学会图书馆最近入藏的图书目录:《Journal. Series B, Methodological》载有学会讨论的文章,而《Journal. Series C》则是《Applied Statistics》。学会出版刊物最多的要算美国电气、电子工程师学会(IEEE)。它的一套《Transactions on…》(汇刊)大约有60多种。此外还有十来种其他刊物。

这些刊物经常在改变名称。英国的电气工程师学会(IEE)虽然不如 IEEE,但是也出版几十种刊物。美国机械工程师学会除了出版一批各种机械工程的季刊外,还有一种月刊《Mechanical Engin-eering》(机械工程),内容包括特辑文章、专业新闻、读者服务等。大多数会刊则登载某一主题的文章。其他如《Annals of the American Academy of Political and Social Science》,每期都有一个主题,并各自有一位编辑。

由商业性出版社出版的学术性期刊,跟学术团体和研究机构出版的刊物极为相似,如《Nature》(自然)和《Lancet》(柳叶刀)。像荷兰的 Elsevier 和 North-Holland,Pergamon Press,John Wiley & sons,Academic Press 等大出版社,横跨欧美两洲出版大量高质量的期刊。

学术期刊中的大量文章,因为要经过编委或专家们审阅,所以出版很慢。为了加快信息的流通,有的出版社在他们的期刊中附一种"Letters"(通讯、快报)。它仅仅是提供科技信息,并非信件往来,有的出版者在原主题的基础上,另外出版一种期刊,作为补充资料,我们称之为"副刊"。例如,《Tetrahedron》和《Tetrahedron Letters》,前者刊登评论性文章和原始研究报告,后者专为快速报导有机化学领域的初步信息。

有些期刊具有国际性影响(不限于国际组织出版的刊物),因此用多种文字出版,产生了不同文种的版本。但是,有的期刊文章用多种文字发表。例如,《欧洲共同体机关刊物》(Official Journal of the European Communities)同时以几种文字发表;又如,国际焊接学会出版的《世界焊接》(Welding in the World = Le Sondage Dans le Monde)每一页上有两栏,一栏是英文,另一栏是法文。

有的期刊文章用一种文字发表,而文摘或提要则用另一种文字。让读者看了文摘再决定,是否有必要译出全文。我国出版的许多学报大多有英文提要或目次。

随着科学技术的发展,国际上科技信息的交流日益迫切,更形频繁。但是,语言上的隔阂阻碍了这种交往。这样,就产生了诸如由《Science News》(科学新闻)选择而来的《美国科学新闻》;由俄文全文译载的《Polymer Science USSR》(苏联聚合物科学);还有从多种核心期刊中选译而成的《International Chemical Engieering》(国际化工,由美国化学工程师学会出版)。这种期刊的译文选自许多国家的多种文字的期刊。

在英国,不列颠图书馆文献供应中心(原外借部)对这样的全文译载期刊给于财政支助,这包括产品工程研究协会译自俄文的《Machines and Tooling》(机械与工具),英国化学会出版的《Russian Journal of Physical Chemistry》(俄国物理化学杂志)和《Russian Journal of Inorganic Chemistry》(俄国无机化学杂志)。美国有几家出版社和学会也翻译俄文期刊。这些出版者中最著名的有 Plenum,American Institute of Physics,Scripta Publishing Co. 等。当然,翻译期刊不可能与原文期刊同时出版,但是,由于出版者的努力,一般相差 2 到 6 个月就可出版。有时,非英语国家的出版者也会出版许多英文期刊。日本出版的《Transactions of the Iron and Steel Institute of Japan》(日本钢铁学会汇刊),《Bulletin of the Chemical Society of Japan》(日本化学会通报)便是例子。日本出版的期刊还有不少是英文题名,内容却是日文的。在我国,邮局发行的英文或其他外文期刊不下二、三十种。各种学报以英文版对外发行品种也不少。

商业性出版社出版的期刊是关于某种工业、行业或服务方面内容。其读者往往是生产者、批发商、零售商。目的是向读者提供对他们十分需要的信息,包括公司活动的消息、新产品、统计、政府的有关法令、通讯、广告以及市场信息,如《Shipping World and Shipbuilder》(船运世界与造船师)、《Grocer》(杂货商)、《Hardware Trade Journal》(五金贸易杂志)、《Chemist and Druggists》(化学家与药剂师)、《Oil and Gas Journal》(石油与天然气杂志)等等。中文期刊中这类期刊目前不算多,但是,随着今后商品经济日益受到重视,将会有较大的发展。

限额发行的期刊,其阅读对象与商业性期刊差不多,但是刊登大量广告。几乎全靠登广告来取得资金的。它们也可能有少量专业文章、简短的产品消息,以及产品指南。通常有订阅价格,但对从事该专业的人员可能有选择地免费赠送。英国的《Engineer》(工程师)、《Design Engineering》(设计工程)、《Food Processing Industry》(食品加工工业);美国的《Industry Week》(工业周刊)、《Quick Frozen Foods》(速冻食品)、《Hotel and Hotel Management》(旅馆与旅馆管理)等都属于这一范畴。有的限额发行期刊,如,《International Laboratory Direct Information Service》(国际实验室指导信息服务)完全是明信片组成的小册子。每张卡片是一张广告。上面供对该广告感兴趣的读者填写姓名、地址、职务以便索取更为详尽的信息。

内部刊物(house organ)我们也称之为"厂报",不是指我国期刊中不公开发行或不供出口的期刊。它们是一些工厂、商业实体,以及其他各种组织内部用以互通信息的刊物,刊登本机构内部的人员动态、生产、发展动态。美国最早的内部刊物是1842年出版的《The Lowell Offering》,是麻省Lowell棉纺厂编辑的。其他如:《ICI Magazine》(帝国化学公司杂志,又译,卜内门洋行杂志)、《Shell World》(壳牌世界),通常免费提供给本公司工作人员和有交往的客户。也有一些内部刊物逐渐发展为由出版社公开发行。还有一些厂报本身就是公开发行的。其目的是为本机构做宣传,如,瑞典的艾力克森电子厂出版两种厂报。《Ericsson Technics》(艾力克森技报)只登文章,不载广告,而《Ericsson Review》(艾力克森评论)登载公司的活动与成就。还有德士古服务(欧洲)(Texaco Service(Europe))公司的技术性杂志《Lubrication》(润滑)

专门介绍润滑剂的选择与应用；凯撒铝与化工公司的《Kaiser News》（凯撒新闻）；向顾客推销道奇汽车的《Dodge News Magazine》（道奇新闻杂志）；通讯卫星公司的《COMSAT Technical Review》（通讯卫星技术评论）刊登技术文章的法文和西班牙文文摘；苏尔泽兄弟公司（英国）的《Sulzer Technical Review》（苏尔泽技术评论）有英文等五种文字的版本来帮助它的出口贸易。除了技术领域里的内部刊物外，国外一些大银行和金融机构也出版内部刊物。如《Barclays Review》（巴克莱评论）、《Midland Bank Review》（米特兰银行评论）、《Three Banks Review》（三银行评论；原来有三家银行，现在实际上只有皇家苏格兰银行和威廉与格格斯银行两家）、《Morgan Guaranty Survey》（摩根保证评述），蔡斯·曼哈顿银行的《Business in Brief》（业务简报），以及美国联邦储备银行的《Review》（评论）等等。有的出版社也出版内部刊物，如，牛津大学出版社的《Periodical》（期刊）、企鹅出版社的《Penguin books》（企鹅书讯）、威利父子出版社的《John Wiley Review》（约翰·威利评论）。这些刊物都是登载各自的出版消息，以推销其书刊。

纽约公共图书馆一开始就出版一种馆内流通的周刊《Staff News》（工作人员新闻）。美国国会图书馆的内部刊物《Information Bulletin》（信息通报），后来发展成为国际上极为著名的图书馆刊物《Cataloging Service Bulletin》（编目服务通报）。近几年来，我国的许多图书馆也出版内部刊物，有的是油印的，有的是正式排版的，其中最著名的要算《北图通讯》。自从《图书馆学通讯》出版以来，它就恢复了原来的出版方针，专门报导北京图书馆内部的动态，登载工作人员的论文（1990 年因整顿期刊而停刊）。总之，几乎任何类型或专业的组织都可能出版内部刊物，有的甚至是全国或国际知名的。但是，多数只限于小量印刷，供组织内部流通。连续出版物数量之所以难以统计，内部刊物是个关键。因为它们出版数量虽多,但是没有登记,而且变化又大,连估计都无法做到。

有的期刊属政府出版机构的刊物。英国上议院和下议院的《Weekly Hansard》(每周议事录)、美国国会的《Congressional Record》(国会记录)都是刊登国会的辩论记录。还有更多的政府出版物,如英国的《Monthly Digest of Statstics》(每月统计文摘)、《Overseas Trade Statistics of the United Kingdom》(英国海外贸易统计),美国的《Survey of Current Business》(最新商务评述)、《Economic Indicators》(经济指标)、《Federal Reserve Bulletin》(联邦储备公报)、《U. S. Foreign Trade》(美国外贸)、《Monthly Labor Review》(每月劳工评论)和《Soil Conservation》(土壤保护)。一些国际组织也同样出版大量刊物。如联合国的《UN Monthly Chronicle》(联合国每月记事)、《Monthly Bulletin of Statistics》(每月统计公报)、《Bulletin on Narcotics》(麻醉剂公报);联合国教科文组织的《Unesco Chronicle》(联合国教科文组织记事)、《Museum》(博物馆)、《International Social Science Journal》(国际社会科学杂志);世界卫生组织的《WHO Chronicle》(世界卫生组织记事)、《World Health and World Health Statistics Report》(世界卫生与世界卫生统计报告);国际图书馆与研究机构联合会的《IFLA Journal》(国际图联杂志);国际货币基金组织的《Staff Papers》(工作人员论文)、《International Financial Statistics》(国际金融统计);国际劳工局的《International Labour Review》(国际劳工评论)。这些数量众多的期刊大多有英文版和法文版,或者英、法文对照版,有的还有中文版和俄文版。

地区性组织同样也出版不少刊物。如,经济合作与发展组织用英文、法文出版的《OECD Observer》(经合组织观察家)、《OECD Economic Outlook》(经合组织经济展望)以及几种统计刊物,如,《Main Economic Indicators》(主要经济指数)、《Statistics of Foreign Trade》(外贸统计)、《Quarterly National Accounts Bulletin》(国家帐

目季度通报）；欧洲经济共同体出版的《Bulletin of the European Communities》（欧洲共同体公报）报导共同体的活动消息、出版动态；共同体统计局的《Eurostat News》（欧统新闻）、《Monthly External Trade Bulletin》（每月外贸通报）。这些国际组织的刊物都可从成员国的有关发行机构订购。

大众化的杂志涉及任何一个领域、阶层、性别、年龄和职业，数量庞大，品种繁多。这里就不再列举了。

前面所举的例子均表明，期刊涉及的面极为广泛，而每一个领域里，又都有一批重要的、有代表性的期刊。这些期刊被称为"核心期刊"（core journals）。它们反映了这一领域里的最新科研成就和水平。当然，"核心期刊"不应当被看作一成不变的，因为每年有许多高质量的期刊诞生，它们中的一部分最终也会成为"核心期刊"中的成员。

在大量刊登原始论文的期刊基础上，还出现了检索性期刊，或者称为"二次性文献"（secondary document）。它们是将大量期刊经过再加工而成的期刊，刊登大量报刊上的文章篇名和图书书名的索引（Index）和／或文摘（Digest, Abstracts），如，《全国报刊索引》、《杂志记事索引》、《Science Citation Index》（科学引文索引）、《Social Science Citation Index》（社会科学引文索引）、《Reader's Digest》（读者文摘）、《Science Digest》（科学文摘）、《British Humanities Index》（英国人文索引）、《Engineering Index》（工程索引）、《Chemical Abstracts》（化学文摘）、《Biological Abstracts》（生物学文摘）、《Medicus Index》（医学文摘）。它们收录的期刊，少则数百种，多则一万多种。其中《Chemical Abstracts》由于近年来化工技术发展迅猛，收录数量急剧增加，为了便于使用，自 1976 年起，又在《Chemical Abstracts》的基础上，出版了《CA Selects》（化学文摘精选），通过计算机将《Chemical Abstracts》中的文献，按照两百个左右大类分别出版。对读者确实方便。

还有一些文摘期刊以资料卡片形式出版。每一页由六张到八张卡片组成。每张卡片包括一篇文章的摘要。可以撕下来,按篇名或著者排列。如,朗门集团(Longman's Group)为国际统计学会出版的《Statistical Theory and Method》(统计理论与方法)就可以撕下来排列成目录。中文期刊中也有资料卡片的形式,但是很少。

评论是一种重要的信息源。有的评论最少包括一些最近出版的书评,以及读者感兴趣的资料。有的评论包括一些文献综述、述评,需要阅读大量文献,然后执笔而成的文章。这些期刊也称为"三次文献"(tertiary document),原来是作为图书不定期出版,后来逐渐发展成为连续出版物。它们虽然没有固定的出版周期,但是,每年肯定会出版一定数量。美国 CRC Press 出版多种评论杂志。每种每期有二、三篇评论文章。例如,《Critical Reviews in Food Science and Technology》(食品科学与技术评论)。Marcel Dekker Incl 也出版几种有关化学的评论杂志。专业学术团体也出版评论杂志。如,美国化学会的双月刊《Chemical Reviews》(化学评论);英国电气工程师学会的《IEE Reviews》(电气工程师学会评论)。

为了尽快报导当月期刊上的文章,又产生了一种"现期期刊篇名目次"(Current Contents)。这类期刊将某一类别当月出版的几十种期刊的目次页复印下来,编辑成一种期刊。如,美国科学情报研究所(Institute for Scientific Information)出版的《Current Contents》就分成《Social and Behavioural Sciences》(社会科学与行为科学)、《Physical and Chemical Sciences》(物理与化学科学)、《Life Sciences》(生命科学)、《Clinical Practice》(临床务实)、《Agriculture》(农业)、《Biology and Environmental Sciences》(生物学与环境科学)、《Engineering Technology & Applied Sciences》(工程技术与应用科学)等多种分册。英国贸易与工业部的周刊《Contents of Recent Economic Journals》(最新经济杂志目次)也属于这一类型。

报纸的情况也并不简单。从内容来说，大多数报纸是综合性的。它们是一个国家或地区的展览橱窗。但是，大多数报纸有自己侧重的一面。有的偏重政治，有的偏重文化、或金融、或体育。有的从报名上就可以看出来，如，《体育报》、《文化艺术报》、《Financial Times》（金融时报）、《Electrical Times》（电力时报）、《Wall Street Journal》（华尔街日报）。许多报纸也都有各自的观点和政治立场。它们或多或少地代表其所属的政党、经济团体、或地区组织的利益，如《人民日报》是中国共产党的机关报；《Pravda》（真理报）是苏联共产党的机关报；《Trud》（劳动报）是苏联工会的喉舌；《纽约日报》是美国华裔办的中文报纸；《New York Times》（纽约时报）与摩报财团和洛克菲勒财团均有联系；《Croix》（十字架报）是法国天主教会办的报纸；《Tribune》（论坛报）是民主德国自由工会联盟机关报。国外还有很多只在星期日或星期六和星期日出版的报纸。这些报纸时事新闻少一些，主要刊登一些供读者消遣的文章。有的报纸为了便于检索，还出版月度、年度索引。如，《解放日报》、《Times》（泰晤士报）、《Wall Street Journal》（华尔街日报）、《New York Times》（纽约时报）都有索引。有的报社自己编制索引，有的则由别的出版者编制。近年来，欧美报纸也附带出版期刊，大多数是周刊或是月刊，随报赠送。期刊的内容除广告外，多半是文学、艺术、电影等供人们消遣的资料。象《York Times Magazine》（纽约时报杂志）为周刊。为了便于保存，还出版缩微平片。

为了回溯利用报纸和期刊上的文章，产生了剪报形式的期刊。剪报可以是本报自己收集出版的，也可能是专门出版这类资料的出版者做的，如《Research Index》（研究索引）；中国人民大学书报资料中心出版的《复印报刊资料》（现已改名《报刊资料选汇》）同属这一类型。后者已经成为全国最大的一套丛刊。1985年，又出版了《中国报刊经济信息总汇》，也分成多种专题出版。

六十年代大量发展的成系列的会议录也是连续出版物家族成

员之一。这类出版物起初都是作为图书处理的。因为,所谓"成系列"会议录,顾名思义,必然有好几次连续的会议。但是,任何学术会议在第一次召开时,都不可能冠以"第一"的字样。如果会议是以年份标识,如,1986 年某某会议,若没有以后 1987、1988 年……等后续会议,也不便将它看成系列性会议。只有当一系列后续会议召开,并出版成系列的会议录之后,才能承认它们是连续出版物。至于年鉴、手册、指南一般均以年份标识。处理的情况跟会议录相同。

报纸的纸质较差,体积庞大,不便于长期保存。这样便产生了缩微胶卷和缩微平片。经过缩微后的报纸,体积缩小了几百以至几千倍。既节省了空间,又便于长期保存。国外有专门生产缩微制品的公司,如,美国的 University Microfilms International 出版大量黑白和彩色的缩微制品,向全世界发行。为了保存建国前的旧报刊,我国文化部已拨款在全国建立 11 个复制点,从事文献的缩微工作。上海图书馆已将它收藏的建国前报纸全部拍摄成胶卷,并编有目录。

八十年代激光技术的发展,产生了光盘形式的连续出版物,它是一种用于计算机检索的只读光盘(CD - ROM,全称为 Compact Disk - Read Only Memory)。其中贮存大量书目数据。一张 5 $\frac{1}{4}$ 英寸的光盘可以存放 400 兆字节,相当于 1600 张软盘的容量或者存放 16 开的文献 20 万页。例如,美国 Library Corporation 公司的 Bibliofile 光盘只用五片多只读光盘就存放了美国国会图书馆自 1965 年以来的全部英文书目数据。每月更换第六片经过补充更新的光盘。从而也成为一种新载体形式的连续出版物。

连续出版物是一个极为复杂的大家族。其花色之多,难以一一列举。以上仅对较常见的印刷连续出版物及其复制品作一概括的介绍。更多、更复杂的情况,将会随着科学技术的进步而发展。

1.5 连续出版物的种类

连续出版物虽然五花八门,名目繁多,但是按其内容而言,大致可以归纳为以下几类:

1. 时事报导性。这包括报纸和一部分期刊。它们报导各国政治动态、军事、经济、文艺、体育等新闻和评论。如《人民日报》、《大公报》、《Newsweek》(新闻周刊)、《The Wallstreet Journal》(华尔街日报)、《日本产经新闻》、《U. S. News & World Reports》(美国新闻与世界报导)、《Far Eastern Economical Review》(远东经济评论)、《Times》(时代周刊)、《经济导报》等。

2. 政治理论性。包括各种政党和政治团体的刊物。如,《求是》、《October》(十月)、《Vanguard》(先锋)、《月刊社会学》、《支部生活》、《月刊自由民主》、《The Italian Communists》(意大利共产党人)、《Socijalizam》(社会主义)等。

3. 宣传性。宣传一个国家或一个机构成就的刊物。如,《人民画报》、《Korea Today》(今日朝鲜)、《Soviet Women》(苏联妇女)、《DDR im Bild》(民主德国画报)等。

4. 专业性。包括各种学报(Acta …)、汇刊(Transactions of……)、学会会刊(Journal)等理论性较强的学术性刊物,以及各种专业学科的应用技术刊物。如,《高能物理》、《日本数学会志》、《半导体》、《中国科学》、《Interior Decoration》(室内陈饰)、《日立评论》、《Ship Building》(造船)、《Journal of Chromatography》(色层分析杂志),以及《Siemer Review》(西门子评论)、《石川岛播磨技报》、《三菱重工技报》等各种厂报、各种年鉴、手册、指南、会议录。

5. 情报性。报导本行业或某一学科的最新消息或成就的刊物。如,各种 News(消息、新闻)、Letter(通讯)、Newsletter(新闻通讯）、Bulletin（通报）等。

6. 检索性。包括各种学科或综合性的、所谓"二次文献"的摘要或文章篇名的刊物。如, Abstracts（文摘）、Digest（摘要）、Index（索引）、Citation Index（引文索引），以及各种 Advances（进展）、Progress（进度报告）等。

7. 普及性。这是一些内容广泛,涉及到文学、艺术、体育、科学、经济、政治、日常生活的大众性刊物,还有专供儿童、妇女、男人阅读的,非专业性期刊。如,《小主人报》、《大众科学》、《Bunte》（五花八门）、《Life》（生活）、《自然》、《Esquire》（老爷杂志）、《National Geographic》（全国地理杂志）、《Reader's Digest》（读者文摘）、《摄影天地》、《Smithsonian》（斯密逊尼安）等等。

8. 专门报导出版物的刊物。如,一些国家书目、联合目录、出版商目录、政府出版物目录等等。

就其出版载体而言,连续出版物又有印刷品（包括一般印刷、照相、印刷）、缩微制品（包括缩微平片和缩微胶卷）、音像资料（包括唱片、磁带、钢丝、光盘等）影片、机读目录（包括磁带、软盘、光盘）、测绘制图资料（包括地图、天体图、海图、气象图、航空图等）之分。

按出版周期而言,则可分为定期与不定期两类。

以文字来分别,则又分为原文和翻译本两种。原文连续出版物几乎包括各国的主要语种。翻译刊物则是从另一种文种的刊物全文翻译或选译而成,故出版时间一般要比原文版晚几个月。随着学术交流的发展,这一类出版物近年来增加很快。特别是俄文期刊被译成英文,中文期刊译成英文更为常见。近几年来,我国也开始全文翻译外国的期刊,如,《美国科学新闻》。

如按连续出版物的出版者来区分,则可分为,政府出版、学术团体出版、专业出版商出版、工商企业出版和私人出版等五种。出版极为分散。相当多出版者只出一种刊物。

1.6 连续出版物在图书馆中的作用与地位

千百年来,图书是人类记载和传播科学、文化的主要手段。虽然早在 1665 年就出现了期刊,但是直到本世纪初,图书馆的资料仍然主要是图书。以图书形式出版的资料,内容比较全面是其主要优点,但是,编写一本图书,直至出版、发行,所化时间最快也得半载一年,多者长达几年、十几年。每本书的资料数量一经出版便不会再增加。这样,单纯依靠图书来出版数量激增的科学论文、学术报告、技术报告等文献,显然已经无法满足日新月异的科技发展的需要。于是,连续出版物,特别是期刊,遂应运而大量涌现。连续出版物的特点是,出版快,内容精炼、形式灵活。就其内容而言,它可包括最新的科研成果,甚至不太成熟的经验介绍或工作报告。只要续订,新的资料就会源源而来。大多数期刊每月出版一次,技术报告一年可能有上百期。有些情报性刊物,如,消息、通讯之类,为了迅速传递最新科技成就,反映行业动态,干脆采用原稿照相印刷,出版期就更短了。此外,大多数连续出版物发行量较大,而且刊登广告,使出版成本随之降低。以较低的价格、较快的速度,继续不断地向人们提供最新的资料,使连续出版物在图书馆中的作用与地位大为提高。

1966 年出版的《科技文献》(Literature of Science & Technology)认为,连续出版物正以每年 5% 到 10% 的速度递增。作者波恩估计,被引用的科学论文中,化学引文出自连续出版物者占 93%;生理学中 90% 的引文出自连续出版物;物理学中占 88%;动物学中占 80%;数学中占 76%。(1904 年以前,连续出版物所载文章被引用的,物理学中约 9.5%,最低;依次为心理学、化学、植物学、数学、地质学、昆虫学。动物学为最高,占 10.2%)。相比之下,图书

的引用率较低,化学为 6.4%,数学为 23.2%。上述八个领域的平均数为 14.8%

连续出版物既然有这样一些优势,而且出版的数量逐年增加,势必对图书馆订购书刊的经费分配产生重大影响。例如,在美国,1950 年时,大学图书馆中订购图书与连续出版物的经费比例为 65% 比 35%。三十年后,也就是 1980 年,这个比例已经颠倒过来。变成连续出版物订购费为 60% 至 65%,而图书只占 35% 至 40%。有人估计,到 1990 年,订购连续出版物的经费将普遍达 80%。部分大学图书馆的连续出版物订购费已经占全部书刊经费的 90%(中国的大学图书馆大致与此相同)。美国国会图书馆收藏的文献中,连续出版物不少于 3/4。原因之一是,2/5 的专著现在都成系列出版,而美国政府出版物的 80% 是连续出版物。

在图书馆的书刊经费分配发生巨大变化的同时,连续出版物工作的复杂性也大为增加,这种复杂性反映在连续出版物的改名、合并、分辑、交替出版等等活动与日俱增,使划到、编目(成系列的会议录编目更复杂)、装订以至上架等整理工作都产生程度不同的困难。这就迫使各国的图书馆工作者要以更多的精力,更科学的管理方法,更完善、更精细的编目规则、更严密的规章制度,来解决连续出版物工作中面临的问题。我们从国内外专业期刊中有关连续出版物工作的论述和国际性的著录标准中,都可以明显地看到这些变化。在国内,连续出版物在图书馆中的作用与地位也已经明显改变。以上海图书馆为例,早在六十年代初期,外文期刊无论从读者人数,还是从订购经费方面,都明显比外文图书多(大致上保持 2 比 1 的水平)。1986 年正式成立了报刊部,采取包括采购、划到、编目、阅览、书库保管和参考咨询"一条龙"的管理方式,建立中、外文期刊机读目录数据库,并向全国各情报机构和大中型图书馆供应标准著录卡片,从而加强了该馆连续出版物为现代化服务的能力。

第二章　组织与管理

2.1　建立一个怎样的管理体制？

　　无论在国内或国外，图书馆最初都将连续出版物工作隶属于图书采访、编目工作。随着连续出版物的大量发展，图书采编部门感到无力担负如此繁重的任务。早在 1876 年，美国图书馆协会第一次会议上，这个问题已经提出来了。当时，这一矛盾的核心涉及形形色色的各种组织出版的年度报告，由于它们出版非常分散，征集工作十分困难。图书馆工作者感到，如果按当时的发展速度继续一个世纪，那末一百年以后，将需要全美国最好的图书馆员来完成大量的征集、整理、编目、装订和保管工作。然而这一问题并未引起广泛的重视。在当时以图书为主导的图书馆里，连续出版物工作根本不受重视。资历最浅、素质较差的人员被分配去管理连续出版物，甚至将连续出版物的目录放在角落里。1935 年 11 月，盖博尔(J. H. Gable)在《图书馆杂志》上发表题为"新的连续出版物部"的文章，鼓吹将所有关于连续出版物工作的职能，都集中在一个部门中。这一主张引起了一部分连续出版物工作者的兴趣。罗斯门(Rothman)（1937）和狄特松(Ditzion)（1940）相继在《图书馆杂志》和《大学与研究图书馆》上撰文支持这一主张。此后，或多或少地由于第一次世界大战的影响，这一合理的建议始终没有得到应有的重视。不少已经成立连续出版物部门的图书馆里，这个部门也是受歧视的,在管理上仍然很分散,不能自成体系。以美国国会图书馆为例,在 1953 年成立连续出版物记录部以前,将连续出版物的管理工作分属于采访、编目、阅览三个部门。也就是与图书的管理差不多。直到 1968 年才正式将编目工作划归连续出版物记录部。伊利诺爱大学在 1955 年成立连续出版物部以前,连续出版物工作分在采访和编目工作中。美国国立农业图书馆虽有统一的连续出版物部门,但是将其隶属于编目部中。美国国立医学图书馆将其与图书采访合一起。

连续出版物的大量发展,加之以它的资料性、长期连续性以及编目和管理上的特异性,使原来的组织体系再无法适应新的形势。这样,人们终于在不同程度上认识到,当年盖博尔的主张是有道理的。一个统一的、专门管理连续出版物的部门遂应运而生。1975 年,狄厄尔(H. Dyal)报导,美国的图书馆,74% 设立了连续出版物部,这些连续出版物部的职能各不相同。多数只是管理连续出版物的阅览与保管,或者兼管连续出版物的订购。至于编目工作仍旧由编目部负责,或者只编刊名清单,而不是著录编目。采取这种组织原因之一是,大多数大、中型图书馆已经参加计算网络。编目是采取集中编目或合作编目进行的。在我国,近年来一部分大中型图书馆相继成立了专管连续出版物的部门或报刊部(组)。但是,正像美国的一部分图书馆那样,它们的职能并不完整。相当多的图书馆不采用著录编目。有的图书馆报刊部不管采购,甚至只管阅览,唯一相同的地方是,任何一个连续出版物部或报刊部(组)都管划到。

在这些形式各异的连续出版物部门中,究竟哪一种模式最为合理? 它究竟应该具有哪些职能? 理由是什么? 通过以下的分析,可以得到比较合乎逻辑的结论。

1. 采访工作不宜分割出去

连续出版物的采访工作究竟是属于采访部还是连续出版物部,这是一个颇有争议的问题。主张将连续出版物放在采访部的人认为,连续出版物的采访与图书采购基本相同。图书馆的采访工作应该统一到一个口子来处理。至于年度出版物、指南、手册、专著丛书、名人录这样一些文献可以用长期订单来采购(即一张订单在该文献继续出版的情况下长期有效。采用长期订单可以避免漏订,也减少了手续)。乍听起来不无道理。但是,也不应该忘记连续出版物的特异性。从历史上来看,连续出版物最初不是与图书完全一样处理吗?正是连续出版物的发展,使其特异性日益突出,才不得不自立"门户"。成立连续出版物部之举,本身就是确认连续出版物的特异性,确认它的处理在很多方面与图书不同。就以采访而论,图书的采购基本上集中在几十个主要的出版社,甚至集中于几家代理商。连续出版物则分散在许许多多小型编辑部和一部分发行单位。就目前的情况来看,进口的出版物主要集中在中国图书进出口总公司(实际上是一家代理商),少量分散在其它一些发行或出版单位。比较容易处理。但是,国内出版的连续出版物的订购就比较复杂。除了邮局负责发行的三千多种报刊外,还有七千种左右正式或非正式出版的连续出版物,分散在几千个出版单位或编辑部。这些出版物都要每年续订一次。发出几百、上千的订单,付出几百、上千的汇款单,寄向几百、上千的单位。这种情况还算是订购量不太大的图书馆。图书的订购是分散、持续地进行的,而连续出版物的订购大多集中在一段时间里。外文大多集中在六月份和七月份。中文集中在十月和十一月间。都是一些突击任务。将这些突击任务交给图书采访人员来处理,不可避免地要影响日常采访工作的进行。再者,强行将连续出版物的采访工作交给图书采访部门,不仅没有实质上的好处,相反地只能使连续出版物工作分割开来,使其首尾不能相顾。举例来说,某图书馆成立期刊组之后,期刊的采访工作由采访图书的部门负责。图书采访部门只是在每年采购期刊的季节,才从目录上接触一下期刊。对于期刊的质量、借阅情况及其刊名变化(包括改名、分辑、合并、吸收等)都不掌握。期刊的阅览、保管、划到部门不管采购,工作纯属被动,因此对于期刊的质量也就不可能很关心。另一个图书馆在十年动乱期间,将部分进口报刊划归书库管理,但是采购工作仍由期刊部门负责。由于书库工作人员不善编目,而期刊部门不接触实物,结果一百多种外国报刊就没有编目,书库工作人员不知道新订了些什么(订刊名称与到刊名称常有出入,这是正常的现象),而期刊工作人员也不知道到刊质量如何。搞得一边只管订购、付款,一边只管收进,甚至把改名的报纸退回。显然,这些首尾不能相顾的工作方法,不会有利于服务质量的提高。

2. 著录编目有无必要

长久以来,无论在国内或国外,大多数图书馆都不大重视连续出版物的编目。有的图书馆只是简单地在卡片上开列一个题名以及馆藏情况。有的图书馆干脆只将期刊陈列出来,连读者目录也没有,或者是读者和内部工作人员合用一套划到卡,有的图书馆工作人员认为连续出版物,特别是期刊的著录编目非常繁琐,不像图书那样一次编目就能"定终身"。不稳定和经常变化使连续出版物的编目工作占用相当多的时间(据统计,期刊的题名和责任说明发生变化的可能性每年约有 10%)。不著录编目,照样能应付过去。有一家大学图书馆的连续出版物工作者认为,"我们没有必要著录编目。因为读者从来不查目录。他们会直接从书架上找到自己所要资料的"。总之,不值得著录编目。凡此种种都是对连续出版物的特性和发展缺少足够认识的表现。当馆藏连续出版物数量极少,而且不准备对读者开展检索服务,而只是简单地有什么就陈列什么时,这种做法似乎过得去。但是,当服务质量随着出版物数量的增长,而需要进一步提高时,简单的编目就显然无法满足要求了。读者不查目录的原因之一便是,著录的内容过于简单,从目录中得不到多少信息。实践证明,很多信息在书架上是找不到的。只有通过著录编目才能提供,否则,何必费力去研究著录的标准化呢?总结起来,著录编目的理由大概有以下几点:

a. 我们都知道书目控制的重要意义,而书目控制的根本就是著录编目。一种连续出版物除正题名外,可能还有并列题名、简称题名的全称、团体责任者、连续出版物的别名(也称不同题名,如,封面题名、书脊题名、逐页题名、简称题名等)、丛刊名等等,如果不著录编目,那末,这种连续出版物只能有一个检索点,也就是说,只能从正题名来查到它。万一别的书目或检索工具书或参考文献上所提供的题名与我们选择的正题名不同,或者只知道它的责任者,那末就会失之交臂。如果采用著录编目,其结果就完全不同了。因为所有的并列题名、简称题名的全称、题名的简称、团体责任者,连续出版物的别名、丛刊名等等都能指引读者找到正确的资料。

b. 编目可以为划到记录提供补充和支持,特别是提供索取号,使连续出版物得以有系统地上架排列。例如,连续出版物第一次改名以后,在原有索取号后,加附加号"－A",第二次改名后,加"－B",第三次改名后,加"－C"……。连续出版物分辑后,在原有索取号后,第一辑加"－1";第二辑加"－2";第三辑加"－3"……。连续出版物的副刊索取号由正刊索取号后加"－S1"、"－S2"、"－S3"……。这些措施都可以使连续出版物成系统地排架,不致在改名、分辑或有副刊时"身首异处"。

c. 由于成系统地排架,就可以成系统地装订。在保持连续出版物的连贯性方面,这一点也是非常重要的。

d. 编目可以使图书馆的各个部门都能掌握馆藏情况,有利于出借、保管和咨询。

e. 提高读者自我服务的能力。有的图书馆工作者认为，为读者服务就要事事替读者凑现成。殊不知图书馆工作者对读者进行利用图书馆资料的教育，帮助读者提高自我服务的能力，使他们能够更自由地查找需要的资料，也是为读者服务。当我们提供的目录具备最完整的信息时，读者就可以依靠自己去查目录、找资料，而不是样样要请工作人员帮助查询。这样就能缩短查找资料的时间，既提高了服务的质量，又提高了资料的利用率。1952 年上海图书馆建馆之初，发现读者大多数不会查目录。为此，设立了专职的目录讲解员，其任务是向读者介绍怎样利用目录找资料，而不是单纯替读者查目录。今天，绝大多数的读者对该馆目录的熟悉程度可能已经超过了工作人员自己，但是这一岗位依然保持着。因为他们将迎接更多的新读者，帮助他们熟悉目录，提高读者自我服务的能力。随着读者查目能力的提高，他们对目录的质量也要求高了。显然，不采用著录编目是不可能提高目录质量的。

f. 便于参加联合目录。很多图书馆由于不是著录编目，因此在参加《全国西文期刊联合目录》这样的书目交流时，由于题名不能统一，使目录的编制经常发生困难。

综上所述，可以引出结论：连续出版物完全有必要著录编目。那末，连续出版物部门有没有必要包括编目呢？包括编目有什么好处？这需要从编目所涉及的工序谈起。

编目的前一工序来自两个方面。第一，新到出版物编目。第二，来自装订——过期连续出版物在装订后加馆藏记录时，发现有变化，需要重新编目。划到对编目的影响最大，因为划到的题名如果不正确（题名已经有变化，但是没有发现，或并不认识到已有变化），或是卷，期号不正确，编目就难保准确。有的连续出版物其正题名并不是很容易确定的，碰到似变非变的题名更是困难。如果划到人员不懂编目，那末题名有变化也无从知道。编目人员得不到信息,则两下难免脱节。再则,标识系统该如何取,也并不是"只要懂得文字,识得数字"就无问题。在实践中证明,即使长期从事连续出版物工作的老手,有时候也会拿不准。编目的依据是连续出版物本题名下的第一册。但是,很可能有的问题直到装订时"综观全局"才能发现。如果划到人员懂得编目,问题就会及早发现,而划到与编目分属于两个部门时,他们之间的联系就不可能如此密切、及时。

装订工作对编目同样有很大的影响。过期连续出版物装订如果不懂编目的要求,划到中的差错,甚至新刊编目中的问题很难发现。很多图书馆轻视装订工作,认为它简单、容易,只要顺序排齐就完了。其实,装订工作是对划到、编目工作的一次总校对。因为划到时都是一册、一册分别记录的,而出版物中某些细微的变化不作逐册比较是难以发现的,而装订工作却正是要逐册比较才能排齐。若有差异,必能发现,编目中的某些差错,由于装订时既要查划到卡,又要查编目卡,所以也能发现。综上所述,编目工作既是连续出版物工作中的一个重要环节,又是各道工序的核心。通过这一核心将各道工序紧密地组织成一个整体。将编目工作划归图书编目部门,不仅对连续出版物工作流程不利,而且编目部门不能及时获得有关的信息,目录就无法跟上连续出版物经常而且不断的变化,而这种变化正是连续出版物的重要特性之一。

3. 如何开展阅览

连续出版物如何开展阅览,涉及它的推广、利用以及能否完整地保存,这样两个相互矛盾的问题。片面强调推广、利用,必然导致资料残缺不全,结果使少数人"受益",多数人见不到。反过来,只强调保持连续出版物的完整,就会影响它的利用。我们的责任是将这一对矛盾统一起来。从国内专业杂志上的文章看来,对于连续出版物的阅览大致分为两种意见。高校和科研图书馆因为读者面狭仄,主张全面开架阅览。理由是:a. 读者可以自由在架上取书,缩短等候时间;b. 直观效果比通过目录反映更好;c. 管理方便,节省人力。公共图书馆的同行们则认为,不能全面开架。因为:a. 读者面广,无法控制,容易乱架;b. 丢失、撕页较多,技术上无法防止,影响馆藏的完整。他们似乎各有道理。其实,这两种意见并非完全对立。开架阅览结合闭架借阅,就可以将矛盾统一起来。具体做法是把阅览室和书库工作结合在一起。阅览室旁边就是书库。阅览室里按大类陈列最新一册连续出版物。陈列架上贴有陈列卡,记载该出版物的陈列号(陈列号是相对固定的,也可以随需要而改变,但是,不应当经常更换。在书库中是以索取号上架的)、索取号、题名、内容简介,以及中国图书进出口公司的刊号(指外文期刊)、或邮局刊号(指中文期刊)。读者凭阅览证入室并登记。出门时也要本人注销。此举同时有防止私自将陈列的期刊夹带出馆的作用。如需借阅不在陈列架上的现刊或合订本,可凭阅览证或工作证领取借阅单,填写后借阅。陈列室不宜过大。视读者多少确定每室陈列数量,读者多的类别陈列数量反而要少些。可以多分几个阅览室陈列。否则容易丢失。管理人员尽可能保持稳定,用以贯彻岗位责任制。另一方面,专人负责容易熟悉所管的刊物。控制借阅应设立专室,但不开架陈列。1982～1984 年,上海图书馆的外文期刊单册现刊开架陈列 1250 种(限于阅览室面积,只占现刊种数的 1/6)。平均全年上架陈列一万册。接待人次每年三万。管理员 2 人。在三年中未发生丢失、撕割事故。这不仅是管理员对工作认真负责的结果,同时也与单册陈列容易管理有关。至于借阅已经回库的期刊,由于陈列卡上已有索取号,不必再查目录,所以也节省了时间。书库实行分片管理,使管理员对所管的期刊了如指掌,因而不仅能提高服务质量,而且还能为采访工作收集宝贵的意见。至于中文期刊的阅览可根据图书馆的具体条件(如,有无足够的复本)决定单册开架,还是全年开架。

4. 排架

排架的组织是书库管理重要的一环。对于连续出版物工作尤其重要,因为它不仅关系到取刊速度、书库空间利用率,以及统架次数等问题。理想的排架方式必须做到,排架号简单、明了、取刊方便,经改名等变化后仍能集中在一起,统架次数少,书架空位能按计划利用。据统计,近年来专业杂志上讨论的期刊排架方法据统计有 39 种之多。主要的有四种:a. 按刊名排架;b. 按分类排架;c. 按种次号排架;d. 按分类加本类种次号排架。前两种方式对于读者不多、书库全面开架的图书馆有一定吸引力,但其缺点是,刊物改名后不能集中在一起。原来计划的空位经过改名后无法利用,因而造成书架空位多。另一方面,由于无计划空位,导致统架次数增多,增加了不必要的工作量。第三种方式对于公共图书馆特别合适。按到刊先后给每一种连续出版物一个顺序号,遇到改名等变化,可以采取附加号的办法解决(见著录编目的理由 b)。因为是闭架书库,只要便于管理员取刊就可以了。题名和分类完全不必考虑。对于希望对一部分读者开架的书库,如高校图书馆和科研单位的图书馆,可以采用第四种方式,即,大分类加本类中的顺序号。这种方式虽然不如前一种方式节省空间,但是能方便读者入库,在架上自己查找资料。当然,采用开架书库的图书馆仍然有必要做著录编目,因为有的信息只能在编目卡上提供,书架上是看不出来的。

5. 能否兼做参考咨询

连续出版物部门兼管咨询是不是"狗捉老鼠"——不是分内之事?不,回答读者咨询是每一个图书馆工作者的职责。不存在份内份外的问题。每一个图书馆工作者都有责任利用自己的优势答复读者的询问。图书馆的资料范围那么广泛,收藏的图书、连续出版物等资料几乎天天在起变化,咨询工作者无论如何不可能全面掌握。只有依靠各部门的专业人员,才能以他人之长补自己的不足。应该说,答复一部分咨询是连续出版物工作者的优势,因为:(1)情报咨询,无论是科技还是社科,都需查找检索工具书。这些检索工具书绝大多数是连续出版物中的二次文献;(2)如前所述,大量文献来源于连续出版物,或者说,主要在连续出版物中,而连续出版物工作者比其他人更有机会接触连续出版物,更熟悉连续出版物。确实,专业情报人员或许对某些学科知识比连续出版物工作者熟悉,但是,毕竟更多的读者,特别是公共图书馆的读者,不一定是专业情报人员。他们也不一定完全掌握图书馆的馆藏。更不可能比划到人员更多、更早地看到本馆有关的连续出版物。如果划到人员能够具备较高的素质,作一些专业分工,那末承担一部分咨询工作完全是可取的。读者咨询的范围极其广泛。很多问题靠参考书或二次文献未必能够解决。曾经有一位戏剧工作者要查关于航空小姐制服的资料。参考工具书上不会有,二次文献无法提供不成文的资料。服装设计刊物上不会提供制服的式样。最后,还是连续出版物部门在航空杂志、旅游杂志和商业杂志找到航空公司的广告,从广告中发现了所要的信息。有的咨询可能一时难以答复,但是,通过划到人员在工作中顺便关心一下,就可以作出答复。电视台播放国际新闻时,有时缺少有关各国领导人的头像。划到人员从某些期刊中及时提供了新闻图片。这些事例足以说明,连续出版物部门在答复读者咨询方面,具有明显的优势。

6. 书目索引工作

连续出版物部门既然收藏大量连续出版物,当然要想方设法向读者推荐、介绍馆藏的刊物。这样,编制专题篇名索引或提供现期期刊篇名目录就成了这个部门的一大优势。为不同专业的读者编制各种专题的馆藏篇名索引,是一个相当有吸引力的服务项目。

从其实用价值来说,甚至超过那些著名的检索期刊。因为检索期刊上所列出的篇名很可能出自本馆乃至我国并未收藏的刊物,而馆藏的专题篇名索引却是本馆收藏而且还是不久前才收到的、可以立刻提供阅览的文章。当然,这一工作需要投入较多的人力。现期期刊篇名目录则是一种简单而任何图书馆都能做到的服务方式。其办法是,每周将新收到期刊的目次复印或打印若干份,按类分别提供给有关人员。让他们知道,本周到刊中有什么自己需要的文章,研究人员花在找资料上的时间是相当多的。如果每一个图书馆都能开展这样一个服务项目,这将是为读者做了一件大好事。这也是提高利用率的一种有效措施。不用说,最适合做这一项工作的,自然是连续出版物部门。

从上述情况看来,理想的连续出版物部门应该是一个具备多种职能的综合体。以采购为龙头,编目为核心,将采购、阅览、保管、咨询、书目等工作,紧密地揉合在一起的所谓"一条龙"管理的模式。过去那种松散的管理体制应当逐步向一体化方向转变。这样才能充分发挥连续出版物应有的作用。

总结起来,"一条龙"管理的优点大致有以下几点:

1. 有利于前后各道工序的检查与协调。

2. 有利于收藏、利用的统一。

3. 有利于培养熟练的工作人员。

4. 有利于研究连续出版物工作的规律。

其最终结果当然是提高了服务质量。

2.2 连续出版物部的工作内容

A. 采购

a. 向国外	b. 向国内	c. 交换
1. 成批续订	1. 成批续订	d. 受赠
2. 成批新订	2. 成批新订	e. 结算
3. 零星订购	3. 零星订购	f. 付款
4. 补缺	4. 补缺	g. 统计
		h. 做"刊已到"

B. 划到

a. 拆包
b. 验收
c. 划到
d. 催缺、查缺
e. 通知改名等变化
f. 记录"刊已到"

C. 编目

a. 新、过刊编目、分类
b. 处理改名等变化
c. 打印卡片
d. 排卡
e. 过刊合订本登录
f. 目录更新与维护

D. 装订

a. 抽装订
b. 整理
c. 装订记录
d. 打装订卡
e. 送装订工场
f. 验收

E. 陈列与阅览

F. 书库保管

a. 借阅记录与统计
b. 藏刊整洁与维护

G. 书目与咨询

a. 编制馆藏目录
b. 编制联合目录
c. 编制专题目录

d. 编制馆藏现期连续出版物分类篇名目录

e. 读者咨询

不管这个部门是如何组织的, 每一个工段一定要制订严格的工作条例。没有严格的工作条例, 就不能有效地进行管理。决不允许个别工作人员不经领导同意, 任意修改或拒不执行工作条例。

2.3 应该注意的几个问题

在建设一个连续出版物部门的时候, 不免会碰到不少问题需要解决。其中最主要的可能是:

1. 工作室的设置。

连续出版物都是通过邮局以邮包形式传送, 而且每天都会大量收到, 劳动量很大。因此, 工作室的位置就应当设在图书馆入口附近, 交通方便的地方。从入口到工作室的路途要平坦, 能够推行小车。其次, 从工作室到书库的距离也应当较近、而且交通方便。除拆包室因灰尘较多, 应单独一间外, 工作室尽量采用大房间布局。每一工段间用玻璃屏风隔开。负责人的房间同样采用玻璃屏风隔断的形式。使负责人置身于群众之中, 既能看到工作室的情况, 又使自己接受群众的监督。这对于负责人深入工作, 密切联系群众十分有利。

2. 阅览室的设置。阅览室首先要考虑到方向、空气流通和合适的光线。在我国现有条件下, 图书馆大面积采用空调设备几乎是不可能的。这样, 阅览室的朝向和自然通风就成为极其重要的条件。光线也是应该强调的一个因素。室内阳光过分强, 应有遮阴的设施。自然光不足时, 应有足够的灯光。有条件的图书馆应该为阅览桌配备台灯。虽然一次性投资较多, 但是当读者不多或分散时, 反而能节省用电。台灯的安装要考虑到, 灯光不可直射或从书本上反射到读者的眼睛,否则眼睛容易感到疲劳,从左侧来光是理想的安装位置。

阅览桌的大小应根据资料的大小而有所区别,报纸阅览桌要求比期刊阅览桌短一些、宽一些。一般可以是四个座位,长约200cm至220 cm,宽约100 cm。让每一个座位足够摊开一张大报纸。期刊阅览桌可以是六个座位,长约220cm,宽90cm。

3. 工作流水线。连续出版物从进馆、划到、编目、入库、借阅、装订、登录、再入库,每天在工作部门内部迅速流动,而且数量多、体积大、份量重。为了减轻工作人员的体力劳动,加快资料的流转,合理安排各工段的位置、流程,也是十分重要的。不合理的流程不仅使工作人员劳动强度增加,更重要的是使服务质量降低,影响读者借阅,例如,在编目时经常不可避免地需要查划到卡,两个工作室紧挨在一起,对于前后两个工段的密切配合极为有利。同样理由,装订整理工作应挨着编目工作室和划到工作室,这样也便于查划到卡和编目卡。至于书库和阅览室若能够靠近划到和编目室则同样会带来不少好处,因为连续出版物和图书不同,图书在编目加工完毕送入书库以后,几乎可以和采编工作不再发生联系,而连续出版物在入库后、乃至借阅时万一碰到查询缺期或最近一期出版物是否已到刊时,如果没有计算机终端可供查询,则免不了要从内部的原始记录中去查询。如果两个点相距太远,就必然会影响服务的效果。

4. 职业道德。图书馆是传播精神文明的基地,因此,图书馆工作者首先要求成为精神文明的典范。树立服务至上,一切为读者着想的态度并不限于接触读者的阅览部门,从事内部工作的采编人员也同样存在职业道德的问题。任劳任怨、兢兢业业地为图书馆事业,为提高全民族的文化水平而献身的精神,应当受到鼓励和支持。让所有的工作人员感到自己与所在的部门休戚相关、荣辱与共。工作是要人去干的,只有树立了良好的职业道德,才能使连续出版物工作蒸蒸日上。

5.干部。多年来,由于极左思潮的影响,我国图书馆界同样也存在外行领导内行的现象。知识不受尊重,人才遭到歧视,以致人们都不愿久留在图书馆里,人才外流严重。列宁早就指出,"要管理就要内行,就要精通生产的一切条件"。我们需要懂业务的领导,但是也不应该认为,有专业、有文凭、懂业务就一定能做领导。对于一个担任领导工作的人才来说,他既要对他所领导范围内的专业懂行(实践证明,懂行与不懂行的管理效果大不相同),又要是领导工作的内行。他应该知识面比较广,善于依靠业务骨干,不主观武断,有一定的组织管理能力,有一定的战略头脑,还要经过一段时期的培养和训练,补上"领导科学"这一课。各级干部都应当具有以身作则、豁达大度、平易近人、宽以待人、严以律己的好品德。有深入工作、深入群众的工作作风。这样才能有较多的、正确的,而不是瞎指挥的发言权。建设四个现代化主要依靠人才。图书馆建设同样需要人才。作为一个优秀领导者对待人才的态度,必须是"爱才之心、识才之眼、求才之渴、用才之能、容才之量、护才之魄、举才之德"。这样才能广收人才,近悦远来。

2.4 对工作人员素质的要求

从事连续出版物工作人员素质的好还是差直接关系到整个工作的质量。相当多的图书馆领导人对连续出版物的重要性及其工作的复杂性缺少足够的认识。忽视对人员素质的要求,以致连续出版物工作普遍无法跟上形势发展的需要。这种现状如果不能彻底纠正,要使连续出版物充分发挥其应有的作用是困难的。

从事这一工作的人员大致可分为两类。一类是专业人员,另一类是非专业人员。对于不同工种的人员当然有不同的要求。很

自然,采购、划到、编目、咨询工作需要专业人员。现分述如下:

A. 采购人员应该:

1. 熟悉出版者的情况,包括其历史、现状与动向。

2. 了解连续出版物的责任者的专业水平。

3. 了解本馆的任务与读者对象。

4. 了解本馆收藏的特点,使其保持系统性和连续性。

5. 了解本馆采购经费的情况。

6. 熟悉多种学科的常识。

7. 做外文工作的人需要在精通某一种主要外语的同时,尚须粗通几种其他重要语种,能借助辞典看懂出版者声明等。还应熟悉国外厂商的特点。

8. 熟悉连续出版物各种变化的特点。

9. 会编目。

10. 熟悉出版、发行工作。

B. 划到人员应该:

1. 除根据需要精通某种主要语种(包括汉语)外,尚须粗通一、两种其他语种。

2. 熟悉连续出版物各种变化的特点,如,合并、改名、分出……等。

3. 熟悉几种学科的常识。

4. 懂得编目的原则。

5. 熟悉连续出版物的发行工作。

C. 编目人员应该:

1. 懂得较多的学科知识。

2. 精通编目。

3. 会分类。

4. 除根据需要精通一种主要语种(包括汉语)外,尚粗通一、二种其他语种,能看懂出版声明等。

5. 熟悉连续出版物的各种变化的特点。

6. 会打字。

D. 装订人员应该：

1. 根据需要，除汉语外粗通一种以上外语。

2. 懂得编目对装订工作的需要。

3. 熟悉连续出版物的各种变化。

4. 懂得连续出版物各种目录的结构。

5. 懂得装订工作的各种基本要求。

6. 会打字。

E. 书库出纳人员应该：

1. 熟悉库藏。

2. 熟悉库内排架规律。

3. 熟悉书库的出借制度。

4. 根据需要能认识多种外语的一些常用词，如月份等。

F. 咨询人员应该：

1. 熟悉一、二种外语，并能识别其他一些语种。

2. 熟悉几种学科的常识。

3. 熟悉馆藏。

4. 懂得读者的需要。

G. 非专业人员，如油印，打字员等一般人员则应该：

1. 了解本部门各工段的业务及其相互关系。

2. 熟悉其所在工段的业务。

3. 根据需要粗通一门外语。

4. 必要时能够相互顶替。

只有工作人员达到应有的业务文化素质，才能提高工作的质量，使连续出版物在四个现代化中充分发挥其应有的作用，同时也可以改变人们对连续出版物工作的偏见。

2.5 彩色的应用

在日常生活中,用彩色来标志、识别某些事物,早已为人们所熟知。例如,用来表示可通行和停止通行的红绿交通讯号灯;足球比赛中表示队员犯规警告的黄牌;海船上悬挂的表示各种各样事务的彩色小旗;商店售货时用来区别发票与提货单的彩色单据;飞机夜航时用来识别左右翼的红绿灯;化工厂里表示各种不同用途的彩色管道;钢材上涂彩色以表示不同成分的材料;不同颜色的电线以区别不同的线路等等,都是利用彩色的不同来表示某些简单、但是十分重要的含义。让人们一看到色彩,马上可以知道它所标示的内容,而不需要文字或语言的说明。一部分彩色的应用甚至超越了国境,成为国际上通用的信息标志。

在连续出版物工作中,彩色用得最多的是卡片。但是,彩色卡片价格比较贵。色彩既少,而且不易满足需要。图书馆可以自己制作合乎要求的彩色卡片。制作方法十分简单,就是用普通油漆刷在白卡片顶上。涂刷的方法有两种。一种方法是将一叠卡片缚在一起,只涂卡片的边缘。这种方法最简便,但是涂着面很小。另一种方法是,将卡片排齐,然后向后倾斜,露出大约一毫米的片头,再涂漆或喷漆。这样涂的面比较宽。涂刷时要压紧卡片,不留隙缝。只能顺向涂刷,以免油漆横流。

现有标准卡的宽度是五英寸(约12.5 cm)。如果要用多种色彩,最好将卡片头分为五等分,也就是每一种颜色占用一英寸,这样,一张卡片可以涂上五种不同的颜色,可以组成比较复杂的代码。如果只是为了区分各种不同的目录卡片(如,题名卡、分类卡、责任者卡),可以一种颜色占两格以上。为了使彩色整齐划一,可以用涤纶胶水纸粘在涂色面的两侧,作为界限,涂色时就方便多了。涂色的工具最好是一寸油画笔。取其坚挺整齐。每次蘸漆宜少，只要涂上颜色就可以了。白卡纸质地很松，容易吸收油漆，所以涂刷后不久就会半干燥，不再粘手。为了加快干燥，可以在漆里放适量的香蕉水。下面介绍一些应用的例子。

采购——外文期刊的采购卡分为两种。一种是中国图书进出口总公司的原版采购卡。另一种是内部出版外文期刊的采购卡。由于不区分国别，所以只要在左上角一格涂以浅蓝色即可。中国图书进出口总公司的账单系按国家分列，所以需要按不同国家涂不同的彩色。由于采购虽然涉及几十个国家，但是主要集中在美、英、日、西德、法、苏等五、六个国家，所以只要对这几个主要工业国（也是主要的出版国）给予固定的色彩即可。采购卡的彩色由两种颜色组成，都涂在右上角。红黄代表 B（美国）、黄蓝代表 C（英国）、蓝白代表 D（日本）、白黑代表 E（西德）、黑红代表 F（法国）、红蓝代表 P（苏联）。一些较小的国家订购量不大，就没有必要一一给予固定的颜色，可根据需要来决定。采购卡有了固定的彩色，万一放错了位置也很容易发现。中文期刊采购卡可以用颜色来代表省、市、自治区。

划到——划到卡由于取出来的机会很多，回卡时很容易放错位置，所以在划到卡较多的图书馆里，采用彩色来区别不同的字母显然更有好处。下面是三十五个字母的彩色排列，足够用于一切拉丁字母和俄文字母：

1. A、 А （红黄蓝白）		8. H、 З （蓝黑红黄）	
2. B、 Ъ （黄蓝白黑）		9. I、 И （白红黄蓝）	
3. C、 В （蓝白黑红）		10. J、Й （黑黄蓝白）	
4. D、 Г （白黑红黄）		11. K、 К （红白黑黄）	
5. E、 Д （黑红黄蓝）		12. L、 Л （黄黑红蓝）	
6. F、 Е （红蓝白黑）		13. M、M （蓝红黄白）	
7. G、 Ж （黄白黑红）		14. N、 Н （白黄蓝黑）	

15. O、O（黑蓝白红）	26. Z、Ш（红黄蓝黑）
16. P、П（红蓝黑黄）	27. Щ　（黄蓝白红）
17. Q、P（黄白红蓝）	28. Э　（蓝白黑黄）
18. R、　（蓝黑黄白）	29. Ю　（白黑红蓝）
19. S、C（白红蓝黑）	30. Я　（黑红黄白）
20. T、T（黑黄白红）	31.　（红黑白蓝）
21. U、Y（红黄白黑）	32.　（黄红黑白）
22. V、Ф（黄蓝黑红）	33.　（蓝黄红黑）
23. W、　（蓝白红黄）	34.　（白蓝黄红）
24. X、X（白黑黄蓝）	35.　（黑白蓝黄）
25. Y、Ц（黑红蓝白）	

这些外文字母同样可用于中文的拉丁拼音。

编目——彩色用于编目工段可以有这样一些方面:编目卡、代卡、工作通知单、抽斗标志、和导卡。分述于下:

1.编目卡中的彩色只用于主要标目(连续出版物一般是题名标目卡)。其字母的表示法与划到卡的色彩一致,所有附加款目一律不加彩色。这是因为,彩色过多非但不能起醒目的作用,相反会造成眼花缭乱。所以在一个字母下,只能统一用一种彩色。至于对内部公务目录中的登录卡,则整个片头涂以黄色。这样,在内部公务目录中,凡是由四种色彩组成的卡片,在某一特定字母中都是一致的。如有插错位置,马上会被发现。黄色片头的卡片必定是与主要款目在一起的登录卡(即,用来记录每一合订本的财产登录号和卷、期、年、月的卡片),而附加款目则是无色的。在供读者使用的目录中,没有黄色片头的登录卡。由于主要款目信息是最完整的片卡,所以凡有彩色的卡片也就必然是最主要的卡片。当需要抽出或调换卡片时,认定彩色卡片,就可以找到全部目录信息。

2. 代卡。有几个人担任编目的图书馆中,每一个人都应该有固定的某一色彩的"代卡"。所谓"代卡",就是每当因工作需要而暂时抽出某一张公务卡时,必须用一张彩色卡片(塑料或涂有颜色的导卡)代入它的位置,使得还卡时容易找到应该插入的地方。但是编目人员有几个时,难免把自己的卡片粗心地插入别人抽卡的位置。利用不同颜色的代卡来表示不同的编目员,也是健全岗位责任制的措施之一。即使在只有一个编目员的图书馆中,彩色代卡还是可以用来表示不同的批号。因为抽出一张编目卡有时并不能马上把问题解决,需要暂时放一下,等待查询或查库结果,时间一长可能会忘记。插入彩色代卡就可以知道抽出卡片的大概时间,而且在回卡时不致前后两批过期期刊的卡片弄错位置。

3. 工作通知单。在划到、采购、编目、装订与书库保管各工段之间,用工作通知单来相互联系,是使这些环节之间环环相扣的有效措施。通常这种通知是夹在有关的连续出版物中,送交有关的工段。实践证明,采用固定颜色的通知单(期刊通常用蓝色书面纸),只要露出一点纸角,就能提醒人们该出版物正等待处理。相反,一张白色的通知单就很容易被疏忽掉。

4. 目录柜的抽斗。在目录柜较多的图书馆里,为了避免放错抽斗,不仅在抽斗上应该有编号,而且不同的目录还应该有不同颜色的标示牌。让人们一见颜色就知道这个抽斗属于哪一种目录。不至于错放位置。

5. 导卡。不同用途的目录采用不同颜色的导卡早已为人们所熟知了。

装订——合订本的封皮颜色也可以用来表示某种内容,通常用黑色封皮或书脊表示原版科技连续出版物,浅蓝色表示内部发行的刊物,咖啡色表示社会科学刊物。通过不同颜色的封皮,使人们很容易看出这些出版物的区别。

彩色还可以用在抽装订工作中。抽装订一般是挨着书架的顺序抽的。但是,有时候碰巧某一品种还少一期正在催缺,或者临时出借,以致无法装订。这时候就需要在相应的位置粘一彩色纸条,或挂一彩色塑料片,表示某一个月份曾经抽过,由于缺期等原因而未曾装订。这样,彩色纸条或塑料片将随时提醒人们,这些出版物在完整时,应当交付装订。

读者统计——在公共图书馆中作读者统计时,对不同工作类型的读者使用不同颜色的借阅单,使统计工作方便得多。

书库管理——彩色用于书库管理,主要用来表示某一种出版物已经停刊,停订或有改名等变化。通常用黑色来表示停刊或停订。已经改出或合并成另一种出版物,则用蓝色来表示(此办法特别适用于许多未采用本书推荐的索取号结构的开架书库)。这些彩色的指示标识就紧挨在这种出版物最后一册的后面。如果是平放,则放在上面,使书库管理员或读者马上可以知道这种刊物的出版情况。

开架阅览——为了使同一大类或同一排书架上的出版物容易集中,可以采用彩色的文件夹、匣子、或书标。

彩色在图书馆中的应用显然远不止这么一些。以上介绍的只是常见的一部分。人们也许感到,为什么只采用红、黄、蓝、白、黑五种颜色。这是因为:(1)这五种颜色是基本色。它们的差别非常显著。(2)这些颜色容易购得。自己调配的颜色无法保证前后一致。(3)采用过多的颜色,对色盲或色弱患者可能引起混乱。在他们眼里,红色和绿色都是灰色的。

2.6 岗位职责规范(供各图书馆制订规范时参考)

2.6.1 本工作系统包括中文报刊(国内版)、外文报刊(包括国外及台、港澳地区出版用外汇结算的中文报刊,国内版外文期刊)的采访、划到、分类、编目、装订、保管、借阅的全套管理工作。每小时工作量为 60 分。由于各图书馆条件不同,本规范仅供参考。

2.6.2 采访工作

2.6.2.1 工作内容——中外文报刊的①新订、②续订、③停订、④补缺、⑤催缺、⑥受赠、⑦退刊、⑧与出版发行单位联系工作、⑨征求读者意见。

2.6.2.2 质量要求——严格按照采购条例积极主动地进行采选工作,不断充实各有关学科新出版的报刊。及时补购所缺损的卷期,保证馆藏的系统性、连续性和完整性。新订品种必须查重。订单发出前要逐项核对。差错率不超过 0.5%,订购单发出前,应做采购卡。发现漏订品种要及时补订。质量较差品种经领导核准后应及时删订。

2.6.2.3 人员水平——高级馆员或资深馆员。辅助工作可由助馆或管理员担任。

2.6.2.4 工作定额——邮局发行中文报刊每 3000 种设专职采购员一人。零星订购的中文报刊每 1500 种到 2000 种设专职人员 1 人。外文报刊每 2000 种设专职采购员一人。

2.6.3 划到工作

2.6.3.1 工作内容——①取包、②拆包、③验收、④分堆、⑤逐册划到并在报刊上写架号、⑥盖馆藏日期章、⑦统计册数、⑧上架、⑨填写报刊工作通知单、⑩填催缺单、⑪更新划到卡以及保持划到目录的完整。

2.6.3.2 质量要求——严格按照划到规定,完成全部工作。遇有重复及缺期应及时交采购人员退补。遇新刊或刊名改变时,应及时在划到卡上注明,并填写报刊工作通知单,通知采编及装订人员。每 3 个月或半年定期向采购人员提交催缺单。每年第一次到刊,应书面记录刊号或题名,交采购人员在采购卡上作出记录。划到差错率不超过 0.50,发现差错应及时纠正。

2.6.3.3 人员水平——外文报刊由具备一定外语水平的馆员或助理馆员担任。中文报刊在馆员指导下,由助理馆员或管理员担任。

2.6.3.4 工作定额——外文期刊每人每月 1500 种(无复本,包括各种出版频率)。中文期刊每人每月 2000~2500 种(视复本多少而定)。

2.6.4 分类、编目工作

2.6.4.1 工作内容——新报刊及改名报刊的分类、编目工作。包括:①按有关分类法分类、②按国家或国际标准著录编目、③加索取号、④中图公司刊号、⑤ISSN、⑥中译名、⑦打字、⑧印片、⑨校对、⑩目录组织和管理工作等。

2.6.4.2 质量要求——分类编目必须正确。校对前差错率不超过 2%(不包括由于文献本身提供的信息不完整而导致的差错),校对后的差错率不超过 0.5%。任何时候发现差错,编目人员应及时纠正。

2.6.4.3 人员水平——高级馆员或馆员担任。校对人员应由高级馆员或资深馆员担任。外文报刊的分编人员应具备较高的水平。

2.6.4.4 工作定额——新刊编目,中文期刊每种 30 分;俄、日文期刊每种 30 分;西文期刊每种 40 分;回溯编目,中文期刊每种 60 分;俄、日文期刊每种 60 分;西文期刊每种 80 分;中外文报纸编目每种 30 分;校对每种 20 分。

2.6.5 装订工作

2.6.5.1 工作内容——①抽装订、②划到卡查缺做括号、③编目卡查到刊名、④插入并检查总目次和索引、⑤检查排列书页卷、期次序、⑥做装订记录、⑦做装订卡、⑧填装订单、⑨送工场、⑩合订本验收、⑪移交编目。

2.6.5.2 质量要求——按照要求抽装订无遗漏。装订单与期刊相符,刊名与内容相符,烫字与实际相符,索取号正确,内部卷期排列正确,发现缺期应通知采购人员设法补齐。

2.6.5.3 人员水平——中文期刊由助理馆员担任。外文期刊在馆员指导下,由具备相应水平的助理馆员担任。

2.6.5.4 工作定额——中文期刊每一合订本 15 分,外文期刊每一合订本 14 分;报纸每一合订本 15 分;校对每本 5 分。

2.6.6 过刊工作

2.6.6.1 工作内容——①收合订本、②盖馆藏章、③打登录号、④抽馆藏卡、⑤加馆藏卡、⑥贴书袋、⑦写书袋卡、⑧总括登记、⑨填送书单、⑩入库。

2.6.6.2 质量要求——盖章清晰、位置正确、不歪斜。书袋卡填写正确,加馆藏卡前必须认真核对刊名,绝对不允许加错。

2.6.6.3 人员水平——在馆员指导下由助理馆员担任。

2.6.6.4 工作定额——每册 15 分。

2.6.7 书库管理工作

2.6.7.1 工作内容——①接收入库期刊、报纸、②上架、③整架、④统架、⑤还架、⑥书库清洁、⑦防虫、⑧防霉、⑨防盗、⑩借还记录、⑪统计。

2.6.7.2 质量要求——1. 入库报刊都必须按送刊清单验收,

并及时上架。

  2. 发现破损应及时送有关部门修补。

  3. 发现错号应及时通知有关小组负责人,并作出记录。

  4. 借阅报刊必须当天回收、上架,最迟不超过第二天上午。

  5. 库内不准带食物,更不准在库内吸烟或吃饭。

  6. 不经部门领导同意,任何外来人员(包括工作人员亲友)不得入库(闭架书库)。外来人员不得穿大衣、带包袋入库。

  7. 报刊出库必须办理借阅登记。任何人员不得私自外借或私自携出。

2.6.7.3 人员水平——助理馆员或管理员。

2.6.7.4 工作定额——根据读者借阅册数确定人员。大致为中文过刊库每班 3 人。外文现刊库每班 3 人,外文过刊库每班 4 人。

2.6.8 阅览工作

2.6.8.1 工作内容——中文现刊报纸开架阅览一至两年;部分外文现刊单册开架,外文及台、港报刊借阅,外文期刊借阅。

2.6.8.2 质量要求——1. 严格执行图书馆工作人员文明服务守则,其中应包含奖惩条例,坚持文明服务,准时开馆,不提前闭馆。

  2. 开架阅览室应随时整架、还架、巡查,差错率不超过 0.5%。

  3. 保持阅览室安静、整洁、防止拆、撕、污、割及偷书等事故。每月未及时发现的事故不超过 0.5%。

  4. 正确统计入室人数。

5. 熟悉本室报刊情况,主动向读者推荐或提供所需要的资料。

6. 按阅览室要求组织与维护本阅览室目录的完整。发现目录有问题应及时向有关人员反映解决。

7. 认真做好读者及阅览统计。

8. 答复读者非技术性咨询(包括目录讲解)。

9. 核查"拒借"的原因,及时采取措施,并每月向馆领导汇报。

2.6.8.3 人员水平——在馆员主持下由助理馆员和管理员担任。

2.6.8.4 工作定额——无辅助书库的开架阅览室,50座位以内开馆8小时,设工作人员2人,每增加100座位增加2人。由于各阅览室情况不一,读者人次因季节而变化无常,人员定额可按实际情况随时增减。

2.6.9 阅览室咨询工作

2.6.9.1 工作内容——①主动向读者揭示馆藏、②——为读者提供口头、电话咨询服务、③辅导读者充分利用馆藏。

2.6.9.2 质量要求——1. 答复读者咨询或介绍馆藏应有足够的文献依据。提供资料应请教馆内专家或其他熟悉情况的读者后再回答,不要勉强,或胡乱答复。

2. 根据读者需求,随时向有关采访人员提供采购资料所需的信息。

3. 经常调查研究读者的阅读倾向,了解读者需求,及时向馆领导反映。

2.6.9.3 人员水平——由工作人员兼任。

2.6.9.4 工作定额——无。

2.7 其他各类工作,如,情报检索,二次文献的编制等,须视具体情况而定。

第三章 采 购

3.1 采购的基本原则

采购工作是图书馆的生命线。采购质量的好坏直接关系到图书馆为读者服务的质量,并且影响到它的发展前景。要做好采购工作,必须做到以下几点:

1. 充分了解本馆的任务与经费情况。只有了解本馆的任务,才能使采购的期刊符合读者的需要。例如,省、市级的公共图书馆现阶段的任务主要是为我国四个现代化提供各种有关的信息,并宣传马列主义。采购重点就必须放在高、精、尖的科学技术和社会科学方面。又如,大学图书馆的任务主要是为教学和科研服务。采购时,既要考虑教师的需要,也应兼顾到学生的水平。要做到这一点,首先要对本馆的任务和对象有充分的了解,经费问题也必须考虑周到。若经费充足,采购的品种较多,也可以多订些检索期刊,面可以广一些。反之,若经费较少,所订期刊的针对性要强,订购面要小一些。

2. 系统性和连续性。任何图书馆收藏的资料都有它的侧重面。例如,船舶研究单位的图书馆主要收藏船舶方面的书刊,其他方面的应居于次要地位。除非这个图书馆的任务与服务对象有所改变,否则就应该确保其采购重点,以保持其藏书的系统性,逐步形成其藏书的特色。除系统性外,还要注意连续性。那就是,当确定订某一种期刊后,如果没有客观原因,就应该连续订购下去。切忌订订停停。因为,每种期刊所刊登的内容、选择的文章都有其侧重点,读者大致是有关的专业人员。任意更换品种,会使读者对馆藏情况捉摸不定,无法充分利用收藏的刊物,而且使馆藏残缺不全,给整理、编目带来困难。当然,在确定订购某一种刊物前,应当经过慎重考虑,尽可能先看一下样本,或者从本地区其他图书馆中获得有关该出版物的特点和读者对象,以保证所选择的刊物合乎本馆的采购方针。

3.调查研究。调查研究之目的是,了解出版动态、紧跟发展着的形势、满足读者需要。通过对读者的调查,使自己能够及时跟上形势的发展,不失时机地向读者推荐、介绍本馆最新入藏的连续出版物。另一方面,我们应该注意最新创刊的连续出版物,并从各种出版书目的介绍中,及时掌握国内外科学、技术、文化、经济和军事等领域的动态,以便不断增加新的、合乎馆情的连续出版物。

读者是我们服务的对象,也是我们的老师。他们最了解我们所从事专业的动态,对国内外本专业常用的、著名的出版物最熟悉,因此要善于听取他们的意见,经常请他们推荐高质量的出版物。值得注意的是,读者的意见主要是供我们参考。作为一名有经验的采购人员应当能够识别,哪些意见符合本馆的采购方针,可以接受的,哪些意见不符合我们的采购方针,不能照办。对某些尚有下一级图书馆的图书馆,如大学图书馆把订购工作下放到各系,由个别教师来承担的做法,需要慎重考虑。这样做,有时订的期刊偏专,读者面极窄,而当该教师工作调动时,这类期刊便无人问津,只得束之高阁。由于科学技术发展很快,新的东西不断出现,旧的知识很快老化。因此,作为图书馆的采购人员,必须经常从报刊上吸收新的知识,学习新的事物,紧跟形势,不断更新自己的知识。

4.地区性合作。任何一家图书馆都不可能将全世界出版的、所有学科的连续出版物全部订购。馆与馆之间应当根据自己的任务而有所侧重。在本地区内协调订购范围,加强某一些领域内的采购,就可以用有限的经费取得最大的社会效益。

5.适当控制复本率。有的图书馆由于实际的需要,复本率较高。这样,不仅经费支出大,而且影响书库的利用。这些图书馆可以从提高连续出版物的利用率和改进借阅制度等方法,适当减少复本率。在装订时,应当有限度地保存(只装订一套或两套)。多余的复本可及时主动提供交换和调拨。

6.交换与受赠。在稳定持续的基础上,尽量争取以交换或受赠的方式扩大馆藏。

7.审核。每年要对所订购的连续出版物进行一次审核。审核的内容包括某些出版物是否值得继续订购,或者复本是否可以减少。

8.借阅率的问题。借阅率的多寡能否说明某一种连续出版物质量的高低?有的同志认为,借阅率高的连续出版物质量必然高,借阅率低的出版物质量当然不高。这样的观点未免片面、极端。借阅次数的多少并不一定能说明质量的高低,它只能是一个供参考的数据,不能没有分析。因为每一种出版物都有它特定的阅读对象,所以借阅率的高低首先取决于该出版物阅读对象的多少。我们不会说,小学教科书比大学课本发行量大,因此小学课本比大学课本质量高。大众性的、普及性的杂志男女老幼都适合看,借阅率理应较高。同一学科的期刊,创刊不久的由于少为人知,借阅率也不如几种老的期刊。某些新兴学科新创办的期刊可能暂时读者极少,甚至根本无人看,我们也不应当因此而断定,这些期刊质量不高。总之,要作具体的分析。

除了以上的几点外,作为采购人员应该密切关注周围形势的变化,要能够预见到本图书馆发展的未来,预见到某些学科发展的未来,预见到国家,本地区科研与生产的未来,在这个基础上搞好本馆的采购工作。这就是我们经常强调的"立足现在,放眼将来"。

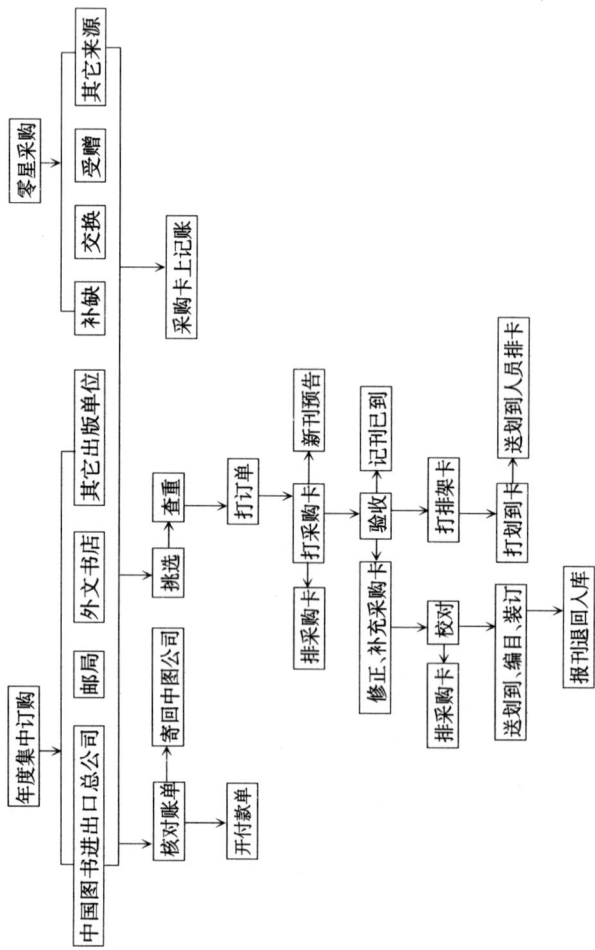

外文报刊采购流程图

年度集中采购 → 邮局

年度分散订购 → 出版社　报社　杂志编辑部

零星采购 → 新华书店　补缺　受赠　交换　其它

收到征订单 → 挑选、查重 → 填订单 → 开付款单 → 采购卡上记账

填采购卡 → 新刊预告

排采购卡

修正、补充采购卡 → 校对 → 排采购卡

记刊已到 → 验收 → 制排架卡 → 制划到卡 → 送划到人员排卡

送划到、编目、装订

报刊退回入库

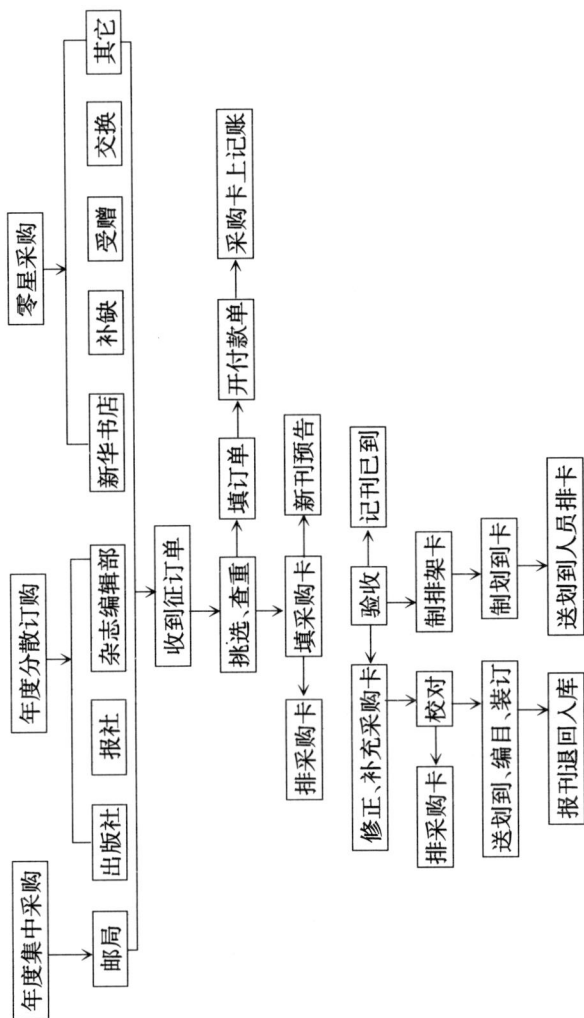

中文报刊采购流程图

3.2 连续出版物与图书在采购上的不同

连续出版物的采购与图书的采购表面上似乎差不多,实质上存在相当大的差别。

1. 图书的出版发行绝大部分是通过出版社本身或书商,但是连续出版物却与此相反。据国外统计,4/5 的连续出版物不是通过集中的、通常的发行渠道(如,书店、邮局)到达图书馆和个人手中。在我国,中文报刊发行的最大渠道是邮局,而邮局发行的种数仅是我国出版的报刊和其他连续出版物的 1/3,这个数字实际上还是估计高了。这样,新创刊的连续出版物,特别是最初以油印出版的刊物,很容易被忽视。新的连续出版物要从各方面渠道去发现,工作量非常大。

2. 图书馆经常在连续出版物已经出版一、二年,甚至三、四年后才决定订购。此时,就要决定,是否有必要将已出版的几卷补齐。

3. 图书在发行时,一般存放在出版社、书店、或代理商手中,而连续出版物的出版者自己并无存刊,出版后立刻发送到订户手中。虽然图书脱销时要购到是不容易的,但是,连续出版物有时刚出版就无法购到。

4. 大多数图书都是花钱买的,但在研究图书馆中,连续出版物有相当一部分可以通过交换,或受赠获得。

5. 图书馆之间的合作和相互依顿,突出表现在它们的连续出版物馆藏方面。这一点从连续出版物的联合目录的数量(占 70% 以上)比图书联合目录多得多这一事实可以看出来。因此,当新订购一种连续出版物时,应当考虑本地区图书馆的藏刊情况,以充实某一领域的资源,而图书的采购只有碰到价格特贵时,才会考虑附近兄弟馆是否已有收藏。

6.图书的价格一般是明确的,但是,连续出版物只能知道一个初步的订价,还需要加装订费等等。图书订购是一次性的,而连续出版物一旦订购了,除非质量不高或停刊等原因,否则就会无限期地订下去。费用是相当可观的,因此,与挑选一册图书相比,订购一种连续出版物的决定远为慎重。因为一旦订得不恰当而不得已停订,则无论人力、物力或财力上的损失都比错订一册图书为大。此外,有的图书馆迫于经费,不得不中途停订,但是,当以后有条件恢复订购时,中间缺少的一部分出版物却是不易补全。反之,如果是图书则是有可能补的。

7.从技术上来讲,挑选一种连续出版物也比选一册图书困难。因为一册图书的内容已经固定,因此可以通过书评、内容简介等作比较充分的了解,而连续出版物的内容每一册都不一样,介绍也不可能详尽,因此,需要凭采购人员的丰富经验,作细致的分析,比较。

3.3 常用参考书

用于连续出版物工作的参考书不少,但是其中多数只能用于采购时作参考,很少一部分能够提供编目用的数据。现简单介绍于下:

1.《乌利希国际期刊指南》(Ulrich′s International Periodicals Directory)。这是由美国鲍克公司(R. R. Bowker Co.)出版的主要期刊参考书,也是世界上最著名的期刊采购指南。该书最初由纽约公共图书馆期刊组组长卡罗琳·法柯哈尔·乌利希(Carolyn Farquhar Ulrich)于 1932 年所编。当时名为《期刊指南》(Peiodi-cals Directory)(1932～1938)。1943～1962 改名为《乌利希期刊指南》（Ulrich's Periodicals Directory）。1943 年版称为"Inter - A-merica ed."（美洲版），有西班牙文题名。1947 年版称为"Post - war ed."（战后版）。乌利希一直编到 1947 年。1965 年改现名。到 1979 年止共出 18 版（1979/80）。1981 年起，改为每年一版。1988 年第 27 版吸收了原来单独出版的《不定期连续出版物与年度出版物》（Irregular Serials and Annuals），1989～1990 年第 28 版收录包括中国的主要期刊在内的、世界各国尚在继续出版的期刊、不定期连续出版物、年度出版物 111,950 个题名。全书分成三册，共有 557 个主题。第一册首先是使用说明；缩写词（包括一般缩写词和专门代码，货币代码，缩微制品出版商，出版代码，文摘与索引服务）；文摘与索引主题指南；国际标准连续出版物号；主题互见索引。然后是按主题分类的字母排列 A 到 G。第二册是 H 到 Z。第三册依次为，联机的连续出版物；三年来已停刊的连续出版物 6757 种；国际组织出版物名录索引。这包括国际性组织、国际会议、欧洲共同体和联合国四部分。最后是 ISSN 索引和题名索引。

款目内容依次为，杜威分类号；国会图书馆分类号；ISSN 和国别代码；CODEN 代码；题名；语种；出版频率；创刊年；价格；出版者；地址；电话；编者；期刊的外形特征，如，是否有书评、书目、图片、广告等；发行量；格式；为哪些文摘或索引所收录；联机提供的情况；文档名称；改名情况；前名的 ISSN；简要描述。正文前还有著录图解。本书另有光盘载体，名为"Ulrich Plus"。

2.《不定期连续出版物与年度出版物》（Irregular Serials and Annuals）系鲍克公司出版的另一种主要的连续出版物参考书。它与《乌利希国际期刊指南》、《乌利希季刊》和《连续出版物来源》一起构成一套比较完整的连续出版物书目参考工具书，也可以说，它是连续出版工作中必备的工具书之一。本书原来也是两年出版一次。1982 年起改成每年一版。1985 年的第十版共 1765 页。收录全世界 181 个国家和地区尚在继续出版的不定期连续出版物和每年只出一次的连续出版物三万四千五百种以及 6692 个参见。其中包括会议录、汇刊、进展、进度报告、报告、年鉴、手册、年度评论、论文集丛等连续出版物。全书共分 461 个主题。首先按主题字顺排列,在主题下,再按刊名字顺序排列。本书的著录内容与《乌利希国际期刊指南》相同。正文前有使用说明、实例图解、缩写词对照表、货币代码对照表、缩微制品出版者代码对照表、国家代码对照表(两字代码)、文摘与检索刊物缩写词对照表、文摘与索引的 112 个主题目次、国际标准刊号(ISSN)简介、主题的英、法、德、西班牙文四种文字对照表、主题的互见索引。正文后,附有一年来休刊、停刊的连续出版物题名、国际组织出版物索引、鲍克公司国际连续出版物数据库中的 ISSN 索引和题名字顺索引。1988 年并入《乌利希国际期刊指南》。

3.《乌利希季刊》(Ulrich's Quarterly),这种期刊是鲍克公司出版的上述两种连续出版物参考书的补充。原来称为《鲍克连续出版物书目补编》(Bowker Serials Bibliography Supplement),1977 年改出本刊。每期报导 2500 种新出版或新进入该公司资料库的期刊、不定期连续出版物和年度出版物。题名按分类、字母顺序排列。后面有改名索引、停刊题名表以及题名字顺索引、著录内容与前两种参考书相同。其当年收录的全部信息分别收录进次年的上述两种连续出版物中,因此无累积本。1986 年起,改出《鲍克公司最新国际连续出版物数据库》(The Bowker International Serial Database Update),1988 年起,又改名《乌利希最新数据》(Ulrich's Update)。

4.《连续出版物来源》(Sources of Serials)。这是鲍克公司出版的,专门报道上述三种出版物所报道的期刊和不定期连续出版物与年度出版物的出版者的工具书。1977 年出第一版,而后的第二版(1981 年)共 1824 页。收录 180 个国家和地区的 6 万 5 千个出版商和团体出版者。包括其所出版或主办的连续出版物(尚在继续出版)96,600 个题名。本书按国别字母顺序排列,在国家名下,将出版者按字母顺序排列。收录的款目有两种类型:第一种是出版者款目。著录内容为出版者、出版地址、所出版的连续出版物题名。每一个题名后有出版频率和 ISSN。如果所出版的刊物系另一团体所编辑,则在圆括号内,加该团体名称。如该团体与本出版者分属于两个国家,则在团体名称后加国别代码。第二种是团体著者参照款目。著录内容是,团体著者名称(无出版者地址)和所出版的题名。题名后的圆括号内为该出版物的出版者。这里所谓的团体著者是指,该团体负责出版物的编辑、或主办该出版物,或为该出版物准备资料,但是自己并不出版。每一个款目后还附有关于版权的代码,如,FC 表示可以无偿复制,C $ 表示要付费才允许复制;CCC 表示已登记版权;FCA 表示允许为文摘服务需要而做文摘;NC 表示不允许无偿复制;N $ 表示不允许付费复制;NCA 表示不准免费做文摘。如果这些规定适用于该出版者或团体著者的所有出版物,则这些代码放在最后一个题名之后并有"☆"号。如果这些规定只适用于某几种出版物,则这些代码放在有关题名的后面。本书正文前有相当详细的使用说明。

5.《新连续出版物题名》(New Serial Titles)。这原来是一本只反映美国国会图书馆藏刊的出版物。后来,根据连续出版物联合目录会议建议,扩大为《连续出版物联合目录》(Union List of Serials)的补充出版物。因此,在出完 1952 年的累积本以后,就停止出版。1953 年 1 月起,改出《New Serial Titles》,参加者有美国和加拿大的 527 家研究图书馆。刊出 1949 年 12 月 31 日以后新创刊的出版物,每月出版一册,逢三月、六月、九月、十二月改出累积本。每年另有精装的年度累积本。本刊另有 1950 年～1960 年的十一年累积本;1961 年～1965 年的五年累积本。1950 年～1970 年的二十一年累积本,和 1971 年～1975 年的五年累积本。刊名按字母顺序排列。1981 年起,采用《英美编目规则,第二版》

（AACR2，），但一部分款目仍采用旧的编目规则。凡采用 AACR2 编的款目，均在右下角注明"AACR2"字样。款目下部有藏刊单位的代码。

6.《新连续出版物题名——按主题排列》（New Serial Titles——Classed Subject Arangement，简称 NST – CSA）。这一刊物在国内很少见到。它创刊于 1955 年，月刊，无累积本（New Serial Titles 有累积本）。每年报导全世界的新连续出版物约一万五千种，并提供有关订购的信息（New Serial Titles 没有此种信息）。所收录的题名都是国会图书馆和加拿大及美国的研究图书馆所提供的。本刊主要是以《New Serial Titles》的款目重新按主题排列。

主要按杜威十进分类法粗分，如"020"表示新的图书馆期刊，"022"是关于图书馆建筑的连续出版物，"026"是专业图书馆出版物。一般用三位数，必要时，也用小数点，如"331.88"是商会资料，"510.78"是计算机。《NST—CSA》应该是中大型图书馆采购连续出版物的必备参考书。但是，由于它的题名不那么引人注意，因此，知道者不多，美国国内的订户也不多。它没有累积本，使其使用价值大受限制。

7.《英国期刊联合目录附，世界科技期刊目录》（British Union – Catalogue of Peodicals incorporating World List of Scientific Periodicals）。这是英国不列颠图书馆编辑，由 Butterworths 公司出版的联合目录。British Union – Catalogue of Periodicals 于 1955～1958 年出版了四卷。1962 年又出了补篇。收录英国各图书馆到 1960 年为止入藏的期刊。World List of Scientific Periodicals。1963～1965 年出版了第四版，共三卷。收录英国各图书馆于 1900～1960 年期间入藏的科学、技术和医学连续出版物。1964 年起，出版的 British Union – Catalogue of Periodicals 和 World List of Scientific Periodicals 系用计算机编辑，并以 New Periodical Titles 作为副题名。本刊系季刊。每年出版两卷累积本，一卷包括了本刊所收录的全

部刊名,另一卷只有科学、技术和医学期刊。刊名按字母顺序排列,著录内容包括刊名、并列刊名、编写刊名、副刊名、编辑单位、出版地、出版者、出版起讫年卷、出版频率、前名和后继刊名、ISBN 以及藏有该期刊的图书馆代码,还有藏刊情况和出借该期刊的条件等。1981 年下半年起,改出《不列颠图书馆藏刊》(Serials in The British Library),并采用 AACR2 著录。

8.《图书馆用连续出版物》(Serials for Libraries)。这是一本由 John K. Marshall 编辑,纽约 Neal/Schuman 出版社 1979 年出版的、专门供图书馆采购用的连续出版物指南。对大约两千种连续出版物作了扼要的介绍。其中包括出版物名称、ISSN、出版社名称和地址、出版的年份和价格。其中关于出版物的内容简介,对图书馆采购工作颇有参考价值。

9.《标准期刊指南》(Standard Perioclical Directory)是美国 Oxbridge Publishing Co. 出版的期刊采购指南。1977 年的第五版收录美国和加拿大的期刊 62471 种。1979 ~ 1980 年的第六版收录期刊 68720 种。全书共有 230 个主题,按刊名字顺排列。附有索引和以刊名字顺排列的补遗。一般说明期刊性质、类型的通用词,如,Journal of, Directory of, Annals of, Proceedings, Bulletin of,如果与团体名称一起构成刊名者,在排列时,将通用词移到团体名称之后,按团体名称排列。如,Journal of the National Bureau of Standards 按 National Bureau of Standards, Journal of 排列。缩写字母集中在每个字母的开始部分。著录内容有:改名情况、出版单位、地址、电话号码、编者、内容简介(部分有)、索引及文摘情况、创刊年、出版频率、定价、广告、期刊尺寸、平均页数、发行范围、发行量等等。

10.《期刊题名缩写》(Periodical Title Abbreviations)是美国 Gale Research Co. 出版的期刊缩写字典。1983 年出版的第四版分成三卷。第一卷是从缩写找题名(Periodical Title Abbreviations. by abbreviation)。第二卷是从刊名变成缩写(Periodical Title Abreviations by title)。第三卷是新的期刊题名缩写,(New Periodical Title Abbreviations),它是两册补充本。第一、二卷各收录题名五万五千条。

11.《ISDS 通报》(ISDS Bulletin)与《ISDS 登记册》(ISDS Register)。这是国际连续出版物数据系统(见本书附录 A,ISSN 与 ISDS)对外发行的两种缩微平片。前者系双月刊,后者为年度出版物。在各国的国家中心登记时项目虽然不少,但在缩微平片上,每个款目只提供八到十个数据。它主要用于编目工作中,查找连续出版物的历史沿革。

12.《外国报刊出版机构名录》。(Directory of Periodical Publishers)。这是中国图书进出口总公司根据 1981 年《外国报刊目录》(第五版)和 1982 年《外国报刊目录补充本》再增补了一些新品种编辑而成的。其性质与《连续出版物来源》相仿。

13.《外国报刊目录》。这也是中图公司为供订户选订外国报刊而编辑的目录。1988 年 2 月出版的第七版收录期刊、报纸达 27000 种,全书 2222 页。分为 41 大类,188 小类。首先按分类号排列。分类号下,按刊号排列。每一个款目内容为:刊号、ISSN、刊名、出版频率、期刊页数、价格、历史沿革、出版者、出版社地址、国别、创刊年、中文译名与内容简介。另有索引本,按刊名字顺排列,便于检索刊号。1965 年出版的分国本先按国别,后按分类、编辑排列。其分类号属于科学院图书馆分类法体系。

14.《外国报刊目录,补充本》。(Information Bulletin of Foreign Periodicals)。这是中图公司为及时更新《外国报刊目录》而出版的一种刊物。1986 年创刊,并出版了两期。其内容为:新刊目录、停刊、改名、刊号变化、合并及其它变化。此外,还有西文、日文报刊题名索引。1990 年补充本收录 1700 多种。

15.《中国邮发报刊大全》。这是人民邮电出版社出版的一部由邮局发行的报刊目录,出版于 1985 年。收录报纸题名 948 种、期刊 2953 种。1986 年又出版《中国报刊大全》(邮发部分 1986 年版),收集介绍了 1986 年上半年(包括部分下半年)交邮局发行的报纸 1032 种,期刊 2589 种(1986 年邮局因发行任务过重,一部分发行量在一万册以下的期刊,鼓励由出版者自己发行,因此比 1985 年有所减少),共 3621 种。本书按《中图法》体系,结合报刊特点,将报纸分为 31 类,期刊分为 23 类。正文前有全国省、市、自治区邮发报刊代号表、代号索引。正文后并有分类索引、笔划索引。款目按索引查找。著录内容为:题名、出版频率、创刊年(不是本题名下第一册的年份)、编辑、出版者及地址、内容简介、尺寸、页数、单价、供应条件、登记证号、国内及国外发行代号。

16.《东北师范大学图书馆中文期刊目录,1889～1979》,此目录分为两部分,第一部分所收期刊自 1889 年至建国前。第二部分自建国后到 1979 年。建国前后连续出版的期刊收于第二部分中。本目录共收题名 6105 个。目录按刊名笔划顺序排列,以新华字典部首检字表为准,笔划少者在前。多者在后,同笔划的按起笔、点、横、直、撇、折、顺序排列。正文前有刊名首字笔划检字表,并参考《中图法》编有分类索引,附于目录之后。本目录的著录项目为:刊名、出版频率、出版社、出版者、馆藏卷、期与出版年月、部分款目有创刊年。

17.《常用的中文科技期刊简介》系科学技术文献出版社 1982 年出版。收录期刊 1200 多种,均系 1981 尚在继续出版的刊物(不包括检索类刊物),分成 24 个大类,然后按笔划排列。著录内容为:刊名、出版频率、编辑单位、地址、邮政编码、创刊年与历史沿革,以及内容简介。

18.《中国当代期刊总览》。由黑龙江人民出版社于 1987 年 11 月出版的《总览》是最新的中文期刊工具书。它收录 5000 多种中文期刊以及少量国内出版的外文出版物。《总览》分成上下两册。基本收录了正式出版的全部中文期刊。全部期刊按地区排列。每个地区中又分成哲学社会主义科学总论与文科高校学报、政治法律、经济、文化教育体育、语言文学艺术、历史地理、自然科学总论与理科高校学报、自然科学基础科学、医学、农业科学、工业技术、交通运输与环境科学、检索类期刊、少数民族文字期刊、国内出版的外文期刊，共 15 个类目。每个期刊款目有：刊名、办刊宗旨、特点栏目、期刊演变、读者对象、主办单位、主管单位、出版单位、创刊日期、登记证号、国内代号、国外代号、ISSN、刊期、定价、开本、印张、发行方式、发行数量、负责人、电话、地址，共 20 个项目。正文后附有分类索引和笔划索引。分类索引基本按《中国图书馆图书分类法期刊分类表》的类目与次序排列。只有个别的调整。笔划索引按《辞海》的排序规则，先笔划，后笔形（一、丨、丿、丶、乛）。笔划笔形相同的字，按《辞海》检字表的次序排列。

19.《连续出版缩微制品》(Serials in Microform)。由美国 University Microfilms International (UMI)公司编辑出版。这是 UMI 的出版商书目，著录比较详细。1986 年的 EH 版提供了全世界 14,000 多种期刊、报纸、会志和其他连续出版物的缩微制品的题名。其中 8 千多种是现在仍继续出版的出版物。款目著录内容有：题名、ISSN。出版者索引代码、商业索引缩略、做索引日期、订购号、发货频率、年度订价等。缩微制品分为彩色和黑白两种规格。有 35 cm 和 16 cm 的胶卷及缩微平片。都是银基微泡。缩微倍数从 1 比 17 到 1 比 25。发货频率为一年四次或一年一次。价格按年计算。大致每年从 20 多美元到 70 美元。数量多或彩色缩微制品每年达 100 多美元。款目均按字母顺序排列。

20.《在版缩微制品》(Guide to Microforms in Print：anther, title：incorporating International Microforms in Print)，美国 Meckler 公司 1988 年出版。这是一本专供采购缩微制品用的工具书目。收录全世界各地出版的缩微制品，包括图书、期刊、报纸三种主要的文献类型和 17 种不同规格的缩微制品。图书以著者标目，如无著者则以书名标目。期刊、报纸一律以题名标目。著录内容为著者、书名（大写）、卷数、日期、价格/出版者代码/缩微制品类型代码。全书正文670页,29cm。

21.《港澳台报刊目录》系中国图书进出口总公司所编,1990年本收录台湾、香港和澳门出版的报刊约1100种,其中新编品种约200种。全部按《外国报刊目录》体例编排。正文后的索引包括本目录的全部题名,以及一部分过去编入目录因停刊或其他原因而未编入正文部分的报刊。未编入正文部分的现期期刊的刊号后面均加#号。

可以作为连续出版物采购的工具书还有：

Reprints in Print – Serials 1969(Dobbs Feery:Oceans,1970)

Index to Free Periodicals(Ann Arbor:Pierian Pr. ,1976—　　)

Indexed Periodicals(Ann Arbor:Pierian Pr. , 1976)

Micropublishing of CurrentPeriodicals （New York:Pergamon, 1977 –　　)

Microform Research Collections, a Guide (Westport, Conn. :Microform Review,1978)

Government Pubilications Review, 1976—　　内容包括美国等政府和联合国文献、技术报告。

Serials Review. 有专栏关于累积索引、政府出版物、参考性连续出版物和连续出版物工作用的工具书。有累积本:Serials Review Index.

3.4　如何挑选

挑选连续出版物除了应该了解本馆的性质、任务、读者对象、本地区或本单位当前和将来（不久的将来）的需要外,并且要考虑到订刊的系统性与连续性。由于选购时不一定能看到样本,只能凭目录或征订单上的介绍来挑选,因此还有一些技术性问题,在挑选中外文连续出版物时,应该考虑以下的一些因素:

1. 出版单位。国际性或全国性的学术团体,如,科学院、研究所、高等学校、学会、协会等出版的刊物一般都能反映出当前该学科领域里的学术水平。一些著名的出版社,特别是跨国的大出版社,如西德的斯泼灵格(Springer)、荷兰的爱尔舍费尔(Elsevier)、北荷兰(North - Holland)、医学文摘社(Excerpta Medica)、美国的麦格劳·希尔(McGraw - Hill),泼兰纳姆(Plenum)、科学情报研究所(Institute for Scientific Information)、学术出版社(Academic Press)、苏联科学出版社(Hayka)等等。它们的出版物质量都比较高。大多数属于核心期刊。其中一部分刊物系具有国际水平的学术刊物。由各国学者轮流编辑。稿件亦来自各国专家、学者。

2. 该期刊的文章被其他期刊引用、摘录的次数。凡是被文摘、索引、辑要等检索性期刊引用较多的期刊质量必然较好。被引用的次数越多,表示这种期刊的参考价值越高,必然比较受专业人员欢迎,因此,也可以从该学科的检索期刊中找到挑选某种期刊的可靠依据。

3. 国家的特点。每一个国家的工农业生产都具有各自的特点。我国要实现四个现代化,正是要借鉴外国的先进经验。因此,外文期刊作为替四个现代化提供信息的主要来源,应该介绍这些国家的特长。例如,马来西亚是世界上最大的锡和橡胶的生产国。菲律宾的国际稻米研究所是联合国粮农组织支持下曾经在推动"绿色革命"中起过重大的作用。柑桔是当前世界上最主要的食用水果,约占全世界水果产量的四分之一。美国的加利福尼亚州和佛罗里达州是世界上最主要的柑桔产地,加州大学的柑桔研究中心和佛州大学的柑桔试验站是美国研究柑桔生产的中心。日本的电子工业在世界上占有重要地位,但是在基础研究方面,美国却走在前头。虽然巴黎时装在世界上久享盛名,但目前在服装出口数量上,意大利却独占鳌头。意大利的皮鞋、皮革制品在国际上也是很受欢迎的。我们在采购连续出版物时,不能不考虑这些国家的特点。

4. 企业的特点。企业、工厂出版的刊物,除了报导企业内部的动态,如人事变动、业务动态等非技术性的、参考价值不大情况外,虽然篇幅不多,但是集中于解决一、二个问题,而且图文并茂,所以颇受生产单位技术人员的欢迎。采购厂报需要对外国厂商有一定的了解。知道它们产品的特点。例如,美国 Sears 百货公司和 Ward 百货公司是世界上最大的百货邮购公司。它们的营业额名列美国两百家最大企业之中。在订购有关衣着和家庭日用品的资料时,它们的目录应当首先考虑。又如,荷兰的菲利浦、西德的法本、日本的日立、松下、石川岛播磨、美国的波音、英国的罗尔斯——劳爱斯等等都有它们各自的特点。订购厂报就是要懂得其专长。

5. 创刊年。有的期刊出版了几十年,以至上百年。也有的期刊只出了几年以至几个月就停刊或并入其它期刊。停刊或合并的原因不一。也不一定能说明一种出版物的质量,因为还可能受到客观环境的影响,如,经济萧条、经营不善等等。但是,创刊年早却可以说明一部分问题。如果质量太差是不可能长期存在下去的。

6. 从题名中得到启示。有许多连续出版物其题名能够清楚地表达其内容主题,如《木材与利用》、《紧固件》、《地理杂志》。但是,有的题名虽然主题是明确的,出版形式和性质却不太明确。然而,这样的题名还是可能有一些规律的:

a) 前面曾提到过的检索期刊,如文摘、Abstracts、Digest 都是某些出版物中文章的简单提要。索引、Index 则只有文章的出处,而无文章的内容或提要。

b) 通讯、快报、新闻、News、Letters、Newsletters 都是某些学科

或行业的消息报导,没有详细的技术内容。每期往往只有几页或二、三十页。价格很贵,但是内容新、报导快是其特点。属于情报性刊物。在国外,它是企业间竞争的重要消息来源,能为专业人员提供启示。

c) 学报、成系列的会议录(以年份或编号序列)、学会会志、通报、汇刊、Archives、Proceedings、Transactions、Journals、Bulletins、Acta 一类刊物的文章理论性强,图片少,适合水平较高的研究人员参考。

d) Reports 可能是特种资料。每期有总期号,各有主题,或者只是一篇文章一个著者。这类出版物有的是保密的,所以到刊时,期号不一定能相连续,出版无规律。

e) 年鉴 Annuals,Yearbook 每年只有一册。

g) 题名末尾有 International 或 Worldwide 字样的期刊,应考虑是否另有国内版。如有两种版本,则国内版内容比国际版更丰富。有的刊名中有 International 表示它具国际水平,编辑及文章来自世界各地,同时可能用多国文字发表。

7. 从题名和价格来看广告情况。有的读者对广告很感兴趣。他们能从中获得信息和启示。因此,我们在采购时也要适当考虑广告。一般说来,Acta、Archives、Digest、Abstracts、Index、Advances、Proceedings、Progress、Reviews、Transactions、学报、会议录、汇刊等刊物没有广告或者很少有广告。年鉴、手册 Yearbook 则广告较多。政府出版物、内部出版的外文期刊也没有广告。凡价格贵而篇幅不多的期刊一般不登广告。价格便宜、页数多的期刊大多载有广告。正是广告收入降低成本。同时也因为发行量大,所以广告特别多。

8. 由西安 34 信箱、上海 4060 信箱、北京 608 信箱内部出版的外文期刊是一些比较"热门"期刊。它们大多属于"核心期刊"的范围。一般以页数多少来定价的。所以,价格贵的页数多,便宜的期刊页数必少。

9. 检索性期刊是一些已经"消化过"期刊,也就是通常所说的"两次文献"。一种检索性期刊可以包括几百种、几千种,以至一万多种连续出版物和图书的主要内容。质量都比较高。近三十年来,国外这一类期刊增加得很快。目前大约已有四千余种。其中比较著名的有《科学引文索引》(Science Citation Index)、《社会科学引文索引》(Social Science Citation Index)、《工程索引》(Engineering Index)、《科学技术文献速报》、《化学文摘》(Chemical Abstracts)、《生物学文摘》(Biogical Abstracts)、《应用科学技术索引》(Applied Science &Techology Index)、《应用力学评论》(Applied Mechanics Reviews)、《生物研究文摘》(Bioresearch Abstracts)、《技术图书评论索引》(Technical Book Review Index)、《医学索引》(Index Medicus)、《化学总览》、《科学文摘》(Science Ab -stracts)、《历史文摘》(Historical Abstracts)、《全国报刊索引》、《文摘杂志》(РеФеФамивныижурнал)、《农业文献索引》(Agrindex)、《生物化学文摘》(Biochemistry Abstracts)、《医学文摘》(Excerpta Medica)、《金属文摘》(Metals Abstracts)、《种子文摘》(Sead Abstracts)、《杂志记事索引》、《铁钢技术总览》、《国际核情报系统核能文献题录》(INIS Atomindex)等。

10. 报纸。报纸是反映一个国家的政治、经济、科学、与文化的橱窗,是了解一个国家内部动态的重要情报来源。采购时,必须了解报纸的政治背景、社会群体的代表性、内容侧重点等等。最好还要知道其发行量,因为发行量也部分反映了报纸的质量。此外,国内外报刊上经常提到或译载、引用的报纸也往往是比较著名的报纸。

以上十点仅是比较主要的参考依据。其他方面如,月刊、周刊一类期刊的出版日期固定,到刊时间比较正常。不定期刊物由于出版不定期,无从掌握其是否已经出版,容易发生遗漏。东南亚、南亚有些报刊的到刊情况也不能令人满意。订购时均应适当考虑。

3.5 订购

和其他图书馆资料一样,连续出版物的收集来源也包括订购、交换与受赠等三个方面,其中订购当然是最主要的。

由于种种历史原因,我国图书馆资料的现实情况是,一部分显然是连续出版物的出版物是作为图书订购和处理的。关于这部分刊物的订购完全按照图书订购的方式处理,因此不再在此详述。其余作为连续出版物订购的,实际上都是报纸和期刊。中外文出版物的发行渠道和方式不尽相同。现分别介绍如下:

中文报刊

目前我国经注册发行的报纸(包括少量外文报纸)约有 1777 种。每期发行 202,075,000 份。其中 1959 年以前创刊的占 30.7%。六十、七十年代创刊的分别占 3.7% 和 9%。1980 年到 1985 年 3 月底,新创办的报纸达 1,008 种,占总数的 56.7%。平均每两天有一份新报纸问世。一些主要报纸是通过邮局向全国发行的。但是数量更多的地方性报纸只在本省或附近地区发行,需要像内部出版物那样,通过个别函订或馆际交换才能获得。大部分报纸不仅可以破年度订购,甚至可以破季订购。

中文期刊的发行渠道长期以来是通过邮局报刊处发行。数量较少的年鉴、手册等连续出版物由新华书店供应,其他还有大学的学报、科研单位的学报等发行范围较窄的内部刊物系由出版单位自办发行。分述如下:

1.邮局发行的期刊采购比较有规律。大致一年分两次征订。每年 10 月到 12 月预订下一年的刊物。第二年 5 月至 6 月再征订一次。图书馆总是预订一年的刊物,所以 10 月份是集中订购的一次。第二年则是补订新创刊的出版物。邮局要求各编辑部提供明确的出版日期,因此到刊比较准时。但是,近年来新创刊的出版物犹如雨后春笋大量涌现,而且发行量日益增加,给邮局的发行工作带来巨大的压力,再加上社会上各种思潮的影响:使发行工作产生了一些问题。这包括:报刊征订目录不正确,开列题名不完整,使人误以为停刊;目录标价不正确,造成付款不够而退订;已经退出邮发,而在目录中又列出等等。二、邮局漏订。过了订期才退款。三、预订份数与收到份数不符。四、收到的期刊中经常有一些破损,甚至是给人看旧了的。五、缺期现象时有发生、甚至长期未收到。六、有的期刊上半年邮发。下半年改成自己发行。尽管如此,采购人员还是愿意订邮发的报刊,因为每年集中采购一、两次就可以订上许多种,手续简单得多。

2. 新华书店发行的刊物品种比较少。它们多半是出版社编辑出版的。除了习惯上作为图书处理的年鉴、手册等连续出版物外,他们也出版完全是期刊形式的刊物,如《年青一代》、《世界之窗》、《文化与生活》等,大约有几十种。这主要是因为申请期刊出版许可证比较困难,而出版社将期刊作为图书出版,只要每期给一个书号就行了。然而,对图书馆的采购工作来说,却增添了不少麻烦。每一期书目都不得疏忽,否则就会漏订。特别是当出版物的发行时间缺少规律时,或者出版书目偶有疏漏,则漏订的可能性就更大了。

3. 编辑部自办发行。自办发行原来只限于内部交流。其学术性和技术性强,发行量也不大。近年来,由于邮局发报刊数量剧增,邮局不堪承受,因此自 1986 年起,凡发行量在一万份以下的报刊,邮局鼓励其自己发行。另一方面,邮局的报刊发行费由原来的 25% 上升到 40%,也使编辑部不胜负担,再加上近年来纸张价格飞涨,迫使编辑部除了提高期刊价格外,不得不纷纷由邮局发行改为自办发行。邮局发行的刊物逐年减少。

自办发行(包括内部发行的出版物)的日益增加,给图书馆工作者带来了巨大的困难,然而,邮局和出版者也并未得到多少好处。因为邮局发行刊物不用包装和标签,主要工作量是统计和分发。现在自办发行,统计工作是省去了,但分发工作减少不多。至于出版者,他们本来成批送交邮局就可以了,现在则需要印征订单,发征订单,做订户统计、包装、贴标签等等,工作十分繁琐。更重要的是,邮局在全国各地有一张巨大周密的发行网,因此发行面广而深入。自办发行后,编辑部根本不可能继承原有的订户。象《全国报刊索引》自 1986 年由上海图书馆自办发行后,订户一下子从 17000 多份减少至 7000 份。尽管早几个月就发出通知,许多订户还是漏订了,甚至以为停刊了。图书馆工作者受到影响更大。原来每年只要按时间向邮局办一、两次手续。现在大量期刊分散到几千家编辑部去订购,必然要发出几千张订单和几千笔汇款。工作量之大是可想而知的。由于编辑部经验不足,纸张经常涨价,印刷费也有调价,订购自办发行的刊物,还会出现以下几种情况:1. 刊物中途调价(邮发刊物不许中途调价),需要补缴费用;2. 汇款后未收到刊物而又不退款;3. 由于漏发、错发或中途丢失等原因而造成缺期;4. 汇款后未能及时寄回收据便无法销帐;5. 有的出版者将几期刊物合在一起寄发以减少邮资,以致影响期刊的使用效果;6. 刊物调价,未及时通知,因此编辑部减少发货,使订户中途缺期。总之,自办发行的大量涌现,对于中、大型图书馆每年一度的续订、增订任务确实是不轻松的。

外文报刊

外文报刊的订购任务也同样繁重。虽然我国大多数图书馆主要通过中国图书进出口总公司、新华书店外文部或外文书店,和邮局,但是如果订购品种较多,则要在短短的一、二个月内突击续订、对帐和新刊选挑,工作也非常紧张。三个主要订购渠道发行的报刊也不相同。

①中国图书进出口总公司是国家科学技术委员会属下的一个专门经营进出口书刊的公司。其总部设在北京。广州、上海等地还设有分公司。三十多年来,它一直是我国最主要的外国报刊发行渠道。其报刊处属下的收订科和发货科分别负责对订户的收订与发货业务。该公司征订的范围,除了报刊处下属编目科所编的《外国报刊目录》第七版所列两万多种报刊外,还允许订户提出最新创刊的、有参考价值的报刊,以及目录上没有的而订户认为需要的报刊。当然,对于这两类自选报刊,订户必须提供详细的出版信息,如,出版者及其地址或资料的来源。

②外文书店或新华书店外文部。外文书店或新华书店外文部征订的出版物,主要是内部发行的外文期刊和外国进步报刊。具体情况随地区不同而有差异。

③邮局。邮局发行的外文报刊只限于国内出版的报刊,如,《中国日报》、《北京周报》、《人民中国》、《中国建设》等各种文别的外文报刊。

某些自备外汇可以直接向国外订购的图书馆还存在着:直接向连续出版物出版者订购,或通过几家在国外的代理商订购,这样两种选择。这两种订购方式各有利弊。

直接向出版者订购的好处是:

1.有些出版者可能不委托其他单位发行。不直接订购可能收集不到。

2.有些较大的出版者出版较多的连续出版物,如果图书馆订购他们较多的出版物,可以打一个折扣,而通过代理商反而要加手续费。

3.直接向出版者订购,收到刊物的时间会比通过中间商快些。

4.高价刊物如文摘和翻译版,代理商收费很高,往往要加代办费 200～300 美元。

5.发明和商业服务越来越多,而这些刊物在采购指南中不收录。必须直接向出版者订购。

6.学会、团体的出版物。

    a.往往只对会员个人供应,因此有必要以图书馆的某一个人名义参加,或委托国内或国外的专业人员参加,并代购其出版物。从经济上看,还是合算的。

    b.对会员有折扣。

    c.图书馆可以作为团体会员参加。

    d.有的学术机构拒绝与代理商打交道。

7.大多数难以得到的刊物和不定期出版物代理商不愿接受,只能直接订购。

8.大学出版物通常是自己发行。这些刊物象学会出版物一样,最好通过图书馆在国外的各种关系,利用交换或受赠获得。

9.有些所谓"Little magazine"的学术性刊物出版、发行量很少,但是质量不低。其中某些文章的作者往往后来成为很出名的人物。这些杂志可能是唯一刊载他们处女作的杂志,因此有它的特殊的作用。它们往往是季刊,甚至是不定期的,而且限于经费来源,杂志的生命往往不长,订阅的地址也经常在改变。这些杂志只能通过直接订购才能获得。

总之,直接向出版者订购的优点是很多的,但是其缺点也是很明显的。这就是,图书馆得分别向许多出版者订购,信件、文书的工作量很大。

3.6 订购手续

中文报刊的订购手续比较简单。只要按邮局征订目录或各杂志、报纸编辑部的规定日期内寄出订单和订费就可以了。这里不

```
                    ┌──────────┐
                    │ 分配名额 │
                    └────┬─────┘
                         │
                    ┌────┴─────┐
                    │  挑选    │
                    └────┬─────┘
                         │
                  ┌──────┴────┐    ┌──────────┐
                  │  打订单   │───→│ 打采购卡 │
                  └──────┬────┘    └────┬─────┘
                         │              │
          ┌──────────────┴─┐    ┌───────┴──────┐
          │ 送有关部门审批 │    │  按刊号排列  │
          └──────┬─────────┘    └──────────────┘
                 │
      ┌──────────┴───────────────┐
      │ 订单及批准书送协调单位   │
      └──────────┬───────────────┘
                 │
            ┌────┴──────┐
            │ 转中图公司 │
            └────┬──────┘
                 │
      ┌──────────┴──────────┐
┌─────┴──────────────┐  ┌───┴───────────────────────┐
│ 同意订购、预付款   │  │ 停刊、订不到等原因退回订单 │
└─────┬──────────────┘  └───────────────────────────┘
      │
   ┌──┴───┐
   │ 发货 │
   └──────┘
```

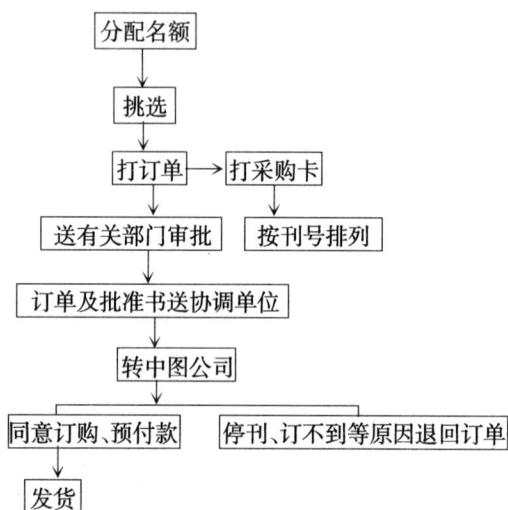

订购手续流程图

再详述。

　　外文报刊的发行单位有几个,但订购手续大致相同。每个收藏单位对外要做订购单,对内应做采购卡。这里以中国图书进出口总公司的订购手续为例作一介绍。

　　中图公司在每年五月份开始征订下一年度的外文报刊。该公司委托各省、市、自治区的有关单位协助进行。凡新订的报刊,每个订户都要填写中图公司印发的订购单(见图 3－1),寄中图公司。订购单要一式四份。留底的两份应分别按字母顺序和刊号排列,并装订成册。对老订户,中图公司直接寄给去年订出的帐单(即、当年到刊的帐单)。帐单上有报刊的刊号与价格,但无刊名。刊号按中图公司的四个地区——美洲和大洋洲,亚洲和非洲,苏联和东欧,西欧——开列。订户在收到订单后,要进行核对。如有问题,可去信查询。 不拟续订的,应划去该刊号。 帐目相符,则寄去

中国图书进出口总公司报刊订购单		注:请一式填写三份,
China National PUblications Import & ExPort Corporation		盖章后交回二份。
Subscripition Order For Newspapers & Magazines		填单日期 Date:

份　　数 Quantity	原文刊名和文别　Title and Language	
出版国家 Country	发　票　号　Invoice　No　订　费　Price:	
刊　号　Catalog No	户　号　Sub. No	订阅年月 Subscription Period
订 户 名 称 和 地 址　Name & Address of Subscriber		订户盖章 Signature
订户电话 Telephone		

图 3-1　外国及港、澳、台报刊订购单

转帐支票。帐单同时也起着续订单的作用。无论新、老订户每年都要填写批准书(见图 3-2)。由有关部门审批。

中图公司收到订单后,经过协调核实。凡同意订购的,该公司会通知订户,收取一定数量的预付款,作为流动资金的一部分,凡因各种原因无法订购的(包括停刊、休刊、合并、因改名或合并而订重复的、刊名或出版者地址更动而无法查明者),该公司会在年底前后将订单注明原委退回订户。

中图公司报刊部收订科专管外文期刊的收订。征订工作结束后,有关业务可直接与该科联系。以后有关发行的问题则向发行科查询。

N 目录的订购——N 目录是国内版外文期刊的订购目录。所收录内容主要是国内版外刊中的特刊和索引。订购时,首先应查馆藏是否国内版外文期刊。如果不是国内版外文期刊没有必要订购。当确定订购后,应在有关款目前做出记号或剪下有关款目,制成采购卡并按 N 目录的编号顺序排列,以便验收时注销。

订购,1991 年度外国和港、台、澳报刊

批 准 书

中国图书进出口总公司:

　　该单位委托订阅 1991 年进口报刊新增订　　份,业经批准同意。

批准单位(盖章)

(请勿撕开)

订 购 委 托 书

　　(一)委托你公司订购 1991 年度外国和港、台、澳报刊,续订　份,新订科技　份,新订社科　份,总订　份,请予收订。

　　(二)每年应付的预订金和刊费,我们都将列入预算,保证及时如数承付,决不拖欠。

订 户 名 称 _____
收 件 地 址 _____
订户对外国使用
英文名称及地址 _____
订户邮政编码 _____
联 系 人 _____ 电话 _____ 电报 _____
开 户 银 人 _____ 银行帐号 _____
报刊户号: _____

订购单位盖公章
订购单位主管人签名
1990 年　　月　　日

图 3-2　订购批准书

3.7　编制采购卡

采购卡(图3－3到3－6)的作用是反映图书馆订购连续出版物的情况,防止重复订购。任何一种连续出版物只要继续订购,采购卡就得长期保存下去。

采购卡记录的内容开始时要求简单。只要记录题名、刊号、和起订年份就可以了。因为征订目录上提供的信息有时并不十分精确,特别是从《外国报刊目录》上来的信息,收录时可能已经过时,经过一段时间的排版、印刷、发行又会有一些变化。图书馆也不一定看到便订。再加上从订出到收到又得将近一年的时间。我们既不敢保证一定订到,更无法保证几年之中不发生变化。这样,等到刊时,再根据实际情况,作必要的修改、补充,似乎更为合理。不仅如此,为了使采购卡上的信息紧跟连续出版物的变化,应当与划到工作密切配合,随时要作修改、补充。记录的格式与内容如图。

采购卡的排列方法应当随订购来源的不同而异(参见第五章5.12目录的组织)。

凡属中图公司供应的外国及港、澳、台报刊,其采购卡应当按国家代号分开,然后按分类号和流水号次第排列(见注1)。因为中图公司的帐单(也是续订单)是按国别分开排列的。如果首先按分类号排列采购卡,则核对起来费时费力,极为困难。

邮局发行的中、外文报刊,其采购卡应按邮局刊号排列。刊号由两部分组成。第一部分表示地区(省、市、自治区),第二部分为流水号;两者之间加连接符号,如"3－7"便是上海出版的《每周广播电视》。

内部发行的外文期刊,其采购卡应按出版者的编号顺序排列。编号由两部分所组成。第一部分代表年份。第二部分是流水号,如"86 – 5401"。第一部分的年份代号每年都要改变。作为采购代号,我们没有必要每年作修改。第二部分才是需要排列的序号,但是这一部分经常会有变动,因此需要每年作必要的修正。

来　　　源	订购年份	卷期起讫	份数	单价	总价	凭证	付款日期	订购批号	到刊

订购 　　单位、地址。 赠送	退款原因	卷期起讫	册数	凭证	金额

图 3 – 3　中文报刊采购卡正面

日　　期	收　款　单　位	银　行	帐　号

备注

分配

图 3 – 4　中文报刊采购卡反面

架号		刊号
刊名变化		
建议单位		备注
订购处		

上海图书馆外文报刊购卡

图 3-5　外文报刊采购卡正面

年份	版别	订价	实价	到刊情况	出借人次	备注

图 3-6　外文报刊采购卡反面

零星订购的报刊因为缺少必要的统一编号,所以只能以字母顺序或笔划或四角号码排列采购卡。将来中外文连续出版物都有 ISSN 后,可以按 ISSN 来排列。

中外文年鉴、手册、年度报告、成系列的会议录、长期连续出版的丛书等连续出版物目前大多通过外文书店、新华书店作为图书采购。条件具备的图书馆应将其归属连续出版物部,采购卡可以按零星订购的报刊同样排列。

(注1)中图公司的刊号由三部分组成。前三位数是分类号,中间的英文字母是国家代号,再后面是该分类中某一国家的期刊流水号,例如:

3 7 5 B 01

图书馆学与情报学　　美国　　该类别中美国期刊第 1 号

3.8 验收

    采购人员验收工作仅限于新品种。每年一、二月起,新刊陆续到货。此时,划到人员应将新订购的品种送采购人员验收。值得注意的是,期刊的改名、改出、合并改名、合并改出、分辑等等变化绝大多数是在每年第一期开始。工作人员要根据自己的经验,善于区别处理。一般说来,新品种期刊对于一个熟练的划到人员是容易识别的。困难的是,如何区别新品种期刊和发生改名等变化的期刊。这需要划到人员的仔细观察和分析。多数期刊在有改名等变化时,往往在变化后的第一册上有一段说明。但有一部分期刊,在变化前一册上作出说明,而变化开始时不再说明。中图公司发行的中外文期刊可能在封面或封底上有刊号,因此通过留底的订购单(见本章3.6一节)可以查出新订的品种。内部发行的外文期刊封底上也有自己的刊号,可以据此查对。这两类期刊封底上都有订户帐号。如果帐号不符,说明是误发,应该及时退回。这一方面是职业道德,另一方面,如果别的图书馆也将误发的期刊留下不退,必然会导致大家缺期。当查明是新到品种后,就将采购卡取出,按照到刊的实际情况在采购卡上作修改或补充。需要修改或补充的内容包括并列题名、责任说明、出版地点、本题名下第一册的年份、ISSN、起订卷、期、年份(外文期刊有时订出与收到年份会相差两、三年)。如果题名在收到时已经有变化,须加"到刊名:…"。以后若再有变化,则再加新的说明。外文期刊没有必要象编目卡、划到卡那样做改名卡或见卡,因为采购卡并不以题名排列(见本章3.7一节),但中文期刊应该做改名卡或见卡。

    采购卡上著录内容经补充或修改完毕后,根据上架次序,给每一个品种一个固定排架号(见本章3.10排架)。如果采用分类号排架,同样也要给排架号,并做一张排架卡(图 3 - 7)。这些卡片构成一套排架卡目录,以避免重号。

排架号		ISSN
		刊号
	题名/责任者	
	出版地:出版者,出版年	
	起订卷 –　　　　年 –	

图 3 - 7　排架卡

对于有疑问的期刊,或是无法查清其来龙去脉的陌生期刊,属于中图公司、邮局、内部出版的,应从速去信询问。拆包时没有注明到刊来源而一时无法解决的出版物,可集中在一固定的书架上,等待以后续到时处理。正在查询或需要查询的出版物中,应夹一专用形式或彩色的纸片,注明查询的问题与查询的日期,等待答复。一个人的记忆力总是有限的。时间一长,不免会遗忘。只有勤笔,才能免思。

验收的要求之一是,采购人员必须认真检查每一种新到的连续出版物,查看其质量是否好,内容是否符合本图书馆的收藏范围。如果只看一期难以确定,可以在划到卡上用铅笔注明"继续观察"。划到人员继续收到此题名时,再送交采购人员进一步鉴定。若出版物的质量或内容不符合图书馆的要求,应在采购卡上注明下一年停订,并列出停订原因,供下一年度采购时参考。

3.8.1　采购中的重复问题

防止采购重复是每一个采购人员的职责。但是,这并不意味着,重复采购便是采购人员的失职。有时候,重复采购是不可避免的。这种情况常见于外文期刊。

外文期刊的重复采购大致可分为两类:　A. 不易防止的。这一类中还有四种情况：

1. 两刊合并。图书馆订有两种期刊。在续订的下一年中，两刊突然因某些原因而发生兼并（这在期刊中十分常见）。作为出版社或代理商，他们决不可能临时通知图书馆，征求一下意见。他们往往采取最简单的办法——既然图书馆付了两份期刊的钱，就给两份相同题名的期刊。这样的情况图书馆和代理商是无法预见的，因而是无法防止的。

2. 一种期刊被另一种期刊吸收，而这两种期刊图书馆正好都订。与第一种情况的理由相同，出版社或代理商就寄给图书馆两份相同的期刊作为补偿。

3. 刊号、题名同时改变。这种情况一定发生在新增加期刊时。订外文期刊都是从采购目录《外国报刊目录》上挑选的。在新增期刊时，不知道新增期刊的刊号是由一种已经续订期刊的改号，而刊号改变往往是出版国家的改变，如果没有出版者目录，即使题名没有改变，采购人员也难以掌握。

4. 如果图书馆同时采购原版和内部版，则也可能发生重复订购，因为原版征订目录上是几年以前旧题名，而内部版征订目录上的题名是新改的题名。如果采购人员工作十分细致，在新订期刊时，能想到去查对原版刊号，那末这样的重复是可以防止的。

B. 可以防止的：

1. 漏查。在订购连续出版物时，查重是必需的，而且十分重要。查重包括查题名，查刊号，如有可能还应查出版者。如只查题名而不查刊号，或者只查刊号而不查题名，那末重复订购的可能性就比较大。

2. 内部版改订原版，而没有抽掉内部版的采购卡。因为订单是根据目录做，如果忘了改目录，就有可能重复订购。

中文期刊除了两刊合并和一种期刊吸收另一种期刊外，只要认真查重，重复订购是可能避免。

3.9 编制划到卡

编制划到卡的任务原应属于划到工段,但是,由于每一种新连续出版物收到时,首先要由采购人员审核所订出版物的质量和内容,并在采购卡上补充、修改各种必要的项目和索取号(排架号),因此,新到连续出版物的划到卡由采购人员编制更为合适。当然,以后划到卡的修改、更新还得由划到人员自己解决。

索取号	中译名 正题名＝并列题名/责任说明 出版地:出版者,出版年																												ISSN 刊号	
Vol.	1	2	3	4	5	6	7	8	9	10	11	12	13	14	15	16	17	18	19	20	21	22	23	24	25	26	27	28	29 30	31
一　月																														
二　月																														
三　月																														
四　月																														
五　月																														
六　月																														
七　月																														
八　月																														
九　月																														
十　月																														
十一月																														
十二月																														
订费													备注																	

图 3－8　日报、周刊、半月刊划到卡

索取号	正题名＝并列题名／责任说明												ISSN	
	出版地:出版者,出版年												刊号	
年	卷数	一月	二月	三月	四月	五月	六月	七月	八月	九月	十月	十一月	十二月	备注

图 3-9　月刊、双月刊、季刊划到卡

划到卡与采购卡的著录基本相同。采购人员做好划到卡后，应将索取号及起订年份记录在有关的采购目录(如,《外国报刊目录》、《外文现期期刊目录》、邮局发行的报刊目录)上,使其成为书本形式的采购目录。

划到卡编制完毕,将划到卡连同出版物、"连续出版物工作通知单"一起移交编目人员。经编目后,由编目员将划到卡和连续出版物移交划到人员。划到人员将划到卡排入目录,并将工作通知单交给装订人员编制装订记录卡。工作通知单最后退回给采购人员集中。

至此,采购工作虽然已告一段落,但是日常的停刊、合并、改名、退订、复订、休刊甚至催缺等,仍然需要及时与采购人员联系,并作出记录。因为采购应该是采编工作中唯一对外联系的口子。这样有利于采购人员掌握所订连续出版物的动态。

3.10　排架

连续出版物的排架不同于图书的排架。因为图书除了分批出版的多卷书外,都是一次出版完毕。它们不存在继续出版的问题。因此更不存在改名、分辑、合并等变化。连续出版物的排架之所以值得研究,是由于排架不仅关系到出版物发生改名等变化之后,是否仍能在一起,而不受索取号变动的影响,而且还关系到取出版物的速度和书库空间的利用率。一种比较理想的排架方式必须是:①排架号简单易懂,容易掌握;②取刊方便;③统架(倒架)次数少;④排架集中,书架上空位少。

我国的图书馆中,中外文连续出版物的排架方式主要有以下几种:①按分类号排架;②按中图公司的分类刊号排架;③按题名的笔划或汉语拼音字母顺序排架;④按品种固定号(流水号)排架;⑤按分类号流水号排架。这几种排架方式各有优缺点。现分述如下:

1.分类号排架。分类排架号由两部分组成,并写成两行。第一行为分类号。第二行用于西文为题名首字母的克特氏号(Cutter number),用于中文为四角号码。有的图书馆还在分类号上一行再加字母,表示该文献的性质,如"Ref"、"R"表示参考资料;"I"表示检索文献等等。这种排架方式普遍用于图书、年鉴、成系列的会议录等,但是也有一些图书馆用于期刊。排架的方法是按分类号次序。若分类号相同,则再比较克特氏号或四角号码。若分类号和克特氏号或四角号都一样,而在第二行后加"·"和数字(如".1")或"-"和数字或字母(如"-1"、"A")以资区别。这种排架方式的优点是按类集中,同类出版物放在一起,查找方便。主要缺点是难以掌握连续出版物增加的速度,需要保留较多的空间。每当两种连续出版物之间增添了一种新的出版物时,就不得不统一次架。如果增加较多,就需要来一次大统架(调整书架)。鉴于书库空间有限是图书馆界普遍存在的问题,这个缺点实在不容小看。还有,索取号(也就是排架号)中的克特氏号或四角号码是按题名取的,但是,中外文连续出版物中的期刊改名频繁是其特点之一。几经改变而排架号不变,则克特氏号或四角号码肯定与题名无法协调一致,从而造成矛盾。如果改变克特氏号或四角号码,势必因排架号不同而将成系列的出版物分成两处甚至几处。失去分类上架能使连续出版物按类集中的好处。

2. 用中图公司《外国报刊目录》上的刊号排架。此种排架方式多见于中、小型图书馆和少数省、市图书馆的外文期刊。其优点是期刊按类别、国别集中,便于查对《外国报刊目录》,还可以借用其分类。对采购工作极为方便。但是,由于中图公司的分类常与期刊的实际情况不符,分类改变频繁,国别代号也常因订购来源改变或因跨国出版社的出版地点的改变而改动。每当中图公司改一次刊号,图书馆就得随之而做大量工作,包括改现刊号,改烫合订本上索取号,改印全部卡片,以及搬动库藏等。甚至还会引起读者误会,以为打错了索取号。除了上述缺点外,这种排架方式与分类上架一样,也需保留无法估计的空间。同时,每增加一种品种,就得调整书架。由此可见,这种排架方式弊多于利,并不可取。

3. 按字母顺序或拼音字母顺序排号。此种排架方式就是以题名的字母或汉语拼音字母顺序排架。其优点是不必查目录,可以直接到架上按题名取刊。其缺点也和前两种方式一样,需要保留较多的架位,以便插入新刊(包括改名等),而且非拉丁字母的外文,要分成各自的系统排列。采取此种排架的多为小型图书馆。世界上也有极少的大型图书馆,如英国不列颠图书馆文献供应中心也采用这种排架法。但是,它是完全闭架的。

4. 固定号(流水号)排架。所谓固定号排架就是不分文种、类别,而是按到刊先后,给每一种连续出版物一个固定的编号。每期都是同一编号,顺序架列。例如,第一种是 P0001(P 是 periodical 的缩写,也可作为外文期刊的代号,1 便是编号),第二、三、四、五……种便依次为 P00002、P0003、P0004、P0005……。如订年越早,号码越小,最后到的号码最大。中文连续出版物如另有书库,可以用 G 作代号。如,G0001、G0002……。如有改名等变化,则在索取号后加"-A"、"-B"、"-C"……。如系某一种连续出版物的副刊,则在正刊的索取号后加"－S"或"－S1"（第一种副刊）、"－S2"（第二种副刊）（详见本书第二部分"编目规则"）。这种排架号结构单纯,顺序明确,一看便知。号码一条龙。不管什么文种,都按顺序排列,对号取刊。由于架号位置稳定,管理人员容易熟悉书库,取刊还架必然较快,因此可以提高工作效率。另一方面,因为不存在插入新题名的问题,便能够根据每种出版物的大小、多少、厚薄、推算出大约每年需要增加多少位置,以便按计划留出空间,每三、五年统架、调整一次。统架是一项极为繁重的体力劳动。所以,按计划使用空间,减少统架次数,对于闭架书库的图书馆来说,无疑是一种比较理想的排架方式。至于同类连续出版物不能集中的缺点,只要编目、分类正确,是完全能够弥补的。因为闭架书库本身不接待读者。读者只是通过目录寻找其所需的出版物。

有的图书馆的读者主要是单位内部工作人员,他们需要按类别查找。这类图书馆仍然可以采用固定排架的方式。不过增加现期连续出版物（主要用于期刊）开架分类陈列作为补充。这样仍能满足这些读者的要求。现期出版物分类单册陈列的做法,不仅解决了类别集中的问题,而且使固定号排架方式更趋完善。（详见第七章7.3"陈列"）

5．分类号加固定号。这种索取号分为两行。第一行为分类号,第二行为固定号。这种排架方式最适合于开架的图书馆,它既可以使期刊经过改名后仍然集中在一起,同时又可以按类别查找所需的期刊。如果分类不太细,则保留的空间能略有减少。

至于已经采用分类上架的图书馆,如果采用本书第二部分《编目规则》有关索取号的规则,可以解决改名后同一种出版物分散的矛盾。

不管采用何种方式排架,每一种出版物都必须有一个索取号。没有索取号的排架方式对书库管理的人员素质要求很高,因而不利于现代化的管理。

guowai yixue shengwu zhipin fence

Goooo - A 国外 医学 · 生 物 制 品 分 册, -V. 2, no. 1 (1979,2)
- v. 7, no. 6 (1984,12) - 上海:上海生物制品研究所
1979 - 84.

6v. ;26cm

双月刊, - 继承:《国外医学参考资料生物制品册》. —
1985 年起改名:《国外医学 · 预防诊断治病与生物制
品分册》.

ISSN: 国内发行.

4 - 228

R37　　63. 16　　　　　　　1985 - 10 - 1327

图 3 - 10　改名后的索取号(已经加了字母)

yejin wenzhai disi fence jinshu cailiao

Goooo - 4 冶金文摘 · 第 4 分册,金属 材料, -1975,
no. 1 (1975,4) - 1982, no12 (1982,12). - 重庆(四川):
科学技术文献出版社重庆分社,1975 - 82.

8v. 26cm.

月刊 - 继承:《冶金文摘》(1974) 的一部分, -
1983 年起改名:《冶金文摘 · 第 4 分册,金属压力加工、
粉末冶金》. —1980 年起公开发行.

ISSN: 国内发行.

[78 - 48]

Z89:TF　　76. 071　　　　　　1986 - 7 - 3346

图 3 - 11　分辑后的索取号(已经加了数字)

3.11 怎样才算改名

题名经常有变化是连续出版物的特点之一。对中文连续出版物来说,任何一个字的增删或改变都是改名。然而,对西文出版物来说就比较复杂。题名的改变有大有小,程度各不相同。到底怎样改变才算改名,国际上一直缺乏统一的标准。

1975年,国际标准化组织正式公布了《文献工作——国际标准连续出版物号(ISSN)》,对于西文连续出版物怎样才算改名的问题,开始有了一个比较可行的依据。我们知道,ISSN的基础是,一个题名有一个ISSN,一个ISSN代表一个题名。给予一种连续出版物以专用的ISSN的依据,并非直接来自题名,而是来自识别题名(或称关键题名。在英文中称为key title。参见本书附录A:ISSN与ISDS)。这个识别题名不是由出版者或编辑部制定,而是由"国际连续出版物数据系统"(International Serial Data System,简称ISDS。我国也于1986年10月在北京成立国家中心)来确定。根据《ISDS手册》3.2.10条款,当主要信息源中出现的题名用词改变后,是否给予新的ISSN和识别题名,取决于改变程度的大小。大变会产生一个新的ISSN和新的识别题名,小变则不会。若有疑问,由该连续出版物所属地区的中心决定,是否应指定新的ISSN和新的识别题名。

这里所指的大变包括:

a.名词(包括专用名词)、动词、副词和形容词的更动或增删,如,

ICSU Review = ISSN 0536 – 1338

改名:ICSU Review of World Science = ISSN 0367 – 7338

Revue generale du cautchouc etides plastique = ISSN

0035 –3175

改名：Revue generale du cautchodc ＝ ISSN 0370 ＝503X

b. 词的次序有变动,如,

Stocks of Grains in All Positions ＝ ISSN 0499 –0609

改名：Grains Stocks in All Positions ＝ ISSN 0094 ＝1301

c. 首字母或缩略词有变动,如,

C. E. B. S. Notes on the Science of Building ＝ ISSN 0311 –0427

改名：E. B. S. Notes on the Science of Building ＝ ISSN 0311 –4783

d. 构成识别题名一部分的责任者名称有较大变动,如,

Bulletin d' Information – Compagnie Financiere du Sues ＝ ISSN 0414 ＝1644

改名：Bulletin d'Information – Compagnie Financiere du Suez et de

1'Union Parisienne ＝ ISSN 0182 –5348

e. 识别题名所用语种有改变。

这里所说的题名有小变化的是指：

a. 冠词、介词和连续词的更改或增删,如,

Canadian Music Trades Journal ＝ ISSN 0383 –0705

别名：Canadian Music and Trades Journal

Bulletin – Societe des amis de la Cathedrale de Strasbourg ＝ ISSN 0153 –3843

别名：Bulletin de la Societe des amis de la Cathedrale de Strasbourg

b. 拼法或标点的改变,但不影响词的含义,如,

Jernal antroplogi dan sociologi ＝ ISSN 0126 ＝5016

别名：Jurnal antroplogi dan sociologi

c. 编辑单位名称的词序改变

Bulletin mensuel – Amnesty International. Section francaise = ISSN 0339 – 9885

别名：Bulletin mensuel – Section fracaise, Amnesty International

d. 并列题名的次序改变。

e. 印章或专用图徽(seal or logo)中增加或减少了首字母或缩略词,但如首字母或缩略词系题名的组成部分,则不可作为小变化。

f. 作为修饰信息的出版地改变,如,

System（Linkoping） = ISSN 0346 – 251X

别名：System（Oxford）

g. 词的转音有了改变,如从单数改变为复数,如,

Transactions of the Ophthalmological Societies of the United Kingdom = ISSN 0078 = 5334

别名：Transactions of the Ophthalmological Society of the United Kingdom

h. 题名上增加了原来作为修饰信息的词,如,

Statistques agrocoles(Quebec) = ISSN 0079 = 8444

别名：Statististiques agrocoles du Quebec

以上八条原则是题名虽有变化,但 ISSN 却并未改变的原因。此外,还有两个原因。第一,由于印刷错误,或是申请更换新的 ISSN 时间过于匆促,以致来不及收到新的 ISSN,就将原来的 ISSN 印了上去。如果是这样的话,出版者会在以后各期上更换新的标准号。连续出版物工作者有理由自己改去先前有错的标准号。第二种情况是,由于出版者并不认为自己的连续出版物已经改名,需要申请新的标准号,或者出版者没有认识到申请 ISSN 的必要性,因此没有及时提出申请。这种出版者的错误并不能否定连续出版

物的改名。只要我们找到确实的改名的依据，就应该按照规定处理。不能拘泥于 ISSN 不变就不算改名。根据《AACR2》1988 修订版规定，题名末尾编辑单位角词的增删也不算改名。

另一方面，我们还会碰到另一些情况。明明是相同的题名，相同的出版者，相同的编辑者，却有着两个不同的 ISSN。产生这种情况的原因可能有以下几种：其一、一种连续出版物改名以后，过了一段时期又恢复原名，此时，题名虽然恢复了，在申请 ISSN 时，它的识别题名却与原先的有所差别——在原有识别题名后面加注申请恢复的年份。因此，它的 ISSN 也就必须更换。其二，一种连续出版物的复制或重印本（一般不是期刊，而是期刊之外的连续出版物），因为在给予识别题名时，也加注了"（Reprint）"字样，所以也要改用新的 ISSN。还有一种情况是，有一些十分普遍的题名（如《October》）采用者很多。为了区别，编辑者也作为区别的依据；因此，当编辑者名称有所改变时，它的 ISSN 也可能改变。我们在工作中还会碰到，一个题名可能有两个 ISSN，此时，较小的号码是正确的，较大的号码应取消。还有一种情况是，题名并无改变或无实质性改变（不符合《ISDS 手册》的规定）却改变了 ISSN。这种情况如果反复查找属实，则可不予考虑。

鉴于上述种种复杂情况，加之以大量中外连续出版物目前还没有申请 ISSN，要明确分辩连续出版物的改名与否，并不是想象中那么容易。需要从各方面来分析、判断。掌握识别题名的改变与否，无疑是帮助我们正确判断连续出版物改名与否的方法之一。

凡属改名、分辑等等变化，都应改变其索取号（见本书第二部分的编目规则）。

3.12 改名与索取号

连续出版物改名后,如何给予索取号是一个如何理解"品种"的问题。过去相当多的连续出版物工作者一直认为,一种期刊不管经过多少次改名,只要卷期号相连或者甚至重新开始新的卷期,也还是一个品种。这一观点在按"集中反映"原则著录的图书馆目录中,可以得到强有力的证据。因为他们将各个改名都集中在一个最新或最老的题名下,因而就必然用同一个索取号,即使采用"分段反映"著录法的图书馆,同样认为只要卷期号相连接,改名以后仍然是一个品种。在一种期刊分为A,B两辑时,为了使索取号与品种的连续相一致,只对B辑的索取号作了改动,即在原有索取号后加"B",而让A辑继承原有索取号。也就是说,在任何改名、合并改名、合并改出、分辑、分出的情况下,原有索取号必定有一个"继承者",以表示这个品种仍在出版。这种处理原则在当时完全是正确的。

然而,随着事物的发展,ISSN的产生使"只要卷期号相连续,不管题名更改多少次,都是一个品种"的概念发生了根本的变化。我们知道,一种连续出版物在英文中称为一个"Title"。也就是一个题名。每改一次名,就产生了一个新的"title",随之也给它一个新的ISSN(见本书附录A,ISSN与ISDS)。由于每一个ISSN代表着一个独特的题名,因此,一个新的ISSN就代表着一个新的题名,也就是承认了一个新品种的诞生。既然是一个新品种,那末就不应该使用原来的取索号。换言之,如果按"集中反映"原则著录,把所有新题名都见旧题名,或所有旧题名都见新题名,那末,几个期刊名称的卷期都要集中到一个题名之下,也要集中到一个索取号之下,同时,也必然会将几个不同的ISSN都集中到一个题名之下。这样，一个题名就同时会有几个 ISSN，使 ISSN 失去了它存在的基础，也失去了它作为一个检索点而存在的意义。因此，对每一次改名，只要 ISSN 改变，就必须重新编目，重新给索取号。但考虑到不使前后题名分散上架，可以在原索取号后另外加字母或数字。这一点与改出的期刊给予全新的索取号（不加字母或数字）不同。

凡属改名的期刊应在原有索取号加字母。改一次名换一个字母。如第一次改名后加，"－A"，第二次加"－B"，第三次加"－C"（如图 3－10 所示）。从字母中也可以看出改名的次数。凡一种期刊分成几种期刊或分辑，则分别加"－1"、"－2"、"－3"…以此类推（如图 3－11 所示）。凡属某种连续出版物的副刊。则在主要连续出版物的索取号后加"－S"。若有两种以上副刊，则分别加"－S1"、"－S2"。关于改名后索取号改变的规定，见本书第二部分《编目规则》中有关索取号的条款。

3.13 补缺

由于种种原因，中外文连续出版物缺卷、缺期现象在各个图书馆里普遍存在，严重影响图书馆为读者服务的能力。因此，零星或整卷补缺是连续出版物采购工作的一个重要环节，也是使馆藏保持完整的一个有效措施，要做好补缺工作，首先要建立一套补缺目录，以便掌握需要补缺的情况。为此，补缺目录应每年核查一次，使目录能及时更新。过刊补缺是一个相当复杂而且容易产生争议的问题。1930 年以前，外文刊物补缺是很容易解决的。价格也便宜、合理。1930 年以后，特别是 1940 年以后，过刊补缺相当困难。在补缺时，往往发现重要的卷、期很难补上，而能补上的却多是不甚重要的。中文出版物也存在同样的困难。不用说建国以前的出版物，即使五十、六十年代的刊物也是不易收全。

补缺的范围与幅度不可一概而论。应要具体问题作具体处理。对于从第四、第五卷起订的期刊,应当尽可能补上前面几卷。如果残缺较多,而且在二十年以上者,应根据馆藏特点以及该出版物的重要性而定。补缺,最好成卷补订,不要零星补几期,以免因拆装合订本而增加大量工作。

连续出版物补缺的主要来源如下:

1.国内出版的连续出版物可以通过各地旧书店或直接从出版社的库存中补缺。如果这两处都无法补到,可以通过向兄弟图书馆复制补齐。

2.外文期刊补缺有两种情况。国内出版的如果只缺一、二期,可以通过复制解决。上海 4060 信箱也提供库存目录。原版整卷补缺的期刊,应限于目前仍在续订的期刊。如果已经停订或停刊的期刊,一般没有必要再补原版。原版补缺的途径有:

A.通过国内、外馆际交换,逐步补齐。

B.通过各地外文书店作为图书购买。由外文书店通过北京的中国图书进出口总公司或国际书店向国外专营旧期刊的书商补缺。这些书商如,美国的 Faxon 和 International University Booksalers Inc.,荷兰的 Swets 等都定期出版目录供图书馆选购。它们供应的旧期刊都比较著名。书品也较好。有的能整套供应,如果分卷订购,要价较高。

c.通过环球连续出版物与图书交换组织(Universal Serials & Book Exchange Inc.,简称 USBE)补缺。这是一个非营利性组织。除了个人外,全世界任何图书馆和图书馆组织均可参加作为会员。目前成员馆有 1640 个以上,分布在 57 个国家。每一个成员馆每年交纳会费 50 美元,作为其日常活动经费的一部分。成员馆的权利是可以得到 USBE 提供的书刊。每册(期)收少量手续费(1980 年 4 月的新价是 4.75 美元),邮费另计。非成员馆,包括书商,也可以向其提出申请,但是收费较高。各成员馆除交纳会费外,还有义务将本馆多余的书刊免费提供给 USBE。运费由成员馆支付。据 1980 年的报导，USBE 成立 32 年来，收到成员馆送来的书刊达五千多万册，对外供应了一千三百多万册。捐赠的书刊中，定期和不定期出版物约占 95%，包括现刊和早期的过期期刊，其余为政府文献和图书。主要文种为英文，也有其他文种。半数以上为科技类，尤以医学为最多。USBE 每月将收到的书刊编入情况通报。成员馆可根据需要，申请提供各种清单：

1. 某一专题或文种的图书清单。

2. 美国出版的期刊以及部分非美国出版的期刊清单。

3. 特种出版物、稀有书刊、会议录、汇刊、缩微胶片（卷）（价格不一），偶尔还有特种连续出版物清单。

4. 文献（特价）清单。

图书清单又分为六组：

　　A 组——各种专题及各种文别的图书。

　　B 组——主要是科技书（包括各种文别）。

　　C 组——医学及有关书籍（包括各种文别）。

　　D 组——各种专题（只有英文）。

　　E 组——不要交换清单。

　　LA 组——每半月出版一次的拉丁美洲出版物清单。

以上 A、B、C、D 各组中，只能选择一种，如超过一种，则每种每年另加 5 美元。LA 组不收费。

据国外某图书馆报导，USBE 对于第一次申请的书单（一般初入会的成员第一次申请数量总是较大）能满足约 60%。成员馆可根据需要，申请整套、整卷或另本期刊。如订单上的期刊一时未能全部满足，可以要求它将订单保留半年至一年半，然后重复提出要求直到全部满足。

1980 年 7 月，经过协商，USBE 同意对中国的图书馆仍按 1980 年 4 月以前的价格收手续费。为了保证支付，中图公司破例作为团体会员参加 USBE, 先付 5000 美元, 其中会员费 500 美元, 手续费 4500 美元。中图公司拨出专款供国内重点图书馆补缺。凡取得中图公司同意, 准备补缺的图书馆可将补缺的期刊名称、国别、出版者以及卷、期号, 还有本馆地址, 打在该公司统一的对外订购单上。一式四联, 一张留底, 三张盖章后径寄中图公司。

补缺时要注意, 如果所补期刊为整卷, 最好不要注上"Complete volume only"(只要整卷)。因为倘若"只要整卷", 则 USBE 手头即使只差一册也不会付运, 一定要等到全卷才交货。差一册的期刊就先给不是"只要整卷"的客户。不注明"Complete volume only"则有几期就先给几期, 最后同样补全。只要整卷者还得另外加收 2 美元。

根据已经收到 USBE 发来的期刊看, 书品质量都很不错。大多数是合订本。

3. 缩微制品。收藏缩微制品我国图书馆尚不普遍。但是很多连续出版物由于年代较早, 纸张老化, 原版补缺已很困难。特别是报纸, 由于纸张质量差, 不适宜长期保存。就以上海出版的《解放日报》为例, 五十年代的报纸普遍粉身碎骨, 就连六十年代的报纸也已破损残缺。有鉴于此, 上海图书馆于 1988 年将《解放日报》从建国前起, 全部缩微成胶卷。向全国图书馆供应。一份每天 8 版的大报缩微后, 每季度才一百英尺胶卷(直径 3 英寸), 大大缩小了体积。目前, 世界上供应缩微文献的机构, 包括出版商、杂志编辑部、大学图书馆、学会等大约有 350 家以上。经过缩微的连续出版物约有 15000 种, 其中小部分还是彩色的。尽管订价可能贵一些, 但是体积大大缩小, 缓和了书库拥挤的矛盾, 从长远来看, 经济上还是值得的。

3.14 交换与受赠

连续出版物的交换应当首先是长期的、连续的和稳定的。当然也不排除接受对方一次性多余处理的连续出版物，以及图书馆自身需要的补缺。建立长期交换关系的对象，最好是有自己出版物的图书馆。通过交换来获得更新的出版物，是采访工作中一个重要的来源。如果图书馆本身也出版刊物，交换就更有意义了。因为可通过对外赠送来获得新出版物。在对外赠送的出版物中，每十份中能有三份得到交换，图书馆就不亏本了。这是由于我们用以交换的出版物是按成本核算的，而得到交换的出版物却是要按市场价格购买的。所以用交换的方式获得国内外连续出版物是增加收藏品种的好办法。

受赠也是获得连续出版物的重要手段。有的出版物并不向市场供应，而是赠送给有关的专业人员、单位、或图书馆。及时了解信息，主动争取受赠，无疑是采访人员重要职责之一。

3.15 停刊、退订的处理

中图公司收订的期刊，如果已经停刊、订不到、或休刊时，则会将订购单退回订户，并注明退订的原因。采购人员收到退回的订购单后，应及时按刊号抽出采购卡，连同订购单一起保留一年备查。这是因为已经通知停刊，而继续收到期刊的情况并不少见。如果是新订而未到的期刊，则抽出采购卡注销即可。如果是中途停刊的期刊，则应在划到卡上注明，由于在多数情况下，连中图公司也无法回答停刊的确切日期和卷、期号(有时过了一、二年才通知停刊。也有

112

的在订的期刊通知订不到,而期刊却源源而来),因此,只能根据退订单在收到的最近一期后面,用铅笔划上两条斜线"//",注明"停刊。如续到,请通知采购、编目、装订"(如图3-12所示)。同时填写期刊工作通知单,连同采购卡、退订单和划到卡一并交编目人员作停刊处理,然后通知装订人员在该期刊的书架上作出停刊标志。如果此后又重新收到,而且到刊正常,则划到人员应填写工作通知单,再按上述手续,通知采购、编目、装订。并撤消停刊通知,重新将采购卡排入采购目录,并修改编目卡,取消书架上的停刊标志。

年	卷数	一月	二月	三月	四月	五月	六月	七月	八月	九月	十月	十一月	十二月	备注
1988	V.1	1	2	3	4	5	6	7	8	9	10	11	12	
1989	V.2	1	2	3	4	5	6	7	8	9	10	11	12	
1990	V.2	1	2	3	4									
通知停刊,如续到,请通知采、编、装订 90/6/10														

图3-12 停刊处理

中文报刊的停刊、退订处理与外文的处理方式基本上相同,但出版反复的可能性不大。

上面所说的工作程序看来似乎过于繁琐,但是非常必要。实践证明,只有严格执行前后工序交接的制度,才能确保连续出版物目录的正确。每一个工作人员必须懂得,连续出版物目录的著录内容,经常要随出版物的变化而更改。一旦在某一道工序发生遗漏和疏忽,便会使目录与实际情况不符,给一系列工序带来困难与混乱。

3.16 新刊预告

为了让读者先知道本馆下一年度新增订的连续出版物,采购人员应该在订购工作结束之后,编制新刊预告卡。预告卡的内容有:题名、刊号(如果是报刊)、起订年份。外文连续出版物还可以加中文译名。预告卡可以排入题名目录中(内部、外部各一)。如果增订的数量较多,可以专门设置一套"19 年新刊预告目录",每年作一次更新。或者在编制新刊预告卡的同时,用书本目录形式打出清单,张贴公布。

新刊预告卡如图 3 - 13 所示。卡片上除题名、刊号和起订年外,可以用打字油印或铅印。留下足够的空白以便填写。

```
            新 刊 预 告
            On Order


Journal of Sciences              500 B298


            1991 年起订
      目前尚未收到,收到后另编目录卡
```

图 3 - 13 新刊预告卡

3.17 连续出版物工作通知单

在连续出版物订购量较多的图书馆里,因为人员多,分工细,连续出版物的变化又比较频繁,往往会产生前后几道工序脱节的现象。最常见的便是,当某种连续出版物改名时,划到人员忘了通知编目人员。编目员不知道发生了改名。目录卡片当然不可能及时正确地反映出来,读者便无法借到他所需要的资料。如果连续出版物停刊或停订,而采购人员不通知划到人员和编目人员,划到人员就会去催缺。编目人员也会以为该出版物仍在出版,目录当然也不可能正确。反过来,如果划到人员确实已经通知编目人员,连续出版物已经改名,而编目人员可能忘记作出改名处理。这样,在发现差错时,各个工序便会相互推诿责任,而且各执一是,莫知谁非。为了加强各道工序之间的联系,健全岗位责任制,做到连续出版工作科学管理,要求采购、划到、编目和装订各道工序通过填写"连续出版物工作通知单"来加强它们之间的联系,无疑是一种相当有效的措施。

"连续出版物工作通知单"采用比较厚的书面纸印刷而成(填写的内容见图 3 - 14)。为了避免混杂在连续出版物中,"通知单"采用浅蓝色书面纸。习惯上称之为"蓝色通知"。"通知单"并不规定哪一个工序先填,哪一个工序后填。任何一个工段的任何一位工作人员,发现任何需要通知其他工段的问题,都可以填写"通知单"。通过填写、签收通知单,既加强责任感,又使各道工序紧密地结合起来,联结成一个整体。这就是我们所说的"以编目为核心"。它既反映了工作的质量,也反映了工作的进度。例如,期刊改名绝大多数是由划到人员发现的,如果划到人员没有能发现,而到装订时发现问题,这就反映出装订人员的业务水平和责任心。签收的日期能够反映出工作的进度,因为几个工段间流转的时间,表示了工作的快慢。"通知单"上的编目卡号(左下角或左上角),刊号系用来查对编目卡和采购卡。

"通知单"签收完毕,集中到采购人员,按照索取号排列,并保留两年备查。

中外文期刊工作通知单

卡号_____   ISSN_____

                               刊号_____

索取号	·	改为		〔 〕	新刊
刊号				〔 〕	停刊
				〔 〕续到恢复	
自198 年 月 卷 期起				〔 〕	改名
改为				〔 〕合并改名	
				〔 〕	改出
				〔 〕合并改出	
				〔 〕	休刊
采 购	签名	日期		〔 〕	分辑
划 到	签名	日期		〔 〕	分出
编 目	签名	日期		〔 〕	并入
装 订	签名	日期		〔 〕	其他

图 3-14 中外文期刊工作通知单

116

第四章　划　　到

划到工作流程图

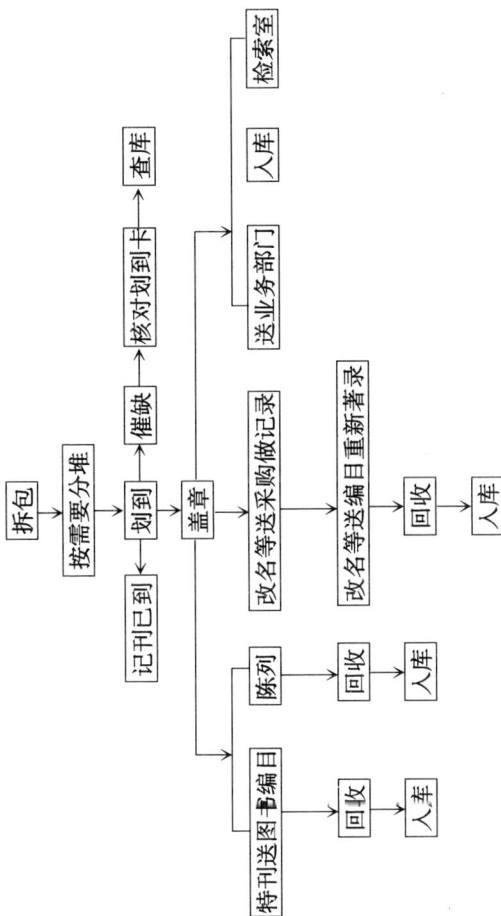

4.1 划到工作的重要意义

　　划到是采购工作的延伸,也就是连续出版物的验收与登记。因此,可以说,划到是连续出版物最根本、最原始的记录。这一工作的重要性在于,它贯串着整个连续出版物工作的始终,对于整个工作过程有着巨大的影响。曾经有一家图书馆在十年动乱期间,人员调动频繁,原有划到人员全换成了新手。这些新手来不及学习编目,也不懂如何掌握连续出版物的改名变化。因此,当一种外文期刊的题名突然增加了一个小小的"International"字样时,他们也不知道中图公司误发了另一个版本。原来的美国国内版,被换成了国际版。这两个版本无论从内容多少,或是从卷、期标识方面都不相同。但是,由于不熟悉业务,他们收了下来。采购、编目人员不见期刊自然不知道。装订人员也以为没有问题。一切进行顺利。谁也不感到有问题。直到六年之后,中图公司又恢复寄来国内版时,才感到有点异样。有人发现卷号突然变了。问题终于找出来了,但是,图书馆却有了两个残缺的版本。国内版缺了六年,国际版只有六年。如果划到人员认真把关,这样的错误决不可能产生。一家图书馆里有两种题名的期刊是完全可能的。如果划到人员粗心大意,就可能将美国的期刊登记在英国期刊的划到卡上。收到英国期刊时,却发现卡片上已有记录,于是将其作为复本退回。等到发现书架上的期刊划到有错时,英国期刊已经缺了一期。万一装订时也未发现,合订本将不得不拆开来重装。还有一些内部出版的英译俄刊,其封面上既有俄文题名的拉丁拼音,也有英文译名。既有俄文原刊的卷、期号,也有英文译本的卷、期号或年月标识。有时候,俄文原刊的卷、期号字体既大而且排版显著。如不细心研究、观察,很容易按俄文原刊的卷、期号划到,而实际上这是一种英文译文。既然英文题名是一种新的出版物,就不可以按俄文的卷、期号划到。近二、三十年来,还出现了一种期刊集团。它由一种主要期刊以及多种分支期刊(副刊)所组成。主要期刊往往出版几年或十几年,又陆续分出几种副刊。这些副刊既有自己的卷、期号,同时又有主刊的卷、期号。很容易误按主刊的卷、期号划到,而主刊的卷、期号却有跳号,因而根本无法知道这种副刊是否完整。

从上述事例中,我们可以知道,认真仔细地对待划到工作的重要性;尤其连续出版物发展到今天,已经成为一种信息量庞大、品种繁多、工作复杂的文献资料。连续出版物划到工作也远比图书复杂,决不像有的图书馆工作者所想象的那样,以为只要识得文字,能写数字,就可以做划到工作。实践中,经常会由于划到工作的疏忽或处理不当,使编目遇到困难,装订产生差错或残缺,给图书馆带来损失。

4.2 收到邮包以后

无论在国内或国外,连续出版物都是通过邮局信件或邮包送到订购单位的。在收到邮包以后,应当:

1. 查对邮包上收件单位的名称、地址与部门,确认这一邮件系本馆或本部门所订,以免误拆。

2. 核对所附的发货单,并保留几个月备查。

3. 邮件必须放在固定地方,如果没有特殊情况,收到的邮件应当在当天拆开,最迟到第二天清理完毕。

4. 开拆时应当小心,防止拆破包装内的出版物。

5. 每周彻底清查一次,以防止积压或遗漏。

由于划到卡是按照题名字顺或笔划排列的,所以在邮包拆开后,只要将出版物按字母或笔划分堆即可,不必排列过细,否则效果反而不理想。划到时,将出版物放在中间,划到卡抽屉放在左边。先看准出版物名称(包括封面和题名页上的情况),用左手翻动卡片,找出所需要的划到片。为提高工作效率,左手不要离开划到卡的位置,而用右手将卡片取出。对于划到工作还不熟悉的工作人员,可以在右手取出卡后,左手将后面一张划到卡竖起,目的是便于回卡,便于腾出左手,帮助工作。取出划到卡后,应认真核对题名、卷、期、年、月是否相符。如果题名相符而卷、期不同,则应进一步核对出版地和出版者,查对是否两种同名出版物。如果各方面都符合、即可将出版物的卷、期、标识记录在划到卡的恰当位置上。然后,在出版物的封面左下角写上索取号。先写划到卡,后写索取号,看起来似乎只是各人工作方法的不同而已,实际上,这是一种防止漏记的措施。因为先写划到卡,即使连续出版物封面上漏写索取号,由于没有架号无法入库,所以会马上被发现而补上。如果先写了封面上的索取号,一旦漏记划到卡,则要到以后催缺查库时才能发现。需要开架陈列的出版物,还应在封面的右上角加记开架陈列号(详见本章4.5"陈列")。至此,划到的第一步已经完成。下一步是盖上有日期的馆藏章(馆藏章上的日期是活动的。可以逐日更换)然后按照索取号依次排列,送入书库或分送陈列室、检索资料室等有关业务部门。凡送到本部门以外的连续出版物,必须办理签收移交手续。最简便的签收手续是,将划到卡连同出版物一起送至有关部门。由该部门在划到卡的有关期号上盖一表示已收到的印记即可。

　　如果馆藏连续出版物数量较多,而划到人员不止一个,则应作出分工。每一个成员负责固定的一些题名,以使划到人员熟悉各自负责的出版物特征。这对于弄清连续出版物是否发生改名等变化尤其重要。我们希望划到人员能够熟悉所有馆藏。但是,如果馆藏数量很大时,能够熟悉各自负责的连续出版物已经是不错了。

经常轮换划到,显然不是一种可取的方法。

划到时,发现连续出版物有任何变动,必须重新编制卡片。同时在原有卡片上,注明改名等情况。在连续出版物封面上盖馆藏章后,将其连同新、旧划到卡及连续出版物工作通知单一并送交采购人员。由采购人员通知编目员改编目录卡,再通知装订员修改记录。通知修改完毕,再入库、上架。发现第一次到刊,也应填写工作通知单,然后移交采购人员。

如属当年第一次到刊,还应在采购卡上注明"刊已到"。目的是,在续订时可以了解该刊是否已经收到。以此来考虑下一年度是否续订。在校对帐单付款时,了解到刊与否尤为必要。划到人员可记录到刊情况,汇总交给采购人员,在采购卡上记录"刊已到"。如查一个品种因订阅年份较长,而有几张划到卡时,应将最近的一张划到卡排在最前面。如果同一品种的划到卡过多,可以只留下一、二张最近的卡片。其余卡片另行排列。

	1990 年外文期刊到刊情况登记表(截止日期 月 日)填表人:张 珊						
B	C	D	E	F	其	它	内 部
370B01	738C05	420D01	736E02	736F03	519LB06	540LD51	90 - 6696
737B08							90 - 4326
736B40							90 - 7313

图　4 - 0

在西文期刊划到中,经常会遇到一些特刊。这些特刊包括会议录、采购指南、专题报告、论文选等等。无论从装帧形式还是开本大小方面都与期刊本身迥然不同。可以说,特刊是划到人员最感困惑的事情之一。因为特刊的名称无论在《外国报刊目录》、划到目录或是采购目录中是无法找到的。解决这些出版物需要划到人员细心的观察、分析和研究。以下经验可供参考:

1. 首先认真查看特刊的编辑、出版说明。看一下是否提到这一特刊与某一种期刊有特殊的关系。

2. 弄清这一特刊属于哪一个类别?哪一个国家?哪一家出版社?根据分类和国家查对《外国报刊目录》或其补充本上,有否符合分类、国别、出版者的刊物,而这种刊物又是本馆订购的(当然也可以查一下采购卡)。

3. 如果分类、国别、出版者都相符的期刊有好几种,那就得根据特刊的情况,分析哪一种期刊最有可能随刊赠送特刊。例如,会议录往往会随学会或协会的会刊分发,而采购指南多半是伴随工程技术等实用性强的期刊而赠送。由于一个类别所包含的内容较广,一本专题报告所论述的专题必然属于有关期刊的内容范围。

4. 有的特刊可能同时属于同一出版社的多种期刊。如果图书馆同时订购该出版者的两种或三种期刊,中国图书进出口总公司很可能只发给一本特刊,而不是两本或三本(有的索引就是一本索引同时包括几个分辑的内容。作为可以分开订购的几种不同的连续出版物,按理也应有几本索引。索引不是特刊,但是处理方法是相同的)。划到时,应该记录在本馆收藏最多或最完整的期刊的划到卡上。在其余划到卡上,说明该特刊在某某刊物一起。

5. 按特刊上的出版者、国别、查阅《连续出版物来源》(Sources of Serials)上有关出版者名下,是否有可能赠送特刊的期刊,而此期刊本馆有订购。

6. 中国图书进出口总公司有时可能错发。如实在无法解决,可将封面复制后寄中图公司报刊发行科查询。

有的特刊应当在划到、盖章后,移交图书编目(用连续出版物索取号),然后回到连续出版物部门入库,有的特刊(如,采购指南)时间性很强,过了一年半载就失去了时效。这样的特刊在开架陈列一段时间后,可以报废处理,不宜作为馆藏长期保存。另外有一些特刊,(如,小册子)篇幅不多,资料性不强,可以根据图书馆的方针,决定取舍。

要做好划到工作,除了必要的文字知识外,还应当熟悉自己所管的每一种连续出版物。划到时,要默记题名,粗略地知道它的内容,有无题名页,题名页所在的位置。有的题名连同目次都印在封面上;有的题名就在刊物的前面几页;有的题名页却在刊物中部,前面一半是广告;有的题名页在刊物的后面,甚至在封底上;相当多的一部分期刊没有明显的题名页;有的题名页上题名与封面上题名不同;有的德文期刊的题名页常常只有狭长的半页,印在彩色的纸上。还要知道,文章用几种文字发表,有无文摘,文章侧重面是应用技术还是理论,有无书评,有无插图,插图的多寡,彩色插图多否,出版的形式、特征(小报型、活页、开本大小),广告的有无与多少等等。只有对自己所划到的连续出版物有充分的了解,才能提高工作的速度和质量,及时而正确地觉察到连续出版物经常会发生的各种细微的变化和差异,并且在划到的岗位上,做好读者的咨询工作。

4.3 划到工作条例

如前所述,划到工作是一项相当重要而细致的工作。为了保证工作的质量和前后做法的一贯性,它需要有成文的工作条例。工作条例的简繁可以因图书馆大小、藏刊量的多小而有差异。以下是一些基本的条文,可供参考采用。

1. 不论连续出版物内容如何,不得擅自作出任何有损于该出版物的处理。

2. 每月出版一册到两册者,用月份卡按月划到。

3. 每月出版三册以上者,用日期卡按日期划到。

4. 划到的方式、方法必须前后一致,并且尽可能与编目一致。

5. 依照题名页或封面上的卷、期原样,先记录划到卡,然后将索取号写在出版物的封面左下角;或任何其他显著而又固定的位置。

6. 如有两种卷、期、年、月标识,以题名直接相关的卷、期号划到(如,英译俄刊应以英译本的卷、期或年、月记录)。副刊兼有本身的卷、期号和主刊的卷、期号者,应以副刊本身的卷、期号划到。主刊的卷、期号可作为第二种标识记录。

7. 既有当年(卷)期号或月份,又有总期号者,一律取当年月份或期号。后面或下一行括号内加总期号。

8. 如出版物以外文月份标识而划到卡上写不下,可用数字代替。

9. 不论出版日期先后(如,提前、补出),卷、期号一律依次序记录。出版或收到日期不作为记录依据。内部出版的外文期刊封底的刊号不可作为划到的依据。

10. 发现多余的复本必须查明(包括查库核对)原因。一种连续出版物并入另一种连续出版物或与另一种连续出版物合并,会导致产生复本。这样的复本不能退回,但是在划到卡上应注明产生复本的原因。

11. 任何关于出版物的题名变化、停刊等异常情况,都应及时通知采购人员。

12. 如有问题可以在划到卡上用铅笔注明。长期需要的说明可用圆珠笔或钢笔写在划到卡下部。这样做有两种作用:第一,提醒自己有什么问题等待解决或应该怎样处理。第二,使其他人从这些说明中也知道,有什么应该注意或需要解决。人们的记忆总是有限的,只有勤笔才能免思。

13. 如果一张划到卡由于弄污、破损或任何其他原因需要更换,必须将原卡上的信息全部记录在新卡上。

14. 出版物中的附件,除广告、服务卡外,不得擅自取出或留用。

15. 附件及附刊除在划到卡上记明外,在出版封面左下角应注明"(有附件1)"或"(W. Suppl. I)"。该附件或附刊上,也应写明有关的索取号。

16. 凡属特刊,不管其开本大小和形式,一律作为该出版物的一部分,给予该出版物的索取号,并加"(Suppl.)"。如特刊系专著图书,可按图书方式著录编目,并在图书目录中排卡(包括采购目录中),只是给予有关连续出版物的索取号。

17. 重要的特刊应注明名称。不重要的特刊可在当年的合适月份下,注明"Suppl."或"S"即可。

18. 临时性的编号和陈列号等可用铅笔记在封面右上角。

19 当年索引记在当年备注中。

20. 累积索引记在卡片下面。

21. 单独的索引、目次必须与有关连续出版物一起装订者,都应写上索取号。这一类索引或目次应按架号顺序放在合适的容器内,以备装订。

22. 未经划到、盖章的出版物,不得拿出工作室或外借。

23. 划到时,如发现前面一期尚未收到,应填写催缺单,交采购人员登记,并统一寄发、催缺。同时,在卡片上缺期的位置,点一小红点。每催一次,点一红点。

24. 每三个月或半年(因为有的是季刊)应统查催缺一次。因为有的连续出版物长期未收到,在划到时不可能被发现。

25. 发现勘误表,应当立即贴在有关的位置上。切不可随手夹在出版物里,以免遗失。

4.4 催缺

由于种种原因,连续出版物经常会收不到。它们可能在邮寄中遗失,送错地址,发往另一家图书馆,或者漏发。不管出自何种原因,为了保持馆藏的完整,连续出版物工作者都应该向发行单位催补。

催缺的方式主要是去信。信件形式可以是一般信函,也可以是有固定格式的催缺单。藏刊较多的图书馆多数采用自己设计的催缺单(如图4-1)。上面印有查询的栏目,以及发行者答复的内容。填写十分方便。

催缺要正确掌握时机。催得过早,刊物可能正在运输途中。也不可过迟,因为国外出版商在刊物出版后,经过一段时间,就将剩下的出版物全部作旧书处理掉。国内出版者往往印数有限,不会有太多存刊可供补缺。通常在收到某一期刊物时,如果前一期尚未收到,就应当催缺。有的出版物可能连续几期没有收到,为了防止遗漏,每三个月或半年(季刊半年一次,周刊、月刊三个月一次)应总催一次,每催一次,在划到卡上有关位置点一红点,表示已经催过一次。收回的催缺单应及时查实。必要时,再去信说明情况。

上 海 图 书 馆(户号) 查询缺期期刊			1990 年 4 月 25 日		
刊 名	稀有金属				
刊　号	82 – 74	查　缺	1990 年	卷　　3 期	3 份
查 缺 结 果	☐ 已于 19 年 月 日寄出,请在内部查找。 ☐ 国外尚未寄来,我处已去信催索。 ☐ 国外已通知停刊。 ☐ 订不到,无法供应。 ☐ 刊已到,日内即可发出。 ☐ 尚未出版				
	发行单位		19 年	月	日
索书号	3806		填表人	方丽	

图 4 – 1　上海图书馆的期刊催缺单

4.5　划到种种

连续出版物的出版和题名十分复杂。它与图书的出版正规化形成鲜明的对照。究其原因,首先是因为,连续出版物是长期连续出版的。图书出版一册便是一册,即使是多卷书也不过是在一段时期内全部出版完毕,而且出版完毕后不可能再有任何变化。如果有变化,那就是另一种图书,前后并无关联。连续出版物虽然出现的时间较短,但是最早的期刊也有三百多年的历史。在这三百多年的生命期中,不免会有这样那样的变化,而这些变化不应该像图书那样,看成是各自独立的。连续出版物发生的任何变化,都被看成整个生命的一部分。第二个原因是连续出版物发生各种变化的必然性。因为是长期出版,不可能不受周围客观环境的影响。科学技术的发展、社会经济的变化、人员的改变等等都会影响连续出版物。第三个原因是,编辑人员本身的问题。图书绝大部分由出版社出版。出版社的编辑都有一套成文或不成文的规矩,代代相传。因此,无论是图书还是期刊,凡属出版社出版的都比较规范化。其他非出版社的刊物虽然质量不低,但是出版的格式、题名、封面设计等方面,常常显得只顾标新立异,随心所欲,有时甚至是自相矛盾。连一个题名都很难取。例如,中文期刊《萌芽·增刊:电视、电影、文学》于1981年开始出版,其题名一直很混乱。在出版说明中,明确是《萌芽·增刊》,但是封面的排版格式却突出了"电视、电影、文学",而且目次页上只有"电视、电影、文学",因此,不少图书馆都将其误作为正题名。实际上,直到1984年才正式取消"萌芽·增刊",改名为《电视、电影、文学》;又如《春草》,它的封面上题名是"春草",目次页上是"春草青年文学月刊",版权页是"《青年文学月刊》编辑部编",而逐页题名却是"春草文学月刊"。四个信息源所出现的信息竟然没有一个相同,

由于某些连续出版物的出版情况与题名情况十分复杂,使划到工作增加了难度。在编制划到卡时,既要考虑划到的方便,又要兼顾编目、查目、阅览服务和装订的方便,分清情况区别对待。以下是日常工作中会遇到的典型例子:

4.5.1 题名变化

1.改名。改名是指连续出版物在其漫长的出版过程中,由于种种主客观原因的需要,改变原有题名,采用新的题名,但是卷、期号仍相连续。这是中、外文连续出版物最常见的变化。近年来发生率很高。单纯的改名处理比较简单。只要在原题名的划到卡上注明"改名:《…》"或"Continued by:…"(见图4-2)而在新题名的划到卡上,注明"继承:《…》"或"Continues:…"(见图4-3)。

128

两张划到卡上都不一定要注明改名的卷、期、年、月、日,因为两卡的卷、期是紧接的。前名的划到卡上有本题名下的最后一期。新题名的划到卡上是本题名下的第一期。但是也会碰到另外一些情况——连续出版物改名恰巧发生在图书馆停订或缺藏的一段时期时,因而无法找到改名的确切卷、期、年、月。此时,在前名的划到卡上,应注明"vol. _, no. 19 – , continued by:…"或"vol. _, no. _, 19_ – ,改名:《…》",而在新题名的卡片上,注明"vol. _ , no. _, 19 – _, continues:…"或"vol. _, no. _, 19 – , 继承:《…》",将卷、期号和年份都空着,表示不清楚确切的改名时间。为了便于改名后两个题名的连续出版物排架时放在一起,改名后的索取号应加"– A"。(详见本书第二部分"编目规则")。

G0386 枣庄文艺/枣庄市文化馆 24 – 55													
枣庄(山东):该刊,1978 – 80													
年	卷数	一月	二月	三月	四月	五月	六月	七月	八月	九月	十月	十一月	十二月 备注
1978				1			2			3			4
1979				1			2			3			4
1980				1			2			3			4
改名:《抱犊》													
季刊													

图 4 – 2 改名前的划到卡

G0386－A 抱犊／枣庄市文联	24－55

枣庄(山东)：该刊，1981－85

继承：《枣庄文艺》

年	卷数	一月	二月	三月	四月	五月	六月	七月	八月	九月	十月	十一月	十二月	备注
1981			1		2		3		4		5		6	
1982			1		2		3		4		5		6	
1983			1		2		3		4		5		6	
1984			1		2		3		4		5		6	
1985			1		2		3		4		5		6	
				改名：《风流》										
	双月刊													

图4－3 改名后的划到卡

2. 改出。改出是指一种连续出版物停止出版，而改出另一种出版物。与改名相比，它的特点是，卷、期号不是相连续，而是从头开始（凡无卷、期号，而以年、月代替卷、期者，除非总期号从头开始，否则均作为改名处理）。前后两种出版物除内容多少有点相同外，别无关连。凡是改出的出版物，均作新到品种处理，给予新的索取号。在原题名的划到卡上，必须交代清楚。改名和停刊改出并无实质性差别，英文都用"Continued by：…"，但是如果用中文作说明，则有必要分清改名和改出，因为在索取号的处理上也有所不同。如果停刊的时候正好一行结束，则在下面一行注明"Continued by：…"或"改出：《…》"。如果一行尚未结束，则在最后一期的后面划两条斜线表示停刊，或在后面的空格中划一条长线，表示以后没有再出版。注意前后题名的索取号完全不同。这是改名和改出在处理上的重要区别（见图4－4、4－5）。

P02561	Rubber and Plastics Age···												
年	卷数	一月	二月	三月	四月	五月	六月	七月	八月	九月	十月	十一月	十二月	备注
1969	v.50	1	2	3	4	5	6	7	8	9	10	11	12	

Continued by：Polymer Age.

Monthly

图 4-4 改出前的划到卡图

P12561	Polymer Age···												

Continues：Rubber & Plastics Age.

年	卷数	一月	二月	三月	四月	五月	六月	七月	八月	九月	十月	十一月	十二月	备注
1970	v.1	1		2		3		4		5		6		
1971	v.2	1		3		5		7		9		11		

Bimonthly. Published alternatively with：Plastics,

Rubber, Textiles.

图 4-5 改出后的划到卡

3. 两刊合并改名。改名后仍沿用两种出版物之一的卷、期号。这种情况很常见。由于卷、期号相连接，故不可作为新刊处理。但是,应当重新做划到卡,注明"Merger of：···;＆ of：···"或"本刊系：《···》;与:《···》合并改名"。原来两种题名的划到卡,各自注明"Merged with：···；to become：···"或"与《···》合并;改名:《···》"。合并后的索取号应与所沿用卷、期号的出版物索取号一致。但

131

是,要按本书编目规则 R3C 的规定,加字母以资区别。

图 4 - 7 是一种出版物在合并前已经改过名(见图 4 - 6),所以第二个题名的索取号加" - A",改名后十一个月,又与另一种出版物合并。

P07691　　British Clayworker···　　　　　　　　　815C51

年	卷数	一月	二月	三月	四月	五月	六月	七月	八月	九月	十月	十一月	十二月	备注
1972	v.81	956	957	958	959	960	961	962	963	964	965	966	967	
1973	v.82	968	969	970	971	972	973	974	975			—	—	

Continued by:Clayworker

Monthly

图 4 - 6　改名前

P07691 - A　Clayworker.　　　　　　　　　　815C51
Continues:British Clayworker.

年	卷数	一月	二月	三月	四月	五月	六月	七月	八月	九月	十月	十一月	十二月	备注
1973	v.82									976	977	978	979	
1974	v.83	980	981	982	983	984	985	986				—	—	

Merged with:Ceramics;to become:Ceramic Industries Journal.

Monthly

图 4 - 7　改名后图

下面是与上述期刊合并的另一种期刊。这个品种的中图刊号是815C01(见图 4 - 8)。前个品种的刊号是815C51。虽然在合并后,中图公司取消了 815C51 这个刊号,改而采用 815C01 这个刊号。但是,从连续出版物工作者的角度来看,815C01 是并入 815C51,然后又改名,所以应在 815C51 的索取号上作改后处理,将 P7691 - A 换成 P7691 - B(见图 4 - 9)。其理由是,Ceramics 卷、期系统已经取消。合并改名后,所用的卷、期系统继承了原来 Claywork 的。

如果本馆只订有该两种期刊中的 Cermics,则应作停刊处理。然后将合并改名的期刊,作为本馆新订的品种处理。

P01981	Ceramics/The British Pottery Managesr' Association · London:···											815C01	
年	卷数	一月	二月	三月	四月	五月	六月	七月	八月	九月	十月	十一月	十二月	备注
1973	v. 24	286		287		288		289		290		291		
1974	v. 25	292		293		294								
Merged with: Clayworker; to become: Ceramc Industries Journal.													
Bimonthly													

图 4 - 8 合并前

P07691 - B	Ceramic Industries Journal··· Merger of: Clayworker &:Ceramics.											815C01	
年	卷数	一月	二月	三月	四月	五月	六月	七月	八月	九月	十月	十一月	十二月	备注
1974	v. 83								987			988		
1975	v. 84	989		990		991								
Bimonthly													

图 4 - 9 合并后

4.两刊合并后改出另一种期刊。同单纯的改名与改出的差别相同,合并改名与合并改出的差别也在于,前者在改名后,卷、期号仍相连续,而合并改出的卷、期号是从头开始。无论是合并改名,还是合并改出,英文都以"Merged with:…; to become:…"。中文则是用"本刊与《…》合并;改出:《…》"表示。在新题名下,注明"Merger of:…;& of:…"或"本刊由:《…》;与:《…》合并改出"(见图 4 – 10、4 – 11、4 – 12)。

5.一种出版物并入另一种连续出版物。被合并的连续出版物划到卡上,应注明,并入哪一种连续出版物。如果被合并时正好一年结束,则在下面一行,注明"Absorbed by:…"或"本刊并入:《…》"。如一年尚未结束,则在最后一期的后面加两条斜线,或在后面几个月的空格中,划一长线,表示结束(见图 4 – 13):为便于编目,在吸收者的划到卡下部,注明"_年_月起,吸收:《…》"或"年份、月份、absorbed:…"

P10240 汽车设计工程…													
年	卷数	一月	二月	三月	四月	五月	六月	七月	八月	九月	十月	十一月	十二月	备注
1962	v. 1	1	2	3	4	5	6	7	8	9	10	11	12	
1962	…	…	…											
1962	…	…	…											
1962	…	…	…											
1975	v. 14	1	2/3		4	5	6/7		8/9					

与《汽车工程杂志》合并;改名:《汽车工程师》

月刊

图 4 – 10   合并前的一种期刊

P11655　　汽车工程杂志														
年	卷数	一月	二月	三月	四月	五月	六月	七月	八月	九月	十月	十一月	十二月	备注
1970	v.1	⋯		⋯		⋯								
⋯	⋯		⋯		⋯									
⋯	⋯		⋯		⋯									
⋯	⋯	⋯		⋯		⋯								
与:《汽车设计工程》合并;改名:《汽车工程师》														
双月刊														

图 4 - 11　合并前的另一种期刊

6.一种连续出版物分成两种或两种以上,仍旧沿用原来的卷、期系统。可在原来的划到卡上,注明"Split into:⋯;&:⋯"或"分成:《⋯》;与:《⋯》"(见图 4 - 14)。分成的两种或多种出版物划到卡上,分别注明"Continues in part:⋯"或"本刊原系:《⋯》的一部分"。其索取号应是,原来索取号后面分别加"- 1","- 2","- 3"⋯(见图 4 - 15,4 - 16)。这样可使前后各种连续出版物在上架时,仍能集中在一起,不致分散。

分裂还有另一种形式。那就是,一种连续出版物在题名不变的前提下,分出另一种连续出版物。分出的连续出版物,其卷、期号可以沿用主刊的卷、期号,也可能从新开始。我们将这种分出的刊物,看作是新的出版物。在主刊划到卡的下部,注明"＿年＿月起,分出:《⋯》"或年份,月份 - ,separated;⋯》。在分出的新刊划到卡上,注明"本刊自:《⋯》分出"或"《separated from:⋯》"。

P12616 汽车工程师
本刊由:《汽车设计工程》;与:《汽车工程杂志》合并而成

年	卷数	一月	二月	三月	四月	五月	六月	七月	八月	九月	十月	十一月	十二月	备注
1975										1		2		
1976			3			4	5		6		7		8	
1977			1		2		3		4		5		6	
双月刊														

图 4-12　两种期刊合并期刊后

P1639 毛纺工业

年	卷数	一月	二月	三月	四月	五月	六月	七月	八月	九月	十月	十一月	十二月	备注
1968	v.42	—	—	—	561	562	563	564	565	566	567	568	569	
1969	v.42	570	571	572	573						—	—	—	
			并入:《纺织品生产》											
月刊														

图 4-13　被并前的划到卡

7.两种连续出版物交替出版。下列两种期刊:Plastics, Rubber, Textiles 与 Polymer Age 都是 1970 年创刊。其中 Polymer Age 系 Rubber and Pastics Age 停刊后改出。1970 年时,两种期刊的出版周期并不相同。Polymer Age 是双月刊,另一种是月刊(见图 4-17)。但是,1971 年《Plastics, Rubber, Textiles》也改为双月刊。每逢双月出双号。《Polymer Age》虽然仍旧是双月刊,但期号却换成单号,每逢单月出版。乍看起来,似乎两种期刊都有缺号,但配合起来,就成了一年 12 期。在这种情况下,由于两种期刊原来各自独立出版,而且已经有了各自的索取号,所以不宜合并成一张划到卡。可以在两张划到卡上,分别注明:"1971 – , published alternatively with:…"或"1971 年起,与《…》交替出版"(见图 4 – 18)。

G3739　生化与生理杂志													
年	卷数	一月	二月	三月	四月	五月	六月	七月	八月	九月	十月	十一月	十二月	备注
1984		1	2	3	4	5	6	7	8	9	10	11	12	
1985		1	2	3	4	5	6	7	8	9	10	11	12	
分成:《生化杂志》;与:《生理杂志》														
月刊														

图 4 – 14　一种期刊在分裂前

G3739 – 1　生化杂志													
继承:《生化与生理杂志》的一部分														
年	卷数	一月	二月	三月	四月	五月	六月	七月	八月	九月	十月	十一月	十二月	备注
1986		1	2	3	4	5	6	7	8	9	10	11	12	
1987		1	2	3	4	5	6	7	8	9	10	11	12	
1988		1	2											
月刊														

图 4 – 15　分裂成的一种期刊

图 4 - 19 是另一种期刊。第一年是月刊,第二年是双月刊。而且是双月出双号,与前一种期刊正好配成一套。

年	卷数	一月	二月	三月	四月	五月	六月	七月	八月	九月	十月	十一月	十二月	备注
1986		1	2	3	4	5	6	7	8	9	10	11	12	
1987		1	2	3	4	5	6	7	8	9	10	11	12	
1988		1	2											

G3739 - 2　生理杂志
　　　　继承:《生化与生理杂志》的一部份

月刊　　　　　　　　　　　　　　　　　　　　⑥

图 4 - 16　分裂成的另一种期刊

年	卷数	一月	二月	三月	四月	五月	六月	七月	八月	九月	十月	十一月	十二月	备注
1969	v. 50	1	2	3	4	5	6	7	8	9	10	11	12	

P2561　Rubber and Plastics Age···

Continued by: Polymer Age.

Monthly　　　　　　　　　　　　　　　　　　⑥

图 4 - 17　停刊改出前

另一组期号交替出版的期刊,如图 4 - 20 所示。其中《Elegance: Paris》是正刊,《Elegance Boutique》是它的副刊。期刊上标明是季刊,但是实际上是两种期刊。每个季度轮流出版一期,期号相互连接。虽然中图公司分别给予刊号,但是做成一张划到卡为好。现刊划到时,可各有索取号。装订时不如合装,烫上两个题名。副刊题名做见卡,如图 4 – 21 所示。(几年以后,中图公司将这两种刊物合并成一个刊号)。

8.一种期刊原来分为两辑或两辑以上,后来不再分辑。例:《ETZ:Elcktrotcchnischc Zeitschrift》1949 ~ 1978 年分为 A,B 两辑(见图 4 – 22,23),1979 年起合并,合并后卷、期号相连。根据规则 R3.11,将索取号改为 P1384 – A(图 4 – 24)。

P12561 Polymer Age···
Continues:Rubber & Plasatics Age.

年	卷数	一月	二月	三月	四月	五月	六月	七月	八月	九月	十月	十一月	十二月	备注
1970	v.1	1		2		3		4		5		6		
1971	v.2	1		3		5		7		9		11		

Bimonthly;published alternatively with:Plastics, Rubbers, Textiles,1971 –

图 4 – 18　改出后

P00000　　Plastics, Rubber, Textiles···

年	卷数	一月	二月	三月	四月	五月	六月	七月	八月	九月	十月	十一月	十二月	备注
1970	v.1	1	2	3	4	5	6	7	8	9	10	11	12	
1971	v.2		2		4		6		8		10		12	

Monhtly, 1970;published alternatly with:Polymer Age. Bimonthly, 1971 –

图 4 – 19　与前一种期刊相配套的另种期刊

9. 一种期刊原来分为数辑,后来又重新分辑。例1:《Revue Francaise d'Informath que. et de Recherche Operationnelles》。1969~1979 分为 Ser. Blue, Ser. Rouge 和 SerVerte 辑,后来改名为《RAIRO》,分为:《Automatique》《Informatique》,《Recherci Operationnelle》,《Analyse Numerique》,《Informatique Theorique》,五辑。由于原来三辑的内容分散在新形成的五辑之中,原有的索取号无法再利用,因此要按《规则》R3.11 条款给予新的索取号,并重编划到卡。在新的划到卡上说明"来龙",而在原有三张划到卡上,说明"去脉"。这样,虽然从索取号看起来,是一种新刊,但从说明中,仍然可以知道,它们是从某些期刊演变过来的。例2:日文的《特许公报》于 1980 年起,从原来的日本专利分类表,改用国际专利分类表:将原来的 7 个产业部门、14 个区分改变为 7 个产业部门、26 个区分。产业部门的名称有了改变,大部分区分也都有变动,因此,要全部按《规则》R3.11 条款重新给索取号。

| P13282 | Elegance: Paris | | | | | | | | | | | | 858LD52 | |
| P13282 - S | Elegance Boutique(Suppl.) | | | | | | | | | | Zürich | | 858LD63 | |
年	卷数	一月	二月	三月	四月	五月	六月	七月	八月	九月	十月	十一月	十二月	备注
1981	NO.		89											
E.B.	NO.					90								
两刊交替出版。季刊														

图 4 - 20　正刊与副刊合用一张划到卡

```
Elegance Boutique

              see

Eleganee : Paris
```

图 4－21　副刊题名做见卡

10. 在一个总题名(共同题名)下,陆续出版了几个分辑,后来又取消了总题名,各辑独立出版,而将总题名上升为丛刊名。例:《Trancactione of the ASME》,原分为 series A 到 J,共十辑(见图 4－25、26、27)。各辑正题名为:《Transactions of the ASME. Ser. A, Journal of⋯》;《Transactions of the ASME. Ser. B, Journal of⋯》⋯。1978 年(各辑卷数不一,大多数为 vol. 100)起取消"series",将"Transactions of the ASME"上升为丛刊题名,各刊以 Journal of⋯作为题名。(见图 3－28)此时,划到卡应全部作为改名,重新编制,并将《Transactions of the ASME》做一张总的见卡。(见图 4－29)

P01384－1 ETZ : Elektrotechnische Zeitschrift.											730E05		
Ausgabe A , ⋯													
年	卷数	一月	二月	三月	四月	五月	六月	七月	八月	九月	十月	十一月	十二月	备注
1978	v. 99	1	2	3	4	5	6	7	8	9	10	11	12	
Marged With ETZ : Elektrotechnische Zeitschrift. Ausgabe B. to become :													
ETZ : Elektrotechnische Zeitsechrift.													
Monthly													

图 4—22　合并前 A 辑的划到卡

P01384 – 2 ETZ：EIektrotechnische Zeitschrift.　　　　730E06

　　　Ausgabe B,…

年	卷数	一月	二月	三月	四月	五月	六月	七月	八月	九月	十月	十一月	十二月	备注
1978	v.30	1	3	5	7/8	10	12	14	16	18	20	23	25	
		2	4	6	9	11	13	15	17	19	21	24	26	
										22				

Merged with ETZ：Elektrotechnische Zeitschrift. Ausgabe, A, to become：
ETZ：Elektrotechnische Zeitschrift.

Biweekly（irregular）.

图 4 - 23　合并前 B 辑的划到卡

　　　　　　　　　　　　　　　　　　　　　730E05

　P01384 - A　ETZ：Elektrotroteche Zeitschrift／Verbandes Dt.
　　　　　Elektrochniker u. der Energietech – nischen
　　　　　Gesellschaft.　　　　　　Berlin,1880 –

年	卷数	一月	二月	三月	四月	五月	六月	七月	八月	九月	十月	十一月	十二月	备注
1979	v.100	1	3	5	7/8	10	12							
		3	4	6	9	11	13	…						

Biweekly（irregular）. – Merger of：ETZ. Ausgabe A；& of ：ETZ.
　Ausgabe D.

图 4 - 24　两辑合并前

P03619　Transactions of the ASME. Series A, Journal of
Engineering for Power/American Society of
Mechanical Engineers…

年	卷数	一月	二月	三月	四月	五月	六月	七月	八月	九月	十月	十一月	十二月	备注
1977	v. 99	1		2		3		4						
Continued by:Journal of Engineering for Power.														

Quarterly.

图 4 – 25　取消总题名前的一种分辑

11. 同一出版社的两种期刊,学科内容比较接近,"为了加强交流"而共同出版。这类期刊的特点是,两刊混合在一起,而不是装订在一起,因此无明显界限,不能分装。划到时,如果只收到一册(按理应两刊各收到一册),只能在两种期刊的划到卡上,都记录有关的卷、期号。期刊上只能写一个索取号(收藏或出版年份较早,卷、期较完整的一种),次要品种的划到卡上,可注明哪些卷、期在什么题名下(装订时,也是如此)。如果收到两册,也应各自在划到卡上分别注明共同出版的情况。例,《Bioelectrocher-emistry & Bioenergeties》vol. 6, no. 1 和《Journal of Eleotroanalytical Chemistry & Infacial Electrochemistry》vol. 104 联合出版。编者声明,为了促进两门学科的交流,两刊合并出版,但格式与编辑班子维持原状。但是后来,前者就作为"Journal"的副刊一直出下去。因为是中途改为副刊,索取号可以不变。如果改号,可在正刊索取号后加"－S",表示是副刊。

P03620   Transactions of the ASME. Series B, Journal of
          Engineering for Industry···

年	卷数	一月	二月	三月	四月	五月	六月	七月	八月	九月	十月	十一月	十二月	备注
1977	v. 99	1			2			3			4			

Continued by: Journal of Engineering for Industry.

Quarterly.

图 4-26   取消总题名前的另一分辑

P07817   Transactions of the ASME. Ser. C, Journal of
          Heat Transfer···

年	卷数	一月	二月	三月	四月	五月	六月	七月	八月	九月	十月	十一月	十二月	备注
1977	v. 99	1			2			3			4			

Continued by: Journal of Heat Transfer.

Quarterly.

图 4-27   取消总题名前的又一分辑

12. 一些期刊看起来像合并出版,实际上是副刊。《Journal of Chromatography》与《Chromatographic Reviews》同属荷兰 Elsevier 出版社出版的两种期刊。出版日期和频率都无规律。前者每月出二到四期,后者几个月才出一册(卷)。后来,《Chromatographic Re-

views》的封面和期刊内部都增加了《Journal of Chronsatography》这一题名,而且两个题名都有各自的卷、期号(见图4－30,31),1979年,《Reviews》的 vol. 23同时又是《Journal》的 vol. 165。1980年,《Reviews》vol. 24又是《Journal》的 vol. 184。《Journal of Chromatography》这一题名还同时与《Biomedical Applications》一起出现。这是一种月刊,一年三卷十二期。其出版形式与《Reviews》完全一样。既有《Journal》的刊名与卷、期号。看起来很像两种期刊联合出版。实际上,《Journal》是主要期刊,其余两种只是它的副刊。也可以说,《Journal》是总刊名,其余是副刊题名。与一般不同的是,《Journal》本身仍然单独在出版。每当它的刊名出现在《Reviews》或《Biomedical Applications》上时,它另外拨出一个卷号给副刊,但期号则跟副刊相同。1980年1月,《Journal》为 vol. 187。同一时期,它的刊名出现在《Biomedical Applications》上时,卷号为 vol. 181。同年3月,《Journal》本身卷号为 vol. 190,而它与《Reviews》一起时,卷号为 vol. 184。按年份、卷号推算,vol. 181和 vol. 184都应该在1979年的上半年出版。现在却是1980年上半年出版,可见《Journal》本身的卷、期与其他两种期刊的卷号并无直接关联。只能说明 vol. 181和 vol. 184两个卷号是按照出版计划,专门留给两种副刊使用的。所以应该以副刊题名著录。按副刊的卷、期号划到。在副刊的各号后,用括号注明《Journal》的卷号,而在《Journal》的划到卡上注明,有哪些副刊,并注明其划出的卷号,以免误认为缺卷,例如,注明1979年 vol. 181为《Biomedical Application》,vol. 184为《Chromatographic Reviews》。(图4－30、31、32)。

P03619 – A   Journal of Engineering for Power/American

Society of Mechanical Engineers··· Continues：

Transansactions of the ASME. Journal of Engi –

neerin g for Power.

年	卷数	一月	二月	三月	四月	五月	六月	七月	八月	九月	十月	十一月	十二月	备注
1978	v.100	1		2			3			4				

Quarterly

图 4 – 28   取消总题名后

Transactions of the ASME. Series A – J, Journal

of···

See

Journal of···   （Transactions of the ASME）

图 4 – 29   一张总的见卡

146

P02678　Journal of Chromatography···. Supplement：Chro -
matographic Review；& Biomedical Applications.

年	卷数	一月	二月	三月	四月	五月	六月	七月	八月	九月	十月	十一月	十二月	备注
1980	vol.	181/1	188/2	189/3	190/2	192/2								
1980	vol.	187/2	189/1	190/1	191	193/1								
1980	vol.	188/1	189/2		192/1	193/2								
1980	vol.					193/3								

Irregular.

图 4 - 30　主刊

P13225　Biomedical Applications···.
Supplement to：Journal of Chromatography.

年	卷数	一月	二月	三月	四月	五月	六月	七月	八月	九月	十月	十一月	十二月	备注
1980	v.7	1	2	3/4	v.8/1	2								
	(v.181)	(1)	(2)	(3/4)	(v.182/1)	(2)								

Monthly.

图 4 - 31　副刊

P11194　Chromatographic Reviews···.
Supplement to：Journal of Chromatoography.

年	卷数	一月	二月	三月	四月	五月	六月	七月	八月	九月	十月	十一月	十二月	备注
1980	v.24		1	2										
	(184)		(1)	(2)										

Irregular.

图 4 - 32　另一种副刊

由于副刊上兼有正刊的题名,所以还应该各做一张见卡(图4-33、图4-34)。

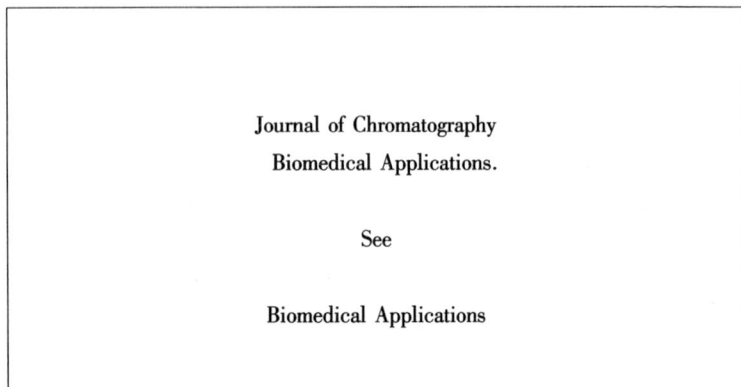

Journal of Chromatography
Biomedical Applications.

See

Biomedical Applications

图4-33 同时有主刊题名的副刊直接见副刊题名

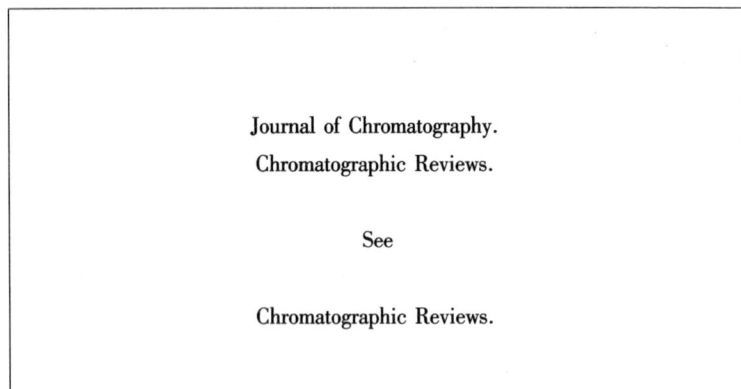

Journal of Chromatography.
Chromatographic Reviews.

See

Chromatographic Reviews.

图4-34 同时有主刊题名的副刊直接见副刊题名

据著者所知,这样以一种主要期刊为核心,分出一种或多种副刊,并且将部分主要期刊的卷号,预先分配给副刊的做法,在六十年代后期到八十年代一初,共有十一、二个群体,全部是荷兰Elsevier-NorthHolland 出版集团出版。匈牙利可能也有类似的出版物。对于这一新类型的出版物,国外有人认为是丛刊与分丛刊的关系。持这种看法的,首先是美国国会图书馆。这一观点也同时反映在 ISBN – S 修订版中。ISBD (S)第一标准版对"分丛刊"一词并无定义,也无例子。修订版则对"分丛刊"给了定义;"作为有编号的丛刊(主丛刊)一部分的一种丛刊。分丛刊可以有或没有附属于主丛刊题名的题名。"这一定义的不足之处在于,它没有说明,"分丛刊"是否由两种以上期刊所组成,还是组成丛刊的期刊便是分丛刊。我们认为,丛刊应由两种以上期刊所组成,丛刊本身并不是一种实体。同样道理,分丛刊这一出版类型(如果确实存在的话)也应该是由两种以上期刊所组成,再由两种以上分丛刊构成一种丛刊。如果组成丛刊者便是分刊,那末组成丛书者岂不是要称为"分丛书"了? 不管"分丛刊"一词是否成立,也不管分丛刊是否由两种以上期刊所组成,即使按照 ISBN(S)修订版的定义,Elsevier 出版社的刊物群也不是主丛刊与分丛刊的关系。它们应该是主要出版物(主刊)与补充、辅助性出版物(副刊)的关系。理由很清楚,第一,《Reviews》和《Biomedical Applications》都不是《Journal of Ohromatography》的组成部分。第二,《Reviews》原来是独立出版的,后来才与《Journal》发生了联系。《Biomedical Applications》与《Journal》的创刊年相差多年。第三,《Reviews》成为《Journal》的副刊后(发生联系后)仍旧保留自身的标识系统。《Biomedical Applications》一开始就有两种标识——《Journal》的和自身的。第四,丛刊由多种出版物所组成,但丛刊本身并不是一个实体。我们在实际工作中所见的《Journal》不仅有标识系统,而且在出版副刊后,它继续在出版,所以它不应该算作丛刊。第五,《Journal》是一种主要出版物,而其余两种刊物与它的关系是主次的关系,是相互补充的关系,而不是上下级的关系。由于上述原因,我们在划到的方式上,也不作为丛刊和分丛刊来处理。

Batiment International

See

Building Research and Practice.

图 4 - 35　法文题名见英文题名

863N64……

P12737　Building Research and Practice =
　　　　 Batiment International…

年	卷数	一月	二月	三月	四月	五月	六月	七月	八月	九月	十月	十一月	十二月	备注
1980	v. 8	Jan. / Feb		Mar/Apr		May/June		July/Aug		Sept/Oct			Nov/Dec		
	(v.13)													

Bimonthly.　　　　　　　　　　　　　　　　　　　　　　⑥

图 4 - 36　划到卡同时记录法文的卷号

13. 两种不同文字对照出版,有的甚至卷、期号也不同。
《Building Research &Practices》法文题名为《Batiment Internation-
al》,以英、法两种文字对照出版。卷号也同时有两个。1980 年,英
文卷号为 Vol. 8,法文卷号为 Vol. 13。根据《编目规则》的有关规
定,应以英文题名为主,将法文题名作为并列题名,另做参见卡
(见图 4 - 37)或附加款目。法文的卷号附于英文卷号后的括号内
(见图 4 - 36)。

14. 正、副题名对换。《Electronic Warfare》1978 年题名下有
《Defense Electronics》作为副题名。1979 年 Vol. 11 no. 5 开始,改名

为《Defense Electronics》。下面有小体字"including（包括）Electronic Warfare"。由于《Defense Electronics》原来就是副题名,因此不能算作吸收《Electronic Warfare》,而应作为包括这个内容,所以作为改名处理更好。近年来,在改名时,在题名下加"including"老题名的做法并不少见(有的用"incorporating"老题名)。从字面上看,这似乎是一种被吸收的行动。但分析起来,这里面包括两种情况。其一是,新收到的题名以前并不存在。它出现时已经包含旧题名的内容,所以是一种改名行为。写上老的题名,为的是拉住老读者,告诉他们,新的题名包含着老题名的内容。其二是,新收到的题名原来早就存在,现在它吸收了你所订的题名,因此将新的题名抵充原来所订的连续出版物。我们在处理时,应根据其实际情况处理,而不是根据它的字面。要区别这两种情况,可以通过:①查阅参考书,确定新收到的题名原来是否存在;②查看其卷、期标识是否与原来题名的标识相连,相连的是改名,从头开始的是改出,继续另一个标识系统者是原刊被吸收。

15.有的期刊出版一段时期后,换一个新辑。辑号依次递增,卷号连续或从头开始。此种情况以法国期刊为最多,英文期刊中也有。例:《Annales de Sciences Naturelles. Botanique et Biologic Vegetable》1891 年为 ser. 7,1897 年为 ser. 8,1921 年又开始 ser. 10。上述连续出版物虽然改变辑号后,都是从 vol. 1 开始,但是题名未曾改动,辑号又连续,为保持连贯性,算作后继标识系统,不作为新刊或改名处理。可在原来划到卡上加新辑号后,继续划到。

16.封面题名先改,逐步在题名页上加小体字,最后正式改名。例:《Light Steam Power》1977 年 vol. 26, no. 2 封面上为"including Steam Power",题名页上也是如此。(各种参考书上未见到《Steam Power》这种期刊。也就是说,《Steam Power》不一定是一种刊名) No. 3 的封面页上"Light Steam Power"三个词缩得很小,"Steam Power"地位显著,题名页上的"Steam Power"变成较大的黑体字。

看来这是改名的前兆。No. 4 封面题名未变,题名页上只剩下"Steam Power"。根据编目规则,此时应当算作正式改名。1980 年 vol. 27, no. 1 和 no. 2 未见变化, nos. 3/4 封面题名亦剩下"Steam Power"。1979 年 vol. 28, nos. 1/2 封面题名又回到"Light Steam Power",而题名页仍为"Steam Power"。此时虽有改回原名的可能,但是,由于题名页是著录的主要依据,所以不能算作改名。应当注意观察。如果确实改回原名,其索取号应按第二次改名处理。

17. 题名一度用其他文种出版。例:《Contributions to Minerology & Petrology》,其文章用英、德文发表。1966 年 vol. 12 曾改用德文题名,以后又恢复英文题名。严格说来,这是两次改名——英文题名改德文题名,德文题名改英文题名。处理方法有二。其一是,如果改名的时间很短,也就是只有几期改用其他文种,而编辑者并未说明其改名的意图,可以不作为改名处理,但必须注明哪几期,题名是什么。其二是,虽然编辑者未明确说明其改名,但是改名时间已满半年或满一卷者,仍按改名处理。(按:国际上对这种情况无规定时间,笔者认为以半年或一卷以下为界限比较合理)。如果符合第一种处理方法的条件,则在划到卡上应该注明。

18. 一种期刊并入另一种期刊,但是作为副刊继续出版。例1,《Fluid Handling》1964 年 7 月起并入《Water & Water Engineering》,作为该刊的副刊。例2,《New Ships》1980 年取消卷、期号改为月份标识,并入《Cargo World》作为副刊,内容亦简化为只报导世界上的新船及其数据。

以上两个例子只须在划到卡注明,"19 ___ 年 vol. ___ , no. ___ 起并入《…》作为副刊",或"Merged into: …as supplement"(见图4-37)。在主刊划到卡上加注"19 ___ 年 vol. ___ , no. ___ 起吸收:…"或"19 ___ , vol. ___ , no. ___ , absorbed:…",也可以将副刊并入主刊卡上(如图4-38),但要做参见卡。

| P08765 | New Ships. | | | | | | | | | Hamburg,… | | | |

年	卷数	一月	二月	三月	四月	五月	六月	七月	八月	九月	十月	十一月	十二月	备注
1979	v.24	1	2	3	4	5	6	7	8	9	10	11	12	
		Merged into：Cargoworld as supplement.												

Monthly.　　　　　　　　　　　　　　　　　　　　⑥

图 4 - 37　并入前

| P11476 | Cargoworld. with supplement：New Ships，(1980 -) |
| P11476 - S | Hamburg：Seehafen. |

年	卷数	一月	二月	三月	四月	五月	六月	七月	八月	九月	十月	十一月	十二月	备注
1980	v.25	1	2	3	4	5	6	7/8		9	10	11	12	
New Ships		1	2	3	4	5	6	7/8		9	10	11	12	

Monthly.　　　　　　　　　　　　　　　　　　　　⑥

图 4 - 38　并入主刊后

19.既有简称题名，又有全称题名。这种情况多见于西文期刊，中文期刊则不多见。尤其是近二十年来，更有发展。究其原因可能是简称形式便于记忆。例，《Engineering & Mining Journal》于1976 年改名《EMJ：Engineering & Mining Journal》，1979 年 vol.180 又改名《E&MJ：Engineering & Mining Journal》(见图 4 - 39,40,41)。第二次改名虽然只多了一个"&"，但是因为影响题名排列的次序，所以也要作为改名处理。

P00926　　Engineering and Mining Journal.

New York, …

年	卷数	一月	二月	三月	四月	五月	六月	七月	八月	九月	十月	十一月	十二月	备注
1966	v.167	1	2	3	4	5	6	7	8	9	10	11	12	
Continued by:EMJ:Engineering and Mining Journal.														

Monthly.

图4-39　第一次改名前

P00926 - A　EMJ:Engineering and Mining Journal.

Continues：Engineering and Mining Journal.

年	卷数	一月	二月	三月	四月	五月	六月	七月	八月	九月	十月	十一月	十二月	备注
1967	v.168	1	2	3	4	5	6	7	8	9	10	11	12	
Continued bv:E&MJ:Engineerg and Mining Journal.														

Monthly.

图4-40　第一次改名后

P00926 - B　E&MJ:Engineering and Mining Journal.

Continues：EMJ:Engineering and Mining

Journal.　　　　　　New York…

年	卷数	一月	二月	三月	四月	五月	六月	七月	八月	九月	十月	十一月	十二月	备注
1979	v.180	1	2	3	4	5	6	7	8	9	10	11	12	
1980	v.181	1	2	3	4	5	6	7	8	9	10	11	12	
1981	v.182	1	2	3	4									

Monthly.

图4-41　第三次改名后

关于既有简称题名也有全称题名的出版物究竟应取哪一个题名作为正题名的问题,国际上也有一番曲折的争议。早期的做法是取全称题名,而将简称题名做参见卡。七十年代后期,简称题名大量涌现。人们开始怀疑,这样做是否妥当。因为相当一部分简称题名字体粗大,而且占显著地位。有人向一百多家有这种情况的编辑部提出询问。绝大多数编辑部答复说,他们的期刊题名是全称题名。1977 年出版的 ISBN(S)第一标准版对此无明确的规定。然而,它在 1.4.7 条款中写道,"如果正题名包括一组首字母或缩略词,而在所著录的出版物上有其全称,则正题名的展开形式应作为其他题名信息"。1978 年出版的 AACR2 对全称题名与简称题名究竟以何者为主,亦无明确规定。然而,12.1E1 条款写道,"作为正题名或正题名一部分的缩略词或首字母,其全称形式如在主要信息源中出现,可作为其他题名信息。"后来,国会图书馆对该条款的说明是,全称题名和简称题名中,选择一个作为正题名后,其余便作为其他题名信息。虽然 ISBD(S)和 AACR2 并未明确规定,当连续出版物的主要信息源中既有全称题名,又有简称题名时,应当取简称题名作为正题名,而以全称题作为其他题名信息,但是从它们的条款以及所举的例子看,确实存在这种倾向。另外,从 ISBD(S)第一标准版对"其他题名信息"一词所给的定义,也可以得到相同的旁证。定义说,"一个名词、短语或几个字母看来与正题名或正题名的别名、并列题名、正题名的共同部分、分辑名有关,并从属于正题名或正题名的别名、并列题名、正题名的共同题名的共同部分、分辑名。其他题名信息修饰、解释或补充它所涉及的题名或者表示连续出版物的性质、内容等,或者出版的动机。"1981 年由英、美、加三家图书馆学会联合出版,AACR2 的两编者之一迈克尔·高曼编写的《简明 AACR2》给"其他题名信息"的定义是,"除了正题名和并列题名外,文献上载有的任何题名,例如,题下名。还有与正题名、并列题名、或其他题名相关联的,说明文献性质、内容等,或其生产或出版动机或原因的任何短语。此术语不包括正题名的别名（如书脊题名、封套题名等）。"由此可见，其他题名信息的功能是修饰、解释或补充或表示该文献的特性、内容、或出版之目的。如果将全称题名作为正题名，而简称题名作为其他题名信息，显然不能达到"修饰、解释或补充正题名之目的"。因为正题名本身是完整的，而简称题名倒是不完整的。作为一种标准著录规则，ISBD（S）理应有一种明确的规定，特别是涉及第一个项目中的第一单元，这样一个极为重要的问题。遗憾的是它没有这样做。具有国际性影响的 AACR2 也没有作出明确规定。国会图书馆也只是说"选择一个作为正题名"，至于根据什么条件选择，它也没有说明。看来未能统一认识。1986 年一位美国同行来华讲学时，仍主张以全称作为正题名。这说明要统一认识并非易事。

20. 有的期刊为了炫耀本身质量，将被它吸收的期刊题名开列在其题名之下。这种情况不必在划到卡上注明。并不是所有期刊都长期这样做。有的期刊仅保持一、二年就取消了。由于被吸收的期刊多数不算太成功，注明吸收情况（不是当前发生的），并无多少参考价值。例：《Finishing Industries：incorporating Electroplating & Metal Finishing，Industrial Finishing，Surface Coatings，& Metal Finishing Journal》表示此刊曾吸收过四种期刊。

21. 两种不同的期刊合订在一起。例：《Textile Manufacturer》与《Knitting World》两刊合订在一起。由于两种期刊有一种是颠倒装订，乍看起来，前后都是封面，没有封底，几乎分不出主次（实际上是以前者为主）。为了便于划到，可做成一张划到卡，用一个索取号。后者做一张参见卡。编目时，在附注中各自注明"Bound with：…"（见编目规则，附注项）。中文期刊《对联》和《民间对联故事》同属这种情况。

22. 一种出版物改出另一种出版物，后来又恢复原来题名。例：《Digital Integrated Ciruit DATA Book》1976 年 23rb. ed. 后，改出

《Digital Logic/computational Integrated Circuit DATA Book》,从 Ist ed. 开始。1979 年 ed. 5 起又改回原来题名《Digital Circuit DATA Book》。尽管是恢复原来题名,但因经过停刊改出,所以只能作为《Digital Logic/Computational Integrated Circuit DATA Book》的改名。索取号亦按改名处理。这种出版物实际上既非期刊,也不是连续出版物,而是 AACR2 所提到的"某些并非真正连续出版物,但是经常更新版本的出版物,也可以作为连续出版物处理"的典型例子。

736F03

年	卷数	一月	二月	三月	四月	五月	六月	七月	八月	九月	十月	十一月	十二月	备注
1980	v.	278	279	280	282	284	285	286	287					
				281	283	285								

P02548   Electronique et Application Industrielles…

Merged with Automatique et Informatique Industrielles,
to become: Electronique Industrielle.

Irregular.

图 4-42　两刊合并的划到卡之一

737F02

P11973   Automatique et Informatique Industrielles…

年	卷数	一月	二月	三月	四月	五月	六月	七月	八月	九月	十月	十一月	十二月	备注
1980	v.	83	84	85	86	87	88	………	………	……	……			

Sept. 1980 - , Merged with Electronique et Applications
Industrielles, to become: Electronique Industrielle.

Monthly.

图 4-43　两刊合并前的划到卡之二

23.一种期刊经过改名、合并,又恢复原来的题名。例:《Electronique et Applications Industrielles》No. 140 (1971)以前名为《Electronique Industrielle》。No. 140 – 230 (1971 ~ 1977)(见图4 – 42),名为:《Electronique et Microelectronique Industrielles》No. 231 – 289 (1977 ~ 1980)名为:《Electronique et Applications Industrielles 见图4 – 43)。1980年9月与《Automatique et Informatique Industrielles》合并,改出《Electronique Industrielles》(Nouvelle series)(见图4 – 44)。因为经过改出,所以虽然恢复原题名,也要作新刊处理。

													737F02
P13254 Electronique Industrielle ⋯. —Nouvelle serie													
年	卷数	一月	二月	三月	四月	五月	六月	七月	八月	九月	十月	十一月	十二月 备注
1980	No.	⋯⋯⋯⋯⋯⋯⋯⋯⋯⋯⋯⋯⋯⋯⋯								1	3	5	7
										2	4	6	8
Biweekly.													

图4 – 44　两刊合并后

24.一种期刊所用的文种逐步从一种文种向另一文种过渡。例:植物学会志(日本)vol. 1 – 3文章全部为日文。Vol. 4起有英文题名,vol. 5起有英文提要,vol. 6起有英文文章,vol. 13起英、日文文章各占一半,vol. 41起以英文文章为主,极少文章用日文发表,vol. 73起日文题名取消,vol. 78起文章全部以英文发表。鉴于文献是按文章所用语种来区分目录的,初收到vol. 1时,只能将其作日文期刊处理,编入日文目录中。vol. 4 – 40的变化情况可以补做说明。vol. 41起已经以英文文章为主,而且有英文题名页,所以应将其转入英文目录,同时将vol. 1 – 40的情况注明,并在日文目录中做参见卡。这样做,也符合以文种来区分目录的原则,有利于读者查阅。这样的改动,当然有许多工作要增加,但是从 vol. 41 时的发展趋势和文字侧重,改动目录是不可避免的,所以不应该等到 vol. 73 或 vol. 78 才改变。

近年来,日文期刊常常只有英文题名。对于这一类期刊,可以在日文目录中增加"英文题名日文期刊"一个单元,加导卡分开排列。另一方面,在英文目录中,增加一张"…见日文目录"的参见卡。

25. 英译俄刊。近年来,英、美两国将俄文期刊全文翻译的(也有选译的)相当多。这类期刊以英文译名著录,因为它已经不是俄文原版。卷、期号亦以英译本为准。俄文卷、期号可置于括号内(见图 4 - 45)。如有罗马拼音的题名,可选择做参见卡。

26. 少数期刊每期同时有两种不同作用的版本。两种版本印刷方式不同。一种是缩微印刷版,每页缩印有四页原文(有的更多)。虽然字体很小,但是字迹清晰。视力正常者可以不用放大即能阅读。这份缩微印刷版,印有本期的全部文章。另有一份普通印刷的版本,但是它只选印一部分(或全部)文章的摘要,一般打字原稿。例:《Journal of Chemical Research》分为两种版本。红色封皮为摘要版,绿色是缩微印刷版。摘要版只摘录一部分文章的要点。缩微印刷版每页印有九页原文。每期印有原文二、三百页至五、六百页不等。为便于划到,可在划到卡上注明主刊为缩微印刷版,摘要本作为副刊置于同一张划到卡上(见图 4 - 46),但编目时应作为两种期刊处理。

79－6803

P13065　Soviet Microelectronics···　　　　　　　　　(736B179)

年	卷数	一月	二月	三月	四月	五月	六月	七月	八月	九月	十月	十一月	十二月	备注
1979									[Aug]		Oct.			Aug. n. d
(1979)	(v.8)								(1)		(2)			
1980		Jan.		Mar.		May		July						
(1979)	(v.8)	(3)		(4)		(5)		(6)						
Bimonthy.														

图 4－45　英译俄刊

540C10

P12436　Journal of Chemical Research／The Chemical Society ···　[et al]

London:···

年	卷数	一月	二月	三月	四月	五月	六月	七月	八月	九月	十月	十一月	十二月	备注
1978	Synopses	1	2	3	4	5	6	7	8	9	10	11	12	Index
1978	Minipr.	1	2	3	4	5	6	7	8	9	10	11	12	
1979	Synopses	1	2	3	4	5	6	7	8	9	10	11	12	Index
1979	Minipr.	1	2	3	4	5	6	7	8	9	10	11	12	
1980	Synopses	1	2	3	4	5	6	7	8	9	10	11	12	Index
1980	Minipr.	1	2	3	4	5	6	7	8	9	10	11	12	
1981	Synopses	1	2	3	4	5								
1981	Minipr.	2	2	3	4									
Monthly.														

图 4－46　两种版本合用一张划到卡

1981	1	2	3	4	5	6	7	8	9	10	11	12	13	14	15	16	17	18	19	20	21	22	23	24	25	26	27	28	29	30	31
一月				1/2			3				4					6			7							8		9			
二月			10		11				12		13				14		15						16		17						
三月			18		19				20		21				22		23						24		25						
四月																															
十二月																															

P02496 Industrie Anzeiger. Essen: ···Jg. 103

Supplement: Orga Data.

图 4 - 47　主刊划到卡上注明有副刊

27. 同一出版社的几种期刊共有一种副刊。例:《Orga Data: Betriebsorganization, Burorationaliisierung, Datentechnik》同时是《Elektro Anzeiger》,《Industrie Anzeiger》和《Elektronik Anzeiger》的副刊。处理时,既可作为每一种期刊的副刊,也可以在各种有关题名上,注明另有副刊:《Orga Data》(见图4-47),而《Orga Data》分别著录(见图4-48)。

P00000　Orga Data

Suppl. to: Industrie Anzeiger, EIeltro - Anzeiger,& Elektronik Anzeiger.

年	卷数	一月	二月	三月	四月	五月	六月	七月	八月	九月	十月	十一月	十二月	备注
1979				2	3		4	5			7			
1980		1/2		3	4	5	6	7/8		9	10	11/12		
1981		1	2	3	4									

Monthly (Irregular)

图 4 - 48　副刊划到卡上注明是哪几种期刊的副刊

28. 几个出版社的几种期刊共有一种副刊。例:《dfz Wirtschaft Magazin》。同时是十三个出版单位的二十一种刊物的副刊。处理方法与前例相同。

P11684 Inorganica Chimica Acta, incorp. Letters												ISSN0020 – 1693 77 – 2087 （543LD02） Lausanne：Elsevier，
年	卷数	一月	二月	三月	四月	五月	六月	七月	八月	九月	十月	十一月	十二月	备注
1977	v. 30	···											
1978	v. 31	···											
1979	v. 32	···											

1980 – , split into 3 parts：Letters, Articles, and
Bioinorganic Chemistry：Articles and Letters.
                                    See next card

Monthly.

图 4 – 49   分辑前的划到卡

29.一种期刊中途分出副刊,但是卷号是互相连接,无独立的卷、期号。例:《Inorganica Chimica Acta：Incorporating Letters》(见图 4 – 49) 1980 年起分为:《Inorganica Chimica Acta. Articles》(Red cover),月刊,每卷两期,1980 年出 vol. 38 – 43,《Inorganica Chimca Acta. Letters》(Green cover),月刊,1980 年, vol. 44 – 45,每卷 6 期,《Inorganica Chimica Acta. Bioinorganic Chemistry. Articles and Letters》(Blue cover),双月刊,1980 年出 vol. 46,每卷 6 期(见图 4 – 50)。这种期刊的特点是,虽然分成三个题名,但是 ISSN 仍旧不变,保持原来的 0020 – 1693,说明是一个品种,所以划到时不宜分开处理。可放在一张划到卡上,用一个总题名著录,分三行划到。

30.一种刊物兼有丛刊号。例:《Annals of the ICRP》1977 年创刊。它既有自己的卷、期号,也有《ICRP publication》的号码。每一期都有专题。划到时,除了卷、期号外,还应将丛书号放在下一行的括号内(见图 4 – 51)。专题名称在划到时不予反映。

ISSN 0020 – 1693

P11684　　Inorganica Chimica Acta

77 – 2087

（543LD02）

Lausanne：Elesevier.

1980 年	卷数	一月	二月	三月	四月	五月	六月	七月	八月	九月	十月	十一月	十二月	备注
Articles	v. 38	1	2	39/1	2	40/1	2	41/1	2	42/1	2	43/1	2	
Letters	v. 44	1	2	3	4	5	6	45/1	2	3	4	5	6	
B. C. ;A&L	v. 46		1		2		3		4		5		6	

1980 年起分为三部分

图 4 - 50　三辑卷号相连,ISSN 相同,所以合用一张划到卡

723C13

P12383　　Annals of the ICRP/International Commission

on Radiological Protection.

Oxford：Pergamon,

年	卷数	一月	二月	三月	四月	五月	六月	七月	八月	九月	十月	十一月	十二月	备注
1977	v. 1		1			2			3				4		
(ICRP pub.)			(24)			(25)			(26)				(27)		
1978	v. 2		1			2							3/4		
(ICRP pub.)			(28)			(29)							(30)		

Quarterly.

图 4 - 51　期刊兼丛书

31. 现期期刊与年度累积本期号不同。例:《SCI：Science Ci-
tation Index》分为三种不同作用的索引,各有自己的期号,每两个
月出版一期。但是,当它成为年度累积本时,这两种索引的编号却
连成一气。按照现期期刊的情况,这三种索引的索取号可以用附

加号来区别。如果考虑到年度累积本的编号情况,就不能在索取号后用附加号。因此,当期刊未合订时(也即是收到累积本以前),可以在索取号之后分别加临时性的附加号(加括号,表示非正式)(见图 4 - 52),以便区别。装订后(累积本)不用附加号。

32. 现期期刊与年度累积本作为两种不同的出版物。例:《The Engineering Index》(ISSN 0013 - 7960)这种检索期刊每月出版一期。后来分为两种,一种称为《The Engineering Index Monthly》(ISSN 0162 - 3036),另一种称为《The Engineering Index Annual》(ISSN 0360 - 8557)。后一种同时可以作书,有 ISSN。因为各有 ISSN,显然是两种不同的期刊。像这样的情况,还有 Wilson 公司的《Art Index》。这种期刊的累积本开始较晚。为了赶上现刊,开始几年每年出一卷包括三年,后来每年一卷包括两年,1967 年起每年一卷只包括当年的,但因此两种版本的卷号无法统一,应当作为两种刊物分别处理。

						SCI: Science Citation Index 500B23

P13214 - (C)　　　Citation Index

P13214 - (P)、　　Permuterm Subject Index

P13214 - (S)　　　Source Index

1980年 卷数	一月	二月	三月	四月	五月	六月	七月	八月	九月	十月	十一月	十二月	备注
CI no.	1		2		3		4		5		6		
PSI no.	1		2		3		4		5		6		
SI no.	1		2		3		4		5		6		
Annual no.	1	2	3	4	5	6	(Citation Index)						
	7	8	9				(Source Index)						
	10	11	12	13			(P 3 Index)						
Bimonthly													

图 4 - 52　现期期刊的编号与年度累积本的编号不一致

4.5.2 出版频率与卷、期变化

连续出版物的出版频率与标识系统变化较多。所有这些变化都应在划到卡上一一注明(见图4-53),以供催缺、查询、编目、装订时参考。

| | | | | | | | | | | | | | | 873C93 |

P11655   The Journal of Automotive Engineering…

年	卷数	一月	二月	三月	四月	五月	六月	七月	八月	九月	十月	十一月	十二月	备注
1970	v.1	1	2	3	4	5	…							
…	…	…												
…	…	…												
1975	v.6		1		2		3		4		5		6	

Monthly (1970–73);bimonthlg (1974–).

图4-53 划到卡上注明出版频率的变化

下面是一些常见的例子。

1. 有卷号变无卷号,以年、月代替卷、期。例:《Druck》1976年2月起取消卷、期,改以年、月代替。

2. 无卷号变为有卷号。例:《Frontier》1961年以 Spring, Summer, Autumn, Winter 四季作期号而无卷号。1965年改为 vol.26。其卷号系按每年一卷推算而得。

3. 取消总期号(通卷号),只用当年期号或月份。例1:《Bulletin Officiel de la Propriete Industrielle》1959年为 vol.79, no. 3896 ~3948,随后改为 nouvelle serie, vol.1,每年52期,不再用总期号。例2:《Industrial Diamond Review》原来用总期号,1971年 vol.3 起改用当年期号,1972年又改用月份。例3:《Working Engineering & Factory Services》1970年 vol.65, no.775 加印月份"Nov.",到12

月份取消 1 总期号,改用月份"Dec."。

4. 取消卷号,改用总期号。例:《Hydrographic Journal》原为两年一卷,每卷四期。1978 年改为总期号。以前共出十期,因此总期号为 no.11。

5. 每年一卷变多卷。例:《Transplantation》1963 年创刊时年出一卷。后来改成年出两卷。例 2:《Journal of General Microbiology》1962 年前一年出三卷,后来又变为四卷,又变为一年出六卷。

6. 取消卷号而又恢复。例:《Ceramic Abstracts》1941 年起取消卷号。1955～1972 年与《Journal of the American Ceramic Society》印在一起。1975 年起恢复卷号,两刊分别出版。

7. 每卷期数不固定。例:《Journal of Chromatography》每月出版次数和卷数都不固定。1979 年 12 月出版 vol.185,186,每卷各为一期。1980 年 1 月出版 vol.188, no.2, vol.189, no.1, 2。3 月出版 vol.189, no.3, vol.190, no.1。对于这样出版无规律的期刊,划到时要留有余地,并分析、了解其出版情况,以免缺期。荷兰 Elsevier – North Holland 出版集团的期刊最多此种情况,但是在期刊的封二页上都有详细的出版情况说明。从中可以获得全部信息。

8. 特殊形式的期号。例:《Transactions of the Institution of Marine Engineers. Ser. A》1979 年将 ser. A 改为 TM(技术备忘录),以 part 作期号,paper no. 是文章编号。1980 年起改用 paper no. 作期号。例 2:《Digital Logic Integrated Circut DATA Book》,每半年出一版。Edition number 相连续,但一年中又有 volume。如,上半年为 3rd ed. volume I,下半年为 4th edition, vol. II。第二年相继为 5th ed. , volume I, 6th ed. , volumeII。划到时可以不必考虑 volume number。由于过于繁琐,后来 volume number 已经取消。

9. 以字母作为卷号。例:《Central Patents Index Alerting Bulletin. J, Chemical Engineering》1973 年卷号为 U,1975 年为 W, 1976

年为 X，1977 年为 Y.

10. 出版频率变化。例 1：《Transactions of the American Geophysical Union》原为季刊，后改月刊。1979 年又改为周刊。例 2：《International Journal of Solid & Structures》vol. 2 是一年四期，vol. 3 改为一年六期，vol. 4 又改为十二期。例 3：《Hitachi Review》原为月刊，1979 年 vol. 28 起改为双月刊。

11. 一些卷期变化无常的期刊。例 1：南斯拉夫的《Socialist Thought and Practice》在 12 年中，以总期号出版了 no. 1 ~ no. 59。后来改成了以卷、期号标识，1974 年出版了 vol. 14，no. 1 ~ 6/7，1975 年出版的标识十分惊人。它竟然是：Vol. 15，no. 8；Vol. 16，no. 9；Vol. 17，no. 10；vol. 18，vol. 13，no. 11；no. 1；vol. 15，no. 2，而对这样的期刊，只能按实际所见划到，注明卷期号不规则。

例 2.《The Green Revolution》1961 年到 1974 年出版了 vol. 1 ~ 42，no. 5，1961 年以前，曾名《The Interpreter》和《The Way Out》。1973 年它与《The Modern Utopian》和《Alternatives》合并，但并未改名。1975 年起，卷号竟一下子成为 Vol. 32，原来这个卷号是《The Way Out》及其前名的卷号之和。应按实际所见划到，但注明这一卷号的来源。

以上所举的例子仅是一部分比较突出、具有代表意义的连续出版物。虽然例子多数是外文的，但这并不说明中文连续出版物不复杂，特别是最近几年新出版的中文刊物同样相当混乱和千变万化。这些变化充分证明连续出版物，特别是期刊划到工作并非"对号"就能"入座"，而是相当复杂、繁琐。这些现期发生的变化参考书上既来不及反映，也不可能说得十分详细。此外，尚有许多连续出版物还没有收编进参考工具书里。所以，在发生问题时，根本无从查考，全凭工作经验来判断。中文连续出版物还可以写信到编辑部去查询。外文刊物由于出版者远隔重洋，唯有靠经验分析或者向中图公司查询。当收到一份题名陌生的外国刊物时,首先要判断它是一册新订刊物,还是误送?(由于题名经常会有变化,订出的题名与实际收到的题名不同是常有的。中图公司有时在新订刊或改名刊物上写有该公司刊号,但是没有写明刊号的或许更多一些。这种刊号也只能作为参考,不可作为绝对依据,因为差错不少。)是改名呢,还是"冒名顶替",以一种刊物误算作另一种刊物?是一种刊物的副刊呢,还是特刊?是工作差错,张冠李戴呢,还是外国书商将国际版代替国内版?还有前面谈到过的形形色色的变化,有的刊物中有说明,有的只字不提。凡此种种都表明,划到工作作为连续出版物验收这一环节,并不是想象中的那么简单、容易,而是一项极其细微、需要认真对待的工作。

上述各项变化,如在划到时发现,应由划到人员填写"工作通知单",连同划到卡、刊物,依次移交采、编、装订签收处理。能否发现和解决问题,反映了工作人员的业务水平,因此应当作为业务考核的依据。

由于划到卡是连续出版物进入图书馆后最原始的记录,决不能对读者开放。非有关人员不得擅自翻动或借用,以防遗失。划到卡应长期保存,不可销毁。如旧的划到卡过多,目录拥挤,可以按年份分界限,抽出一部分另行存放。已经停刊、停订或改名多年的划到卡,也可另行保存备查。

第五章 编 目

新刊、过刊编目工作流程图

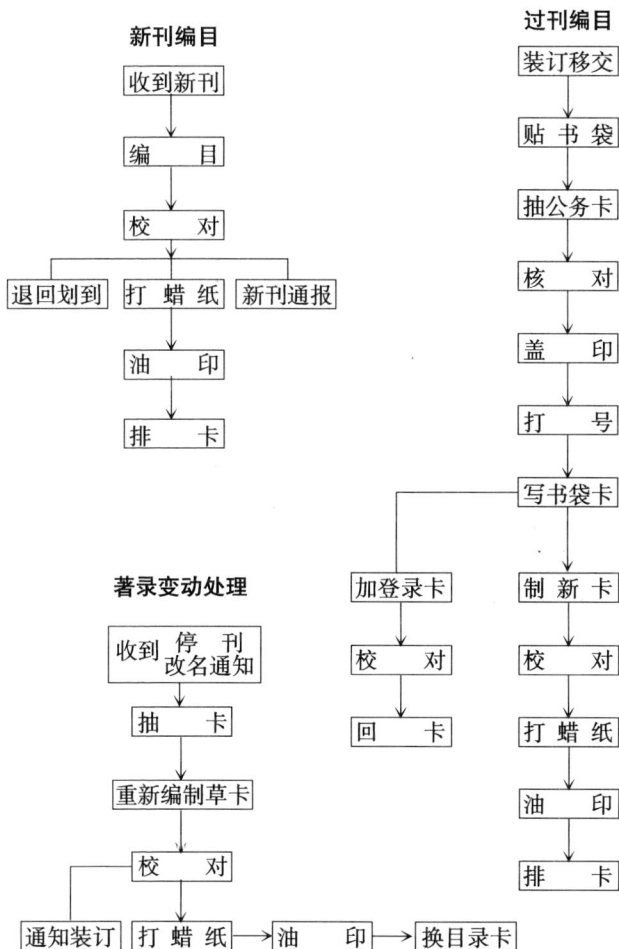

新刊编目

```
收到新刊
   ↓
编  目
   ↓
校  对
   ↓
┌────────┬────────┬────────┐
退回划到  打 蜡 纸  新刊通报
         ↓
        油  印
         ↓
        排  卡
```

过刊编目

```
装订移交
   ↓
贴 书 袋
   ↓
抽公务卡
   ↓
核  对
   ↓
盖  印
   ↓
打  号
   ↓
写书袋卡
   ↓
┌────────────┬────────────┐
制 新 卡
   ↓
校  对
   ↓
打 蜡 纸
   ↓
油  印
   ↓
排  卡
```

著录变动处理

```
收到 停 刊
     改名通知
      ↓
    抽  卡
      ↓
  重新编制草卡
      ↓
    校  对
   ↓        ↓
通知装订  打 蜡 纸 → 油 印 → 换目录卡
```

```
加登录卡
   ↓
校  对
   ↓
回  卡
```

5.1 书目工作的汉英术语

并入(Absorbed by) 一种或多种连续出版物被另一种连续出版物所吸收。

吸收(Absorption) 一种或多种连续出版物并入另一种连续出版物,而被吸收的连续出版物由此而失去它的独立性。

检索点(Access point) 用于查找、和识别书目记录的名称、题名、词或短语。参见标目。

附件(Accompanying material) 所著录出版物的主体部分所附带的任何一种旨在与主体部分一起使用的资料。这些资料的范围十分广泛,既可以是印刷资料,也可以是非书资料,既可以是一种,也可以是多种附件。

缩略词(Acronym) 由一个复合的专门名词(如,一个团体或题名)各连续部分或主要部分和/或每一个相连续的词或主要词的首字母所组成的词。

改写(Adaptation(Music)) 将一种乐曲改写成另一种乐曲,作品表现有重大不同(即,自由改写),摘取多种音乐作品片断或吸取另一作曲家总风格而成的一种音乐作品;仅在另一乐曲的基础上改写而成的乐曲。参见改编。

附加款目(Added entry) 主要款目之外,用于在目录中表示一种文献的款目;次要的款目。参见主要款目。

附加题名页(Added title page) 在选作文献的著录依据的题名页之前或之后的题名页。它可能是更全面(如,丛书、丛刊题名页)或同样全面(如,另一语种的题名页)。

交替题名(Alternative title) 由两个部分组成的正题名(每一部分都有一个题名形式)的第二部分。这两个部分之间用"or"

（或）或其他语种的对应词相连接。例：红楼梦，或，石头记；The Tempest，or，The Enchanted Island。

分析款目（Annalytical entry） 文献的一部分的款目，该文献已做综合款目。

分析注（Analytical note） 在分析款目中说明所分析的部分是文献的一部分。

佚名（Anonymous） 不知著者姓名。

建筑示意图（Archiectural rendering） 建筑物在建筑前，用来说明建筑物建成后外观形态的图纸。

项（Area） 书目著录中的一个主要组成部分。每一个项又由几个单元所组成。参见单元。

改编（Arrangement（music）） 为某种乐器而谱写的乐曲或乐曲的一部分，改写成为另一种演奏乐器用的音乐作品，同一种乐器用的，简化了的音乐作品。

艺术品原件（Art original） 艺术家创作的平面或立体的艺术品（不是艺术印刷品或照相），如，油画、水彩画或雕塑。

艺术印刷品（Art print） 由艺术家刻在石、木、或金属板上印刷出来的作品，如，拓片、印章、木刻等。

艺术复制品（Art reproduction） 艺术品原件的复制品。

图集（Atlas） 成册的地图、图版、版画、表格等附有或没有文字说明。它可以是一种单独的出版物，或者随同一册或多册正文一起出版。

题上信息（Avant – title） 在题名页或代题名页上，位于正题名上方，用来修饰、补充正题名的其它题名信息。

书目控制（Bibliographic control） 将记录的信息组织起来，或排列起来以供检索。做索引、编目和分类都是达到书目控制的手段。

书目记录（Bibliographic description） 用以记录与识别一种出版物的一组书目数据。

书目记录（Bibliographic record）　书目控制最普通的手段是目录文档或目录单。书目、索引和目录是书目记录最常见的类型。

装订题名（Binder's title）　由装订者印在文献封面上的题名。该题名与出版者印在原封面上的题名有所不同。一般发生在连续出版物的合订本上。

书本目录（Book catalogue）　书本目录是以书本形式反映图书馆藏书的目录。这是最古老的图书馆目录形式。这种目录可以是手工书写的、打字的、油印的或印刷的。十九世纪末叶，卡片目录开始发展以前，书本目录一直是图书馆目录的主要形式。书本目录的主要缺点是编制困难，而且更新目录很化钱。它容易破损或撕掉，不易修复。从十九世纪后期到本世纪六十年代，发达国家的图书馆中，卡片目录成为目录的主要形式，但书本目录继续在少量编制，因为它有便于向外提供、容易复制、体积小，以及适合编制联合目录的优点。六十年代起，由于书本目录的生产技术与设备的进步，书本目录重新受到重视。这种设备包括高速卡片连续照相，以及计算机输出激光打印机。

盲文（Braille）　由法国人 Louis Braille 创造的六点凸起的供盲人用手摸着读的文字。

单面印刷品（Broadside，Broadsheet）　一般指招贴、广告或传单、布告。

文首题名（Caption title）　出版物正文第一页开端的题名。

卡片目录（Card catalogue）　这类目录中，编目款目都记录在 3×5 英寸卡片上。每一款目用一张卡片。卡片目录的优点是容易更新、补充。缺点是体积庞大，不易编制复本。国外一些先进的图书馆中，卡片目录已不再发展。代之而起的是机器可读目录。又称机读目录。

地图测绘资料（Cartographic material）　以任何比例绘制的，关于整个地球或天体，或其一部分的绘图资料。地图测绘资料包括:平面或立体地图,航空图、航海图与天体图;地图册;球仪;测绘用空中摄影等。

精装本(Case binding) 有硬封面的装订。

目录(Catalogue) 馆藏的书目记录。一般包含在文档中称为目录。目录之目的是简要地反映所收集文献的主要情况。这些主要情况包括一个书目记录所提供文献的识别、出版以及外形特性,说明文献所含主题的主题标目,表示文献收藏位置的索取号。在目录中提供的这些信息,让使用者得以在馆藏中识别特定的文献,或者为了特定目的而选择有关的文献。

图表(Chart) 以图解或表格形式说明情况的图画。

主要信息源(Chief source of information) 著录所需要的信息来源称为信息源。信息源中又分为一般信息源和主要信息源。主要信息源是各项目著录的依据。一般信息源只能提供参考用的信息,只有当缺少主要信息源的时候,才能代替主要信息源。

合作者(Collaborator) 一个人和另一个人或几个人合作创造一个作品:他们可能从事相同的工作,如,共同责任者,或者他可能作出不同的贡献,如,艺术家和作家合作。参见合著者、混合责任、共同责任。

文集(Collection) 同一著者或多个著者的两部或多部作品或取自多部作品的一部分,放在一起出版。

总题名(Collective title) 含有几种著作的文献的正题名。

书末出版说明(Colophon) 通常在出版物末尾,有关出版、印刷、发行等信息的说明。有时还有题名和其他书目信息。

共同题名(Common title) 一组相关的连续出版物,它们之间所共有的题名称之为共同题名。共同题名与这些连续出版物各自的分辑题名一起组成正题名。

编纂者(Compiler) 将一个或多个著者的作品选编成书的人。

复姓(Compound surname) 由两个或多个姓氏组成的姓。如,诸葛、宇文、欧阳、法文中的 de…,德文中的 von…,荷兰文中的 van…。

复合题名(Compound title)　由主刊题名(或共同题名)和副刊题名(或分辑题名)组成的题名形式。

计算机文档(Computer file)　供计算机操作使用已经输入的资料,包括数据或程序。

惯用名称(Conventional name)　个人、团体、地方、事物除正式或官方名称以外,为人们所熟悉和使用的名称。

惯用题名(Conventional title)　见统一题名。

团体(Corporate body)　具有特定名称的任何组织或一群个人和/或组,包括有名称的临时组织和事件。诸如:集会、专业会议、大会、考察队、展览会、节日、和博览会。团体的典型是协会、研究机构、工商业实体、非营利性事业单位、政府、政府机构、宗教团体与专业会议。

封面题名(Cover title)　文献封面上的题名。这个题名可能与题名页上题名相同,也可能不同。

互见(Cross reference)　见参照。

从属题名,或附属题名(Dependent title)　本身不足以识别一种连续出版物的一个题名。它需要加上共同题名,或主要出版物的题名,或主丛刊的题名。这样的题名有分辑题名,某些副刊(或插入件)的题名,以及某些分丛刊题名。

从属题名标识(Dependent title designation)　词或字母或数字,或其混合体,单独或与从属题名联结在一起,用来识别一种或多种具有一个共同题名的,有关联的连续出版物。

标识(Designation)　系统地标志一种连续出版物,用以识别特定的卷、期等。

立体布景模型(Diorama)　将物体、人物等放在平面画背景前构成的立体景物。

直接检索(Direct access)　通过一种专门为计算机用的载体(如,

174

磁盘、磁带、光盘)来利用计算机的文档。

发行者(Distributor)　具体出售文献权的代理人或代理机构。

双页(Double leaf)　西方对中文线装书书页的称谓。

版本(Edition)　1.如系印刷书刊,完全以同一版型生产的文献的全部复本;2.如系非书资料,以一个原件生产的,并由特定的出版机构或一批这样的机构发行的文献的全部复本。

单元(Element)　各项目的组成部分。

款目(Entry)　目录中一种文献的记录。参见标目。

款目词(Entry word)　用以在目录中排列款目的词,通常是标目的第一个词。参见标目。

后记(Explicit)　书末关于本书编写情况的简短说明。

文献数量(Extent of item)　载体形态项的第一个著录单元,说明所著录文献的数量和单位(如,卷数、册数、页数、张数)。

摹真本(Facsimile)　一种复制本,其主要目的是模仿原出版物的外观形状,并且提供与正文完全一样的复制品。

小分册(Fascicle)　印刷文献的一部分,为了便于印刷或出版而临时分装,通常是不完整的。小分册一般用普通的纸封面,可能有或没有编号。总之,它与正规的分册(part)不同,差别在于,它仅是整个作品临时性装订成的小分册。

文件名称(File name)　计算机用的文件名称。

幻灯卷片(Filmstrip)　一段胶卷含有用于在一段时间内逐张投影的连续图像。

闪视图片(Flash card)　为快速放映而设计的卡片或其他不透明材料,印有文字。数字或图画。

格式(Format)　广义说来,文献的特定外形。

前名(Former title)　连续出版物先前的题名,而该连续出版物已经用另一个题名继续出版下去(全部或部分),或者已经和另一种连续出版物合并,改用另一个或几个题名;或者,已经被另一种连续出版物所吸收（全部或部分），而改用另一个题名。

目录的形式（Forms of Catalogue） 图书馆目录有多种形式。主要有书本目录、卡片目录、机读目录和缩微目录。

出版频率（Frequency） 连续出版物的出版周期，如，日刊、周刊、年刊。

一般资料标识（General material designation） 笼统地表示文献所属资料类别的术语，例如，录音资料。参见具体资料标识。

通用术语（Generic term） 表示出版物的种类和/或周期的通用名词。下列名称以及其他语种的对应词可以认为是通用术语：论文，编年史，年度报告，通报，公报，手册，通讯，新闻通讯，会志，杂志，会议录，报告，汇刊等。

通用题名（Generic title） 没有任何属性的名词所构成的题名。参见通用术词。

球仪（Globe） 描绘在球面的天体、或地球模型。

图示资料（Graphic） 用不透明材料或透明材料制作的平面图。

半题名（Half title） 出现在出版物题名页前一叶上的题名。该叶就称为半题名页（Half title page）。

标目（Heading）置于目录款目之首的名称、词或短语，用以在目录中提供一个检索点。

插图（Illustration） 出版物中的图画、图表等。

印数（Impression） 一个版本的一次印刷总数。

引言（Incipit） 西方手稿或早期印刷本的开头词。它往往有"Incipit"这个词或其他语种的对应词。引言通常含有著者姓名和作品的题名。

独立题名（Independent title） 题名本身足以识别一种连续出版物的题名。

开头题名单元（Inital title element） 从乐曲题名中选出来的一个或几个词，置于该作品的统一题名之首。如果按照规则开头题名单元不再增加什么词,则它便是该作品的统一题名。

首字母缩略语(Initialism)　一个组织或其他实体的名称或任何词组的开头字母。

插入件(Insert/Inset)　一种连续出版物以插入另一种连续出版物的形式,与之一起出版。它可以是散插,也可以固定插在另一种连续出版物中。

国际标准书号(International Standard Book Number, ISBN)　见标准号。

国际标准连续出版物号(International Standard Serial Numcer, ISSN)　见标准号。

国际连续出版物数据系统(International Serial Datasystem,ISDS)　为了管理和登记全世界连续出版物的一个政府间组织。总部设在巴黎法国国家图书馆内,全世界已有近五十个国家和地区中心。这些国家和地区中心负责本国或本地区出版的连续出版物的登记,并给予 ISSN。我国也已经建立国家中心。

国际标准书目著录(International Standard Bibiographic Description, ISDS)　一种国际公认的标准书目著录格式,由国际图联书目控制办公室主持制订,通过著录项目、项目的次序,符号标识的标准化,而达到国际资源共享之目的。

册(Issue)　连续出版物相连续的各部分之一。本术语用以标识连续出版物现存最小的相继部分的一个单位。

编辑单位(Issuing body)　主办一种连续出版物并使之得以出版的团体。该团体对出版物的知识或艺术可能负责,也可能不负责任,并且可能是出版者,也可能不是发出版者。

文献(Item)　一种文件或一套文件以任何载体形式出版、发行或作为一个实体处理,并形成单一的书目著录基础。参见件。

护封(Jacket)　精装图书外面的包书纸;唱片的封套。

合著者(Joint author)　对著作负有共同责任的个人。参见共同责任。

识别题名(Key title) 或称关键题名。由国际连续出版物数据系统(ISDS)为了给每一种连续出版物一个 ISSN,而指定的一种独特的,与众不同的题名。它与该出版物的正题名可能相同,但也可能略有不同。

多载体成套资料(Kit) 也称为多载体文献,含有两种或多种资料类型的文献。其中没有一种可以认为是主要组成部分,这个名称术语著录时用在正题名后的方括号中。

叶(Leaf) 原张纸折叠成书的一部分,叶是其中的一个单位。每叶有两页。正反面各一页。

专用图徽(Logo) 一个图案或一种标志表示一个专用名词(如,报纸、公司、组织等名称)。通常设计成特殊的风格或装饰形式。

机读目录(Machine readable catalogue;MARC) 机读目录就是利用计算机编目的记录。记录通过特别设计的程序和格式储存在计算机中。机读目录的累积文档称为数据库。利用计算机可以将各个编目记录检索出来,并立刻显示在屏幕上。大多数终端设备配有打印机,可以立即将所要的文献打在纸上。八十年代初,发展了激光盘(Laser dise),简称光盘。由于它只能供阅读,所以也称只读光盘(Compact disc – Read only-memory,简称 CD – ROM)。光盘形状与激光唱片相同。一张光盘可以储存 100 万页 16 开纸上所载的全部信息。美国国会图书馆所藏目录已经用光盘形式对外发行。

主要款目(Main entry) 文献的完整编目记录。主要款目含有所有能在目录中找到的其他标目的跟查。参见附加款目。

主要标目(Main heading) 含有副标目的标目中的第一部分。

主丛刊(Main entry) 含有一个或多个分丛刊的有编号的丛刊。

手稿(Manuscript) 手写、打字以及粘土平板或石头上铭刻的著作。其中包括乐谱。

报(刊)头(Masthead) 报纸或期刊的题名、所有人、编者等说明。

178

它的位置是可变的。如系报纸,一般在编辑页或头版的顶端;而期刊则在目次页上。

合并(Merger)　两种或多种连续出版物合并成一种新的连续出版物。

缩微制品(Microform)　任何载有缩微图像或文字的透明或不透明载体的统称。

显微幻灯片(Micro Scope slide)　专用于显微镜显微投影仪观看载有细微事物的幻灯片。

混合著者(Mixed authorship)　见混合责任。

混合责任(Mixed responsibility)　混合责任是指不同个人或团体对著作的知识或艺术内容,作出不同类型贡献的人(例如,改编另一个人的著作或作插图)。

专著(Monograpn)　不是连续出版的印刷文献。即,一种文献以单一部分完成,或分几个部分,或准备以限定的数量完成。

多载体文献(Multimedia item)　见多载体成套资料。

多件(册)文献(Multipart item)　一种文献含有两个或多个实体部分(件)。

名称/题名附加款目(Name/title added enty)　附加款目的检索点由个人或团体名称和文献的题名组成。

名称/题名参照(Name/title reference)　由个人或团体名称和文献题名组成的一种参照。

报纸(Newspaper)　一种按规定周期出版(联合国统计年鉴规定每周出版四次以上)的连续出版物,通常每日一次,每周一次或两次,用以报导发生的新闻,讨论当前普遍感兴趣的主题。

标识系统(Numbering system)　用以标志识别连续出版物各册的标识。它可以是一个数字、一个字母、任何其他符号或它们的组合形式,如卷、期和/或年、月、日。

副题名(Other title information)　在主要信息源中载有的,关于正题名或并列题名,说明文献性质、内容,或其生产或出版动机

或原因的任何短语。一般出现正题名之上或之下。此术语也
直译成其他题名信息。

并列题名(Parallel title) 题名页上正题名的对照语种的题名。不
在题名页或代题名页上出现的其他语种题名,虽然实质上也是
并列题名,不能著录在并列题名的位置,只能著录在附注中。

期刊(Periodical) 连续出版物的一种类型,按固定的周期出版其
出版频率高于一年一次,而低于两周一次。无论在一册之内
或各册之间,其内容和著者均不相同。

件(Piece) 单一的实体(如,一卷书,一张唱片,一张缩微平片)。

整页插图(Plate) 书中的精美插图,与正文的页码无关。

主要名称(Predominant name) 个人或团体名称最常见于1,该个
人的著作或该团体发行的著作中,或者2,在参考资料中。

笔名(Pseudonym) 由著者虚构的名字。

参照(Reference) 由一个标目或款目引向另一个标目或款目。

参考源(Reference source) 或称参考资料。任何可从中获得可靠
信息的出版物。它不限于参考书。

相关团体(Related body) 一个团体与另一个团体有关,但不是从
属的上下级关系的团体。例如,由另一个团体创建,但不受其
控制的团体;得到另一个团体财政资助的团体;一个团体的成
员同时是另一个团体的成员,或与另一团体有联系,如国外的
雇员联盟与校友会。

重印本(Reprint) 1.用原来的版型重新印刷的文献。通常采用
照相的方法。这种印刷可以完全将原版复制(通常称为印
次),或者或多或少会有微小而有限的不同(通常称为版次)。
2.正文无实质性变更的新版本。

分辑(Section) 连续出版物分开出版的一部分。

连续出版物(Serial) 出版物以任何载体连续出版,有编号或年、
月顺序标识,并准备无限期地继续下去。连续出版物包括期

刊,报纸,年度出版物(报告、年鉴、指南、手册等),学会的会志,备忘录,会议录,汇编以及有编号的专著丛书。

丛书、丛刊(Series) 一组各自独立的文献,除了各自的正题名外,有一个适用于整组的总题名彼此串连起来。

辑(Series) 丛书或连续出版内部分开的连续卷号,如,第一辑、第二辑等。

共同责任(Shared responsibility) 两个或多个个人或团体在创作一种文献的内容时,从事同一种活动。

封套(Sleeve) 放置唱片用的纸袋(硬纸板或牛皮纸)。

幻灯片(Slide) 有平面图像的透明材料(照相胶片或玻璃板)。通常镶嵌在硬纸板做的框架中,专用于投影灯或观察器观看。

录音资料(Sound recording) 录下声音震动,以便重新放音的各种载体的统称。这一名词包括唱片、录音钢丝、录音磁带、和光盘。

具体资料标识(Specific material designation) 表示文献所属具体类型的术语。一般资料标识只说明一个笼统的类型,而本术语则要求将其具体化,如,录音资料是一个统称,本术语则必须说明是唱片还是磁带,还是光盘、钢丝。

书脊题名(Spine title) 印在书脊上的题名,它可能与正题名不同。

分裂(Split) 一种连续出版物分成两种或多种新的、独立的连续出版物。

标准号(Standard number) 国际标准号,如,国际标准书号(ISBN),国际标准连续出版物号(ISSN),或任何其他国际公认的标准号。其作用是用以识别一种文献。

责任说明(Statement of responsibility) 从所著录的文献上抄录的对文献内容负责的个人,发行该文献的团体,或个人或团体对文献内容的演出负责的说明。在少数情况下,责任说明可以是一句短语,而不一定是个人或团体。

副标目(Subheading) 团体标目(不是主要标目)的一部分。

从属团体(Subordinate body)　一个团体构成较大团体的一个行政部门。

分丛书(Subserics)　丛书中的丛书。

分丛刊(Subseries)　丛刊中的丛刊。

题名下信息(Subtitle)见副题名。

补充资料、副刊(Supplement)　分别出版的文献,用来补充一种已经出版的文献使其更新,或继续原来的文献。

提供的题名(Supplied title)　在文献的主要信息源或其代题名页中,没有正题名时,由编目员所提供的题名。

题名格(Title frame)　缩微资料开头的一格,载有完整的题名以及出版细节,但不是文献内容的一部分。

题名页(Title page)　文献的开端,或接近开端载有正题名的一页,通常(但不一定)有责任说明和出版日期。不包括题名页反面的一页。

正题名(Title proper)　文献的主要题名,包括交替题名,但不包括并列题名与副题名。

跟查(Tracing)　1.在目录中表示一种文献标目的记录。2.在目录中表示该文献的名称或题名的参照记录。

投影灯透明胶片(Transparency)　载有图像或文字的透明胶片,用于教学用的头顶投影灯或灯光匣。

统一题名(Uniform title)　当一种作品的各种译本、版本以不同题名出现在题名页时,编目员根据组成目条的需要。用特定的、唯一的、能识别的标准题名,加以统一标目,便于统一检索,但不包括作品再版或修订时改变的正题名。用于连续出版物时,统一题名能够:1.用来区别正题名相同的不同连续出版物;2.将与某种连续出版物有关的不同款目集中在一起。

录像资料(Videorecording)　记下视觉图像以便用电视机重放的记录。

182

5.2 编目的演变

目录是图书馆向读者推荐、反映和提供馆藏书刊的主要途径，编目则是组成馆藏目录的根本手段。编目的正确性和详简，关系到读者能否充分地利用馆藏资料的问题。全世界的图书馆最初都是按照各自的经验和需要，采用自己简单的编目规则来为书刊编目。这种各自为政的做法大约延续了几百年之久。由于不断实践、改进，编目规则逐渐朝着目录的实用性和系统性方向发展。直到十九世纪下半时，才有了较系统的、正规的编目规则，同时也开始跨出了地区的界限。一个多世纪以来比较有代表性的编目规则有：

一、大英博物院编目规则（The British Museum Cataloguing Rules（BM））——1841 年，大英博物院发表了潘尼齐（Sir Anthony Panizzi et al.）所作的"编辑目录的规则"（Rules for Compilation of the Catalogue），这一文献当时发表在《大英博物院所藏印刷图书目录》（Catalogue of the Printed Books in the British Museum）第一卷上。后来，1936 年又以《大英博物院图书、地图和乐谱编目规则》（Rules of Compiling the Catalogues of Printed Books，Maps and Music in the British Museum）为书名出版。这一编目规则就称为《大英博物院编目规则》（The British Museum Cataloguing Rules（BM）），也称《潘尼齐的九十一条规则》（Panizzi's Ninety - one Rules）。这一规则作为大英博物院编制目录的指南，实际产生于1839 年。它奠定了编目以著者为主要款目标目的基础，是近代第一部影响深远的编目规则。

二、裘维特（Jewett）规则——1852 年，裘维特（Charles C. Jewett）发表了题为《论图书馆的目录组织》（Smithsonian Report on the Construction of Catalogs of Libraries，and their Publication by Means of Separate Stereotyped Titles, with Rules and Exampies）的文章，共有 33 条规则，主要是根据潘尼齐的规则。它是美国第一部以著者为主要款目标目的编目规则。其中包括附加主题，并且建议用联合目录来实现集中编目和合作编目。

三、《克雷斯泰陀罗（Crestadoro）规则》——1856 年，克雷斯泰陀罗发表了"编目录的艺术"（The Art of Making Catalogues）一文，提倡详细的主要款目从著者开始，并且附著者与主题索引。

四、《克特（Cutter）规则》——1864 年，克特（Charles Ammi Cutter）制订了《字典式目录规则》（Rules for a Dictionary Catalog）。最初它作为美国教育局的出版物《美国的公共图书馆》（Public Libraries in the United States）一书的第二部分。它有 369 条规则，包括著录编目、主题标目和排片。克特的目的是"调查研究什么是编目的主要规则"。它对于后来的编目规则具有较大的影响。

它认为目录有三个目的，并提出达到这些目的所采取的手段。

目的：

1. 使读者能找到一本书，只要他知道

    a. 著者或

    b. 书名或

    c. 主题

2. 显示馆藏，通过：

    d. 特定的著者

    e. 特定的主题

    f. 特定的文献类型

3. 帮助选择图书：

    g. 从其版本

    h. 从其性质

手段：

1. 著者款目附必要的参见（a 和 b）

2. 书名款目或书名参照(b)

3. 主题款目,互见和分类主题表(c 和 e)

4. 形式款目的语种款目(f)

5. 提供版本和出版事项,必要时作附注(g)

6. 附注(h)

五、《普鲁士条例》(Prussian Instructions)——1899 年德文的普鲁士条例的出版。对中欧及德语系国家的图书编目产生了很大的影响。原来它是用于普鲁士的图书馆,后来,日耳曼语系和斯堪的纳维亚各国都采用了。这些规则反映了日耳曼与英美传统编目中两个主要的不同点。《普鲁士条例》规定了语法上的题名而不是机械的题名。用于题名款目时任何时候都以书名为著录标目。款目词是题名的第一个语法上独立的词,而不是除了首冠词外的第一个词。第二个不同点是,普鲁士条例不承认法人团体著者。

六、《AA1908》——本世纪初,英、美两国的图书馆协会各自修订了自己的编目规则。后来又建议制订适合英语地区统一的编目规则。1908 年,英、美两国图书馆协会联合出版了《编目规则:著者与书名款目》(Catalog Rules:author and title entry)或称《AA Code》或《1908 Code》或《Joint 2 Code》或《AA 1908》,即通常所称的《英美条例》。然而,由于具体细节上未能完全统一,英国和美国各自出了一个版本。

《AA 1908》反映了潘尼齐规则和克特规则的影响,而且在相当程度上,反映了美国国会图书馆自 1901 年起发行印刷卡片的编目影响。但是,它没有包括克特的关于目标和手段的声明,而且主题标目也没有。这一规则的主要目的是满足“较大的学术性图书馆”。这一目的在很大程度上为后来的一些编目规则定下了基调。但是,英国的许多图书馆认为它太简单,连一点补充也没有,因此都不采用。直到 1950 年出版《英国国家书目》(British National Bibliography)时,也是对《AA 1908》作了许多补充,才作为其编目的依据。尽管如此,在英国,仍然有许多图书馆采用自己的编目规则。在美国,由于国会图书馆发行卡片,已经很自然地成为美国的编目中心,因此,《AA 1908》获得了推广。

七、《ALA 规则草案》(1941)——早在三十年代,大家感到《1908 规则》有必要修改。于是在美国图书馆协会下面成立一个编目规则修订委员会。它打算与英国和其他国家的图书馆协会合作,但是,由于第二次世界大战而没有成功。1941 年,美国图书馆协会单方面修改了 1908 年规则,将原来为 88 页的小册子扩大到408 页。正如它序言中所说的,增添是因为集中编目和合作编目需要标准化。这个条例包括两个部分,关于款目和关于著录。没有提到主题标目。这个草案由于奥斯邦(Andrew D. Osborn)在1941 年 6 月的《图书馆季刊》(Library Quarterly)上发表了"编目中的危机"(The Crisis in Cataloging)一文而受到很大的打击。奥斯邦批评这个条例企图用于可能会产生的各种各样情况和问题,是条文主义。这一草案没有能获得通过。

八、《国会图书馆著录编目规则》(Rules for Descriptive Cataloging in the Library of Congress Adapted by the American Library Association)(1949)——在美国,由于国会图书馆发行的编目卡被各大图书馆普遍采用,而据以编目的编目规则又与美国图书馆协会的规则不完全相同,1946 年,国会图书馆出版了《著录编目研究》(Studies of Descriptive Cataloging:A Report to the Librarian of Congress by the Director of the Processing Department)提倡编目细节简明化。在报告中的原则和介绍的基础上,国会图书馆着手完成著录编目的规则。《国会图书馆著录编目的规则》第一次完成于1947 年,最终版本出版于 1949 年。这一条例只包括著录。它涉及许多类型的资料,如,专著、连续出版物、地图、球仪和地图集、乐谱、摹真本、照相复制本和缩微制品和摇篮本(incunabula,摇篮本是指 1456 年在德国梅茵茨(Mainz)出版了活字本图书就称为"摇篮本"。这些书也包括1501年出版的书在内。但同一时期内出版的刻版或木刻印的图书不在其内)。

九、《美国图协编目规则》(1949)——由于国会图书馆正在修订它的著录规则,美国图书馆协会决定从1941年草案中略去这一部分,而在《美国图协著者与书名款目编目规则》(ALA Cataloging Rules for Author and Title Entries, 2nd ed.)中只包括款目与标目的部分。这一决定是因为许多图书馆买了国会图书馆的编目卡。另一方面,ALA 1941年草案中的著录部分不太为人们所接受。这一规则因为封面是红色的,所以也称为红皮书。它必须与1949年的国会图书馆规则一起应用。ALA 和 LC 的规则在美国图书馆界一直用到1967年《AACR》出现为止。

奥斯邦的批评对1949年的 ALA 规则似乎没有多大作用,因为按照多数人的意见,这些规则仍旧是学究式的、复杂的,而且就像1941年的草案一样有点专横武断。

1949年美国修订的红皮书对英国并未产生影响,就是在美国国内也有许多异议。认为它罗列了许多情况,分得过份细。最突出的意见反映在柳别茨基(Seymour Lubetzky)1953年发表的《编目规则与原则》(Cataloguing Rules and Principles)一文中,柳别茨基的文章分成三部分。第一部分对1949年《ALA 规则》中某些条文作了具体的分析。第二部分谈到"法人综合体"(Corporate complex)的问题。对规则中的团体著者的混乱提出透视分析。认为这一条例包括许多不必要的规则。例如,将团体分成许多种类。第三部分中,柳别茨基设计了自己的一套规则。他提出两个目标:1. 让目录使用者能容易地看出该图书馆是否藏有他所需要的图书。2. 在著者姓名的一个形式下,向目录使用者揭示图书馆有某个著者的什么作品,以及某一作品有什么版本。换而言之,他认为,文献著录首先是著作本身所决定的,而不是出版物的形式所决定。这样才能将同一著者的所有著作和同一著作的不同版本、不同译本集中在一起。柳别茨基的报告受到普遍的重视和赞同。于是 ALA 编目规则修订委员会进行改组,由瑞特(Wyllis Wright)任主席,重新起草一个新规则。1956 年,柳别茨基被指定为新规则的编者。

1960 年,柳别茨基写出了"编目规则法典,著者与题名款目:未定稿"(Code of Catalgng Rules,Authors and Titles Entries:an unfinished draft)。它一开始就提出了关于标目的说明。其后是在这些目标的基础上发展出来的专门规则。它虽然没有完成,但规则草案表明,将专门规则建筑在基本规则上,能够达到什么目的。和以前的规则一个重要的不同是,根据著者的条件,而不是作品的类型。柳别茨基的草案使编目界人士又兴奋又害怕。它预示了编目工作的一个新的时代。但是,许多人担心,剧烈的变动会付出很大的代价。这种担心成了制订新规则的主要阻力。

1956 年,国际图联曾成立专门小组,研究图书著录条例的制订原则。之后,举行了多次会议。1959 年,在伦敦召开了国际编目原则会议预备会,并指定专人就各个论题写出了工作报告,作为正式会议讨论的基础。1961 年 10 月 9 日到 18 日,在巴黎召开了由 53 个国家和 12 个国际组织参加的国际编目原则会议。会议的结果是发表了一个原则声明。这个声明后来就称为"巴黎声明"(Paris Statement)或"巴黎原则"(Paris Principles)。这一声明主要是根据柳别茨基 1960 年的规则。它的范围虽然仅限于"著者和书名字顺目录中对款目的选择与著录形式的基本原则",但是,它首先谈到了目录的功能,重申了柳别茨基和克特的目标。这一文献的重要成就之一是,确认法人团体款目和题名应该是原来的形式,而不是文法上的形式(参见普鲁士条例)。这样就消除了英美编目传统和日耳曼编目传统的两个主要的分歧。这次会议的重要性还在于,与会代表一致同意,编目工作要国际标准化。因此,国际编目原则会议及其声明可以认为是编目工作走向国际标准化的第一块里程碑。

十、《英美编目规则》(1967)——1962 年,柳别茨基辞去了新规则编者的职务。由斯巴尔定(C. Sumner Spalding)继承,并在柳别茨基和巴黎原则的基础上继续下去。英国和加拿大也关心规则的修订,并开始和美国合作。终于在 1967 年,出版了美、英、加三国联合编著的"新"规则。称之为《英美编目规则》(Anglo – American Cataloguing Rules),后来因为出版了第二版,所以习惯上将第一版称为《AACR1》。这一规则的问世,使大西洋两岸两个主要英语国家的编目规则有了相当多的一致性。由于大变动要化很大的代价,因此在某些规则上作了妥协。例如,条文 98、99 关于某些法人团体仍旧先著录地名,然后著录团体名称,而按照巴黎原则,应该直接以其名称著录。在这一点,还有其他问题上,美、英两国无法达成一致意见。决定新规则应包括款目和著录的规则,但是巴黎原则只涉及款目和标目。制订著录规则却没有国际性的指导原则可以遵循,所以国会图书馆 1949 年的著录规则,就用作第六章和第七章著录专著和连续出版物的规则,以及非书资料编目规则的基础。1967 年《AACR》出版了。它的条文安排比较合乎逻辑,并且强调著者的条件而不是作品的类型。可以说,比以前的各个规则有很大的进步。但是,它出于实践需要而作出的妥协也受到了指责。从理论角度看,《AACR》要推广应用也很困难。主要问题是如何解决目录中已有款目和根据新规则编的新款目之间的矛盾,而不致花太多的钱。按照新规则修改全部原有的标目,则要花很多的钱。国会图书馆决定新编文献按新的规则编,个人和团体标目的规则只用于第一次建立标目时,先前按旧规则建立的标目在新作品编目时继续采用。美国的一些图书馆基本都这样做。

在新规则的应用中发现,有的条文含糊不清,有的条文不妥当。1970 年作了补充和修改。1970 年以后的修改,都在国会图书馆的《编目服务》(Cataloging Service)中发表。(1978 年起该刊物改名《编目服务通报》(Cataloging Service Bulletin))。由于对一些用团体作主要款目标目的连续出版物有改名或团体名称改变,采用新规则遇到了困难,国会图书馆不得不对有些条文作了修改,条文98,99在1974年被删去。

巴黎会议后,许多国家都重新编写了他们的编目规则,如,德国条例(Relegn Für die alphabetische Katalogiserung,简称RAK)、瑞典条例和丹麦条例。《RAK》作了重大的改革,第一次接受团体著者的概念,并且接受了机械的(实际所见的)而不是文法上的题名。

十一、国际标准书目著录(International Standard Bibliographic Description,简称ISBD)——如上所述,1961年10月的巴黎原则是由53个国家的编目专家和12个国际组织的代表们一致通过的一项国际性协议,因此,可以认为这一次会议为此后书目著录的国际标准化奠定了基础。

1964年,国际图联的编目委员会认为,对《巴黎原则》应该作一个说明,因为采用这个《原则》时,产生了对《原则》的条文有不同的解释。国际和馆际的书目交流以及计算机的应用,促使人们考虑进一步使书目著录标准化。

1966—1967年,国际图联在联合国教科文组织的支持下,委托迈克尔·高曼(Michacel Gorman)研究各国的国家书目,调查他们的异同。他研究了八种国家书目之后,写出了《国家书目款目中的书目数据:著录编目的报告》(Bibliographical Data in National Bibliography Entries: a Report on Descripitive Cataloging)。

1969年,由美国的图书馆资源委员会资助,国际图联在丹麦的哥本哈根召开了国际编目专家会议,成立了一个委员会来解释《巴黎原则》。会上讨论了高曼的报告。会议认为,应该建立一个国际情报交流系统,由它来确定每一种出版物的标准书目著录,并由出版物所在国的国家机构发行。于是就成立了一个书目著录工作组来起草一个标准的书目著录("国际"是后来加上去的),并广泛散发,征求意见。1971年8月,在英国利物浦的国际图联大会上,对

《国际标准书目著录草案》进行了讨论。同年12月,出版了介绍,并向七十多个国家书目机构散发。英国和西德于1972年就表示赞同,法国于1973年也开始采用。这三个国家很快接受《ISBD》对于其他国家产生了很大影响。加拿大和澳大利亚也很快采用了。

由于有些问题不够明确,需要进一步澄清,以免各国的不同著录都被当作标准来对待,1973年,在法国葛兰诺勃尔开会修改《SBD》,并确认原来的《ISBD》只适用于专著图书。1974年,《ISBD(M)》第一版出版。1971年的利物浦会议还决定草拟一个国际标准连续出版物著录标准。1972年2月,《ISBD(S)》的第一份草案拟定,并由工作组的成员们传阅。按照国际图联会员们的建议,此份草案无论是外形或内含项目的顺序都与《ISBD(M)》相同。目的是希望能与《ISBD(M)》合用一个计算机程序,而不用另行处理。同年4月,ISBD工作组在维也纳开会,《ISBD(S)》的代表也列席会议。会后拟定了《ISBD(S)》和第二个草案,并予印发。六月间,以一百份发给各国图书馆协会和期刊使用者。另有三百份交国际图联布达佩斯会议散发。显然,第二个草案没有被通过。在1973年11月巴黎工作会议上又拟定了《ISBD(S)》的第三个草案,印发给工作组成员。他们一致认为,如果《ISBD(S)》要与关键题名(在我国国家标准中称之为识别题名)相协调,不能不与《ISBD(M)》有些不同。(按:《ISBD(M)》第一项的正题名在《ISBD(S)》中称为独特题名。独特题名比正题名更完整,更易理解。因为正题名不一定独特(如,通用题名),能与众不同。独特题名大多数情况下,就是关键题名)。1972年12月和1973年,工作组又草拟了第四个也就是最后一个草案(1974年出版),并由加拿大国家图书馆的伦恩译成英文。

国际图联由于《ISBD(M)》被广为接受而感到鼓舞,于是开始制订其他类型资料的标准。1975年10月,国际图联的各个ISBD工作组的代表和"修订英美编目规则联合指导委员会"的代表在巴黎开会,讨论了关于制订一个总的著录框架,以控制《IS-BD》的发展。在总的框架(称之为《国际标准书目著录(总则)》,简称《ISBD(G)》)的基础上发展其他形式的书目资料,以便使所有的 ISBD 都能协调一致。1976 年 3 月,工作组通过了《ISBD(G)》的文本,提交同年 8 月国际图联编目委员会的洛桑会议讨论。《ISBD(G)》正式通过后,各个《ISBD》又根据《ISBD(G)》进行修改。到 1990 年为止,已有八种《ISBD》正式公布,它们是:

《ISBD(M)》(Monographs)(专著图书)第一标准版 1978 年公布,1987 年出修订版。

《ISBD(S)》(Serials)(连续出版物)第一标准版 1977 年公布,1987 年出修订版。

《ISBD(G)》(General)(总则)1977 年公布。

《ISBD(CM)》(地图测绘资料)(Cartographic Materials)1977年公布,1987 年出修订版。

《ISBD(NBM)》(非书资料)(Non Book Materials)1977 年公布,1987 年出修订版。

《ISBD(A)》(Antiquarian)(古籍)用于 1801 年以前出版的专著。1980 年公布。

《ISBD(PM)》(Printed Music)(乐谱)1980 年公布,1987 年出修订版。

《ISBD(CF)》(Computer File)(计算机文档)1990 年公布。

根据规定,《ISBD》每五年要复审一次。1982 年 10 月,通过了《ISBD(S)》第二版草案,计划在 1987 年出版。与第一标准版相比,第二版显得更为具体详细。(在全国情报与文献工作标准化技术委员会的组织和支持下,此标准已由本书著者译成中文版)。

按照《ISBD》的说明,它有三个目的。第一,使从各种不同来源所作的记录,能够容易地为任何其他国家的图书馆目录或其他各种书目所接受;第二,有助于记录的翻译,逾越语言的障碍,使为某一种语言的使用者而作的记录可以被另一种语言的使用者所理解;第三,有助于将书目记录转换成机读目录。

为了达到这些目的,《ISBD》具备了三个主要的特点:1.著录的项目统一;2.项目的次序以及组成项目的著录单元的次序统一;3.各个著录项目和单元前的标点符号统一。这些标点符号是各著录单元的组成部分,因此是不可或缺的。

在《ISBD》制订之前,各国的编目规则差别很大。为了谋求与国际上统一著录,更好地进行交流,许多国家按照《ISBD》对传统的编目规则作了重大修改。不仅工业国家这样做了,一些第三世界国家也同样接受了《ISBD》作为文献著录的基础。

十二、《英美编目规则,第二版》(Anglo-American Cataloging Rules,2nd ed.,简称 AACR2)——如前所述,《AACR》出版不久就遇到了困难。第一,《ISBD》的迅速发展使《AACR》的条文与《ISBD》发生了矛盾。为了推进国际上书目数据的交流,有必要修改条文。第二,六十年代初,非书资料的大量发展,使《AACR》关于非书资料的条文显得过于简单。只有彻底修订《AACR》才能解决这方面的不足。第三,北美文本与英国文本的分歧使《AACR》无法很好地推广。第四,1967 年出版以后,对条文的修改、补充,使AACR 使用者感到极大不便。第五,国会图书馆宣布将改变新旧两种标目共存的政策(见《AACR》),而且要关闭卡片目录,也加速了《AACR》重新修订的步伐。

英美两国 1966 年的"备忘协定"原来就决定由两国共同监督《AACR》的应用,后来,加拿大对于修订《AACR》也感到兴趣,于是成立了"修订《AACR》联合指导委员会"(JSCAACR),由美国图书馆、英国图协、加拿大编目委员会、英国的图协和国会图书馆五个组织各出两名代表。其中一名有表决权,一名无表决权。大西洋两岸各出一名编者。英国指定了迈克尔·高曼,而北美则派国会图书馆的保罗·温克勒。从 1975 年 1 月到 1976 年 12 月,经过三国图书馆工作者广泛收集意见，并开了七次讨论会。终于在1977年1月拿出了第一部分条文草案。接着，在1977年4月完成了第二部分条文的草案。1977年8月在华盛顿召开的第九次会议上，通过了全文。1978年，《AACR 2》这部具有国际意义的综合性大型编目规则终于问世。说它具有国际意义是因为：1.它是在三个主要英语国家合作下产生的；2.它的第一部分——著录规则基本上与《ISBD》是一致的，3.它是一部近代最完善的编目规则，因此，在出版以后不到五年，就被翻译成14种文字，并且被不少国家的图书馆用于西文图书、连续出版物的编目。

《AACR2》是由两个部分所组成。第一部分是著录。第一章著录总规则适用于各种文献著录。第二章至第十二章为各种类型文献的著录。这些规则与《ISBD》的有关分则基本上是一致的。第十三章为分析款目。可以认为，第一部分实际上就是《ISBD》，但是有些地方比《ISBD》更为详细和具体。第二部分第二十一章到二十六章是在著录基础上的加工。这里包括标目、统一题名和参照。也就是说，文献经过客观的描述后，经过进一步加工——加标目、统一题名后，成为目录款目。这就是编目。没有第二部分的加工，只能说是著录而不是编目。反过来，经过标目或加统一题名等加工的，应该称为编目而不单是著录。

尽管《AACR2》是目前世界上应用最广的编目规则，但是它也不可能是完美无缺的。在实际应用中，不断在进行修订。这些修订都发表在国会图书馆的季刊《编目服务通报》上。1988年出版了修订本。修改的条文达414条之多。这还不包括已经被删去的条文。

连续出版物编目的发展——如前所述。期刊的诞生远比图书为晚。在编目规则发展初期，其著录基本上与图书相同，但是，由于连续出版物的出版连续性，使其不可能一次著录完毕，因此，著录显然比图书复杂。对于美国图书馆编目工作曾经作出重大影响的玛格丽特·曼（Margaret Mann），在她于1946年出版的《图书编目与分类入门》(Introduction to Cataloging and the Classification of Books)一书里,曾经谈到过一种"旅行卡"(traveling card),介绍有的图书馆实行旅行卡制度来反映馆藏。他们在划到卡上划到后,就将划到卡转到读者目录,替换读者目录中的划到卡。下一次划到时,又将内部目录中经过划到的划到卡替换读者目录中的划到卡。如此交替不息来反映馆藏。有的图书馆采取附加卡来反映馆藏。每当一卷(年)到齐,就在内外附加卡上记录。但是对于期刊的著录没有提出特别的规定。1949 年美国出版的《美国图协著者与书名款目编目规则》对于期刊、报纸、年鉴、指南等出版物均以题名著录。学会、学术机构或政府机关所编辑的期刊亦以题名著录,而团体名称做附加款目。但是,连续出版的政府官方出版物、学会的会议录和报告、图书馆的正式目录、学术机构、厂商、会议以及其他团体成系列的报告等都以团体标目。这些规定都是照搬1925 年国会图书馆的期刊编目规则第三版,没有什么大的变化。(见图 5 - 1、5 - 2)

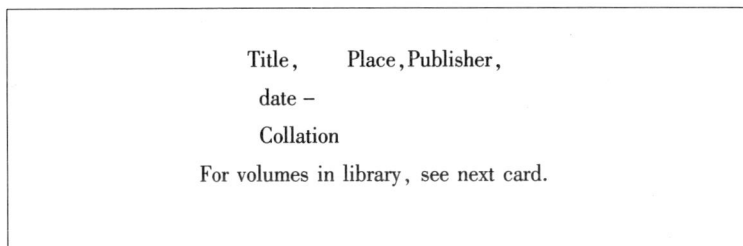

Title,   Place,Publisher,

date -

Collation

For volumes in library, see next card.

图 5—1　早期的期刊编目卡

1967 年出版的 AACR1 将期刊、报纸、年度出版物(报告、年鉴等)、学会的会刊、纪要、汇刊,以及有编号的丛书合在第七章连续出版物里。这一章完全是连续出版物专用的规则。从而改变了连续出版物编目沿用图书编目规则的旧习。遗憾的是,这些规则并未解决如何正确地反映题名,而不再是由编目员来制造一个题名的问题。因为,采取机关、团体标目后,对于题名中只有或者含有通用名词时,人们无法想象出,原来的题名究竟是什么。例如,在编目卡上,我们见到:

American Philosophical Society

  Transactions

我们无法猜测原来的题名是:

Transactions

还是   Transactions/American Philosophical Society

还是   Transactions by the American Philosophical Society

还是   Transactions from the American Philosophical Society

还是   Transactions of the American Philosophical Society

还是   American Philosaphical Society Transactions

LIBRARY HAS THOSE CHECKED		
Vol. 1 1928		
Vol. 2 1929		
Vol. 3 1930		
…		

图 5 - 2　反映馆藏的附加卡

下面是美国国会图书馆在 1972—1975 年间,根据 AACR1 编制的目录卡。虽然当时新的《ISBD(s)》还只是在起草,但目录卡上已经有所反映(图 5 - 3 ~ 5 - 8) ISSN 的位置尚未固定。有时在附注的后面,有时在分类(左下角)之下。总之,连续出版物的编目规则发展是缓慢的。这可能是因为在国内外图书馆里,期刊工作向来不受重视的缘故。在我国的许多图书馆里,期刊、报纸更是从来不编目的。图 5 - 9 ~ 5 - 10 是根据 AACR 2 著录的卡片。

Florida. State Dept. of Education.

Community education: The Florida Community School
Act of 1970, report.
1971/72 –
Tallahassee, State Dept. of Education.

v. ill. 28 cm. annual.

Report year ends June 30.

Vols. for 1971/72 – 1972/78 also contain an Interlm progress report for the suc-
ceeding year.

ISSN 0097 – 7438

1. Communitly schools—Florida. I. Title. II. Title: The Florida
Community School Act of 1970, report.

LB2820. F67a   379'. 152·09759   75 – 640439

MARC – S

Library of Congress   75

○

图 5 – 3

我国古代的藏书楼没有什么编目规则。1920 年前后,我国近
代图书馆事业得到了发展,但是仍旧没有编目规则。后来仿照外
文的编目规则拟出了一套中文图书编目规则。1921 年,杜定友编
写了《中文图书编目法》,后来又出版了《图书目录学》,以著者为
主要款目标目。文华图书馆专科学校当时所教编目方法,以及金
敏甫的图书编目学和裴开明的《中文图书编目法》也都以著者款
目为主。1932 年,刘国钧在《图书馆学季刊》上发表了《中文图书
编目条例草案》。它是中国古籍的传统编目法,以书名为主要款
目,先写书名,后写著者等项目。当时的北平图书馆、中央图书馆
都据此制订他们的编目规则。建国后,北京图书馆、上海图书馆、
南京图书馆(原中央图书馆)、甘肃省图书馆等图书馆的中文图书
都采用这样的著录方式。但是也有一些图书馆仍旧用著者为主要

款目标目。即使这些以书名为主的许多著录规则,不论在著录内容上或格式上,还是缺少统一。可以总结起来说,我国图书馆的编目规则还没有形成比较统一的规则。专门用于连续出版物的编目规则实际上还没有产生。很多图书馆对包括期刊、报纸在内的连续出版物根本不编目,更多的图书馆没有著录编目。

Great Britain. Dept. of Trade and Industry.
    Contintal shelf act, 1964; report.

London, H. M. Stationety Off.
      v. 24 cm. annual.
    Issued in the series of Reports and papers of the House of Commons of Parliament.
    Report year ends Mar. 31.

    1. Petroleum Industry and irade – Licenses – Great Britain.
    2. Petroleum in submerged lands – Great Britain.

HD9571. 2. G73a   354ʹ42ʹ00824   72 – 626954

   Library of Congress   74[2]

图 5-4

1979 年 12 月,全国文献工作标准化技术委员会第六分委员会成立后,随即着手制订《连续出版物著录规则》。1983 年 3 月,在福州会议上,上海图书馆的同志根据 ISBD (S)提出了建议稿。经过讨论,于 1983 年 11 月的长沙会议上,提出了报批稿。这一次会议未能就中、外文连续出版物的著录原则的统一问题取得一致意见。为此,1984 年 4 月成立了一个专门的小组进一步讨论报批稿并作少许修改后,一致同意上报。1985 年,国家标准局批准了《连续出版物著录规则》(GB 3792·3—85),决定自 1985 年 10 月 1 日起实施。这样,中文连续出版物也有了自己的标准著录规则。它在原则上与 ISBD (S)是一致的(图 5-11~5-13)。

Amerikastudien. American studies. Jahrg. 19 –
1974 –
Stuttgart, J. B. Metzlersche Verlagsbuchhandlung.

v. ill. 25cm. 2 no. a year.
Continues Jahrbuch für Amerikastudien.
Engiish or German with summaries in English.
Issued under the auspices of Deutsche Gesellschaft für Amerikanstudien.

1. United States – Civilization – Periodicals. Ⅰ. Deutsche Gesellschaft für
Amerikastudien. Ⅱ. Title: Amercian studies.

F169. 1. J33	973. 92ʹ05	74 – 646602
		MARC – S
Library of Congress	75 [2]	

O

图 5 – 5

United States. Library of Congress Library of Congress Office. Karachi.

Accessions list, Pakistan. Annual supplement: cumulative list of serials.
1973 –
Karachi
V. 28 cm.
Continues a publication with the same title issued by the Office under its earlier
name: American Libraries Book Procurement Center, Karachi.
ISSN 0097 – 7985
1. Pakistan – Imprints.

Z3191. U53	suppl.	015. 549ʹ1	74 – 648198
			MARC – S
Library of Congress		75	

O

图 5 – 6

199

Ubumwe, 1. –

31 mars 1972 –

Bujumbura.

    v. illus. 30 – 40 cm. weekly.

With the Rundl edltion of the sametitle supersedes the bilingual (French and Rundi) edition.

In French.

AP27. U272	054. 1	73 – 645944
		MARC – s
Library of Congress	74[2]	

○

图　5 – 7

Saturday review/world. v. 1 –

Sept. 11 , 1973 –

[New York]

    v. illus. 28 cm. biweekly.

Formed　by the union of Saturday review of education, Saturday review of society, Saturday review of the arts, Saturday review of the sciences, and World.

Running title: SR/world.

    I. Title: SR/world

AP2. S273.	051	73 – 645517
ISSNO091 – 620 – X		MARC – S
Library of Congress	74[2]	

○

图　5 – 8

```
Call no.  Title proper/Statement of responsibility. – Edition. —Numeric
          and/or atphabetic, chronological, or other designation. – Publi-
          cation.
          Physical description. —(Series)
          Note
          ISSF
```

图 5—9

根据本题名下第一册著录的原因——在 ISBD (S)颁布以前，连续出版物的编目一般根据收到的第一册(不是本题名下第一册)作初步编目,然后在一年或一卷完毕时再正式编目。这样做的理由是,根据收到的第一册著录可能信息不够完整。另一方面,连续出版物经常在发生变化,因此在一年以后正式编目时,可能有新的变化。这种做法实质上是根据最新一册编目,而"最新一册"是永远没有完结的。因此,国会图书馆于 1969 年开始按本题名下第一册编目。采用 ISBD (S)后,著录的依据发生了改变。最新收到的一册不再是著录的根据。本题名下第一册才是著录的依据。如果没有本题名下第一册,则可以用手头最早的一册,但要在附注中说明根据哪一册(期)著录。这一改变的原因是:

①经常在发生变化是连续出版物的重要特点之一。在漫长的出版过程中,由于种种主客观原因,希望它一成不变是绝对不可能的。所谓最近或最新的一期,实际上并不存在。今天刚刚著录好的卡片,对于明天收到的连续出版物来说,就可能不完全正确了。这样,势必会得出一个错误的结论:编目越晚越正确。各家图书馆由于编目时间的不同,著录内容也就不会相同,这就无法统一著录的标准。一律根据本题名下第一册著录,统一著录标准就有了共同的基础。

②收到第一册后即可编目,不必等到一年(卷)出齐后再正式编目,可以减少工作量。

③作为国家书目,总是报导最新的出版物(也即是本题名下

第一册出版时),不可能等到第二年才报导。

　　④一次编出完整的著录,可以减少读者查询。

　　特别值得一提的是,根据本题名下第一册著录的连续出版物不一定有正式的题名页(主要信息源)。如果在第一卷出版完毕后,收到包括整卷信息的题名页时,即使其提供的信息与第一册不同,也不再根据整卷题名页重新著录。这样才能保证著录的稳定和统一。

Canadian journal of behavioural science [text] = Revue canadienne des sciences du comportement. – Vol. 1, no. 1 (Jan. 1969) – .

—[Toronto]: Published for the Canadian Psychological Association by University of Toronto Press, 1969 –

V. ; ill. ; 23 cm

Quarterly.

Text in English or French, English and French Summaries.

　　ISSN 0008 – 400x = Canadian journal of behavioural science: $ 7. 50per year($ 2. 00 single number).

图　5 – 10

5.3　新刊编目的手续

　　编目人员从采购人员那里收到新刊后(见第三章3. 9"划到卡的编制"),要复查本馆是否曾经订过,有无改名等变化。然后按照《编目规则》的有关条款,逐项查明,编成编目草卡。草卡经过审校,便可打成蜡纸。再经过校对,印出正式编目卡。编目卡的张数视各图书馆的需要而定。一般说来,读者目录最少得有一张题名卡和一张分类卡,内部目录同样最少应有两张,典藏目录也得有两张,另外加两张备卡。若有团体责任者,内外目录各加一张。每一并列题名、封面题名也要各加一张。如果采用主题标目,则每一主题各加两张。此外,还要准备一整套卡片。这样,当编制馆藏目录时,就不必为此而制备卡片了。

编目完毕,即按内外目录的各个系统排卡,备卡则按卡片号排列。卡片插入目录时,必须经过校对,然后落卡。

与此同时,将连续出版物连同划到卡、"连续出版物工作通知单"送交装订人员,编制装订记录卡。

5.4 著录编目的重要意义

关于连续出版物有必要著录编目的理由,在本书第二章2.1节中已经有了较多的阐述,这里不再重复。但是,从连续出版物目录的作用方面,可以作一点补充。

首先是从形式上看,任何文献类型的目录,其作用大致相同。但是,连续出版物目录的著录方法却有其特异性。因为,连续出版物的最大的特点无疑是"长期连续性"。这种连续性使连续出版物的目录长期处于一种"没有了结,随时准备修正、补充"的状态。连续出版物的种种变化都会使目录的正确性受到影响,因而不得不重新编目。这一系列的变化,特别是多种期刊之间的关系,以及馆藏是否完整,不通过著录编目,即使书库全面开架,读者也是难以知道的。

另一方面,通过著录编目,使图书馆能对其藏书情况,提供比较完整的检索途径。例如,一种出版物既有全称题名,又有简称题名。如果不做著录编目,就不可能在书架上提供两个题名的排列位置。只知道出版物的责任者,同样无法找到所需要的题名,特别是责任者的标目形式很可能不同。按分类上架的图书馆中,一种连续出版物只能放在一个位置,而当连续出版物涉及几个类目时(这种可能性比图书多),分类目录就可以在几个类目中反映出来,至于连续出版物经常发生更改题名等情况,不通过著录编目更是无法掌握了。

5.5 著录中的标点符号

如前所述,在标准著录中采用标点符号,是《ISBD》的主要特点之一,也是《ISBD》的一大创造。通过标点符号(也称标识符号,因为其作用是标志识别其后的项目或单元),即使对文字不太精通的人也能够知道,哪里是责任说明,哪里是出版地、出版者,哪里是丛书名……。下面对著录中的标点符号作一概括的介绍。

冒号(colon)":"

用于下列情况之前

(1)每一个副题名

(2)出版者、发行者、印刷者、制作者。

(3)其他外形细节。

(4)丛刊或分丛刊的副题名。

(5)供应条件。

冒号加空格用在附注中的导词与附注的主要内容之间。引用文献时,每一个文献名称前都加冒号、空格(中文省略空格)。

逗号(comma)","

用于:

(1)将说明中的各个单元分开(如,题名中的词或短语,责任说明中的几个著者姓名或名称)。

(2)每一个附加版本说明之前(如,2nd ed., revised)。

（3）出版、发行、印刷、制作的日期之前。

（4）丛刊（丛书）项中，丛刊或分丛刊的 ISSN 之前。

破折号（dash）"—"

用于每一个项目前，与句点、空格一起（中文省去空格）构成项目之间的间隔符（即，句点、空格、破折号、空格，或中文的句点、破折号）。但第一个项目前，和每一个段落之前不用间隔符。

斜线（diagonal slash 或 slash）

用于：

（1）第一责任说明之前。

（2）本版的责任说明之前。

（3）丛刊的责任说明之前。

等号（equals sign）" = "

用于下列情况之前：

（1）并列题名。

（2）卷、期、年、月项中的第二、第三种标识系统。

（3）并列丛刊名或并列分丛刊名。

（4）标准号项中的识别题名及人民币售价。

句点（full stop）"."

用于：

（1）句点、空格、破折号、空格构成项目之间的间隔符（中文不用空格）。但第一个项目和每一个新段落之前不用间隔符。必须强调的是，如果用于项目间隔时，由于需要换行而将句点和破折号分开时，其句点绝对不可以省略，因为计算机是靠标识符号来识别项目和单元的。

（2）每一段落的最后项目的末尾。

（3）用于缩写字母或节略词（如，ed.、v.、n.、cm.）。但是如果节略词后面正好是项目间隔符（—），则可以省去一个句点。

(4)副刊题名(如,花城。副刊)或分辑题名之前(如,Current World Leaders. Almanac)

(5)分丛刊题名之前。

连接号(hyphen)"—"

在卷、期、年、月或其他标识项中,用来连接本题名下第一册的卷、期与最后一册的卷、期。在出版项中,用于创刊年(本题名下第一册)后。

省略号(ommission)"…"

用来:

(1)表示正题名或副题名的节略。

(2)表示责任说明中有省略(如,…[et, al],…[等])

(3)代替连续出版物正题名中有变动的数字或日期。

减号(minus sign)" – "

用在天体图中,表示南半球。

圆括号(parenthesis)"( )"

用于:

(1)印刷或制作事项(地点、名称、日期)

(2)在地名之后,出版者、发行者的地址。

(3)插图或附件的修饰(外形细节)。

(4)每一个丛刊。

(5)对标准号或供应条件的修饰。

(6)统一题名的修饰。

(7)多卷专著在卷数后的连续页码。

(8)地图资料中的数学数据项。

(9)识别题名中的修饰。

(10)缩微胶卷或幻灯卷的画面格和影片或录音带速度。

(11)连续出版物第三项中,以卷、期号作标识的年、月。

加号（plus sign）"+"

用于：

（1）附件说明之前。

（2）用在天体图中，表示北半球。

问号（question mark）"？"

用来表示对某些著录内容尚有疑问。

分号（semicolon）"；"

用于下列情况之前：

（1）每一个其他责任说明。

（2）后继标识系统。

（3）第二出版地、第二出版者。

（4）载体形态项中的尺寸。

（5）丛刊项中，每一个其他责任说明，丛刊或分丛刊的编号。

（6）地图资料的投影说明。

空格（space）

除逗号、句号，连接号和圆括号、方括号之前不用空格外，方、圆括号之后亦不空格。其余标点之前后都空一格。分辑题名之前空两格（中文均不空格）。

方括号（square brackets）"[ ]"

用来表示：

（1）此信息取自规定信息源之外。

（2）一般资料标识。

（3）说明发行者的职能。

值得注意的是，ISBD 最初对附注项中冒号的规定，只用于导词与主要内容之间。1987 年通过的 ISBD（S）修订版对冒号的用法作了补充。

原来：

Merged with：…. to become…

（本刊与:《…》合并,改名《…》）

现在：

Merged with:… · to become:…

（本刊与:《…》合并,改名:《…》）

原来：

Merger of:…and…

（本刊由:《…》与《…》合并而成）

现在：

Merger of:…;and of:…

（本刊由:《…》与:《…》合并而成）

这样,使得被引用的题名更为明显。中文被引用的题名加书名号"《》"。

标识符号一览表

（注）除第一项外,每一项目前均加句点、空格、破折号、空格作为前置符号。（按国家标准,中文著录时取消空格。句点与破折号共占两格）。重起段落除外。

著录项目	各单元前规定的标识符	著录单元
1. 题名与责任说明项		正题名
	方括号　［　］	一般资料标识
	等　号　=	并列题名
	冒　号　:	副题名
	斜　线　/	责任说明
	分　号　;	第一责任说明
		其他责任说明
2. 版本项		版本说明
	等　号　=	并列版本说明

		本版责任说明
	斜　线/	第一责任说明
	分　号；	其他责任说明
	逗号，	附加版本说明
		附加版本后的
		责任说明
	斜　线/	第一责任说明
	分号；	其他责任说明
3. 卷、期、年、月或其他标识项		
4. 出版、发行		出版地和/或
（等）项		发行地
		第一出版地
	分号；	其他出版地
	冒号：	出版者名称
	方括号[ ]	发行者职能说明
	逗号，	出版年和/或发行年
	括号（）	印刷地或制作地
	冒号：	印刷者或制作者
		名称
	逗号，	印刷年或制作年
5. 载体形态项		具体资料标识及
		文献总数
	冒号：	插图说明
	分号；	尺寸
	加号 +	附件说明
6. 丛刊项		丛刊正题名
	等号 =	丛刊并列题名
	冒号：	丛刊副题名
		丛刊责任说明
	斜线/	第一责任说明
	分号；	其他责任说明

209

（续表）

	逗号， 分号；	丛刊 ISSN 丛刊编号
7. 附注项		
8. 标准号和获 得方式项	等号 = 冒号： 括号( )	ISSN 识别题名 获得方式和/或价格 附加说明

5.6 如何著录

编目首先要熟悉著录的项目格式与编目规则，以及各条规则的含义。

在《ISBD》产生以前，图书馆的书目著录都是各行其是，缺少可以在国际范围内共同遵循的著录项目、格式与规则。在《ISBD》产生以后，虽然有了良好的基础，但是，各个图书馆不仅规模大小、服务对象、服务条件各不相同，而且各种目录的用途也各不相同。因此，《ISBD》所能标准化的内容只能限于一些基本项目。根据《ISBD（S）》，连续出版物的主要项目有八个，而在实际应用时，显然还要增加项目，以下就图书馆目录需要的项目依次作简要的介绍（具体规则见本书第二部分《连续出版物编目规则》）。

第一项：索取号。各图书馆所用的索取号是根据本馆的连续出版物排架体系。（见本书第三章 3.10 "排架" 一节）每一个排架号，也就是索取号，代表一个特定的题名。一个索取号不可用于两种或两种以上不同的题名。如果一个题名停止使用（包括停刊、改名、分辑、合并、停订等），该题名的索取号不得转用于其它题名。

第二项：中文译名和国别。用于外文连续出版物。中文译名可以自己译,也可以参考中图公司的《外国报刊目录》。《外国报刊目录》所收录的基本上是期刊、报纸。其国别应以中图公司刊号中的国别代号为准,而不是以第一出版地为准。(参见《编目规则》R 7.1.5)因为有些跨国公司出版的期刊往往有几个出版地,采用中图公司刊号中的国别代号,有利于消除出版国与刊号中的国别代号之间的矛盾,有利于采购对帐。

第三项:题名与责任说明项。题名的著录依据主要是题名页。有的题名在目次之上(caption title),有的题名在正文第一页上面(masthead),当然,还有的题名在封面上。这些都可以作为"代题名页"(title page substitute)。万一在这几处出现的题名都不能肯定为正题名时,则参考编辑、出版说明。一般说来,书根和书头(统称逐页题名)、书脊上的题名只能提供参考,因为这几处出现的题名有时会有缩略。题名页、封面、目次页、或正文第一页上的字母缩写和团体名称不能肯定是题名的一部分时,应当参考版权页,必要时,应查阅参考工具书。中文期刊一般都无题名页。主要信息源应当以版权页结合封面作为主要信息源。外文期刊如无正式题名页,则依次取封面题名、目次上题名、标题题名(正文第一页上的题名)及编辑出版说明作为代题名页。一般说来,团体名称出现在题名上方者,多半是编辑单位(责任者)。出现在题名页或封面页下半部的,多半是出版单位。题名上、下、左、右的短语或单词大多数是副题名。有些副题名从语法上来说,与正题名有联系,甚至是不可分割的。但是因为题名不宜过长,所以出版者将其作为副题名处理,字体也比较小。然而,字体的大小并不能作为确定是正题名,还是副题名的绝对依据。因为有些出版者为了突出期刊内容(其他连续出版物并不这样做),喜欢将题名中的关键词用比较大的字体排印。本项的著录内容除正副题名外,还有并列题名和责任说明。并列题名是指另一些语种的题名。它当然不同于正题名的语种,但是,汉语拼音作为一种拼音符号,不能看作并列题名。责任说明是指对该出版物的编辑负责任的团体,也就是团体编辑者。个人或商业性出版社和本刊编辑部不可作为责任者著录。个人编辑者如果编目员认为重要,可以放在附注中。在主要信息源中出现的团体名称,虽然分析起来似乎应该是责任者,但是无明确的职能说明(如外文期刊中的"published for… by…","for"后面的团体理应是责任者但职能并不明确),所以不宜在本项中著录,可以著录在出版项中。这个团体仍然可以作为附加款目的标目。

在正题名之后有一个"一般资料标识",用来记录文献的载体类型,例如,缩微循资料、印刷资料、录音资料等等。这些名称是概括性的。至于具体的资料标识,则是第七个项目的第一单元。印刷连续出版物一般不著录这个单元。

第四项:版本项。连续出版物是否有版本? 国内有的同行对此持异议。他们认为并非所有类型的连续出版物都有版本之别。他们特别强调,报纸、期刊没有版本。其实如果认真调查一下,不难发现,期刊、报纸不仅有版本,而且种类还不少。例如,地区版、文种版、专业内容版、特种版本、时间版等。这些不同的版本,有的内容大同小异,有的则外形、内涵均不相同。如不注明版本,就会混淆不清。我们必须认识到,第一,连续出版物的版本概念与专著图书的版本概念不完全相同。不能拿图书的版本概念硬套连续出版物。第二,任何一种出版物便是一个特定的责任者的特定题名的一种版本。第三,著录版本之目的,仅仅是用以区别相同题名(相同责任者)的不同版本。我们通常并不著录"第一版"、"中文版"、"铅印版",因为几乎每一种中文出版物都可以著录这样的说明,而这样的说明对于识别某一种出版物毫无作用。基于同样的理由,我们通常所说的某某出版物的"X 文版"也不一定是我们著录的内容,例如,"北京周报"我们通常说,它有英文版、德文版、法文版等等,但是,在著录时,它们的题名各不相同,英文是"Beijing

Review",德文是"Beijing Rundschau",法文是"Beijing Infdrma"。既然题名各不相同,就不存在著录文种版的理由。只有正题名完全相同时,才需要著录文种版,例如,很多学报用的是拉丁文题名,同时出版两种不同语种的版本;又如,某些日本期刊分出英文版和日文版,但是其正题名却是英文的。至于单纯的题名语种与正文的语种不同,则作附注说明就够了。

第五项:卷、期、年、月或其他标识项。这个项目最初只用于连续出版物和地图、测绘资料(用于后者时,称为数学数据项。内容也不同)。这个项目的功能是全面反映连续出版物的起讫卷、期、年、月。它与馆藏的全缺毫无关系,因为本项著录的是本题名的整个生命期(第一册至最后一册)。如果题名发生变化时,正好本馆缺藏,因而缺少必要的信息,要完成著录是困难的。有时候只能推测,或者不予著录。与图书不同的是,关于连续出版物著录编目的参考书很少。外文连续出版物可供参考的有英国的《Serials in the British Library》和美国国会图书馆的《New Serial Titles》。ISDS 出版的《ISDS Bulletin》或其累积本《ISDS Register》(两者均为缩微平片,国家中心还有磁带)尽管数据量不小,但是仍有不少连续出版物找不到。更重要的是,从上海图书馆和科学院上海图书馆的经验来看,ISBN 提供的数据差错率不低,而且常常缺少一些著录编目所必需的数据。

第六项:出版项。这个项目含有三个单元——出版地、出版者、出版年。过去,出版者在国内图书馆很少著录,现在则必须著录。如果连续出版物继续在出版,则只记录本题名下第一册的出版年。与前一个项相同,这个出版年与本馆的馆藏没有联系。即使出版年与前一个项目中记录的年份相同,也不可以省略。少数情况下,这两个项目记录的年份并不相同,例如,影印版连续出版物在本项中著录影印的年份,而在前一个项目中,记录最初出版的年份。

第七项:载体形态项。本项最初被译成"外形描述项",因为它描述的是本文献的外形。后来在国家标准中,它被定名为载体形态项。本项主要是记录连续出版物的外观,如,印刷品的卷数,缩微连续出版物的平片张数,胶卷卷数,磁带的卷数、盒数。如果连续出版物继续在出版,第一单元文献数量的"数量"是空着的。只有当该连续出版物不再出版时,才填上数量。其余的三个单元是插图、尺寸和附件。其中尺寸是必备单元。

第八项:丛刊项。属于丛刊的连续出版物虽然不多,但是因为丛刊题名也是一个检索点,所以第一级著录最好也应该采用。

第九项:附注项。附注项的著录内容最为复杂,但是对信息源的要求也最随便。凡是由于种种原因而在前面几个项目中无法著录的内容,都可以在此记录。最主要的内容有,出版频率、各种改名变化和馆藏记录。附注说明能规范化的就应规范化,无法规范化的也要求简单明了。馆藏记录也在这一项目中。

第十项:标准号与获得方式项。本项著录内容第一个是经国际公认的标准号。用于连续出版物便是 ISSN(国际标准刊号)。第二个著录单元是文献的获得方式。这包括售价(连续出版物按年度计算)、不同对象的供应条件(如,会员免费、学生对折、图书馆加倍收费等)、内部刊物、限国内发行等。除用于国家书目外,第二个著录单元图书馆可以省略不用。根据《ISBD(S)》这个项目应该在附注项之后,但是用于图书馆时,要考虑馆藏的著录位置。从各个项目的功能与内涵来看,图书馆的馆藏只能在附注中说明。如果完全按《ISBD》的格式《ISBD》的七种文献类型,其格式都是一致的,但是,只有连续出版物必须注明馆藏。如果馆藏说明较多,必然会使标准号无法在第一张卡片上反映出来,而且一次著录完毕,馆藏无法修改(修改馆藏是常见的),因为后面紧跟着 ISSN 项,而八位数字的 ISSN 跟在馆藏的卷、期之后,很容易被错看成馆藏的一部分。所以建议图书馆根据自己的决定,是否将 ISSN 改放在附注项之前。

第十一项:跟查项。本项之作用在于记录需要做标目的内容。以此作为排卡片和更换卡片的依据。有的文献中也称之为排检项。这个项目不属于标准化的范围。可根据本馆需要选择采用。

第十二项:卡片号。卡片号即是本款目编制的年、月和当年的卡片编号,通过卡片号可以看出编目的时间,并且可以用卡片号来排列备用卡或查找此款目。

如前所述,《ISBD》是一种国际标准著录格式。它规定了项目、项目和单元的次序,以及项目之间和项目内部的标记识别符号。其中关于标识符的使用极为重要。编目员必须牢记。因为用错了标识符,就等于用错了乐谱上的音符。

5.7 题名变化的著录

连续出版物著录之所以困难,原因之一是,占连续出版物比重最大的期刊,题名不是一成不变。无论是中文期刊,还是西文期刊,其题名有改变者每年不少于 10%。这些经常不断的变名,使连续出版物工作者伤透脑筋,因为它不仅会平白增添了不少工作,更重要的是,某些改名信息很不容易掌握,从而导致差错。1973年,美国的一些图书馆工作者成立了一个很有趣的组织。这个组织的名称是,"图书馆员们联合起来,反对费钱的、愚蠢的、不必要的连续出版物改名"(Librarians United to Fight Costly, Silly, Unnecessary Serial Title Changes,简称 LUTFCSUSTC)。他们还出版了一份名为《题名改变》的刊物,专门发表反对连续出版物改名的文章。他们出动了宣传车,写表示愤怒的信件给出版者,并附去了《题名改变》,颁发"最蹩脚的连续出版物改名奖"企图以此来引起出版商的注意。这些努力显然是失败了,因为改名的情况并未减少,甚至随着科学和技术的发展,反而有增无已。《题名改变》最后也于 1985 年停刊。

对于连续出版物的改名,图书馆工作者过去采取三种基本方法来处理:

1. 新题名见旧题名。即,在每一次改名之后,将新题名下的馆藏内容,集中到最早的题名之下,并注明其历史沿革。同时,将新题名做见卡。这种将新题名一律见旧题名的方式,也称为英国式。

图 5 - 11 到 5 - 18 是根据经过两次改名,新题名见旧题名的原则著录的一组卡片。

American Fertilizer. Philadelphia.

Vol. 1, 1894 –

Vol. 112   1949 –

图 5 - 11   最早的题名著录,第一次改名后作废

American Fertilizer. Philadelphia.

Vol. 1, 1894 –

Vol. 113, no. 6, 1950 – , as American Fertilizer and Allied Chemicals.

Vol. 112   1949 –

图 5 - 12   第一次改名。第二次改名后作废

American Fertilizer and Allied Chemicals

see

American Fertilizer

图 5 - 13   第一题名见第二题名

```
American Fertilizer.    Philadelphia.
                    Vol. 1,1894 –
Vol. 113, no. 6 – vol. 114, no. 7, 1950 –1951 as
American Fertilizer and Allied Chemicals;
Vol. 114, no.8, 1951 – as Farm Chemicals.

Vol. 112           1949 –
```

图 5 – 14　第二次改名

```
            Farm Chemicals
                 see
          American Fertilizer
```

图 5 – 15　第三题名见第一题名

```
American Fertilizer.    Philadelphia.
                Vol.1,    1894 –
Vol. 112              1949 –
```

图 5 – 16　第一题名。第一次改名后作废

2.旧题名见新题名。即,在每一次改名后,将原来题名下的馆藏内容,集中到最新的题名下,并注明其历史沿革。所有的旧题名都要做见卡(见图 5 – 19 到 5 – 24)。这种方式也称为美国式。由于读者一般都是查阅最近的出版物,所以用最新的题名来反映馆藏,比前一种方式更受欢迎。但每次连续出版物改名,都得将以前的卡片和见卡重做,因此费时费力,而且见卡仍很多。

American Fertilizer and Allied Chemicals.

Philadelphia.   Vol. 1,   1894 –

Vol. 1 – vol. 113, no. 5, 1894 – 1950 as American

Fertilizer.

Vol. 112   1949 –

图 5 – 17   第一次改名。第二次改名后作废

American Fertilizer

see

American Fertilizer and Allied Chemicals

图 5 – 18   旧题名见新题名。第二次改名后作废

Farm Chemicals.   Philadelphia.

Vol. 1,   1894 –

Vol. 1 – vol. 113, no. 5, 1894 – 1950 as American

Fertilizer; vol. 113, no. 6 – vol. 114, no. 7, 1950 –

1951 as American Fertilizer and Allied Chemicals.

图 5 – 19   第二次改名

American Fertilizer

see

Farm Chemicals

图 5 – 20   第一题名见最新题名

American Fertilizer and Allied Chemicals

see

Farm Chemicals

图 5 - 21   第二题名见最新题名

American Fertilizer. Philadelphia.

Vol. 1 – vol. 113, no. 5   1894 – 1950

Vol. 112   1894

Vol. 113, no. 1 – 5   1950

Continued by: American Fertilizer and
Allied Chemicals.

图 5 - 22   最早的题名(AACR1)

American Fertilizer and Allied Chemicals.

Vol. 113, no. 6 – vol. 114, no. 6   1950 – 51

Formerly: American Fertilizer.

Vol. 113, no. 6 – 12   1950

Vol. 114, no. 1 – 7   1951

Continued by: Farm Chemicals.

图 5 - 23   第一次改名(AACR1)

Farm Chemicals.   Philadelphia.   Vol. IIe, no. 8,
1952 –

Formerly: American Fertilizer and Allied
Chemicals.

Vol. 114, no. 8   1951

Vol. 115   1952 –

图 5 - 24   第二次改名(AACR1)

以上两种方式统称为"集中反映著录"。"集中反映"的优点是将该连续出版物的历史沿革和馆藏集中在一起。查目录时可以一目了然。但是，它的缺点也是明显的。因为绝大多数读者并不是为了解某种连续出版物的全部历史沿革而查目录。他们关心的是，本馆是否收藏某种连续出版物以及收藏的情况。为了看伦敦《泰晤士报》(《Times》(London))而去查《环球日志》《Daily Universal Register》)或者，在《泰晤士报》名下查《环球日志》的馆藏情况，都不可能受到广大读者的赞赏。于是，产生了第三种方式。

3. 分段著录，也即是分段如实反映。当连续出版物发生改名或其他变化时，每一个题名都应按其各自的原样分别著录。但是在每一个题名下，各自交代与其他题名的关系，并反映有关的馆藏。1961年国际编目原则会议通过的"原则声明"第11.5条款规定："连续出版物以其不同题名连续出版时，应采用各个题名作为主要款目，并至少须注明其前后紧接的不同题名。"此后，分段反映的原则逐渐推广，为日后的进一步改革奠定了基础。1967年出版的《英美编目规则，北美文本》说明，"国会图书馆将每一种连续出版物看作一个编目实体，根据其最近的一册进行著录，而不管其是改名、改变出版者，还是改变出版者名称。"《英美编目规则，英国文本》也说明，"如果用作连续出版物标目的题名或单位名称发生变化，《英国国家书目》以变名后第一册的新标目著录，并注明其先前的名称或标目。"至此，两国对期刊改名的著录，终于也取得了统一。

鉴于参考文献上都用实际所见题名做引文（根本不可能用其前名或后名），采用分段按编目时实际所见的题名著录，可以做到正确、及时而且稳定。每一次改名只要在旧题名下加注"改名为……"外，不必作任何改动，不但省去了大量见卡，而且对目录的使用效果也是可取的，因此深受读者欢迎（见图5－22到5－26）。

```
P0000 – A    Volunteer/The Peace Corps—Vol. 8 , no. 3/4
             ( Mar. / Apr.  1970 ) – . – Wash. , D. C. : Office of
             Public Affairs , Peace Corps , 1970 –
             V. ; ill. ; 27 cm.
             ISSN 0479 – 7469
             Monthly. – Continues : Peace Corps Vounteer
             Vol. 8 , no.  3/4 –              1970 –
  81 – 3 – 005
```

图　5 – 25

```
P0000    Peace Corps Volunteer/The Peace Corps—Vol. 1 , no. 1
         ( Jan. 1963 ) – vol. 8 , no. 2( Feb. 1970 ). —Wash. , D. C. :
         Office of Public Affairs , Peace Corps , 1963 – 70.
         8v. ; ill. ; 27 cm.
         Monthly.
         Vol. 1 – vol.  8 , no. 2     1963 – 70
         Continued by : Volunteer = TSSN 0479 – 7469
```

图　5—26

5.8　主要款目与附加款目

　　《国际标准书目著录——连续出版物》只是对连续出版物进行客观的描述,是著录格式的标准,是一种基本的著录,是完整的书目记录的一部分(AACR2 的第一部分同样是著录格式的标准,参见本章6.2节《英美编目规则》第二版)。但通常它本身不能正式使用;还不能够以它组成各种目录体系。要组成包括各种检索点的目录,还应根据需要,在著录的基础上作进一步加工。这包括:①标目;②主题信息;③统一题名;和④跟查。

AACR 2 的第二部分是标目、统一题名和各种参照(Headings, Uniform Titles, and References)的规则,而第 21 章检索点的选择(Choice of access points),实质上就是主要款目与附加款目的选择,或者说,是主要款目(main entry)和标目。AACR2 对标目的定义是"一个名字、单词或短语置于款目之首,在目录中提供一个检索点",每一个书目记录都有一个或几个检索点,而每一个检索点都是以标目形式放在款目之首。在这些款目中,必定有一个是主要款目,这个款目提供了最完整的信息。其余的款目便是附加款目。附加款目可以省略某些信息,必要时可参见主要款目。附加款目的作用是,增加检索的途径,沟通目录间的联系。各个检索点结合起来,组成一张比较完整的文献检索网,有效地增强了目录的检索功能。用于连续出版物的书目款目大致有四种类型:

1.题名

　　a. 正题名

　　b. 并列题名

　　c. 别名。这包括封面题名、书脊题名、逐页题名。简称题名的全称和全称题名的简称也可放在这一类中。

2.责任者

　　a. 团体。这包括机关、团体、政党以及各种学会、协会、国际性组织、工商企业、展览会,以及众多的学术会议等。

　　b. 个人。个人作为连续出版物的责任者比较少见。只有在个人对每一册出版物的内容、编辑、出版负全部责任的情况下,才著录个人责任者。

3.丛刊

4.题名——责任者。当正题名由一个或一组通用术语所构成时,必须在题名后同时加责任者。这与统一题名应用条件不同,尽管形式上可能有时相同。

中文期刊历来只有一种格式——以刊名为主要款目标目,缺少附加款目。中文目前还很少见到成系列(连续出版)的会议录。西文成系列的会议录一般均以会议名称为主要款目,会议录题名作为附加款目标目。

外文期刊绝大多数以题名为主要款目标目,少量以团体名称标目。在我国,多数图书馆过去一律以题名为主要款目标目,不做附加款目。也有极少数图书馆(如,上海图书馆)对有团体编辑者(个人编辑者和商业性出版者原则上不能作为责任者)的连续出版物,以团体名称为主要款目的标目。期刊仍以题名作标目。以题名作标目的优点是,做起来容易,查找也方便。以团体名称做主要款目标目,其好处是,同一团体所编的刊物可以集中在一起。对于熟悉外国团体的读者不无帮助。但是,这种著录方式用得不普遍。其原因是:

1. 我国大多数读者对外国机关、团体不太熟悉,读者是按题名查找资料。

2. 一般参考文献和检索期刊的引文也是提供期刊题名,而不是团体名称。

3. 团体标目方法复杂,如用划红线标目,就不一定是按期刊上所载团体名称原样照录。编目员应当按照有关的编目规则(如,本书第二部分"编目规则"的 R 4.5.4.14 和 R 4.5.4.15 等条款)将其作适当的修改,因此编目员需要有较好的外语水平和较广泛的知识。

4. 一部分含有团体名称的题名,由于将团体名称提取出来作标目,题名的剩余部分有时只有一、两个通用名词,而且从卡片著录中很难看出题名和责任者的本来面貌(因为有时要变格或颠倒次序)。例如:

题名原样:

Bulletin of the China Society of Library Science

如果按过去的团体标目方式，则编目卡上为：

China Society of Library Science

Bulletin

如果题名改变为：China Society of Library Science Bulletin. 则编目卡的著录完全没有变化，也就是说，两个题名根本不能区别，因此无法做改名处理。当然，现在我们采用新的著录原则——"如实反映"著录正题名后，这个问题也就不存在了。

关于团体标目的应用，《英美编目规则》第一版规定的范围较大。经过各国图书馆长期实践后，《英美编目规则》第二版对团体标目的应用范围作了严格的限制。只有符合下列五种情况之一者，才可采用（AACR2 21.1B2）：

1. 机关、团体行政性质的出版物。

2. 某些立法和政府文件。

3. 机关、团体的报告。

4. 会议、考察队、或某一事件的集体活动的报告。

5. 演出团体所演出的录音、录像或影片。

外文期刊以团体为主要款目的本来就不多（实际上不是期刊，多数为学会会刊）。根据新的规定，用得更少了。随着计算机应用于文献检索，主要款目与附加款目已经变得没有什么不同。检索功能相同，著录内容也相同。

为了增加检索点，除正题名外，有必要将缩写题名的全称、封面题名、并列题名、丛刊题名，以及责任者都做标目。在需要标目的事项下划一红线的做法，可以简化工作。由于采取划红线做标目，外文的责任者名称就不一定按规定信息源所见的形式照录，而应该以标目的形式著录。其中一部分不能以标目形式著录的，仍然需要另外标目。这是因为相当多的团体责任者，在标目时需要加著其上级单位的名称才能区别，或是多级单位可以跳级标目。

在外文出版物中,其上下级组织名称之间用介词和冠词连接起来。如果不采用标目形式著录,就不能有效地将同一个团体的出版物集中在一起。举例来说,有三所大学都有教育系和数学系。如果按信息源中出现的形式做标目,那末集中在一起的,将是相同的系,而不是相同的大学名称,如:

Department of Education of the University of California

Department of Education of the University of Chicago

Department of Education of the University of Columbia

Department of Mathematics of the University of California

Department of Mathematics of the University of Chicago

Department of Mathematics of the University of Columbia

用标目形式排列,则应该是:

University of Californica.　Department of Education

University of Californica.　Department of Mathematics

University of Chicago.　Department of Education

University of Chicago.　Department of Mathematics

University of Columbia.　Department of Eduction

University of Colombia.　Department of Mathematics

从上述的例子中,可以清楚地看出,用标目形式排列,能够将同一单位集中在一起,也就可以将同一团体的出版物集中起来。这就是为什么不作为标目时,团体名称应该原样照录,而作标目时,需要将最高一级的机构(能够独立存在的法人团体)放在最前面的原因(参见本书第二部分"编目规则"R 4.5.4.14 - R 4.5.4.15)。

除了在基本著录中已经著录的事项,需要作为附加款目之外,还有一种实际上并不存在的题名形式,也需要做标目。那就是统一题名。

实际上,无论国内、国外,很多图书馆并不区分主要款目与附

225

加款目。机读目录产生以后,这种情况更有所发展。但是,采用交替标目款目的做法(即,为每一个标目做一个作用相等的款目),对于印刷目录(不算卡片目录)该以什么排列标目? 一下子改起来也有许多困难。所以《英美编目规则,第二版》0.5 条款写道,"对采用交替标目(alternative headings)款目(即,为一种文献做一套相等的款目)的问题作了讨论,但是并未在规则中体现出来,主要因为没有时间来探索这样一个改变所涉及的许多问题。"事实是,主要款目的概念对于指定统一题名比较方便,而且对书目引文的标准化也有利,因此,相当多的编目工作者坚持要区分主要款目与附加款目。

5.9 统一题名

统一题名实际上也是一种标目形式,所不同的是,它客观上并不存在于信息源中,而是由编目人员根据目录的需要,加上一种或多种信息组合而成。当某种作品的各种出版形式(如,版本、译本)以不同的题名出现时,统一题名能够将其所有的款目集中在一起。当一种作品的众所周知的题名(如,《红楼梦》)与正在编目的作品题名不同时(如,《石头记》)统一题名还能用来识别它(如,在《石头记》的款目上加统一题名[红楼梦])。统一题名的采用因不同的目录需要而有差异,甚至在同一个目录中也不完全一样。

在专著图书中,统一题名是用来集中以不同题名出版的同一著作的各个出版物款目。与此相反,连续出版物的统一题名则是用来区别相同题名的不同连续出版物。编目人员根据具体的馆藏,按照一定的规则,在正题名之后的圆括号内,加上某些修饰词以组成连续出版物的统一题名。因为统一题名是自拟著录项目,主要信息源中并不存在,所以整个统一题名要加方括号。统一题

226

名的形式如下：

[正题名(修饰词)]

用作修饰词的内容是：1. 团体名称；2. 地名；3. 日期；4. 版本。

采用统一题名必须注意两种情况：1. 在编造一个统一题名之前，本馆必须有另一种连续出版物具有同样的正题名或团体名称/正题名。2. 统一题名只用于正在编目的连续出版物。已经编目的出版物原则上不补加修饰词。修饰的内容可以分为五种：

I. 加团体名称

如正题名有下列情况之一者，可以用团体名称作为修饰词：

a. 表示出版物类型，如，letter，newsletter，通讯、快报、新闻通讯。

b. 表示出版频率，如，出版周刊，Weekly Record.

c. 表示出版物的主题内容，如，《摄影杂志》，Canadian Music Trades Journal，Transportation.

商业性出版者作为一个商业实体，也可以作为团体名称用于修饰词。

例：

1. 每月新书通报/上海图书馆

统一题名：[每月新书通报(上海图书馆)]

(按：这个题名含有出版物类型和出版周期)

2. Annual List of Publications/Department of Health and Social Security Library

(按：这个题名含有出版物类型和出版周期)

统一题名：[Annual List of Publications (Great Britain Dept of Health and Social Security Library)]

3. Newsletter/Association for Korean Studies(按：这个题名只含有出版物类型)

统一题名：[Newsletter (Association for Korean Studies)]

4．Lectures in Applied Mathematics

（按：这个题名含有出版物类型和主题内容）

统一题名：[Lectures in Applied Mathematics (American Mathematical Society)]

Ⅱ．加出版地

当题名不符合用团体名称来作修饰词的条件时，可以用出版地来作修饰词。

例：

1．百花园

（按：题名不符合用团体名称作修饰词的条件）

统一题号：[百花园（广西·宜山）]

2．Odyssey

（按：题名不符合用团体名称作修饰词的条件）

统一题名：[Odyssey (Milwaukee, Wis.)]

Ⅲ．加团体名称和出版日期或出版地和出版日期

如果用团体名称作为修饰词仍不足以鉴别这种出版物，可以在修饰词中再加日期。由于日期也是一种修饰，因此要在两个修饰词之间加"空格、冒号、空格"来分开。下面所举的例子中是一个通用题名"Publications"。从 1964 年到 1975 年的 12 年间一直未变。但是在 1966 年，团体名称改变了。到 1971 年团体名称又恢复原名。如果我们现在来编目，则它们的统一题名应该是：

1．统一题名：[Publications (University of California : 1964)]

2．统一题名：[Publications (University of California, Los Angeles. Deptof Medical History)]

3. 统一题名：［Publications（University of California，Los Angeles. Medical History Division：1971）］

另一种出版物《通报》：

1.［通报（商品经济研究所：1979）］

2.［通报（出口商品经济研究所）］

3.［通报（商品经济研究所：1981）］

第一、三两个例子由于题名、责任者完全相同，因此需要注年份才能区别。所用年份是本题名下第一册的年份。如果第一册的年份不详，则用已知最早的年份。

又如，一份期刊名为《论坛》在上海出版，另一份同名刊物也在上海出版，则新到期刊的统一题名应是：

［论坛（上海：1981）］

如果后来又收到一份也叫《论坛》的刊物，在福州出版，则统一题名应是：

［论坛（福州）］

（按：修饰中不必再加日期，因为不同的出版地足以提供识别的条件。只有在同一地点出版的同名刊物，才有必要加注日期，如，恢复原题名。）

Ⅳ. 加版本

有一些连续出版物名称相同，出版地、出版者、出版日期都相同。只是版本不同。此时，用出版地、出版者或日期作为修饰词都不足以区别这些刊物，则加版本说明作为修饰。

例：

1. 全国报刊索引／上海图书馆——社科版

统一题名：［全国报刊索引（社科版）］

全国报刊索引／上海图书馆——科技版

统一题名：［全国报刊索引（科技版）］

2. Bedfordshire Journal. – Mid Beds edition(贝德福都杂志——中贝德福郡版)

统一题名:［Bedfordshire Journal（Mid Beds edition）］

Bedfordshire Journal.—North Beds edition(贝德福郡杂志——北贝德福郡版)

统一题名:［Bedfordshire Journal（North Beds edition）］

V. 只加日期

这适用于两种情况:1. 地点不明,而题名不属于采用团体名称作为修饰词的范围;2. 一种出版物经过改名后,又恢复原来题名继续出版。

在组成统一题名时,修饰词应加在正题名之后,因为采用统一题名之另一目的是,将同一种文献有关的不同款目放在一起(某一种期刊的副刊、累积索引等),因此,一种副刊,其主刊的正题名与另一种出版物的正题名相同,因此主刊需要采用统一题名,则副刊的刊名应置于主刊的统一题名之后。

例:

1. Acta Chimica(按:另有一刊与此题名相同)

统一题名:［Acta Chimico(修饰词)］

副刊正题名:Acta Chimica. Supplement

副刊统一题名:［Acta Chimica(修饰词). Supplement］

2. 化学学报

统一题名:［化学学报(修饰词)］

副刊正题名:化学学报·增刊

副刊的统一题名:［化学学报(修饰词)·增刊］

如果统一题名中,用作修饰词的团体名称发生改名,或者换了另一个团体,则应该作为改名而另行著录。但是,如果统一题名中用作修饰词的出版地发生改变,则不可当作改名。

5.10 分类

人们早就懂得将收藏的图书资料按题名、按较广的题目、年代、著者、采购时间、尺寸大小来分类。但是其中最重要的发展莫过于将许多书刊资料按其内容,分割成若干小类,分门别类地集中在一起,以便查找的范围缩到最小的专业,达到节省时间、便于使用之目的。

连续出版物分类究竟应该粗分还是细分? 这个问题不能一概而论。必须取决于图书馆对具体类目中收藏数量。例如,化工专业的图书馆里,大多数出版物是属于化学或化工大类,如果我们主张分至一级类目,那末可能在 O6 和 TQ 下集中了馆藏的大部分出版物。如果主张细分至三级类目以下,那末可能出现一个类目下只有一、两种出版物。这样的分类就没有多大作用了。由此可见,分类的细与粗最终取决于有关类目收藏品种的多少。收藏数量大,则应适当细分,收藏数量小,就只须粗分。

总的说来,连续出版物的内容大多不如图书那样专,而且出版物种数也不如图书多,所以分类比图书粗是理所当然的。

5.11 合订本的处理

处理装订好的过期期刊是编目人员最经常的工作。验收以后,在每册合订本上贴一个书袋,其中存放供出借时做记录用的书袋卡。书袋的位置在期刊封底的内页(即封三),或封三对面的衬页上(精装本),或最后一册的封底上(平装、封底无重要信息者。不包括合订本的外壳)。按装订卡上的题名抽取公务卡。内部用的分类目录与读者用分类目录并无两样,但是,内部的题名目录与读者用的题名目录有所不同。不同之处在于,内部题名目录中多一种登录卡或称馆藏记录卡。这是图书目录中所没有的。每一个题名的第一张卡片是油印或铅印卡,其余则是载有登录号、卷、期号、年份的登录卡(只限于正题名的卡片。各种其他标目卡后面没有登录卡)。由题名卡和登录卡组成的目录就称为公务目录。为了防止登录卡与题名卡分离或混杂,最好将每一组卡片用橡皮筋捆在一起。这样做还有两个好处:1.能将题名卡与附加的标目卡区别开来;2.能防止卡片倒伏,而且能使卡片在目录抽斗中富有弹性,不至于太挤。在目录卡上避免用回形针,因为它容易将其他卡片夹住。每次从目录中抽出卡片,一定要代入一张色彩鲜艳的卡片。如果担任编目工作的人员不止一个,则每个人应有各自的固定颜色的代卡,以资区别。代卡可以彩色塑料片或涂有漆或颜色的导卡(指引卡)制成。使用代卡既便于插回卡片,不易插错位置,提高回卡速度,而且还可以促使工作人员注意,还有谁没有及时将卡片回进目录,不至于长期遗忘在外,而本人也许并不知道。对于检查岗位责任制,加强工作人员的责任心,大有好处。

抽出公务卡时,应与装订卡逐项核对是否相符。如果抽错卡片,就会张冠李戴,把甲刊的馆藏卷、期登录在乙刊的登录卡上。甲刊就会缺少卷、期。这种差错如在校对时未能被发现,以后很难发现,而且也不容易找出错登在哪一张卡片上,或是哪一种期刊漏登,因此必须十分认真负责。

P11616	Atom Power.	Chicago			
7809 – 2354	v. 2	1978	6	Y 097454	

图 5 – 27　盖有登录号的装订卡

232

```
G 3648      土木工程
            Y56630      v. 37              1967
            Y56631      v. 38              1968
            Y56632      v. 39              1969
            Y56633      v. 40              1970
            Y56634      v. 41              1971
            Y67909      v. 42              1972
            Y73338      v. 43              1973
```

图 5-28　登录卡

登记日期	总括批号	登录号	期刊	报纸	精	平	原	影	中	英	德	法	日	俄	其他	中	英	德	法	日	俄	其他	中	外	总计
			期刊	报纸	期　　刊				哲社期刊							科技期刊							报纸		
90/3/16	8	Y30082~Y30181	100		100		80	20	70	10	8	12													100
90/4/1	9	Y30182~Y30283	102		100	2	92	10								75		15	17						107
90/4/40	10	Z10032~Z10131		100	100	100																	100		100

图 5-29　总括登记簿

　　盖馆藏章（现期期刊划到时，盖的是非正式的、有日期的简易馆藏章，至此才盖正式的馆藏章。前者盖在每一册的封面页上，用的是蓝色印油。后者是用红印泥盖在合订本中第一册的题名页上）和登录号是合订本加工的下一道工序。馆藏章应端正、清晰地盖在题名页下部正中的空隙间。如果下部正中没有合适的空隙，则盖在靠近里侧的空隙间，但不要盖在外侧，因为题名页总是外侧首先破损。登录号盖在题名页最下面的正中和最后一页的下

233

部正中。盖登录号时,将号码机的次数拨在"4"上,因为要盖四处——封面页、封三对面的一页衬纸(精装本)或最后一册的封底(平装本)、书袋卡和装订卡上(见图 5 - 27)。盖在装订卡的原因是,合订本都比较沉重,为了减少搬动次数,在装订卡上盖登录号后,便可以根据装订卡在登录卡上加登录号、卷、期、年份。打号完毕,根据书脊烫字写书袋卡,然后加登录卡。如果是第一次装订,则要打一张新的登录卡。登录卡第一行只有索取号、正题名和出版地。需记录的内容是登录号、卷、期和年份(见图 5 - 28)。

上述几道工序都得经过校对。全部合格后,将公务卡插回原处,并将代卡取出。过刊装订后,如发现缺卷、缺期,或与原来著录内容不符时,应重新著录,并换去全部卡片,这种情况并不少见。例如,一种期刊系 1980 年 vol. 1 起订,当时著录馆藏为:

Vol. 1— 1980—

(表示从第一卷,1980 年起订)

如果 1981 年装订时,实际缺少两期(no. 7、8),则馆藏记录应该改成:

Vol. 1, no. 1—6, 9—12 1980

Vol. 2— 1981—

若 1982 年装订时,又缺少 vol. 2, no. 2,则馆藏记录又要改成:

Vol. 1, 1—6, 9—12 1980

Vol. 2, no. 1, 3—12 1981

Vol. 3— 1982—

从这种情况来说,过期期刊合订本的处理,等于是对目录作一年一度的检查。

书　刊　移　送　单				800650	
199　年　　月　　日				第　　批	
起讫登录号					
移送部门			送书人		
类　　别	种　数	册　数		备　注	
总　　计					
点收部门		点收人_____			
第一联交书库保管员					

图 5 - 30　书刊移送单

登录手续结束,做好总括登记(图 5 - 29),即可填写连续出版物移送单(见图 5 - 30,5 - 31),将合订本送交典藏部门保管。移送单一式三联。一份留作存根,两份交典藏部门。第一次装订时,还应附送两张编目卡作为典藏目录。(一张题名目录用,一张分类目录用)以后每次改名变化都要各送两张编目卡,以使典藏目录与内外目录保持一致。

5.12　目录的组织

连续出版物目录体系表

内部目录									读者目录				书库目录		
采购目录	排架目录	划到目录	题名目录	著者目录	分类目录	主题目录	装订目录	补缺目录	交换目录	题名目录	著者目录	分类目录	主题目录	新刊目录	机读目录	书本目录	题名目录	分类目录

235

编目以后便是组织目录。供读者使用的连续出版物目录最普遍的是题名目录和分类目录。少数图书馆还有著者目录和主题目录，新刊目录。内部公务用的目录除了与读者目录相同的目录外，还应该有①采购目录②排架目录③划到目录④补缺目录⑤交换目录和⑥装订目录。其中题名目录比读者使用的题名目录多一套馆藏记录卡(见本书第五章编目5.11节)。

书库如果与阅览室分离,则书库中还应有一套题名目录和分类目录。其中题名目录也有馆藏记录卡(也称登录卡)。现将目录体系中的各种目录分述如下:

内部工作包括采访、编目和分类。它是图书馆工作的基础。因此内部公务使用的目录比较多。这些目录的多少因各家图书馆的具体条件不同而有差异。

1.采购目录——采购目录因语种的不同可以分别建立中文和外文两种目录。

其中中文目录又分为:①邮局发行报刊采购目录。为便于查阅,它又分为两种。一种按邮发刊号排列;另一种按题名的笔划字顺或四角号码排列。②零星订购目录(包括交换,受赠)。这些出版物因为发行非常分散,没有统一的代码,而且 ISSN 还只有少数出版物得到登记,所以只能建立按笔划字顺或四角号码或汉语拼音排列的题名目录。以上两套题名目录最好能混合排列。

外文采购目录。虽然出版物来源比较集中,但是来源大致也可分为四类。第一类是国外成批进口的出版物;第二类是国内三个出版社出版的外文内部刊物;第三类是邮局发行的国内出版的少量外文报刊;第四类是国内各单位自行编辑发行的出版物,以及与国内外交换、受赠的外文报刊。(鉴于中图公司代办的"丛书、丛刊"国内绝大多数图书馆都作图书处理,这部分目录未包括在内。)

第一类国外进口的原版刊物又分为中国图书进出口总公司和

教育图书进出口公司两个主要渠道。由于这两个渠道都采用中国图书进出口公司的刊号作为订购代码(教图公司作了形式上的改变,将国别放在最前面),所以采购卡都可以按刊号排列。第二类的外文出版社也采用中图公司的刊号,但是它们还有自己编制的刊号作为订购代码,所以采购卡就按它们自己的刊号排列。第二、第四类出版物因为数量少,不宜建立单独的目录。所有这四类出版物题名应混合排成一套目录,以弥补刊号目录的不足。第一、第二类出版物之所以采用刊号目录,是因为中图公司和三家国内出版社的帐单是按刊号开列的(参见第三章采购)。

2. 排架目录——索取号由固定号或分类号加固定号构成者,都应建立排架目录,以防给号重复。排架卡著录的内容比较简单,只要有索取号、出版地,及起订年份便可以了(参见第三章采购)。

3. 划到目录——划到目录由划到卡组成,依题名排列。

4. 补缺目录——在收到、阅览过程中,出版物难免会有破损或残缺。相当多的出版物缺卷、缺期一时难以补全,所以应该建立补缺目录。在卡片上记录所缺卷、期,以便有机会时补进。

5. 交换、受赠目录——交换、受赠目录的卡片只需记录长期交换、受赠的题名、出版地、开始交换、受赠的卷、期、日期以及交换与受赠者的名称和地址,以便催缺、查询时联系。交换、受赠目录不应该代替采购目录。在采购目录中仍有必要编制采购卡,并在上面注明从何处交换或受赠得来。

6. 题名目录——按题名字顺、笔划或四角号码排列,但是公务目录中,在每一品种之后,还应有一张登录卡(或称馆藏记录卡),逐年逐卷记录合订本的馆藏(参见本章5.11)。

7. 著者目录——按连续出版物的责任者名称排列。虽然不是每一种出版物都有责任说明,但是只要有责任者都要排著者卡,以增加检索点。

8. 分类目录——按编目卡上已经记录的分类号排列。同一分类中按笔划、字顺或四角号码排列。

9. 主题目录——按照《汉语主题词表》或《国会图书馆主题标目》(Library of Congress Subject Headings)或《西尔斯主题标目词表》(Sears List of Subject Heading)所取主题词排列。

10. 装订目录——记录每卷(年)装订情况的目录。按照排架号(索取号)排列(参见第六章装订)。

11. 机读目录——通过计算机检索的目录。它有检索功能全,速度快而且准确的优点,是连续出版物工作现代化的必要手段。条件具备的图书馆,从采购目录、划到目录、催缺、装订都可利用计算机。

12. 书本目录——书本目录是最原始的目录形式。它具有体积小,便于复制的优点。图书馆应该每隔若干年(一般3—5年)编一次书本目录。书本目录一般按题名排列,书后做分类和著者索引。也可以按分类排列,书后做题名和著者索引。每一个款目均给予顺序号,按顺序号检索。

13. 新刊目录——每年新增订的连续出版物可以做新刊目录或"新刊号预告目录",能起到宣传和推荐利用的作用。

5.13 西文排片规则

1. 每一题名均以单词排列:

New friend	不是	New friend
New garden		New garden
New travels		Newman
New York		Newman anthology
Newman		Newsletter
Newman anthology		New travels

Newsletter   New York

2. 特殊字母排列法:

德语、芬兰、瑞典、挪威语的 ä,ö,ü 分别作为 ae, oe, ue 排列。

丹麦、挪威、瑞典文的 å 作为 aa, ø 作为 oa 排列。

3. 缩写字母按原样作为一个单词排列:

   ASME

4. 题名第一词为冠词时一律不排。题名中的其余冠词、介词均照排。

5. 题名中的数字应转换成相应语种的文字排列。分数 1/2 作"1 2",小数点按数字大小序排,10^6 作"10 6",H_2O 作 H2O。

6. 首字母与缩略词作为一个单词排列,不考虑其中的标点符号。

7. 以连接号组成的复合词,视其是否能独立来决定分合。如果连接号前面是一种前缀(不能作为单词),则必须合在一起作为一个单词排列。德文中由形容词组成的复合词,前半个词可以单独处理。

   US – China 作为 US, China

   Inter – America 作为 InterAmerica

8. 个人著录

   a) 以姓氏排列

   b) 同一姓氏:

   姓

   姓,年代

   姓,名

   姓,名

   姓,名,年代

   姓,名,附加语

c) 姓后的文字如为首字母,应排于全名之前。如姓与名的首字母相同,则按名后的圆括号内的全称排列。

d) 说明职能的词,如,ed.,comp.,tr.,pseud。等不予考虑。

e) 英国人头衔常在名字之前,排片时不予考虑。

f) 以名字著录者排在姓氏之后

同一名字:

名

名与数字

名与年代

名;附加语

名后的附加语按字顺排列,标点不计。

9. 个人姓名或地名中有首字母,应分作单词排列。姓氏中有复合词或有"'"符号者,作为一个词排列。

10. 团体排法:

团体

团体(修饰词)

相同团体按题名排列

11. 地名排法:

地名

地名(修饰词)

12. 题名中有方括号者不计。副题名、并列题名亦不计。

13. 相同题名按编辑单位的字母顺序或创刊年份或版权说明或出版地排列。

14. 题名中的冠词缩略语按其缩略形式作为一个词排列。如,

d'排在 de 之前

l'排在 la 之前

第六章　装　　订

装订工作流程图

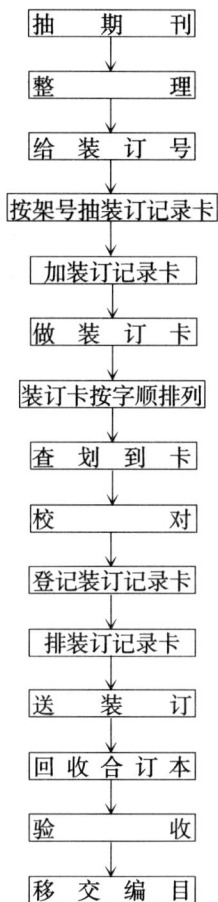

```
┌─────────────────────┐
│  抽    期    刊      │
└──────────┬──────────┘
           ↓
┌─────────────────────┐
│  整           理     │
└──────────┬──────────┘
           ↓
┌─────────────────────┐
│  给  装  订  号      │
└──────────┬──────────┘
           ↓
┌─────────────────────┐
│ 按架号抽装订记录卡   │
└──────────┬──────────┘
           ↓
┌─────────────────────┐
│  加装订记录卡        │
└──────────┬──────────┘
           ↓
┌─────────────────────┐
│  做  装  订  卡      │
└──────────┬──────────┘
           ↓
┌─────────────────────┐
│ 装订卡按字顺排列     │
└──────────┬──────────┘
           ↓
┌─────────────────────┐
│  查  划  到  卡      │
└──────────┬──────────┘
           ↓
┌─────────────────────┐
│  校           对     │
└──────────┬──────────┘
           ↓
┌─────────────────────┐
│  登记装订记录卡      │
└──────────┬──────────┘
           ↓
┌─────────────────────┐
│  排装订记录卡        │
└──────────┬──────────┘
           ↓
┌─────────────────────┐
│  送  装  订          │
└──────────┬──────────┘
           ↓
┌─────────────────────┐
│  回  收  合  订  本  │
└──────────┬──────────┘
           ↓
┌─────────────────────┐
│  验           收     │
└──────────┬──────────┘
           ↓
┌─────────────────────┐
│  移  交  编  目      │
└─────────────────────┘
```

6.1 装订工作的重要意义

在连续出版物工作中,装订虽然是一个比较简单的工序,但是它仍然是一项很重要的工作。这是因为,它介于划到和过期刊物合订本登记之间,贯串着划到、现刊书库、编目三道工序。任何一种连续出版物都要间隔一段时间才收到一次。很少有机会将一批连续出版物集中起来,前后作对比。在连续出版物较多的图书馆里,划到人员多,如果不按题名分工,划到的间隔时间会更长。这样,连续出版物发生细小的变化往往不易发现。装订工作则一定要等连续出版物积累到相当数量才能进行。所接触的连续出版物必定是成批的。在准备装订时,要逐册核对题名,按卷、期、年、月顺序排列,同时还需要查对划到卡、编目卡。可以说,这一工作是"综观全局"的。如果在工作中认真查对,划到和编目中的问题就不难发现。这是为实践所证明了的。因此,从整体来看,装订工作是连续出版物管理工作中的总校对。

并不是所有的连续出版物都必须装订。大、中型图书馆里,如果复本较多,没有必要都装订成合订本。某些连续出版物,如情报性刊物、采购指南等时间性很强,过了一年、半载就失去了时效。还有一些刊物虽是连续出版物,但是资料不多、用处不大。这些连续出版物都缺少长期保存的意义,因此也可以不装订。此外,没有保存资料任务的小型图书馆(室)或专业图书馆(室)它们可以从附近中、大型图书馆中获得支持,因此也没有装订过刊的必要。

新刊、刊名变化工作流程

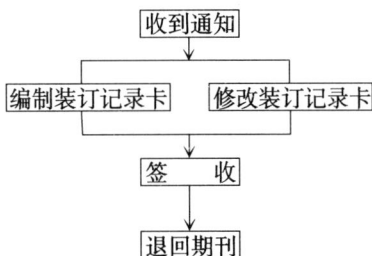

```
        ┌──────────┐
        │  收到通知  │
        └──────────┘
              │
    ┌─────────┴─────────┐
┌──────────┐      ┌──────────┐
│编制装订记录卡│      │修改装订记录卡│
└──────────┘      └──────────┘
    └─────────┬─────────┘
         ┌──────────┐
         │ 签    收  │
         └──────────┘
              │
         ┌──────────┐
         │ 退回期刊  │
         └──────────┘
```

6.2 准备工作

根据不同的书库条件,连续出版物可以每半年或一年装订一次。如果现刊与过刊不放在同一书库里,则以一年装一次为好。如果放在同一书库里,而品种又不多,为了借阅、保管方便,也可以在符合合订本厚度的条件下,满半年装订一次。采取每年装一次的办法,从每年第二季度起(因为许多中外文期刊迟到下一年度的第一季度还不可能到齐),顺着书架依次抽装期刊。凡已满一卷或一年者,就全部抽出。未满一卷或一年者,或尚在催缺或补缺者,可暂不装订。待一个季度后,再回过来补抽装订。暂时不装订的刊物,应在书架上粘一彩色纸条,表示未装订。每一种彩色代表一个月份。每查对一次划到卡(查对库藏与划到卡记录是否已经到齐),加贴一张纸条。直到确定无法补到才可装订。收藏品种较多的图书馆,限于装订加工能力和阅览需要,不允许集中在一段短时期内全部装订完毕,应当指派专人长年从事装订工作。采取彩色纸条备忘的措施,能够避免漏装。每次抽过装订,都应在书库内留下记录,表示现阶段装订到什么架号,用以查明有关连续出版物长期不在架上的原因。

6.3　装订中的一些问题

合订本是否要保留封面、封底和广告？这个问题在三十年代曾经有过争议。当时，大多数期刊虽然每卷可能分成四册（季刊）、六册（双月刊）或十二册（月刊）。但是一卷的页码是相连的。当时的广告大多不编页码或者采用罗马数字编码。大多数图书馆拘泥于"卷"字上，似乎装订了封面、封底就会将"卷"分割。此外，为了节省装订费用和书库空间，在装订时撕去封面、封底和广告，成了大多数图书馆通用的做法，随着连续出版物的发展，广告提供的信息越来越多。在某些情况下，有时其作用甚至超过了正文。许多读者对广告越来越感兴趣。封面和封底同样能提供相当重要的信息。另一方面，大多数连续出版物各册之间页码不再连续。在各种参考文献上引用某一种连续出版物的文章时，往往列出其卷、期号和页码。如果继续在合订时撕去封面、封底，寻找某一篇文章将是很困难的。过去撕去广告可以节省装订费，但是花很多人力细心地撕去广告，而且还要冒撕错文章的危险。权衡得失，保留封面、封底和广告还是可取的。

散页地图，如美国《National Geographic》杂志中经常附有单张地图，有的人认为应该取出归地图部门收藏。这样做是不妥当的，因为所附地图往往是本期文章的插图，需要作为辅助资料配合阅读参考。不能想象，为了看一期《National Geographic》，需要另借一张原来就附在期刊中的地图。

合订本不宜过厚，否则不仅使用不便，而且容易破损。在国外，象《New York Time》这样版面很多的报纸，每月分装三册。一年装成三十六册而不是通常的十二册。过分薄的刊物可以两、三卷装订一册。借阅次数多的品种可以装得薄一些。因为合装的册数越多,每一册的借阅次数就会减少。同样道理,在借阅不多的图书馆里,为了节省装订费,可以装得厚一些(以左手能拿起来为度),而借阅次数多的图书馆里,合订本应适当薄一些。

6.4 整理工作条例

从书架上抽出的连续出版物首先要经过整理,整理的要求大致如下:

a. 核对前后题名,检查是否夹有其它题名的刊物,题名等是否有变化。

b. 按卷、期号或年、月,自小到大排列整齐。

c. 若有勘误表,应检查是否贴在有关位置上。

d. 每一册连续出版物都应翻阅一遍,查清有无缺页或页码倒装等情况。

e. 为便于查找期号,所有封面应一律保留。中外文期刊的封底也都保留。国内出版物的外文内部刊物封底空白者,只保留每一册合订本中最后一分册的封底,以便查对刊号,

f. 除服务卡、征订卡外,期刊中与期刊同样大小的广告,作为情报来源之一,应该保留。

g. 凡有单独的题名而且已经精装的特刊不再重新装订。开本大小悬殊的特刊或附刊可以单独装订。无独立题名的附刊原则上应与正刊合装。这方面应与编目取得一致。合装时,附刊要紧接在正刊的有关期号之后。如,附刊是七月号,则附在七月号正刊之后。

h. 凡每卷另有题名页的期刊,应将其题名页装在该卷第一期题名页之前,各期题名页应放在其原来位置。不可将各期的题名页集中装订。

i. 每一卷的索引应附在该卷最后一期的末尾。

j. 单张地图或插图或其他附件,应在装订卡上注明"在封三加贴袋存放"。

k. 多年累积索引应视其厚薄,决定单独装订或附于其相关的最后一卷之后。特别要注意,不可因为有了多年累积索引而剔除当卷(年)索引,或有了当年索引而取消每一期的索引,这样做法不利于读者查阅,同时使索引利用率过高而容易破损。保留各种当期、当年索引虽然多占架位,但使用起来方便。

l. 确定封皮颜色。属于科技期刊可用黑色封皮,内部发行的刊物用浅蓝色封皮。统一封皮颜色对书库管理与出借很有好处。

m. 借阅次数多的期刊应该用硬封面精装,使用不多的可用牛皮纸平装。外文期刊由于纸张重而易破,最好都用精装。

6.5 手续

抽出来待装订的连续出版物,经过整理后,按四角号码或字母顺序依次给予装订号。装订号是由两组数字所组成。第一组四位数代表装订的年份和月份。连接号后面一组是当年装订的编号。例如:

$$\underset{\text{年}}{8\,1}\ \underset{\text{月}}{0\,2}—\underset{\text{当年装订编号}}{1\,4\,1}$$

年、月数码可以看出装订的时间,并根据装订号查询。装订号用红铅笔或铅笔写在合订本第一分册的封面上。同时要写明这一合订本共有多少分册。分册数用阿拉伯数字表示。数字用圆圈圈起来。例如:

⑥　表示六册合订一本

③ 表示三册合订一本

每一合订本的厚度可根据前面所介绍的情况来确定。一般为3.5公分到5公分。

G 3408	图书馆杂志		牛皮纸平装
8809 – 3546	v. 6	1987	6
8911 – 2254	v. 7	1988	6
9003 – 0834	v. 8	1989	6

图6—1 装订记录卡

G 3408	图书馆杂志		牛皮纸平装
9003 – 0834	v. 8	1989	6

图6-2 装订卡

工作开始,先按索取号抽出装订记录卡(见图6-1)。根据装订记录卡编装订卡。装订卡系供装订工场作为装订、烫字的依据。自工场收回合订本经过检验,此卡即可报废。(见图6-2)。将装订卡按四角号码或字母顺序排列,然后逐张查对划到卡。核对架上取下的出版物是否与划到卡上反映的情况相符,检查是否有目次、索引、特刊、附件等。经核对无误后,在划到卡上作出已装订的记录——每一册合订本用红笔加一个圆括号(见图6-3)。划到卡核对完毕,再核对编目卡。查编目卡的目的是核对题名、索取号。如发现划到卡与编目卡有差异(如,改名、张冠李戴等)应通知有关人员给予纠正。

| P12616 | Automotive Engineer… | | | | | | | | | | | | 873C76 | |

Merger of: Automotive Design Engineering &
The Journal of Automotive Engineering.

年	卷数	一月	二月	三月	四月	五月	六月	七月	八月	九月	十月	十一月	十二月	备注
1975	v. 1										(1		2	
1976	v. 1	3				4	5		6		7		8)	
1977	v. 2	(1			2		3		4		5		6)	

Bimonthly

图 6-3 划到卡上作出已装订记录

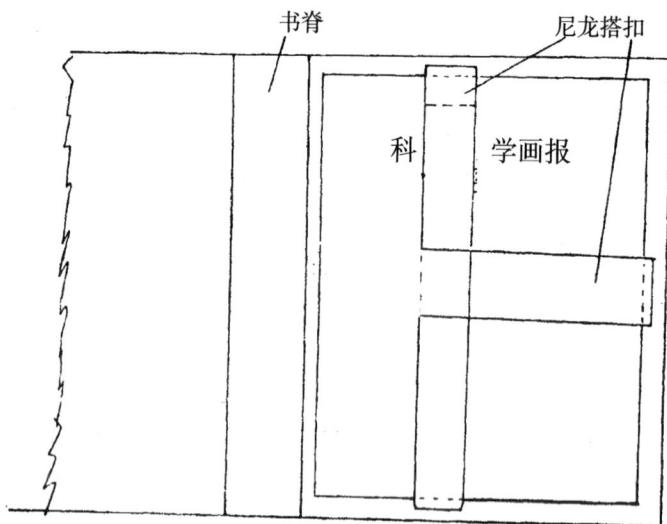

书脊　　　　　　　　　尼龙搭扣

科　学画报

图 6-4　简装合订本

6.6　烫字的要求

连续出版物装订后,合订本应该烫字。一般都烫在书脊上,用以上架或取刊。具体要求如下:

1.连续出版物烫字的内容有:①题名(包括由共同题名与分辑名构成的正题名),②卷、期号(无卷、期号者以年、月代替)、年份,③索取号,④收藏单位的名称。

2.烫字的内容要简单、明了、正确,做到里外相符。

3.题名烫字一般只烫正题名,但是当正题名为缩写题名时,应加烫题名的全称。题名全称前的标点符号与编目用的标点相同。都用冒号":"。

4.凡正题名为通用题名时,应将责任者烫在题名后的圆括号内。这样的形式与标目时的统一题名是一致的。

5.若题名由共同题名与分辑名或共同题名、分辑标识和共同题名、分辑标识和分辑题名所构成时,其烫字形式应与编目的形式相同。

6.卷、期号的烫字形式与编目时的馆藏著录相同。凡合订本的整卷无缺的,不烫期号。一卷分装两册以上者应烫明卷、期号。同时有通卷号者,应加烫通卷号。通卷号应加圆括号。若是复本,应加烫"c.2","c.3","c.4"…。

7.有文摘号的期刊除烫卷、期号外,应加烫文摘的起讫号。

8.出版年份烫在卷、期号之下一行。以年份代卷号者,不再烫年份。

9.凡合订本附有当年索引者,在年份之后加烫"有索引"或"with index"。

10.凡有名称的索引,如多年累积索引、主题索引、著者索引、篇名索引、应烫出索引的名称。

11. 凡附有附刊者，应烫出“有附刊”或“with suppl.”。

12. 附有重要特刊或附件时，应加烫其名称。

13. 索取号与收藏单位应烫在书脊下方。

14. 烫字的各个项目的高度应力求一致。

上述要求可在装订卡上一一说明。装订卡经过校对后，给予装订批号及装订号。并填写装订委托单（见图6－5），便可送交装订工厂。

工厂装订完毕，回收合订本时，应该核对书脊上的烫字是否符合装订卡记录的要求。同时还要检验装订的质量，然后连同装订卡移交编目工段，以备后用。

上海图书馆工场

委　托　单

编号______

委托单位		委托日期		计划完成日期	
委托项目					
具体要求					
备　　注					

馆负责人：　　　　部门负责人：　　　　经手人：

图6－5　装订托委单

第七章　读者服务与书库管理

书库工作流程图

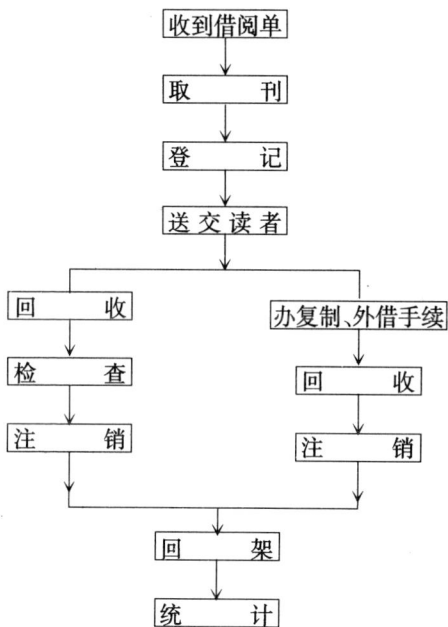

```
收到借阅单
    ↓
取    刊
    ↓
登    记
    ↓
送 交 读 者
    ↓
┌────────────┴────────────┐
回    收              办复制、外借手续
    ↓                        ↓
检    查                  回    收
    ↓                        ↓
注    销                  注    销
    ↓                        ↓
└────────────┬────────────┘
          回    架
             ↓
          统    计
```

7.1 阅 览

阅览与流通是图书馆资料发挥作用的根本途径。由于连续出版物的时间性很强,不允许新到馆的连续出版物长期在外流通,因此阅览成了连续出版物发挥作用最主要的方式。

根据各家图书馆的条件,阅览通常采取闭架、开架及开架与闭架相结合等几种方式。

1. 开架阅览。开架阅览好处颇多。第一,读者可以自由地在书架上挑选出版物,不再需要等候,因而大大节省了读者宝贵的时间,第二,与从目录中查找文献相比,开架借阅更具直观效果;第三,开架借阅能有效地提高连续出版物的利用率,更好地发挥其作用;第四,使工作人员有机会密切联系读者,提高工作人员的责任感。尽管国内有一部分图书馆正在采取期刊书库开架借阅的尝试,也有一部分大、中型图书馆对此仍持谨慎的态度。其理由是,①书库开架并不能省人力。与此相反,乱架可能性极大,因此要更多的管理人员,更经常地整理,否则借不到的次数必然上升。②连续出版物由于文章短、图片多,被撕、被偷的可能性比图书大。书库全面开架会导致很多出版物残缺不全。不能让少数人偷书、撕书方便,而使多数读者失望。③失窃或被撕的连续出版物,特别是某些外国出版的刊物,不仅补缺代价不小,而且不一定能补上,而书刊资料残缺是图书馆管理不善的一个重要标志。因此,一家图书馆是否可以将连续出版物书库实行全面开架阅览,应取决于:①图书馆是否有长期保存连续出版物的任务。如果没有保存任务,在开架期间造成的残缺,可以依靠附近较大图书馆的支援,通过馆际互借或复印来满足读者的要求。②图书馆是否有足够多的人力,完善的管理制度,并在开架书库里巡查,随时整理乱架。③图书馆是否有充足的经费和补充连续出版物的书源或复本,随时准备补充残缺的出版物。

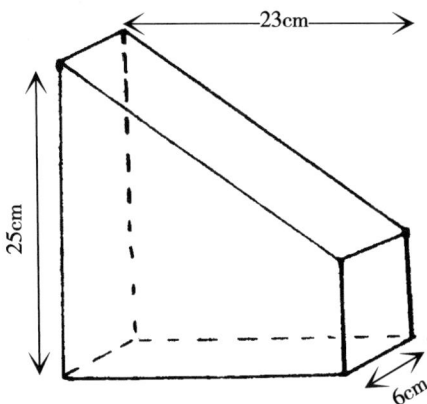

图 7-1   存放期刊的盒子

图 7—2   借阅单

就目前我国图书馆界的现状来看。大多数图书馆还不具备后面的两个条件。因此,这种阅览方式最适合于规模不大的专业图书馆以及小型图书馆(室)。这些图书馆的读者不多,或者只有一些本单位的专业人员。它们还可能设有长期保存连续出版物的任务。采用这种方式使读者可以直观,取刊也方便,在一定程度上提高了借阅量(图7-1)。

2. 闭架借阅。这种传统的借阅方式一直用于读者面较广、读者较多的大、中型图书馆中。随着我国开放政策的进展,很多图书馆改而采用开架与闭架相结合或者部分开架的做法。尽管如此,对于藏刊较多、读者较多而工作人员不够的图书馆,为了减少丢失、撕破等现象,这种借阅方式还是可取的。

3. 开架与闭架相结合。这种方式是现刊单册开架陈列(参见7.3陈列),过刊和陈列过的现刊闭架借阅。连续出版物的特点是资料新、出版快。因此,读者最感兴趣的,就是最新到馆的连续出版物。新刊单册开架陈列,既方便了读者,又便于管理。上海图书馆自1958年来一直采用这种方式。对1200种外文期刊实行单册陈列。平均全年陈列10000册以上。管理员两人每年接待读者30000人次。多年来很少有撕破丢失现象。

4. 现刊开架,过刊闭架。复本多的图书馆可以采用这种阅览方式。所有现刊均开架一至两年。开架的期刊经过一段时间的阅览后,不再装订保存。另以完整的期刊装订保存。上海图书馆以7200种中文期刊和352种中文报纸,经过四年开架阅览的实践表明,这种做法即使在大型公共图书馆中也是可行的。关键在于加强管理。

报纸的阅览又不同于其它连续出版物。对于借阅率高的当天主要中文报纸和国内出版的外文报纸可以用塑料薄膜套起来,夹在报夹上。其余国内报纸和国外进口报纸一般没有复本,亦可采取闭架借阅的方式(图7-2)。

7.2 流 通

流通也即是外借。阅览不属于流通的范围。由于连续出版物的时间性很强,不可能像图书那样,将单册现刊长期外借,因此,在大多数图书馆里,期刊、报纸是不外借的。这并不是说,现刊绝对不予外借。不同的图书馆可以有不同的处理方法。规模小而读者少的图书馆完全可以将现刊短期外借。但是,可以规定,如有读者需要阅览,应在一、两天内归还。中等规模的专业图书馆也可以根据情况,允许将刚经过陈列的现刊(也即是,并非最新的一册现刊)外借。外借的对象应当有一定的范围,以控制外借。在规模不大的单位图书馆中。最新现刊的出借可以采取在读者间自行移交的办法。具体做法是,读者向图书馆登记出借某一种出版物的最新到刊。出纳台根据登记名单,填写流通单。流通单上安排好读者之间的交接日期。当第二位登记出借者收到第一位移交的现刊后,将流通单填毕交出纳台。这样相互传递,虽然出版物并未回到图书馆,但是图书馆仍然能掌握其去向。此法可以减少读者查问、等待的时间。用于大众化的刊物最为适宜。鉴于连续出版物所载文章没有图书那样长,也不应该让几个人在较长时间里,占有某些出版物,允许借出的时间应该是图书的1/4至1/2(图7-3)。

在大多数情况下,应当鼓励读者将所需要的资料静电复印。复印的收费目前普遍太高。图书馆应当把资料复制看作是扩大书刊利用的又一手段,宁可只收成本而不应靠此赚钱。既然可以在采购图书馆资料方面进行大量投资,为什么不应该再花不多的钱来扩大资料的利用呢?

NO. 1012	NO. 1012	NO. 1012	NO. 1012
××研究所图书馆 流通单 存根	××研究所图书馆 读者间流通单(三)	××研究所图书馆 读者间流通单(二)	××研究所图书馆 读者间流通单(一)
索取号 G 3275 题名 工业经济评论 vol.6 no.2 一册。 流通记录: 1. 吴康生 日期2/3 2. 郭霄萍 日期2/8 3. 叶奋生 日期2/17 收回日期 2/17	兹于1987 年2 月13日收到由郭霄萍转借 工业经济评论 vol.6 no.2 一册。本人将遵守规定于2月18日前交还出纳台。 签名 叶奋生 1987 年2 月13 日	兹于1987 年2 月8 日收到由吴康生转借 工业经济评论 vol.6 no.2 一册。本人将遵守规定于2月13日前转交叶奋生 签名 郭霄萍 1987 年2 月8 日	兹于1987 年2 月3 日借到工业经济评论 vol.6 no.2 一册。本人将遵守规定于2月8日前转交郭霄萍 签名 吴康生 1987 年2 月3 日
	填毕即交出纳台	填毕即交出纳台	填毕即交出纳台

图7-3 读者间流通四联单。可以让三个读者连续外借。

No. 24801 复 印 申 请 单

兹因工作需要,请贵馆代为复印 福建图书馆学刊

1988 年 vol. no.4。第72 页至 页。篇名建阳刻书业浅谈

作者曾志堂。共印 1 份。本人已按规定支付复印费0.40 元。

贴代价券
位 置

申请人
吴龙涛
日期1989.5.20
地址 上海南京西路
325 号

复印件号 10081
复印日期 89.5.23
经办人 张 平

2 0 0 0 0 3
上海 南京西路 325 号
上海图书馆
吴龙涛 同志收
××图书馆寄

图7-4 复印申请单第一页

单册现刊容易丢失、撕破,而补缺常常是困难的。美国的许多图书馆允许合订本期刊外借。当然也是规定对象的。但是,美国的一些化学图书馆传统上反对合订本外借,因为要将文摘和杂志配套使用。另一方面,不应该为满足一个读者的要求,而使更多的读者向隅。随着复印设备的发展,美国的许多大学图书馆也逐渐停止将合订本期刊外借。

连续出版物的馆际互借应该以照相或复印作为服务的唯一手段。为便于读者付款,复印收费最好采取邮票形式。规定各种票面值,标明本票面可以复印多少页纸。读者可以按自己复印的张数在复印申请单上贴上代价券,并注明复印的题名、卷、期、页码、篇名、著者、份数,填上自己的姓名地址,以便图书馆寄发复印件(图7-4)。复印申请单共三页。第一页右上角贴足代价券,右下角为寄发复印件的标签,(可以撕下来)由申请人填写。第一、二两页一起寄给图书馆。第三页由申请人自留。第二页由复印经办人作为施工单,并以此计算工作量。第一页则作为收款、发货凭证。采用此种申请单的最大优点是:1. 代价券可予先买好。经常需要复印的单位可以一次购买若干,减少报销手续。2. 读者可以邮寄申请单,而不必亲自前往图书馆办手续,大大节省时间。3. 复印部门可以减少开发票的人力。

7.3 陈列

单册连续出版物的陈列最好仅限于期刊。因为读者到陈列室来,目的是阅读最新出版的资料。年鉴、成系列的会议录等其他连续出版物可以开辟专室阅览。这些出版物出版周期不固定,有时两年才到一次。长期放在陈列架上,只能引起不必要的麻烦。无论中、外文报纸,应有专门的报纸阅览室。

需要陈列的期刊应在划到卡右上角写上一个陈列号。陈列号系按期刊分类排列,然后编号。这一编号仅在陈列室内有效,而且是临时性的。一旦陈列期刊改变,这一编号就失去了作用。划到时,在期刊封面左下角写索取号的同时,在其右上角写上陈列号。经盖章后,即可送往陈列室。

	大众科学　　美国	陈列号
		798
P02720	Popular Science Monthly	
	科普性期刊	
月刊		500B19

图7-5　陈列卡

期刊在陈列室中不分文种按大类排列。有条件的图书馆可分成几个专室。陈列架上贴有每一种期刊的陈列卡(图7-5)。陈列卡上有索取号、题名、出版周期、内容简介和陈列号。外文期刊还要有中图公司的刊号和中文译名。陈列卡有便于读者还架的作用。如果需要看早几期的刊物,可以在陈列卡上找到索取号,省去了查目录的时间。中图公司和邮局的刊号,对于熟悉刊号或准备订购的读者也有用处。出版周期能帮助读者掌握新刊更换的大概日期。内容简介能帮助读者选择要看的资料。新到现期期刊的轮换应每周一次,陆续更新,不可等满一个月才集中换新。换下的期刊要按索取号排列,直接送书库上架。

7.4　书库与书架

连续出版物的书库如同其他书库一样,房间要求通风、干燥而没有直射阳光。因为阳光中的紫外线虽然有杀菌的作用,但是却会使纸张变脆。外文期刊的纸张有相当一部分是用铜版纸印刷,印出的图片特别清晰。这种纸最忌潮湿。报纸和中文期刊的纸张最怕晒太阳。长期暴露在阳光中,纸张很快会发黄老化。如果书库处于房屋的底层,而又是水泥地面,则书架的最低一层可以空着。在书库里最好放置湿度计,安放吸湿机,在潮湿天气开动吸湿机,以控制书库湿度。这是书库防霉最有效的办法。

考虑到期刊的开本比图书为大,书架的宽度、高度和深度应当有所不同。一般可采用宽 100 cm,每格高度为 34 cm,深 60 cm 的双面书架。这样既可以平放,也可以竖放,能装盒子的最好竖放,这样可以节省空间。书架与窗成垂直排列,以利采光。书架间的通道控制在 75 cm 到 85 cm。每一种连续出版物(主要是期刊)视其多少、厚薄,竖放在一只或几只盒子里。盒子没有盖。上端呈斜面,前低后高。正面写有索取号。一般通用规格的盒子,底部为 23cm×6cm,斜面高度为 25 cm,低处为 8cm(图 7-1)。较大开本的期刊,盒子底部为 28cm×6cm,正面高度仍为 8 cm,后面高度视具体情况而定。盒子的材料可用三合板、黄纸板、或模塑改性聚氯乙烯。采用分盒上架,除了特厚、特多的期刊外,一般都比平放上架可以节省 1/2 至 2/3。报纸书架的宽度应为 120 cm,层高 30cm,深 80 cm 的双面架。都应该平放。

7.5 书库工作守则

正像图书馆的任何其他工作一样,书库作为连续出版物管理系统的重要一环,更必须有完善的规章制度。书库管理人员必须严格遵守制度。否则必然会导致书库混乱,影响服务工作,下面以上海图书馆连续出版物部为例,介绍闭架书库的管理制度。

1. 任何非本部门工作人员,未经本部门主管同意,不得进入书库。如有特殊需要,须经部门主管同意方得入库。要登记出入时间,并注明入库原因。

2. 任何人借阅期刊,必须按规章办理借阅手续。未办理借阅手续者,不得将出版物携出书库。管理人员对书库中出版物的完整与安全负全部责任。

3. 连续出版物入库,应及时整理上架,不得随手乱放。借出回库也要排列整齐。

4. 随时做好出借记录。归还时随手注销。

5. 还库的连续出版物应粗略检查一遍。如发现缺损、撕破,要及时向出纳人员反映。

6. 还库的连续出版物必须整理清楚,然后上架。

7. 管理员在收到借阅单后,应立刻认真寻找,不得借故拖延或随意回绝。

8. 交接班时,应将出借情况交代清楚。

9. 管理员应认真学习业务,熟悉馆藏情况。

10. 每周做一次借阅统计。每月汇总一次。

11. 书库内不得吸烟,或吃有果壳的食物。

12. 每天上班,先做清洁工作。月底大扫除一次。

13. 下班前检查门窗、关断电源。

以上是闭架书库的规则。开架书库还要强调,非书库管理员或读者不得还架,以防放错。

7.6 管理

书库管理大致包括出借、统计、清洁和安全四个方面。

管理员从出纳台收到读者借阅单后,即根据借阅单上的索取号,取出所需要的连续出版物,并在借阅记录单上登记(图7-7)。借阅记录单登记的内容包括,日期、索取号、册数(未记录种数,因为每个索取号便是一种)、读者借阅单编号或座位号。借阅人次较多的图书馆可每天用一张记录单。如人数不多,可用登记簿。登记完毕后,将借阅单连同所借的连续出版物送交出纳台。为了做好工作,管理员可在出库前,一方面核对题名,另一方面也顺便看一下读者借阅单上所填的专业。可以大概了解这一出版物的借阅对象。这不仅可以提高自己的业务水平,同时还可以作为读者参谋,向他推荐馆藏,并且给采购人员提供信息。在还库时,应粗略地检查一遍。此时,不仅可以发现借出的出版物是否完整无缺,而且也粗略地看到它的内容,然后在登记单上注销。具体做法是,在一般卡片大小的纸上,记下索取号、题名、卷期号、册数、借出日期。交外借或复制部门签收。借出记录卡按索取号排列,以后由外借或复制部门负责归还。

统计是科学管理中重要的一环,因此,书库还要建立一套出借统计卡(图7-6)统计的内容包括架号、题名、出借年月及次数。每月或每周根据借阅登记单(图7-7)作出统计,供采购人员参考。统计次数可用划"正"字的方法。一个"正"字共有五划,代表五次。通过每月和年度统计,可以知道每一种出版物的借阅情况,以及读者的阅读倾向,为图书馆的连续出版物订购和科学管理提供可靠依据。

G0399	生物工程
一月	正正正正丅
二月	正正正正
……	
十二月	正正正正正
1989 年共计 308 人次	

图 7-6　期刊出借统计卡

261

1990 年 7 月 1 日（星期日）

索取号	册	借阅单	销号	索取号	册	借阅单	销号	索取号	册	借阅单	销号
P0031	5	86	√								
P1046	2	6	√								
P0381	8	18										

今日累计_____种_____册　　本月累计_____种_____册

图 7-7　期刊借阅登记单

262

第八章　宣传、推荐与利用

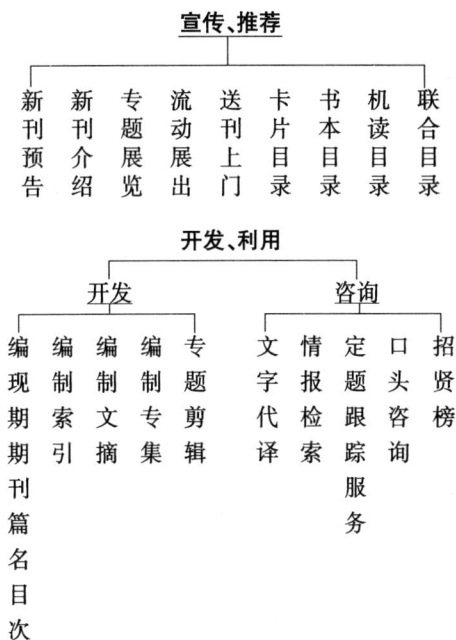

宣传、推荐

新刊预告　新刊介绍　专题展览　流动展出　送刊上门　卡片目录　书本目录　机读目录　联合目录

开发、利用

开发

编现期期刊篇名目次　编制索引　编制文摘　编制专集　专题剪辑

咨询

文字代译　情报检索　定题跟踪服务　口头咨询　招贤榜

8.1　宣传工作的重要性

古代图书馆的任务主要是收藏和保存文献,较少考虑藏书的利用。但是,现代图书馆的职能应该是提高全民族的文化水准,促进物质文明与精神文明的建设。所以应当是两个建设的重要宣传阵地,是无所不包的社会大学。鉴于我国的图书馆事业是建国以后才迅速发展起来,社会上对图书馆的作用和重要性认识还很不够,而图书馆对自己也缺乏宣传。这就使图书馆的工作重点停留在单纯的借借还还状态,缺少主动服务,大大阻碍了藏书的开发、利用。一方面,人们在科研、生产中找不到急需的资料,另一方面,大量藏书束之高阁,无人问津。这种怪异现象的产生,归根结底还是图书馆对自己的宣传做得不够。如何更好地宣传自己,变被动服务为主动服务,有力地推动、引导读者充分利用馆藏,就成了当前图书馆工作者的首要任务。由于连续出版物的时间性特强,情报刊物的生命期不过 1～2 年,如何更好地宣传、利用馆藏,尤其值得连续出版物工作者研究、推敲。

除了宣传馆藏以外,图书馆工作人员的职业道德,如何指导读者爱护书刊,保持书刊整洁、完整,遵守规章制度,向读者介绍目录,辅导他们使用目录等等,都属宣传工作的范畴。

8.2 新刊预告

本书第三章采购第十六节中,曾提到"新刊预告",即,在采购工作完毕后,采购人员应及时编制"新刊预告卡",或"新刊预告通知"。其作用是在新刊尚未收到时,先在目录中或以通知形式向广大读者预告图书馆已经订购的新刊。如果新订的连续出版物符合读者的需要,他们必然会对这样的信息感兴趣。这和新书通报具有类似的作用,所不同的是,"新书通报"是图书馆已经入藏的图书,而"新刊预告"只是提前告诉读者,将新增哪些出版物。连续出版物的读者一般多从事某种专业,他们通常偏爱某几种连续出版物,每期必读。一旦发现本专业的新刊,必然会一睹为快,成为新刊的第一批读者。正是通过他们,采购人员可以马上得到信息反馈。知道新订刊物的质量,以确定明年是否值得续订。所以新刊预告的作用还在于吸引新老读者的注意,免得新刊"养在深闺人未识"。

8.3 展览

展览是图书馆最常用的揭示馆藏的方法,它包括新刊的专题展览。新刊展览是新刊预告的继续,既是采购人员取得信息反馈的最好机会,也是宣传、推荐的好方法。每年一度的新刊展览,可以成为图书馆提供宣传的窗口,成为采购人员与读者之间的桥梁。

根据政治、经济、生产、科研的形势举办专题展览,既是为两个文明建设服务的需要,又是向读者揭示馆藏的重要手段。其关键是灵活性强、时间性强,要紧跟形势。例如,本市或本地区的重点建设项目需要攻关解决,图书馆就应当举办有关内容出版物的专题展览,邀请有关专业人员前来参观阅览。展出时间及规模均可根据实际需要而定,一般不宜超过两、三星期。展出期间应配备复制设备供当场复制。必要时,还可以送刊上门,为重点建设服务,要做好为专项服务,图书馆工作人员还要加强对外界(包括其他图书馆、情报机构和当地政府、科研机构)的联络,以便获得信息,及时提供服务。

8.4 编制目录

目录是图书馆揭示馆藏的主要手段,因此提供各种目录,包括卡片目录、书本目录、机读目录、是读者了解本馆藏刊的有效方法。

与此同时,图书馆应当参加由本市或本地区各藏刊单位联合编制的《外国报刊预订目录》和联合目录,因为这些目录可以在较大范围内"互知有无",有利于实现资源共享。

8.5 咨询工作

咨询工作是图书馆的主要服务项目之一,也是现代图书馆服务的重要标志。它的内容十分广泛、复杂,大致可以分为简单咨询和参考咨询两大类型。

简单咨询也称为一般咨询。咨询的内容都是比较肤浅、简单的问题,如,辅导读者查阅目录;如何办理借阅手续;向读者介绍馆藏情况,推荐馆藏,如何使用检索期刊;向读者介绍本市或本地区藏刊的情况等,甚至包括某种资料应该从什么出版物查找,图书馆的内部布局等琐事。作为图书馆的工作人员都应该具备这样的起码知识,随时能够答复读者的简单咨询。

参考咨询不同于简单咨询。答复这类咨询的工作人员必须具备较广和较深的知识。它包括两种服务形式——情报检索和定题跟踪服务。

情报检索也即是通过检索刊物或计算机寻找线索,进而找到科研和生产所需的文献。检索刊物主要是各种书目、文摘和索引,所以重点在连续出版物部门。这些检索刊物就好比电话号簿,只有会用电话号簿的人才能找到所需要的电话号——文献。这就要求有关工作人员必须学会使用检索刊物。目前全世界大约有四千多种检索刊物。其中中文检索期刊约有二百多种。要充分发挥馆藏连续出版物的作用,熟练掌握这些检索刊物的用法,是答复读者咨询的基本功,更何况连续出版物无论是科技的还是社科的,都是当今最主要的信息源。检索刊物所收录的条目,绝大部分来自连续出版物。所以连续出版物部门"近水楼台先得月",有着得天独厚的优势,理应比任何其他部门对情报检索和咨询服务做得更快、更准、更好。本书第二章第一节曾列举了一些例子,说明很多咨询服务的题目是不成文的文献,或者是检索刊物无法反映或不收录的内容。只有连续出版物部门的有关人员才能答复。

定题跟踪服务是针对某些读者提出的专题项目,不仅要给读者开列出有关该项目的文献篇名、著者及出处,而且还要自始至终跟踪服务。出现新问题时要随时进一步帮助查找资料,直到该项目胜利完成。通过这样的服务,不仅使图书馆能直接参与两个文明建设,而且使工作人员学到不少专业知识,在以后的服务中,将会有明显的提高,所以也是培养咨询工作人员最有效的方法。

"招贤榜"。图书馆的服务面极广,而工作人员的知识面却总是有限。因此,在答复读者咨询,查找专业资料,帮助解决科研、生产的难题时不免会有困难。利用相同专业的读者帮助解答咨询,无疑是一种行之有效的办法。当然,这样的咨询必须是有偿的。图书馆可以张贴告示,聘请若干读者参加本馆的业余咨询工作,并为这些读者建立技术档案卡。记录他们的业务专长、工作性质、年龄、从事本专业的工龄、愿意帮助答复哪一方面的咨询等等。当然还有通讯地址和电话。如有本馆工作人员不能答复的问题,便可与他们联络。有时,问题很难,靠少数人仍旧不能解决,还可以"招贤榜"的形式写明项目的内容,张贴在专栏里,让更多的读者来参与解决。此时,图书馆不仅起着情报交流站和桥梁的作用,而且,还能够促进馆藏的利用,充分发挥图书馆的作用。

8.6 翻译

由于文献所用的语种很多,而人们掌握的语种有限,语言就成了读者利用图书馆资料的重大障碍。这种情况在连续出版物的使用方面尤其显著。如果图书馆能够组织人员帮助读者口头翻译文章的大意或整篇文章的翻译，将会有力地促进文献的利用。如果图书馆本身无力承担这项工作，则可以组织读者在业余时间承接翻译任务。实践证明，利用懂各种专业外语的读者帮助翻译外文资料是一种容易见效的措施。利用读者承担翻译工作是有偿的。图书馆可以为他们确定双方都能接受的稿酬。

8.7　编制二次文献

　　作为现代图书馆，编制二次文献是理所当然的任务之一。二次文献是从原始文献提取、精炼、集中而成的文献。它包括各种书目、索引和由文献浓缩而成的文摘，以及剪辑报纸而成的剪报。经过加工成的二次文献是情报检索最主要的工具，其重要性这里不再赘述。遗憾的是，由专门机构编成的索引和文献，其原始文献本馆未必有藏，而且索引、文摘的编制受到时间的严重制约，往往要过半年到一年才能收录进去，有的甚至要过两年到三年，使期刊失去了时效。最值得推崇的应当是"现期期刊篇名目次。"按照读者的不同需要，工作人员将本周收到有关类别的现期期刊目次复印或打印成册，分送有关读者，则读者不到图书馆来，便能知道图书馆本周收到的刊物中是否有他所需要的文章，再决定是否有必要到图书馆来。由于它针对性强，原始文献可以立即提供，而且做起来容易，每家图书馆都会编制，所以很受欢迎。

连续出版物编目规则

实例详解

Cataloging Rules for Serials

with

Examples and Interpretations

连续出版物编目规则

R0　新旧著录的不同

　　本《规则》以《国际标准书目著录》(ISBD)所规定的八个标准著录项目为核心,加上组成目录所必需的、或能提高目录使用效果的一些项目(如,中文译名与国别、索取号、馆藏、标目、统一题名、跟查等)的有关规则。比诸《外文期刊工作》和《连续出版物著录规则》的规则有较多的补充。其中绝大多数的规则通用于中、外文的连续出版物,也有一小部分规则只适用于中文,或只用于外文出版物。因为中文和外文连续出版物本身具有各自的特异性。

　　本《规则》提供的条款均符合《国际标准书目著录(连续出版物)》修订版,(ISBD(S)Rev. ed.)和国家标准 GB3792.3 – 85《连续出版物著录规则》。鉴于《ISBD (S)》, Rev. ed,1987 年才出版,而《连续出版物著录规则》是 1983 年起草,1985 年批准的,因此,《ISBD(S)》修订版的部分修订条款未能在国家标准中反映出来。为了使本《规则》能够跟上时代,已经将修订版《ISBD (S)》中的一些新订条款吸收在本《规则》中,并且作了说明。每一条规则若有需要,都提供样例。对于中、外文连续出版物都通用的条款,同时有中、外文样例或样卡。有些较复杂的条款,还作了详细的阐述,便于图书馆工作者和学习编目的人员了解其含义。绝大部分样例和样卡都是真实的,但也有极少数是虚构的。

无论《ISBD（S）》还是《连续出版物著录规则》（GB3792.3-85）都是对有关的出版物进行客观的描述。它们只是书目著录格式的标准，是一种基本的著录，是完整的书目记录的一部分。说它是一部分，因为它还不是一个款目，更不是一个"通用款目"，还不能够以它组成各种目录。要组成包括各种检索的目录，还得在著录的基础上进一步提取标目、统一题名和跟查等。至于主题信息、分类、和排片规则，因为不属于编目规则的范围，所以没有作出规定。

　　全世界的图书馆最初都有各自的编目规则。自从1841年《大英博物馆编目规则》发表以来，为了实现"资源共享"，经过将近一个半世纪的发展，全世界的图书馆才有了统一的文献著录规则——ISBD。1977年到1980年期间，共公布了用于7种文献的ISBD。其中对连续出版物的著录规则影响也最大，因为第二次世界大战以来，连续出版物的发展是惊人的。半个世纪以前，用于期刊的编目规则，已经远远不符合实际情况。为此，完全有必要制定新的规则。现将标准著录与传统著录的不同分述如下：

R0.A　项目不同

　　标准著录比传统著录的项目有所增加。项目名称也因内涵不同而有差异。著录方式及用词趋于规范化。项目顺序也有改动。

　　①**题名与责任说明项**。传统上是两个项目。第一项是题名项，第二项是著录项。现在题名和责任者合为一项。在ISBD中"责任者"这一单元原称"责任说明"（Statement of Responsibility）。这是因为在有的文献中（如，专著图书），"责任说明"并不一定是个人或团体名，有时是一短语（如，"一群中学生"。它不是个人，也不是团体。团体必须有一个专用的名称），所以不成为"者"。但是，在著录连续出版物时，责任说明包括责任者及其职能，责任者只限于团体编辑者。"题名"的范围包括文献最主要的题名，称之为"正题名"（title proper）；其他语种的正题名，称之为"并列题名"；以及题名前后或上下用以说明或补充题名信息的文字，称之为"副题名"或"其他题名信息"（other title information）。副题名之外，还可能有其他语种的副题名，称之为"并列副题名"。副题名并不限于与正题名相同语种。如果没有与正题名语种相同的副题名，则不同语种的副题名应当作为副题名，而不是作为并列副题名。责任者同样不限于与正题名相同语种。如果没有与正题名语种相同的责任者，则不同语种的责任者也应当作为责任者著录，而不是作为并列责任者著录。如果存在两个不同语种的责任者，与正题名语种相同者作为责任者，另一语种的责任者便是并列责任者。

过去，对"连续出版物"的概念不太明确。在 ISBD 中确定统一用"serial"一词以前，曾经用过"（Continuation）"一词。这一名词含义似乎比较窄。一般是指学术团体的正规学术性出版物，如，学会会刊、大学学报等。七十年代后期已经很少见到。由于这一名词术语用得并不普遍，所以还缺少恰当的、能与"连续出版物"这一名词相区别的译名。常见的"journal"是指一些正规的学术性出版物。至于"magazine"一词是指一些大众化的、带有普及性或消遣性的出版物。当然，这些出版物有一个共同的特点——有规律地定期出版。现在统称为"期刊（periodical）"。过去，我国图书馆界很少用"连续出版物"这一名词。通常将有连续性的出版物（报纸除外）都称之为期刊。现在，《ISBD》已明确说明，连续出版物的范围除了报纸、期刊（每年出版不少于两次）以外，还包括通常作为图书处理的年鉴、每年出版的手册、成系列的会议录、学会的会刊、纪事等。这些范围极广的出版物，其名称就统称为"题名"。责任者是指对该出版物负有责任的个人或团体。传统上因出版物类型不同而称之为著者、编者、译者、绘图者、作曲者等。现在统称责任者。著录时，可按文献所属类型称之。如图书仍称著者、编者、译者、插图者，期刊等连续出版物仍称编辑者。对负有不同职能的责任者,分别称之为第一责任者(在主要信息源中,最先出现),其他责任者(或后继责任者,如,译者)。第一责任者可能是一个,也可能是几个。这说明他们对出版物内容负有相同的责任。不可认为,第一责任者只是指第一个责任者。

②**版本项**。传统上由于"连续出版物"一词没有广泛地应用,而期刊又不修订或重版,所以没有版本说明这一项,随着图书馆文献的发展,不仅连续出版物中其他类型有版本之分,期刊也开始有各种不同的版本,如,国内版、国际版、英文版、缩微印刷版、朝版、夕版等各种不同的版本,都应单独作为一个书目实体来对待。因此有必要增加一个版本项。

③**卷、期、年、月、或其他标识项**。这一项主要著录连续出版物本题名下第一册的卷、期、年、月、和最后一册的卷、期、年、月,也就是该连续出版物题名的整个生命延续期的情况。传统著录中没有这个项目。在 ISBD 中,规定只用于地图、测绘资料和连续出版物、乐谱和计算机文档。过去习惯根据连续出版物最新收到的一册或合订本编目,现在则规定根据本题名下第一册。对大多数图书馆来说,要著录这个项目不免会有困难。因为大多数图书馆不一定藏有本题名下第一册,而且缺少必需的工具书。一般说来,连续出版物只有一种标识系统。如果有两个标识系统,就分别称为第一种标识系统、第二种标识系统。

④**出版与发行项**。这是一个传统项目。除了一部分单元的著录有时比较详细外(主要用于国家书目),其余大致相同。

⑤**载体形态项**。本项在传统上称为稽核项。但是,现在著录的内容与概念都与过去有较大的不同。传统上,一般只著录装订成册的合订本数量。各图书馆装订厚薄不同,数量也就不同。这样,同一种出版物各馆提供的数量必然无法统一。现在著录的是连续出版物出版完毕后原定的卷数或册数。例如,总数为三十六卷号,就著"36v",即使实际上第三十六卷尚未出满,也著录"36v"。这里

记录的数字不必十分精确,第三项中著录的才是精确的数字,如果各编目单位都按这一原则著录。文献的总数就能完全一致。如果连续出版物尚未出版完毕,则著录"v"。"V"即表示卷,也表示是印制品,总数可以不记录。传统上,连续出版物不著录插图和尺寸、附件,现在除尺寸外、这些都作为供选择的著录单元。

⑥**丛刊项**。传统上也有这一项目,只是各单位的著录位置不尽相同。现在固定为第五项。过去这个项目的著录内容不十分明确,现在有了比较明确的规定,而且比过去复杂。就我们目前所知,无论是中文还是外文连续出版物,著录这个项目的机会很少。在中文出版物中,很多写明"丛刊"的出版物实际上连期刊都不是。

⑦**附注项**。附注项并非一个新设的项目,但对于连续出版物来说,附注项是一个极为重要的项目,因为关于连续出版物长期出版过程中所出现的信息,都应在附注中反映出来,特别是该出版物历史沿革的附注,如,改名、合并、分出等都是追踪该出版物趋向的不可缺少的信息。出版频率过去著录在题名之后,现在成为附注中的第一个著录单元。每一个附注前都用一个项目间隔符"·——"。大多数附注是关于其他七个项目的。少数不属于其他七个项目的附注,也要按照规定的次序先后著录。附注著录的详简取决于著录单位自身的规定,以及编目员的主观认识,因此可能会有差异。

⑧**国际标准连续出版物号(ISSN)与获得方式项**。这是一个崭新的项目。我国已经参加国际连续出版物数据系统(International Serial Data System,简称ISDS),也建立了国家中心。1986年6月起,已经开始陆续对我国出版的每一种连续出版物指定识别题名(key title),配给ISSN,随着中外文连续出版物逐渐都有一个ISSN,这个单元将成为一个重要的检索点。获得方式这一单元主要著录该出版物的售价和/或供应该出版物的条件(如,国内发行、内部发行、只供应会员等)。由于连续出版物的售价经常在改变,除国家书目外,一般收藏单位没有必要著录。

R0.B 规定标识符

从其外形来看,标识符与标点符号并无区别,所不同的是它们的作用。在《国际标准书目著录》中,标识符是用来标志、识别其后面的项目或单元。所以我们说,某某项目或单元之前用什么标识符号,而不是说,什么项目或单元之后用什么标识符号。无论在国内或国外,这些标识符都是新鲜的东西。之所以创造这样一些硬性规定的符号。目的不仅是为了国际交流的需要,而且也是适应计算机识别的需要。依靠这些标识符号,即使不懂某些语言的人(当然是懂得《国际标准书目著录》的人),一看到标识符,就知道其后是什么项目、单元。因此,规定这些符号是在项目或单元之前。正像人们提出的那样,全世界的数学家、音乐家都有他们自己共同的语言——符号,通过共同的语言,能够计算、能够演唱。文献工作者也应该有自己共同的语言,使人们尽管自然语言不同,一见符号也能识别。国际图联一再说明标识符的重要性,并认为它们是各项目或单元不可分割的组成部分。

R0.C 著录方法不同

①传统上,大多数图书馆采用"集中著录"法,即一种连续出版物不管经过几次改名等变动,一律"以新见旧"(新题名都见最早的题名)或"以旧见新"(旧题名一律见最新的题名),在一个款目中集中所有的信息。现在采用"如实反映"的原则(见什么题名就著录什么题名),对各个题名采取"分段著录"法(一个题名做一个款目),但在著录时,各自交代相互的关系。这样著录可以大大节省读者重复查找的时间,一次查找的命中率较高。诚然,要查清连续出版物的历史沿革,不如"集中著录"那么方便。但是,大多数读者是为查找资料,尤其是要查找最新资料,他们希望能一次命中,而不希望查很多见片。

②传统上,连续出版物要等装订成合订本后才编目。现在规定,要根据本题名下第一册著录,也就是一出版就编目。这主要是因为,第一,国家书目需要及时报导最新出版的文献。如果根据合订本著录,则新刊已成过刊,失去了时效;第二,连续出版物既然是长期连续出版,在出版过程中,不免会有变化,若不限定根据本题名下第一册著录,则各单位著录不易统一。大多数图书馆因连续出版物变化较多,总希望待装订后较稳定再编目。其实,从理论上说来,连续出版物是没有完了的,也是永远在变化的。因此,著录不可能像图书那样一劳永逸。如有变动,难免还要重新著录。

R0.D 对某些连续出版物处理方法不同

"连续出版物"一词近十多年来才逐渐广泛应用。它所包括的范围很广。除期刊、报纸外,年度出版物(报告、年鉴、手册等)。学会的会刊和纪要、成系列的会议录、汇刊、有编号的丛书都属于连续出版物的范围。这些出版物都有一个共同的前提——必须是准备以定期或不定期方式,无限期地连续出版下去的出版物。某些事先规定出版期限,但是长期连续出版的出版物,为了处理方便,也可暂时作为连续出版物对待,待出版完毕后,再移作图书处理。在我国,通常将报纸、期刊作为连续出版物,而年鉴等当作图书处理。因受传统影响,出版界也是书刊界限不清。有时为了出版方便,故意将期刊作为图书发行。这些人为的因素进一步混淆了书刊的界限。专业期刊上经常在议论书刊的界限。其主要原因是,人们习惯于从发行渠道来区分书刊,而不是从文献本身的实质来区别。如果我们完全按照国际公认的定义来识别书和刊,这个问题也就不存在了。某些国外出版的年鉴、成系列的手册或指南同时印有 ISBN 和 ISSN,这不应该看作书刊界限不清的证据。根据国际上的规定,凡是出现这样情况的连续出版物,ISBN 应该印在 ISSN 上一行。按照出版界的要求,成套的应以 ISSN 订购(即,作为连续出版物按年连续供应,用长期订单),单册的作为图书,用 ISBN 订购。图书馆的处理方式也应照此办理。可以预言,我国的出版物将来也会出现 ISSN 与 ISBN 并存的情况。对于国家书目,首先应当作为连续出版物报导。但是也不排除其中一部分将作为图书重复报导。

R0.E 规定著录的详简级次

规定可以选择著录的详简是新规则的特点之一。如前所述,我国连续出版物的著录历来比较简单,一旦要求按标准著录,难免会有困难,其中也包括人力问题。考虑到各种不同类型的图书馆对于目录的要求也不同,本规则将著录标准分为三个等级。

第一级著录 包括以下最基本的项目:

正题名＝并列题名/第一责任说明

版本

卷、期、年、月或其他标识

第一出版地:出版者,出版日期

文献总数;尺寸

(丛刊)

附注(部分)

标准号

第二级著录 包括:

正题名＝并列题名/第一责任说明

版本/本版的第一责任说明

卷、期、年、月或其他标识

第一出版地:出版者、出版日期

文献总数:插图;尺寸

(丛刊正题名/丛刊责任说明,丛刊 ISSN;丛刊内部编号,分丛刊名,分丛刊 ISSN;分丛刊内部编号)

附注

标准号

美国国会图书馆认为,第二级著录中不必著录副题名和其他责任说明,因为,①副题名和其他责任说明往往很长,以致影响其他内容的著录;②随着连续出版物的长期继续出版,这些内容还可能由于改变而增加,最后会无法容纳。我们也赞成,在第二级著录中不用著录副题名和其他责任说明,但是,如果副题名是题名的全称,则应该著录,并作为一个检索点在跟查中注明。其他责任说明在连续出版物中用得很少,即使有的话,也不作为检索点,所以可以省略。至于国会图书馆的理由应当作分析。它的第一条理由似乎更适合于专著图书,因为连续出版物很少有其他责任说明,而在图书中是极为常见的,而且也是重要的。第二条理由也有些勉强。因为连续出版物是根据本题名第一册著录的,如果以后副题名和其他责任说明有改变,这些改变也应该著录在附注中,而不是"增加"在第一个项目中。更重要的是,附注并不都是必备的。

第三级著录 内容包括全部项目和单元(如果有的话)。有关单位可根据需要,选择采用。在确定的一种级次后,中途不宜更改,以保证目录组织的统一性。

R0. F 规定著录的信息源

传统上对各项目的著录虽有一定的依据,但是没有严格规定取得信息的来源,同时,由于出版物格式无法标准化,目前所见的连续出版物,其题名与责任者在封面页、版权页、目次页上往往出现相互矛盾的信息。由于编目员可能各自理解不同,而产生不同的著录结果,这就会妨碍著录的标准化。第一、二、三、四项的主要信息源是题名页(专著图书亦是如此),如无题名页(大多数期刊如此),则以封面页和版权页(外文)或版权页和封面页(中文)相代。如果两处提供的信息不一致,则进一步参考正文前的编辑说明、出版说明、前言、目次页上题名等,选取最完整的、合乎逻辑的信息。必要时可参考其他有关书目。第五、六、七、八项的信息源则比较灵活。其中第七、八两项更是没有硬性的规定,不论出版物本身或以外的信息均可著录。

R1 著录的内容、格式与标识符

R1.1 著录的内容

按标准著录的要求,著录中的八个项目必须统一。这些项目包括:1. 题名与责任说明项;2. 版本项;3. 卷、期、年、月或其他标识项;4. 出版、发行等项;5. 载体形态项;6. 丛刊项;7. 附注项;8. 标准号项。考虑到目录组织的需要,还应增加:9. 中文译名及国别(用于外文连续出版物);10. 分类号;11. 索取号;12. 跟查;13. 制卡年、月与卡片号。

《国际标准书目著录》主要用于国家书目。为了统一使用一个计算机程序,所有 ISBD,无论是专著图书、连续出版物、地图测绘资料、乐谱,还是非书资料,都采用同一个格式。但是连续出版物的著录有其特异性。当用于图书馆书目时,馆藏信息是一个必不可少的项目。这在其他类型的书目著录中是没有的。《ISBD (S)》没有馆藏信息这个内容,但是它明确说明,"ISBD (S)没有用于馆藏记录的条款;然而,它们可以著录在附注中"。(见《ISBD (S) Rev. ed.》Numbering area)。《英美编目规则,第二版》对馆藏记录的规定是,如果图书馆的馆藏不完整,可在附注项中说明,因为卷、期、年、月或其他标识项已经作出说明。但是,鉴于绝大多数图书馆(无论中外)收藏的连续出版物不可能总是完整的,这样就必要注明全部馆藏情况,使馆藏说明占去相当多的位置。订购的年份越久,反映馆藏的卡片越多,附注项也就越长。结果,标准号就远离前面的几个主要项目,有时甚至被放在第二、第三乃至第四卡上,不便于查找。本规则提供两种著录方法可选择用。第一种方法是,编目所需要的全部项目集中在一起,而馆藏记录在另一张卡片上。这一方法的优点是:①主要著录内容集中,近似国家书目;②除索取号和分类号可能不同外,各图书馆之间可以通用;③跟查的著录位置显著;④适合编制联合目录。其缺点是:①目录中卡片增加;②附注项中部份内容排列不合逻辑,例如,在"继承:……"之后,紧接着便是"改名:……"(为了弥补这一缺陷,在上海图书馆向全国供应的中文连续出版物标准著录卡上,我们在"改名"之前增加了"卷、期、年、月",成为 v. x. , no. x(年、月)起改名:……");③读者查完馆藏,还须查第一卡上有关改名变化的说明。由于上海图书馆于 1985 年开始向全国一千多家图书馆发行中文连续出版物标准著录卡以后,采用这种方法处理连续出版物的图书馆比较普通。第二种方法是,按照《ISBD(S)》和《AACR2》的建议,将馆藏放在附注中,但是将标准号置于附注项之前,使标准号能在第一卡上反映出来,著录比较紧凑。此外,将变化著录在馆藏之后,读者看起来很方便,也合乎逻辑。标准号因为有 ISSN 作标头,不会因位置变动而误解,也不会影响转换成机读目录自 1981 年初,著者向全国同行介绍。《国际标准连续出版物书目著录》将附注项与 ISSN 对换的建议,并在上海图书馆的外文期刊编目中率先应用以来,不少图书馆已将此格式用于外文期刊的编目,得到读者的普遍赞同。

为了便于叙述,本规则中有关附注和标准号条款的次序仍按照国际标准书目著录的规定。

R1.2 著录的格式

R1.2.1《ISBD(S)》提供的著录格式

正题名［文献类型标识］＝并列题名:副题名/责任说明·—
版本说明·—卷、期、年、月或其他标识·—出版地:出版者,
出版年·—载体形态·—（丛刊）
附注
附注
ISSN

R1.2.2　卡片著录的格式

1.不需要著录馆藏,或者馆藏著录在另一张卡片上。两条以
上附注可以连续或分段著录:

正题名［文献类型标识］＝并列题名:副题名/责任说明.—
版本说明·—卷、期、年、月或其他标识.—出版地:出版者,出
版年.

载体形态·—（丛刊）

附注·—附注.

ISSN

例

1.

Bibliogralia ecuatoriana ＝ Ecuadorian bibliography/Biblioteca General de
la Universidad Central del Ecuador. —No. 1 (enero/feb. 1975). —
Quito:La Biblioteca, c1975 –
　　v. ;22cm.
Bimonthly (1975); semiannual (irregular). (1976 –).
Numbers 6 – dropped parallel titles:
Some issues are cumulations with title: Anuario bibliografico ecuatori-
ano.
Issues for Jan. /Feb. – Sept. /Oct. 1975 called also ano 1.
Cover title: Anuario bibliografico ecuatorano y bibliografia ecuatoria no
6, 8 – 9 –
Other title: Anuarlo bibliografico ecuatoriano.

Electronique Industrielle. —Nouvelle serie, no. 1 (Sept. 1980)— . —
Paris:Societe de Presse et de Services,1980 –

no. :ill. ;28 cm.

18 times a year. —Merger of: Automatique Informatique Industrielles;
& of: Electronique & Applications Industrielles.

ISSN 0244 – 903X

3. 新闻战士/〔山西省新闻工作者协会〕·—1959, no,1 – 1985, no. 6
(1985, 12) =〔总 1〕– 49. —太原:该刊,1959 – 85.

7v. ;26 cm.

月刊(1959 – 61,1);双月刊(1982 – 85). —1986 年起改名:《新闻
采编》. —1959, no. 4 起有总期标识. —1961,2 – 1981 休刊.

ISSN :国内发行.

2. 附注与标准号互换,馆藏放在附注中。

正题名〔文献类型标识〕= 并列题名:副题名/责任说明. —版
本说明. —卷、期、年、月或其他标识. —出版地:出版者,出版年.

载体形态. —(丛刊)

ISSN

附注. —附注.

馆藏

例:

Journal of Dynamic Systems, Measurement and Con-
trol. —Vol. 93, no.1 (1971) -—New York:Ameri-
can Society of Mechanical Engineers, 1971 –

V. ;ill. ;28 cm. —(Transactions of the ASME).

Quarterly. —Continues: Transactions of the
ASME. Ser. G, Journal of Dynamic systems,
Measurement and Control.

ISSN 0022 – 0434

v. 93 ,no. 1 – 1977 –

R1.3　标识符

R1.3.1　各项目或单元前冠以一定的标识符。用以识别其后的著录项目单元。

标识符号一览表

（注）除第一项外,每项前应加"句点、空格、破折号、空格"作为前置符号(按国家标准,中文著录时取消空格。句点与破折号共占两格)。重新起段落除外。

不是取自主要信息源。则加方括号"〔　〕"。

著录项目	各单元前规定的标识符	著录单元
R4　题名项与责任说明项		R4.1 正题名
	方括号〔　〕	R4.2 一般资料标识(选用)
	等号 =	R4.3 并列题名
	冒号 :	R4.4 副题名
		R4.5 责任说明
	斜线 /	第一责任说明
	分号 ;	其他责任说明
R5 版本项		R5.1 版本说明
	等号 =	R5.2 并列版本说明(选用)
		R5.3 本版责任说明
	斜线 /	第一责任说明
	分号 ;	其他责任说明
	逗号 ,	R5.4 附加版本说明
		R5.5 附加版本后的责任说明
	斜线 /	第一责任说明
	分号 ;	其他责任说明
R6 卷、期、年、月或其他		R6.1 一种标识系统
	等号 =	R6.2 第二、第三种标识

（续表）

标识项		系统
	分号；	R6.3 后继标识系统
R7 出版发行		R 7.1 出版和/或发行地
等项		第一出版地
	分号；	第二出版地
	冒号：	R7.2 出版和/或发行者
	方括号［ ］	R7.3 发行者责任说明（选用）
	逗号，	R7.4 出版年/或发行地
	括号（ ）	R7.5 印刷地或制作地（选用）
	冒号：	R7.6 印刷者或制作者（选用）
	逗号，	R7.7 印刷年或制作者（选用）
R8 载体形态项		R8.1 具体资料标识及文献总数（选用）
	冒号：	R8.2 插图说明（选用）
	分号；	R8.3 尺寸
	加号 +	R8.4 附件说明（选用）
R9 丛刊项		R9.1 丛刊正题名
	等号 =	R9.2 丛刊并列题名
	冒号：	R9.3 丛刊副题名（选用）
		R9.4 丛刊责任说明
	斜线/	第一责任说明
	分号；	其他责任说明
	逗号，	R9.5 丛刊 ISSN
	分号；	R9.6 丛刊编号
		R9.7 分丛刊并列题名
	等号 =	R9.8 分丛刊并列题名
	冒号：	R9.9 分丛刊副题名（选用）
	斜线/	R9.10 分丛刊责任说明
	逗号，	E9.11 分丛刊 ISSN
	分号；	R9.12 分丛刊编号
R10 附注项		

284

R11 标准号和获 得分式项	等号 =	R11.1 ISSN R11.2 识别题名
	冒号：	R11.3 获得方式和/或价格 （选用）
	括号（）	R11.4 附加说明

R1.3.2 标识符说明

R1.3.2.1 除第一项外，各项目连续著录时，项目之间加项目间隔符"句点、空格、破折号、空格"（x－x）中文共占两格。

R1.3.2.2 除第一项外，各项目如另起段落，可省略项目间隔符。但在前一项结束时，句点不可省略。项目间隔符在换行时，破折号可以放在第二行之首，但不能省略。

R1.3.2.3 某些项目及单元所著录的信息，如不是取自主要信息源，则加方括号"〔〕"。

R1.3.2.4 某些单元若有省略，则加三点"…"表示之。

R1.3.2.5 连续出版物的起讫卷、期、年、月之间用"～"（中文）或"—"（外文）。

R1.3.2.6 不能肯定的地点、年份，在其后用问号，并加方括号"〔?〕"

R1.3.2.7 附注中的导词与附注的主要内容之间加冒号"："

R1.3.2.8 附注中所引用的中文文献题名应加书名号"《 》"。

R1.4 著录用文字

R1.4.1 著录用文字必须规范化

R1.4.2 用连续出版物本身的文字著录。标准著录的第一、二、三、四、六项均须用出版物本身文字著录。卷、期、年、月、出版发行日期、载体形态项的数量、尺寸、价格等数字，一律用阿拉伯数字。

R1.4.3　附注项著录的文字。附注项用汉字著录(中、日、俄文及其他难懂文字的连续出版物),西文的附注用英文著录,但引用文必须用原文。

R1.4.4　少数民族文字的著录。少数民族文字的文献,应按其各自的书写规则著录(如,自右至左书写或垂直书写),其标识符号亦作相应的改变。

R1.5　文献类型标识

文献类型的标识是对目录使用者的一种"预告"。

R1.5.1　中文文献。中文文献按 GB3469 – 83《文献类型与文献载体代码》的规定著录。

R1.5.2　西文文献。西文文献采用下列名词之一著录:

　　　　art original(艺术品原件)
　　　　chart(挂图)
　　　　diorama(立体布景模型)
　　　　filmstrip(幻灯卷片)
　　　　flashcard(闪视图片)
　　　　game(智力玩具)
　　　　globe(球仪)
　　　　map(地图)
　　　　microform(缩微制品)
　　　　microscope slice(显微幻灯片)
　　　　model(模型)
　　　　motion picture(影片)
　　　　picture(图画)
　　　　realia(实物教具)
　　　　slide(幻灯片)
　　　　sound recording(录音资料)

technical drawing(技术图纸)

transparency(投影灯透明胶片)

videorecording(录像资料)

对一般印刷连续出版物可以不必著录文献类型标识。

R1.6 著录的信息源

信息源是指著录的主要依据。

R1.6.1 信息源的次序。著录的信息源依次为：

a. 题名页或代题名页

b. 正文前的其他书页与出版、印刷说明

c. 出版物的其他部位(前言;序、编辑说明等)

d. 出版物本身以外的信息

释:连续出版物的主要信息源从理论上说,首先是题名页。但中外连续出版物的出版情况并不一致。从近年的出版物情况来看,外文连续出版物大部分缺少题名页。只有少数学术性期刊以及成系列的会议录、年鉴、手册等书刊两可的连续出版物(成套的作连续出版物处理,单册作书)才有题名页。缺少题名页的连续出版物,其代题名页首先应是封面页,其次是目次页、版权页或正文第一页(有时正文第一页上有题名)。但是,随着 ISSN 的逐渐推广使用,许多外国出版者将 ISSN 印在版权页上(按照要求,最好印在封面右上角或比较显著的地方),而且往往印在该出版物的题名之后。实践证明,这个题名便是识别题名(key title)或称关键题名。当封面上题名与其他信息源中的题名发生矛盾时,一般以版权页上的题名为依据。在日文期刊中,这种以版权页作为第一代题名页的做法肯定是正确的。鉴于出版的格式在国际上尚未标准化,世界各国的连续出版物的出版格式混乱复杂,因此,在确定主要信息源时并不那么简单,还存在一定的灵活性,需要依靠工作人员的经验来判断。

我国出版的中文连续出版物存在着同样的问题。在某些方面更混乱，更复杂些，它们不仅大多数缺少像专著图书那样正规的题名页（文献中信息最完整的一页），而且能够作为第一代题名页的封面页，信息也不完整，有时甚至自相矛盾。像日文期刊一样，最完整的信息在版权页上。因此，国家标准规定，主要的代题名页应该由版权页和封面页结合而成，在版权页和封面页两者所提供的信息发生矛盾时，可参考其他信息源。

著录的依据是连续出版物本题名下第一册，不考虑其出版的先后，只看其标识的先后顺序。若后来出版的某一册含有整卷的题名页，也不可用作著录依据。凡以后各册所提供的信息与本题名下第一册所提供的信息有差异时。可将这些信息著录于附注中（如果编目人员认为有必要）。但是，如果正题名发生差异，则应根据规则重新编目。

R1.6.2　八个标准著录项目规定信息源一览表

项　目	规定的信息源
题名与责任说明	题名页
版本	题名页、正文前其他书页，版权页
卷、期、年、月标识	同上
出版、发行等	同上
载体形态	出版物本身
丛刊	同上
附注	任何来源
标准号	同上

R2　中文译名与国别

R2.1　位置

为了帮助读者了解连续出版物的内容，对于外文连续出版物的编目款目,应加中文译文与国别。中文译名的位置在款目之上一行。

苏联采矿科学　　　（英译俄刊）　　　　　美国

例:Soviet Mining Science. —1966, Jan.　-　　= Vol. 1, n

　　(Jan. 1965) -. —New York:Plenum, 1966 -

释:本例为俄文期刊的英文全译本。由美国 Plenum 公司于 1966 年开始编译出版,但俄文原版并非自 1966 年创刊,而是 1965 年出版第一卷第一册。为便于对照原文,每一期均印有两种标识系统。"Vol. 1, no. 1(Jan, 1965)"是俄文原版的标系统,而"1966, Jan."是英译本的标识系统。鉴于这种出版物是俄文版的译本,所取正题名也是英文译名,所以英译本的标识作为第一标识系统。因为是以年代卷,所以年份应放在前面。第二种标识系统中的年月不作为标识,因此按英文习惯,月放于年之前。在《ISBD - S》第一标准版中,年月次序没有规定。在修订版中,不作为标识的年月,均是月在年之前。

R2.2　中文译名应能反映出版物内容

外文出版物如题名本身不能充分反映出版物的内容,可根据其副题名另加解释译名,或根据内容补充译名。

例:

　　大众科学　　　　　美国

　1. Popular Science

　　伊卡洛斯:大阳系研究国际杂志　　　　　美国

　2. Icarus:international journal of solar system studies

　　世界报　　　　　法国

　　3. Le Mond

　　国际图联会志　　　　　英国

　4.　IFLA Journal

爱雪斯:科学史及其对文化的影响　　　　　美国
5. Isis:an international review devoted to the history of science & its cultural influences.

释:上列第一个刊名是一个十分普通的题名,直接译成中文即可。第二个题名是希腊神话中建筑师和雕刻家代达罗斯之子,在逃亡时因飞近太阳,装在身上的蜡制翅膀遇热溶化堕海而死。不译出其副题名无法知道出版物的内容。第三个题名原意是"世界",是法国著名的一种报纸。译成"世界报"使人一看便知是报纸。"IFLA Journal"是国际图书馆协会与研究机构联合会的会志。译出机构的简称有助于读者了解期刊内容。"Isis"原是埃及神话中管生育与繁殖的女神,如不加解释,单看题名是难以了解这种期刊内容的。

R2.3　题名中有机关、团体缩写词或首字母应当译出

例;　　欧洲共同体杂志
　　　1. EC – Magazine
　　　联合国粮农组织统计月报
　　　2. FAO Monthly Bulletin of Statistics
　　　联合国每月纪事
　　　3. UN Monthly Chronicles

释:FAO 的全称是 Food and Agriculture Organization of the United Nations,因此不可译成"粮农组织"。

R2.4　题名为首字母,必须译出全名

例:英语教学　　　　　　　进步劳工
　　ELT　　　　　　　　　　PL

释:近一、二十年来,为了便于读者记忆,许多西文期刊将原来的题名改为简称题名(是一种改名行为),但是中文译名不宜

简化。

R2.5　中文译名应尽可能采用习惯译名

例:时代周刊　　　　　　　笨拙

　　Time　　　　　　　　　Punch

　　泰晤士报　　　　　　　中肯

　　Times　　　　　　　　 To the Point

　　金融时报

　　Financial Times

释:这里的"Time"和"Times"在三个题名中译法各不相同。泰晤士报的"Time"和泰晤士河的"Thames"尽管完全不同,但是中文写法习惯上是一样的。这样约定俗成的译法并不少见。

R2.6　翻译期刊刊名注解

如一种期刊系另一种先前出版的期刊的译本(不是同时出版的一种期刊的不同文本),应在中文译名后说明译自何种文本。

例:　　　放射化学(英译俄刊)　　　美国

　　1. Radiochemistry

　　　　天文集刊(英译中刊)　　　　美国

　　2. Chinese Astronomy

R3　索取号(Call Number)

R3.1　位置

本项的位置在题名之前,其间空两格。

R3.2 题名与索取号的关系

每一个题名只能占有一个索取号,而且自始至终固定不变。

R3.3 信息源

本图书馆所采用的排架体系。

R3.4 索取号与 ISSN 的关系

索取号与国际标准连续出版物号(ISSN)有不可分割的联系。如果题名虽有变化,但由于识别题名不变(参见本书附录"ISDS 与 ISSN"),则索取号亦不作更改。

R3.5 改名

出版物改名后,卷、期号相连续,可在原有索取号之后加英文字母。依次为" - A"," - B"," - C"…。每改一次名,就换一个字母。

例:P00812 Peace Corps Volunteer

改名后:

P00812 - A　Volunteer

G09810　我们爱科学

改名后:

G09810 - A　少年科学

再改名:

G09810 - B　我们爱科学

R3.6 分辑

期刊分辑后,卷、期号相连续,可在原有索取号后分别加数字。依次为" - 1"," -2"" -3"…。每分一辑,加一数字,若分辑后又改名,则按 R3.5 条款规定,再加"A","B","C"…。依次为"－1A","－1B","－1C"或"－2A","－2B","－2C"…。每改一次名,就换一个字母。凡一个总题名下开始时就有两个或两个以上的分辑,亦按此规则办理。

例:P00606　Proceedings of the Physical Society

分成两辑后:

P00606－1　Proceedings of the Physical Society Sec. A

P00606－2　Proceedings of the Physical Society Sec. 0

G13001　计算机应用与应用数学

分成两辑后:

G13001－1　计算机科学

G13001－2　计算机数学

R3.7　改名又分辑

期刊改名后又分辑,则按 R3.6 条款规定,再加"－1"－2","－3"…。依次为"－Al","－A2","－A3"…。每分一辑,加一数字。

R3.8　副刊

凡属副刊应分别著录。其索取号应是主刊的索取号加"－S"。如有几种副刊,则分别加"－S1","－S2"…。依此类推,如原来已有一种副刊,后来又增加一种副刊,则原来副刊的索取号不作变动,新增副刊的索取号加"－S2"。

R3.9　休刊——复刊

如一种出版物一度休刊,后来又复刊。复刊时题名不变,则索取号亦不变。

释:由于索取号与题名有不可分割的联系,一种出版物停刊以后,其索取号亦不应该移作他用,这样才能保证不发生重号。

3.10 分辑——合并

凡一种期刊经过分辑,后来取消分辑,无论是否恢复原名,都不可恢复原来的索取号,而应作为改名处理。第一分辑的索取号可作为加字母的基础。

例:　　　　G1428 - 1 与 G1428 - 2 合并

改为:G1428 - A

R3.11 分辑——合并——再分辑

凡一种期刊经过分辑,后来取消分辑而合并,恢复原名,过后再度分辑,此时的索取号应是,在第一次分辑前的索取号后加罗马数字"I"。每分一辑,加一数字,依次分"-I-1","-I-2","-I-3"。分辑后又改名,则按 R3.5 条款规定再加"A","B","C"……。再改名一次,就改一个字母。

例:　　　两辑合并前:P12454 - 1

P12454 - 2

合并后:　　　P12454 - I

再分三辑:　　P12454 - I - 1

P12454 - I - 2

P12454 - I - 3

R3.12 分辑——再分辑

凡一种期刊经过分辑后,再度分辑,其索取号仍依 R 3.6 条款规定,在第一次分辑的索取号后加"-1","-2","-3"……。依次为"-1-1","-1-2","-1-3"……或"-2-1","-2-2","-2-3"……。每分一辑,加一数字。

例:分辑索取号:P11081 - 1

P11081 - 2

第二分辑再分两辑:P11081 - 2 - 1

P11081 - 2 - 2

R3.13 合并改名

凡两种期刊合并改名,其索取号应与其继承的卷、期号相一致。采用哪一个题名的卷、期系统,就用这个题名的索取号后加字母。

释:两刊合并而产生一个新题名。如果其沿用原有两刊之一的标识系统,则用该刊索取号,在这个索取号后加字母。

R3.14 并入

凡一种期刊并入另一种期刊,取消其原有的索取号。

R3.15 停刊改出

凡一种期刊停止出版,而改出另一种期刊。其卷、期标识从 Vol.1, no.1 开始,或改用另一种标识系统,则应另给新的索取号。

R3.16 合并改出

凡两种期刊合并后改出另一种期刊,其卷、期标识从 Vol.1, no.1 开始,或改用另种标识系统,则应另给新的索取号。

R3.17 改名与分出

凡一种期刊分成两种期刊,其中一种的卷、期号与前名相接,而另一种从 Vol.1, no.1 开始,则前一种期刊应作为改名处理(见 R 3.5 条款),而后一种期刊应作为新刊,另给新的索取号。

R3.18　恢复原题名

凡一种期刊经过一次或多次改名后,又恢复原先用过的题名,仍作为改名处理。

释:有的期刊经过一、二期改名后,由于某种原因又恢复原名,编目时一般在附注中作出说明,不一定算作改名。具体问题要具体分析,不能一概而论。

R3.19　选题专辑

凡一种期刊系按专题选自某一种或多种期刊,各图书馆的处理方法应有不同。如本馆藏有该种或多种主要期刊,可将选题专辑作为一种(若有多种则取其中之一)期刊的副刊。

R3.20　改用新辑号

凡一种期刊题名未变,而改用新的标识系统或新的编号(如,new series, 2nd series, 3rd series 等),其索取号不作改动。

R3.21　相同题名的不同版本

凡题名相同而版本不同(包括翻译本和题名含义相同语种不同的版本,不包括题名相同,但并不相干的同名刊),可在原已有版本的索取号后加" - Z"、" - Y"或" - X"。

例:

La Recherche Aerosaatiole. - Fnglish ed. - Paris:Office National D'etudes et de Recherches Aerospatiale, 19 -

ISSN 0379 - 380X

释:此刊原订有法文版,后来又有英文版,遂停止法文版改用英文版。由于刊名均是法文,卷期又不相连,其索取号后仍以法文版号加字母 Z。

（注）关于索取号的二十一条规定,其目的是解决目前图书馆界普遍存在的,期刊发生改名,期刊上架分散或索取号的编制方法与索取号无法一致的问题。为了不改动已经装订的期刊,凡采用本规则的图书馆,可以自采用之日起执行本规则有关索取号的条款。过去已经装订的期刊以及执行日期以前发生改名等变化的期刊均不再改动索取号。

R4 题名与责任说明项

（Title and Statement of Responsibility Area）

内容:

R4.1 正题名

R4.2 文献类型标识（选用）

R4.3 并列题名

R4.4 副题名（选用）

R4.5 责任说明

标识符

A.文献类型标识置于方括号"〔 〕"内,前后各空一格（中文共占两格,下同）。

B.每一个并列题名前用空格、等号、空格、"="。

C.每一组副题名前用冒号":",分号前后各空一格,除非前后两组副题名之间有连接词。

D.正题名、并列题名、分辑题名或副刊题名的第一责任说明前用斜线"/",斜线前后各空一格。

释:

①此处系指并列题名与并列责任说明同时出现,则并列责任说明前亦用斜线。

②作为分辑,其正题名往往由共同题名、分辑标识和分辑名所构成。这两个或三个单元应作为一个完整的正题名。

③副刊本身可以成为正题名,但此处所指的是由主刊题名＋副刊题名所构成的题名。如:萌芽,增刊;Journal of the American Leather Chemists＇Association. Supplement. 这里的"增刊"和"Supplement"都是副刊题名,它们不能单独存在,必须与主刊题名结合在一起构成正题名。

E. 其他责任说明前用空格,分号,空格";"。

F. 如正题名由共同题名和分辑题名或主刊题名与副刊题名所组成,分辑名或副刊题名前用句点"."(用于外文时句点后空一格)。

释:分辑名前如有分辑标识,两者应作为一个整体,所以分辑标识前也应用句点。参见 D 注释。

G. 每一个从属题名标识与从属题名之间用逗号","(用于外文时,逗号后空一格)。

释:从属题名顾名思义本身不能独立存在。这里是指分辑名和分辑标识,两者作为一个整体。参见 D 注释。

格式示范:

正题名〔文献类型标识〕

正题名〔文献类型标识〕:副题名

正题名〔文献类型标识〕＝并列题名

正题名〔文献类型标识〕/责任说明

正题名〔文献类型标识〕＝并列题名/责任说明

正题名〔文献类型标识〕＝并列题名＝并列题名/责任说明

正题名〔文献类型标识〕＝并列题名:副题名

正题名〔文献类型标识〕:副题名:副题名/责任说明

正题名〔文献类型标识〕:副题名＝并列题名:并列副题名/责任说明

正题名［文献类型标识］:副题名＝并列副题名

正题名［文献类型标识］/责任说明＝并列题名/并列责任
说明

正题名［文献类型标识］/责任说明;第二责任说明;第三责任
说明

正题名［文献类型标识］/责任说明＝并列责任者

由共同题名与从属题名组成的正题名著录格式如下:

共同题名·从属题名［文献类型标识］

释:有的复合题名中只有从属题名标识,而没有从属题名。

如,物理学第二辑或

物理学第二分册

Etudes et documents tchadiens. Serie B

共同题名·从属题名标识,从属题名［文献类型标识］

共同题名·从属题名［文献类型标识］＝并列共同题名并列
从属题名

共同题名·从属题名［文献类型标识］/责任说明

共同题名:副题名·从属题名［文献类型标识］:副题名

释:这个例子中有两个副题名。第一副题名是修饰共同题名
的。第二副题名是修饰整个正题名的。这是一个十分罕见的例
子。在实际工作中,如果无法定副题名的从属关系,可作为整个正
题名的副题名。

共同题名/责任说明·从属题名［文献类型型标识］/责任说
明＝并列共同题名:副题名/责任说明,并列从属题名:副题名/责
任说明(参见 R1.6.2)。

释:共同题名、从属题名、并列共同题名和并列从属题名均有
责任说明也是十分罕见的。

规定的信息源:题名页或其代题名页。

释:有关本项的信息如果不是在主要信息源中取得,则置于方

括号"[ ]"内。

R4.1 正题名

R4.1.1 正题名的形式。 正题名是本项的第一个著录单元，它有多种形式。

例：

1. 图书馆学研究	期刊名
2. Serials in the British Library	期刊名
3. 人民日报	报纸名
4. Le Mondo	报纸名
5. 中国经济年鉴	年鉴名
6. Farm & Home Almanac	年鉴名
7. 大电网会议会议录	会议录名

释：所谓正题名是指连续出版物的主要题名，这一题名不包括并列题名和副题名。由于它是标准著录中的第一个单元，所以前面不用任何标识符。过去没有正题名这一名称，对连续出版物中的期刊称为刊名，对报纸则称报名，年鉴、手册、指南、成系列的会议录则称书名。现在统称为题名，并加"正"字。主要是因为目前出版格式尚不够统一，题名的位置千变万化，不能固定，而且在主要信息源中，有时有几个语种的题名，在书页上有逐页题名，目次页有目次上的题名，书脊上有书脊题名，还有全称题名和缩写题名等等。这些都是"题名"，如不明确说明，就很难区别主要题名与非主要题名。因此，有必要将主要题名加上"正"字以资区别。正题名是整个款目的第一单元，也是最主要的单元。

R4.1.1.1 正题名总是第一著录单元。 在题名页或代题名页上，无论前题名是否有责任者、题名说明、丛刊题名或任何其他说明，正题名总是本项目的第一著录单元。

例：计算机技术

（"电子工业科技情报网"印在正题名顶上方）。

百泉

（副题名"诗与散文"印在题名上方）

释：正题名前的责任者、题名说明、丛刊名等，是指从排版格式或字体大小等方面看，这些说明都不是正题名的一部分。由于正题名是整个书目著录的第一单元，所以尽管这些说明在主要信息源中，处于正题名之上或之前，著录时不可放在正题名之前。如果这些说明本身是正题名的一个组成部分，则按正题名的著录原则著录。

R4.1.1.2　通用术语。正题名可以是只有一个或几个通用名词。

例：局报/上海铁路管理局

（封面上责任者以小体字印在题名右上方）

Transactions/British Ceramic Society

Proceedings/Institution of Mechanical Engineers

释：通用名词是指题名本身无特定含义，不能反映出版物的内容、属性。它们可以用几乎所有合适内容的出版物。例如，"局报"既适用于上海的某某局，也可用于北京的某某局。第二、第三个例中，"Transactions"（汇刊）和"Proceedings"（会议录）其团体完全可以互换，同样可以证明这些名词具有通用性。过去，这样的题名由于无法区别，往往将通用题名与有关团体一起作为题名。现在应如实反映，所以即使只有一个通用名词也可以算是正题名。当然，这类题名总是有责任者需要如实著录。通用名词的范围见本书附录C"西文通用题名一览表"。

R4.1.1.3　简称形式，同时有简称和全称形式。在题名页或代题名页上，如果只有题名的简称形式，则以该简称题名作为正题名。若主要信息源中，同时有简称题名和全称题名，则将简称题名作为正题名，全称题名作为副题名，反之，如果正题名是全称，则简称作为副题名。

例：为了便于记忆，近年来，国际上不少连续出版物题名由全称改为简称。但是在中文连续出版物中尚不多见。当主要信息源中，既有全称题名又有简称题名时，究竟以何者为主，以往对此无具体规定，给编目员选择正题名时带来一定的困难。《ISBD－S》第一标准版 1.4.7 条款规定，"当正题名是一组首字母或一首字母缩略词，而在所著录的出版物中，有正题名的完全形式时，正题名的展开形式作为其他题名信息（other title information）著录"（这里的其他题名信息也就是我们所说的副题名）《ISBD－S》虽然没有规定要以简称作为正题名，但是，实质上是倾向于以简称题名为主，因为其他题名信息的作用是，"修饰、解释、或补充正题名"，而这一作用简称题名是起不到的。《AACR2》12.1E1 条款规定，"如果主要信息源中有首字母或首字母缩略词的正题名（或部分为首字母或首字款缩略词的正题名）的完整形式，将其作为其他题名信息处理。"美国国会图书馆则宣称，在全称和简称之间选择一个作为正题名后，其余作为其他题名信息它没有说究竟如何选择。《ISBD－S》（修订版）1.4.3 条款规定，"当正题名由一组首字母缩略词或首字母所组成，或者包括一组首字母缩略词或首字母，其展开形式应作为正题名时，题名页上的首字母缩略词或首字母可作为其他题名信息。"从这三种规定来看《AACR2》倾向于将全称作为副题名，国会图书馆的态度比较含糊；《ISBD－S》修订版则对《ISBD－S》第一标准版作了一点补充。这一点补充也是不无道理的，因为虽然绝大多数情况下，简称题名应该是正题名，但是，在西文期刊中，确实也有在排版格式上将全称题名放在简称题名之前的例子。因此，本条款首先倾向于将简称作为正题名，全称作为副题名（为了避免滥用简称作正题名，应该有两个以上信息源中兼有题名的简称和全称），同时也不排除根据如实反映的原则，在特定条件下，取全称题名作为正题名。

R4.1.1.4　题名中有责任者或出版者名称　应照录。

例：

1. 太钢科技/太原钢铁公司科技处
2. 南开大学学报
3. British Library News
4. IEE Pxoceedimgs. A

News from Rohde & Schwarz. —English ed.

—Vol. 1, no. 1(1961) – . —Munich：

Rohde & Schwarz, 1961 –

v. : ill. ; 30 cm.

Quarterly. —Numerous editions.

ISSN 0020 – 9108

四川大学学报 = Journal of Sichuan University. —自然科学
版. —1982, no. 1[1982,2] – 1985, no. 4 [1985,11]；
1986, no. [1986,2] – 　= 总 67 – 　. —成都：该校，
1982 –

V. ; 26 cm.

季刊. —继承：《四川大学学报·自然科学》. —1986 年
总期号从创刊起累计. —有英文目次及文摘. —1986 年
公开发行.

ISSN 0490 – 7656：国内发行.

　　释：题名中责任者或出版者的全称或简称都应照录。因为一
般说来，出现在题名中的责任者或出版者名称，无论全称或简称均
属题名的一部分。但应注意从排版的格式和版权页上区别某些不
属于题名的团体名称。如果责任者的名称或简称不能肯定为题名
的一部分，而这个名称或简称一直在文献的各部分与题名一起出

现,并/或在索引、文摘或其他书目中与题名一起出现时,则将其作为题名的一部分著录。

R4.1.1.5 **除责任者外无其他题名,则将责任者作为正题名。**

例:1. 复旦/复旦大学

2. 北京大学

3. 日立

4. Syndicat fabional des ralrieants de bronzes, luminaires, vitrines et etalages, ferronnerie d'art et industries annexes

5. IFLA

释:无其他题名是指主要信息源中,从其排版格式来看,无任何其他题名,责任者的名称本身便是题名。但是,应当注意,当某些出版物题名信息不太清楚时,不可将责任者作为正题名著录。

R4.1.1.6 **除数字外无其他题名,则该数字即可作为正题名。**

例:2000

释:在主要信息源中,除了数字外没有可以用作正题名的文字,所以数字就是正题名。《2000》这种期刊是英国伦敦 Pitman 公司于 1975 年创办的。ISSN 是 0951 – 1520。识别题名是 2000 (London,1975),表明 ISDS 数据库中还有另一种名为《2000》的期刊。

R4.1.2 **正题名的选择**

R4.1.2.1 **只有一张题名页的出版物**

R4.1.2.1.1 **同一语种有多个题名。**在题名页上,同一语种或文字有两个或多个题名,参考题名页上排版格式或次序,选择正题名。

R4.1.2.1.2 **题名有多语种。**如果这些题名有多语种和/或文字,正题名就是该出版物内容所用语种和/或文字的题名。如这一规定用不上,参考题名页的排版格式或次序,选择正题名。

R4.1.2.2 有多张题名页的出版物。

R4.1.2.2.1 含有一种连续出版物。如所著录的一册出版物含有一种连续出版物,但是有多张题名页,以及多语种和文字的出版物各有一张题名页,取该册出版物主要部分的语种和/或文字的题名页上的正题名。如这一规定用不上(如,由于多语种和/或文字不分主次),取迎面两页或第一组迎面两页中,右侧题名页上的正题名。

R4.1.2.2.2 对照语种的出版物。如系所著录的连续出版物对照语种的出版物,正文与题名页的两语种地位无分主次,则由编目员自行选择一个正题名。没有选作题名的另一个题名可作为并列题名著录,并在附注中作适当的说明。

R4.1.2.2.3 含有两种以上连续出版物。如所著录的一册出版物含有两种以上连续出版物,每一种连续出版物各有题名页和标识系统,应各自分别著录。在附注项中作关于分别著录的说明。

R4.1.2.2.4 正题名的别名(不是并列题名)著录于附注项中。

R4.1.2.3 分辑或副刊题名占重要地位。用特定名称单独出版的分辑或副刊,如其名称比共同题名或主刊题名更重要,则以分辑题名或副刊题名作为正题名。

释:在确定一种连续出版物以分辑题名或副刊题名作为正题名,还是以共同题名加分辑题名,或以共同题名加分辑标识作正题名时可以考虑:

(1)该连续出版物的分辑题名或副刊题名是否能单独存在?一般说来,有分辑标识的分辑题名都不能单独存在。

例:①世界图书·A辑

②上海市微生物学会会报·A,医学微生物学分册

③Journal of Polymer Sciences. Part A, General Paper

不能想象,有一种连续出版物题名会是:

A 辑

或 A,医学微生物学分册

或 Part A, General Paper

(2)从排版格式或编辑说明看,分辑名是否比共同题名更为重要?

(3)从出版物各信息源所反映的情况看,共同题名与分辑名是否一起出现?

(4)各种书目、索引上所见的题名是复合题名,还是分辑题名单独出现?

R4.1.2.4 分辑题名中不包括共同题名。如果所著录的分辑,其正题名中不包括共同题名,则共同题名上升为丛刊名著录。

例:1. 中国政治

丛刊项:(复印报刊资料)

释:从排版格式与字体大小看,"中国政治"显然比"复印报刊资料"更为突出,因此,取"中国政治"为正题名,而"复印报刊资料"就作为一种丛刊。此时,"中国政治"实际上已经不是分辑,"复印报刊资料"已不是共同题名。

2. 中国报刊经济信息总汇·食品

丛刊项:(复印报刊资料)

释:《中国报刊经济信息总汇》有多种分辑,"食品"仅是其中之一。它们都是《复印报刊资料》丛刊中的一种。这种在丛刊中再有分辑的连续出版物,在中外出版物中尚不多见。但是,从原来多种分辑上升为丛刊者,西文出版物中也有。

3. Transactions of the ASME. Series A, Journal of Engineering for Power

（1978 年前的题名）

1978 年起,分辑题名变为正题名:

Journal of Engineering for Power

丛刊名:(Transactions of the ASME)

R 4.1.2.5　副刊。如果所著录的出版物是一副刊,则应在附注项中说明主刊的题名。(见附注项)

R 4.1.2.6　多语种题名

R 4.1.2.6.1　若题名页上有几个语种的题名,则以最主要的题名作为正题名。

释:"最主要的题名"应从两个方面来看待:第一是字体的大小;第二是排列的上下、先后。但是,由于出版物格式缺少标准,单凭字体的大小,或排列的次序来确认"最主要的题名"也不一定行得通。例如,英文字母一般比汉字要小些。特别是在中文出版物上。这就需要根据后面列出的条款作出分析,选择正题名。

R 4.1.2.6.2　正文有几个语种。若正文有几个语种,在题名页上又分不出主次,则以第一个题名作为正题名。

释:正题名著录的主要原则是如实反映。在分不出主次的情况下,也只能以第一个题名作为正题名,才能使各个书目机构所著录的题名趋于统一。

R 4.1.2.6.3　正文以某一语种为主。若正文中以某一语种为主,则以该文种的题名作为正题名。

释:国内某些出版物,如科研机构和高等院校出版的外文刊物,中文题名在外文题名之上。此时,就得按本规定,以正文中主要语种的题名作为正题名。这样著录对一些不著录并列题名或不将并列题名作为附加款目检索点的图书馆特别合适,因为可按主要语种题名组织目录。

R 4.1.2.6.4　若正文中有中文而且占重要地位,则以中文题名作为题名。

释："正文中有中文,而且占重地位"指的是有两种以上语种的对照本,或多种文字混合发表的出版物。在这些出版物中,中文占有同样的重要地位。此时,可突出中文题名而不考虑 R 3.1.2.6.2 条款的规定。但是,供中国人学习外语的连续出版物,虽然正文中的中文很重要,但是只作解释正文的文种,所以不宜援引本条款的规定。正如《英汉辞典》主要是英语,而《汉英辞典》主要是汉语一样。

汉语拼音一度曾准备作为文字改革的一种代用文字,现在文字改革委员会已经明确表示,拼音不再作为一种文种或字体对待,它只是一种拼音符号而已。

R 4.1.2.6.5　题名页上的图案字母。有的期刊的题名页上有商标形式的图案。这种称之为专用图徽(logo)的标志,有的是单位的简称,也有的是期刊的简称。若是单位简称一般不予考虑。著录时应从多方面查考以确定是否刊名的简称。

R 4.1.3　正题名的著录　正题名著录的原则是"如实反映"。根据《国际标准书目著录》的要求,完全按照正题名的用词、次序与拼法(用于外文出版物)转录,但标点与大小写(外文)不一定照录。题名第一词为冠词时(外文),也原样照录。不往后移位,也不加括号(过去曾将冠词加括号"( )"或移至题名之后)。题名中的重音符号也一律照录,不可省略(实际上,国外有的国家著录的书目因排版不便,都将重音符号与发音符号省略)。繁体汉字可通过排片规则将其统一起来。

例:出版物题名页上为:

NAVAL　　ENGINEERS　　&　　SHIPBUILDERS
INSTITUTE TRANSACTIONS

这些字母都是大写,位置也很显著,看不出主次之分。

若按机关、团体标目的方式,则著录为:

Naval Engineers & Ship Builders Institute

Transactions

这里的团体名称已经提上去作为标目,只剩下 Transactions 作为题名。

若按过去的方式著录,则题名为:

Transactions of the Naval Engineers & Shipbuilders Institute

为了合乎语法,编目员将 Transactions 放在团体名称之前,再加 of the.,这种做法十分普遍。

若按如实反映原则著录,则题名应为:

Naval Engineers & Ship Builders Institute. Transactions

前两种著录法所编的卡片,使读者和图书馆工作者都无法判断,原来题名究竟是怎样。以致看到了出版物,却无法在目录中找到编目卡。根据如实反映的著录原则,不仅正题名应该如实著录,整个款目的著录也是如此。所谓书目著录(Bibliographic description)就是照文献的原来面貌,如实地向读者反映。从事书目工作的人员无权对文献的原貌作任何修改,即使文献本身有明显的印刷或编辑错误。减少编目人员的随意性,才能达到书目著录的统一。这就是标准著录与过去著录法最大的不同点之一。

R 4.1.3.1 如实照录。正题名完全按照题名页或代题名页上的原样如实照录。但标点符号不一定照录。因为题名中有的标点如“:”、“/”、“=”容易和本项的规定标识符混淆。

释:正题名的著录原则是如实反映,即完全按照所见正题名的用词、繁、简次序著录。编目员不可因题名含义不清或印刷有错,或不符合语法规则而有所增删、修改、或改变词的排列次序,但原题名的标点符号不一定完全照录,特别要注意容易和第一项中一些标识符相混淆的标点。有的符号如“=”、“:”要用文字“等于”和“比”代替。所代替的文字应加方括号,在附注中再按原样照录。

R 4.1.3.2 题名第一词为冠词。凡题名的第一词为冠词者,一律按原样照录。不往后移位,也不加括号,但排片时不予考虑。

例：The International Journal of Sciences

R 4.1.3.3　题名中有发音符号。题名中有重音或发音符号也一律照录。

例：Études économigues Ouest Efricaines

R 4.1.3.4　词的重读。若题名中一个或几个词只出现一次，但是在主要信息源中的安排，明显地看得出应该重读，著录时，应该重复这些词。

例：题名：Canadian Bibliographie = Bibliographies Canadiennos

　　排版格式：Canadian BIBLIOGRAPHIES Canadiennes

　　题名：信息处理与信息存储

　　排版格式：信息 处理与 存储

R4.1.3.5　题名中含有阿拉伯数字或数学符号，各期无变化，应原样照录。但排卡时应按相应文字排列。

例：1. 第 3 世界

　　（应按"第三世界"排列）

　　2. 800 Plus

　　（按"Eight Hundred Plus"排列）

　　3. 3. Welt

　　（按"Dritte Welt"排列）

　　4. 4th International

　　（按"Fourth International"排列）

　　5. Canadian Controls + Instruments

　　（"＋"按"and"排列）

R4.1.3.6　若题名中含有逐期（或逐年）而变的日期或编号，则省略这些日期编号，以省略号"…"代替，如日期或编号在正题名之首，则省略而不用省略号。

例：1. Report on the…Conference on Development Objectives and

310

（省略了"第 X 次"或年份）

2. Supply Estimates for the Year ending 31st March...

（省略年份）

3. Annual Report

不用：… Annual Report

4.上海市财政局…年度报告

（省略年份）

5.年度报告

（省略题名之首的年份）

释:以上所举五个例子都不是期刊。在我国图书馆中一般均作书处理,因为多数是单册而不是成套的。成套的应作连续出版物处理。否则逐年编目,依次排卡。对人力物力均属浪费,而且使目录不必要的拥挤。建议各图书馆在条件许可时,将这类连续出版物严格按连续出版物处理。以便在采用计算机时可减少输入量,并且和国际上的处理标准取得一致。

R4.1.3.7　印刷错误。经常出现的印刷错误应予照录,但其后加"［sic］"或"［！］"或在方括号内给予纠正。在纠正的文字前加"i.e."（用于西文）或"即"（用于中、日文）。

例:La Gasette［sic］

（表示原文如此）

偶然出现的印刷错误,不予考虑。著录正确的题名。

R4.1.3.8　共同题名与从属题名。如果连续出版物的正题名由共同题名和从属题名所组成,首先著录共同题名,其后著录从属题名标识和从属题名,或者从属题名标识或从属题名。从属题名或从属题名标识前用句点"·",从属题名前用逗号","。若从属题名前无标识则用句点"·"。

例:1.世界图书·B 辑

2. Etudes et documents. Serie C

3. 上海市微生物学会会报·A,医学微生物分册

4. Journal of Polymer Sciences. Part A, General Paper

5. 国外科技资料目录·公路运输

6. Acta Biologica. Protozoa

释:由共同题名与从属题名构成的题名称为复合题名(Compound title),两者不能分开独立存在。

R4.1.3.8.1 分辑。 在以分辑出版的连续出版物中,正题名由一个各分辑所共有的总题名(称为共同题名)和分辑题名所组成。分辑题名可能有分辑标识(如,第二辑,A 辑,或 C,或第一分册等等)或只有分辑标识而没有分辑题名,也可能没有标识。无论是否有分辑标识,复合题名是一个整体。组成复合题名的两个或三个单元,一起构成正题名。在这种情况下,可以不考虑 R4.1.3 条款规定的按主要信息源中的题名各部分出现的先后次序著录。应先著录各辑的共同题名,然后是分辑的编号或其他标识,及分辑题名。

例:

> 机械工人·冷加工. —1966, no. 1 – no. 11/12 = 总 133 –
> 143. —北京:第一机械工业部技术情报所, 1966.
> 1v;19cm.
>
> 月刊. 一继承:《机械工人》的一部分,—1972 年复刊时
> 与:《机械工人·热加工》合并,改出:《机械工人技术资
> 料》。
> ISSN 0529 – 0201

释:这一正题名由两个单元所组成。"机械工人"是共同题名,因为"机械工人"有两个分辑,只看"机械工人"难以区别。其次,在两个分辑中,没有一种分辑是单独用"机械工人"作为正题

名的。但是,这两个分辑的正题名中,"机械工人"是共有的,所以称之为"共同题名"。"冷加工"是分辑本身的题名。这两部分合起来成为正题名。从形式来说,就称其为"复合题名"。

例:

1.　农业文摘·第五分册,畜牧、兽医/中国
科学技术情报研究所重庆分所. – 1963, no. 1（1963,
10）–
1965, no. 6. —重庆（四川）:该所,1963 – 65.
3v. ;26cm.
　月刊. —继承:《农业文摘·第一分册》的一部分. –
1965, no. 7 起分为:《农业文摘. 畜牧》与:《农业文
摘·兽医》.
ISSN

2.　Current Awareness Topics Services. Sports Medicine Index. —
Vol. 1, pt. 1（Feb. 1987）– v. 1, pt. 4（Aug. 1987）. — Boston
Spa:Medical Information Service, British Library　Document
Supply Centre, 1987.
　1 v. ;30 cm.
　6 issues yearly. —Continues: Current Awarences Topics Search.
Sports Medicine. – Continued by: Sport Medicine Bulletin（Lon-
don）.
　ISSN 0950 – 6683 = Current Awareness Topics Services. Sports
Medicine Index:No price.

　　释:由共同题名、分辑标识、分辑题名所构成的复合题名,这三个单元都是不可缺少的,因为缺少其中任何一个单元都不能代表这一种连续出版物。

　　R4.1.3.8.2　副刊。副刊正题名中含有主刊题名者,参照**R4.1.3.3.1** 条款著录。

　　例:1. Dansk Periodicafortegnelse. Supplement

2. La Lettre du Maire. Textes et Documments

3. 萌芽·增刊

释:《萌芽》是一种刊物。《萌芽·增刊》是另一种出版物。两种刊在两个地方编辑出版,但是明确说明,后者是前者的一种补充性出版物。这里"萌芽"是主刊的正题名,"增刊"是副刊的题名,但不是正题名。副刊的正题名是由主刊题名加副刊题名(也就是《萌芽·增刊》)所构成的复合题名。

R4.1.3.9 共同题名、分辑与副题名。凡出版物既有共同题名,又有分辑名,则将属于共同题名的副题名置于分辑名之后。

例:①America. Pt. A, Article Alstracts and Citations:history and life

②America. Pt. B, Index to Book Reviews history and life

③America. Pt. C, American History Bibliograply:history and life

释:上述三个分辑中,"history and life"显然是修饰共同题名的,但是,正题名的构成是共同题名加分辑题名。两者是一个整体,既然是一个整体,America 不是独立存在的题名,就不应该独自有一个副题名。就上述三个分辑而论,无论哪个分辑都是关于 history and life 方面,因此可以认为将 history and life 作为整个复合题名的副题名是合乎逻辑的。

R4.1.3.10 任何关于纪年系列标识的编号或其他信息不可作为从属题名,但可著录于卷、期、年、月或其他标识项中。

例:题名页上:Nuovo Archivio Veneto

　　　　　　　Ser. 2(1891—1900)

　　　　　　Nuovo Archivio Veneto

　　　　　　　Ser. 3 (1901 -)

正题名:Nuovo Archivio Veneto

R4.1.4 题名的变异和变动

R4.1.4.1 正题名的变异。在所著录的一册出版物中所见正题名的别名,应著录于附注项中。

释:正题名的变异或别名是指,出版物上所见的封面题名、书脊题名、逐页题名、附加题名页的题名,甚至包括没有作为正题名著录的简称题名或全称题名,因为有的图书馆的编目方针是不采用副题名,或者虽然采用副题名,但是不作为检索点(不做附加款目标目)。这样的简称题名或全称题名就无法检索到。

R4.1.4.2 中、日文连续出版物正题名的变动。中、日文出版物正题名的任何变动,都应看作正题名已经改变,必须重新做一个新的款目。

R4.1.4.3 西文连续出版物正题名的重大变动。正题名有重大变动时,应重新著录。原则上,除了冠词、介词或连接词以外,任何词的增、册或改变,或正题名的头五个词(如正题名之首是一冠词,则是头六个词)的词序有改变,均应看作正题名已改变。但是,如有下列情况之一者,则虽有改变,也不算作正题名改变:

a. 词的表现形式的改变,例如,缩写词或用缩写字母组成的专用图徽改变成拼写展开的形式,单数改变为复数,复数改变为单数,同一个词的不同拼写形式(如,color 和 colour, labor 和 labour 等)。

b. 正题名的头五个词(如正题名之首是一冠词,则是头六个词)之后,词的增、删或改变,而并不改变题名的含义或并不表明产生一个不同的主题内容。

c. 唯一改变的是,题名末尾编辑团体名称中的词有增、删。

d. 唯一改变的是,标点符号的增、删或改变。

如判断有困难,可以算作改名。

尽管如此,若有需要,应将这些不作为改名的变化在附注中说明之,并做相应的附加款目标目,以增加检索点。

释:怎样才算改名,对连续出版物工作者来说,从来就是一个难题。1978 年出版的 AACR2 对确定改名的条件是：

1. 正题名的头五个词（不包括冠词为正题名的第一个词）发生任何改动。

2. 重要词（名词、专用名称，或代表专用名词的首字母、形容词）的增、删或改变（包括拼法改变）。

3. 词的次序有改变。

所有其他改变，包括标点、大小写的改变，不构成正题名的改变。这样的改变可记录于附注中。

由于采用这些规则导致改名处理过于频繁，而且与国际连续出版物数据系统的《ISDS 准则》（ISDS Guideline）的改名规则差异很大，因此，后来与 ISDS 协调后，改用上述新规定。

R4.1.4.4 正题名有小变动。 在连续出版物的出版过程中，正题名的不同形式或说明题名的变动等情况，应著录于附注中。（见本书第三章 3.11）

R4.1.4.5 从属题名变成独立题名。 如从属题名变成独立题名，应当做新的著录。（参见 R4.1.3.8）

R4.2 文献类型标识

根据需要，在正题名之后，按《文献类型与文献载体代码》（GB3469－83）和本规则 1.5.2 条款分别著录中文和西文连续出版物。所用文字由书目机构自行决定。

例：1. 中国青年〔刊〕

2. 人民日报〔报〕

3. Bulletin de 1' ISDS〔Micxoform〕

4.

> Family health [microform]. —Vol. 7, no. 1 (Jan. 1975)
> –. —Ann Arbor, Mich. : University Microfilms Internation-
> al, 1975 –
>
> microfilm reels : negative, ill. ; 35mm. – (Current periodi-
> cals series : publication ; no. 10, 761)
>
> Also available in 16mm. microfilm and microfiche formats :
> Ann Arbor, Mich. : University microfilms International.
>
> Originally published : New York ; Family Media, 1969 –

释:文献类型标识包括①文献类型。指该印刷连续出版物所属文献类型,如,报(报纸)、刊(期刊)、会(会议录)、汇(汇编)、告(科技报告)。②文献载体。指文献采用何种载体记录,如,印(印刷品)、缩(缩藏制品)、音(录音制品)等。这些标识均适用于中文文献。在实践中,由于绝大多数文献均是印刷品,所以在国际上一般均予省略。国际上,也不著录文献类型,只著录文献载体。著录的载体名称也是一般性的、概括性的名称,所以称之为"General Material Designation"(一般资料标识)。它不说明具体的载体,如缩微制品中有缩微胶卷、缩微平片、录音资料中的唱片、录音钢丝、卡式磁带、合式磁带、盘式磁带、激光唱片,地图、测绘资料中的地图、球仪等。这些"具体资料标识"(speotific material designation)著录于第五项的第一单元(也即是与文献总数合成一个单元)中。考虑到我国的特殊情况,用于中文连续出版物时,增加了文献类型的内容,但是,这个单元供选择采用。

应当强调指出,著录本单元之目的是,预告本文献所属载体,因此它应当置于正题名之后,而不是像有人认为"在责任者之前"。因为有的文献,特别是期刊,大部分是没有责任说明的。另一方面,正题名是文献的主要题名,它并不包括并列题名和副题名。所以,在"正题名之后"和"责任者之前"是两个不同的概念。

这一点切不可有任何误解。

R4.2.1　附有不是同一载体的次要出版物。如果出版物与其所附有的一种或多种次要的出版物不是属于同一种载体,只著录主要出版物所属的载体。例如,印刷出版物附有微型唱片或磁带,只考虑印刷出版物。事实上,一般国家书目或馆藏书目都不著录印刷出版物。

R4.2.2　多种载体。如果出版物由多种载体所组成,其中没有一种载体是主要的,则著录"[Multi‑media]"或"多种载体"。

R4.3　并列题名

R4.3.1　多语种题名。主要信息源中有多语种题名,除正题名外,其余题名都是并列题名。不在主要信息源中的多语种题名也不作为并列题名,应该著录在附注中。本题名下第一册无并列题名,但在以后各册主要信息源中出现的其他语种题名也不得作为并列题名著录。这些语种题名可著录予附注中。并列题名一般著录两个,其余可著录于附注中。

释:并列题名是指同一出版物有几个语种的题名,当确定一个语种的题名为正题名后,其余语种的题名都是并列题名。但是,这些题名必须是在主要信息源中出现,才可作为并列题名,若不是见诸主要信息源的多语种题名,不能算作并列题名,可以著录在附注中。由于排版困难而未能在此著录的某些语种的并列题名,也可在附注中说明。并列题名不等于正题名的译名,因此,两者含义并不一定相等或不完全对应。

例:1. Dansk Periodlicafortegnelse. Supplement = The Danish National Bibliography. Serials. Supplement

2. 中国经济改革 = China's Economic System Reform

R4.3.2　著录的位置。

并列题名著录在正题名之后,每一个并列题名前用等号

" = "。

例:1. 计算机世界 = China Computer World

2. Art Updates in Video = Kunst nieu wigheden in Video = Lo ultimo del arte en Video

3.
> 临床解剖学杂志 = Journal of Clinical Anatomy
> /第一军医大学,广东解剖学会—V. 4, no. 1 (1986, 1) –
> ·—北京:中国解剖学会,1986 –
> V. ;26cm.
> 季刊—V. 4, no. 2 起版权、目次页并列题名改为:Chinese Journal of Clinical Anatomy. —继承:《临床应用解剖学杂志》.
> —有英文目次.
> ISSN :国内发行.

4.
> Elektronische Datenverarbeitung = Electronic Data Processing: Fachberichte uber Programmgesteuerte Maschinen und ihre Anwendung. – 1959, no. 1 – 1964, no. 6; vol. 7, no. 1(1965) vol. 12, no. 12 (Dec. 1970). —Braunschweig:Friedr. Viewec & Sohn, 1959 – 70.
> 12v. :ill. ;29cm.

释:并列题名作为另一些语种题名,虽然在国家书目中,一般不作为检索点,但是在图书馆目录中,作为一个检索点进入目录,对于提高目录的功能是不无好处的。

R4.3.3 正题名由共同题名和分辑名所组成,并列题名也由共同题名和分辑名所组成,则等号" = "置于并列共同题名之前。

例:

1. 淡江学报·理工学门 = Tamkang Journal. Science and Engineering

2. Trade of Canada. Exports by Commodities = Commerce

319

du Canada. Exportat ions par Marchandises

释:当一种连续出版物的正题名由几个分辑的共同题名和一个分辑题名所组成,而共同题名有一个并列题名,分辑题名也有一个并列题名,则先著录共同题名和分辑题名,后著录并列共同题名和分辑题名。这一规定是由于共同题名和分辑题名一起构成的复合题名是一个不可分割的整体,并列的共同题名和分辑题名也同样不可分割。如果将共同题名对并列的共同题名,分辑题名对并列的分辑题名,则必然会用两个等号,而导致将一个复合并列题名分割成两个并列题名,因为每一个并列题名前用等号"="(见4.3.2条款)。

R4.3.4 并列题名改名。如果所著录出版物的并列题名(无论是简单题名或复合题名)在出版过程中有改变,应将变动的形式著录于附注中,并注明变动的卷、期号。

R4.4 副题名

释:与正题名或并列题名有关的其他信息统称为副题名。在信息源中一般出现于正题名之上(avant-title,旧称题上项)或之下(subtitle,旧称题下项),用来补充、解释或修饰正题名或并列题名,或用来表示出版物的特征、内容、或出版目的等。副题名所用语种不一定与正题名相同。

连续出版物在其漫长的出版过程中,副题名不免会随同形势的发展而变化。在国家书目中,期刊一般只报导一次,而图书馆或其他有关书目不可能经常为此修改。因此,第一次著录后,只要正题名不变,副题名如有变化,无论其变动大小、次数多少,都在附注中注明"副题名有变化",而原有副题名不再修改(参见 R10.1.9)。副题名系供选择著录。采用简要著录级次(一级)的书目单位,可以省略不用。

R4.4.1 副题名可以和正题名或并列题名有关,并从属于正题名或并列题名。将副题名或并列副题名分别著录于各自有关的正题名或并列题名之后。其前用冒号":"。

例:

> Annales de l'Association Internationale pour le Calcul Analogique:revue internationale des methodes de calcul of de simulation hybrides = Proceedings of the International Association for Analog Computation:hybrid computer simulation. —Vol. 1 (1958) vol. 18 (1976). —Bruxelles:Presses Academiques Europeennes, 1958 – 76.
> 18v. :ill. ;27cm.

R 4.4.2 一个或多个副题名。如所著录的文献有一个或多个副题名,按其原有次序逐词著录。每一个副题名前用冒号":"。

例:

1. 思与言:人文社会科学杂志
2. 楚风:民间文学季刊。
3. Hematology Reviews and Communications:an international Journal
4. Health Education Research:theory and practice
5. Ocean – air Interactions:techniques, observations and analysis:an international journal

6.

```
NET：Nachrichten Elektronik + Telematik：
Zeitschrift für angewandte Telekommuni –
catio. —Vol. 38，no. 1（Jan. 1984）–
—Heidelberg：R. v. Decker's Vlg. , 1984 –
V. ；ill. ；30cm.
Monthly—Continues：Nachrichten Elek –
tronik + Telematik.
ISSN 0177 – 5499
```

R4.4.3 **副题名如有几个语种**,可著录与正题名相同语种的副题名,省略其余语种的副题名。如果正题名不是英文(适用外文文献)。而副题名中有英文副题名,可加取英文副题名。

释:由于副题名是一个供选择著录的单元,为了避免著录过于复杂,只须著录与正题名相同语种的副题名,或根据需要著录其余语种的副题名。

R4.4.4 **如正题名是题名的简称**,则全称题名应作为副题名著录。

例:

1. CADS 4 PC：computer aided design system for printed cir-
cuits

2. IEC：Industrial & Engineering Chemisty

3. AJS：American journal of Sociology

4. DBW：die Betriebswirtschaft

如果取全称题名作为正题名,则简称题名可作为副题名著录。

例:

Literary Research: LR. —Vol. , 11 , no. 1 (Winter 1986)
— . —College Park, MD: Literary Research Association.
c1986 –

V. ; ill. ; 21 cm.

Quarterly. —Title from cover. —Continues: Literary Research Newsletter.

ISSN 0891 – 6365

R4.4.5 如果副题名较长，可以著录在附注中，只有在不失去主要信息的情况下，才可将副题名节略。节略时，不可节略副题名的头五个词，并用节略号"…"表示节略。

例:

1. ASEAN Business Quarterly: quarterly trends, facts and comment …

2. Aviation & Marine International: the international technical, economic and political …

3. Central Asiatic journal: international periodical for the languages …

4. The African Review: a journal of African politics …

R4.4.6 如无并列题名而有并列副题名，则并列副题名著录在副题名之后，其前用等号" = "。

例:

Cybernetics: revue de l 'Association Internationale de Cyberneti que = review of the International Association for Cybernetics. —Vol. 1,
no. 1 (1958) – . —Namur: The Association, 1958

V. ; ill. ; 23 cm.

Quarterly. —Text in English & French.

ISSN 0011 – 4227

R4.4.7 如连续出版物有并列题名,但副题名只有一个语种,则将副题名著录在最后一个并列题名之后。

R4.4.8 副题名中有机关或团体名称者,需要时可作为责任者著录。此时,副题名不再著录。

例:

1. 新美术/浙江美术学院

（注）主要信息源中有副题名:"浙江美术学院学报"

释:按照 ISBD 的著录原则,副题名也应该如实著录,但是,由于副题名是供选择采用的,如果图书馆决定不著录副题名,则副题名中的团体名称就无法作为一个检索点著录。因此,根据本单位的需要,将有关团体名称作为责任者著录,就可以避免不著录副题名而失去一个检索点的缺点。

2.

> Windirections: newsletter of the British and European
> Wind Energy Association. —[No. 1] (Nov. 1978)
> –. —London: British Wind Enery Association, 1978 –
> V. : ill. plans; 30cm.
> Irregular (1978 – 1982), quarterly (1983 –). —Volume numbering introduced with Vol. 2, no. 2 (Aug. 1982). —Description based on: Vol. 5, no. 3 (Jan. 1986).
> ISSN 0950 – 0642

释:这是英国书目中的一个款目。它规定应著录副题名,所以副题名的团体名称是要作为标目的。

R4.4.9 分辑与副刊（题名中有主刊题名）的副题名。共同题名（或主刊题名）和分辑名（或副刊题名）的复合题名若有副题名时,其副题名应著录整在个复合题名之后。（参见4.1.2.3,4.1.3.8）

例：

    1.萌芽·增刊：电视、电影、文学

    2. Revue de I'V. E. R CahierA, Technique：publication bimestrielle

释：上述例1是一种副刊。主刊正题名是《萌芽》。例2是一种分辑。"Cahier A"是分辑标识，"Technique"是分辑题名。这一条款的理由是，由复合题名构成的正题名是一完整的、不宜分割的题名，因此，副题名理应著录于复合题名之后。

R4.4.10　共同题名和从属题名分别有副题名。如果能够明确区分，而且确认有必要，可将各副题名分别著录于其所属各题名之后。副题名后之从属题名标识或从属题名前用点、空格"。"。

例：

    1. Periodia Polytechnica：contributions to international technical sciences published by the Technical University of Budopest. Transportation Engineering

    2. Bibliographie de la France Biblio：journal officiel du livre francis parissant tons les mercredis. Jere partie, Bibliograhie officielle：pubications recues par le Service du depot legal.

    3. Atlas ethno‐linguistique：recherchche cooperative sur programme no 61. 2e serie, Monographies

释：例2是一个很少见的例子。共同题名和分辑题名各有一个副题名。因为没有见到实物，不便评论，但是，既然共同题名和分辑题名共同构成正题名，这两个副题名如果都置于整个复合题名之后，更合乎逻辑。将复合题名分成两段著录，如果再插入文献类型标识（在第二个副题名之前）更是无法解释。（见本项格式示范）。

这一条款最早出现在 ISBD‐S 第一标准版 1. 4. 8 条款中，但是,它没有提供有两个副题名分别属于共同题名和从属题名的例子。它所提供的三个例子都是只有从属于共同题名的副题名(见例)。ISBD－S修订版提供的四个例子中,只有一例有两个副题名(见例2)。在中文连续出版物中,还没有见到符合本条款的实例。

在例1中,"contributions to international technical sciences published by the Technical University of Budapest"是副题名。从著录格式看,应该从属于共同题名"Periodia Polytechnica"(拉丁文,意为理工期刊)。"Transportation Engineering"(运输工程)是分辑题名。副题名的原意是"布达佩斯技术大学出版社的对国际技术科学作出贡献的文献"。显然,ISBD－S修订版认为副题名是修饰《理工期刊》。既然副题名所修饰的是《理工期刊》这一共同题名,那末作为复合题名的一部分"运输工程"为何不可以修饰呢?其他不是"运输工程"的分辑,看来也会是同样的副题名,所以将副题名置于共同题名之后,似乎没有必要。(参见4.1.3.9)。

R4.4.11　副题名多变。如在出版过程中,副题名多有变化,应在附注中说明之。(见R10.1.9)

释:在连续出版物的长期出版过程中,题名和副题名为了适合形势的需要,经常会有改变。正题名的大变动均需另行编目,小变动则在附注中说明。但是,副题名的任何改变都不另行编目,如果每一变动均需作附注,则附注会过于庞大,所以,除特殊情况外,只需作一概括性"说明"即可。

R4.5　责任说明

释:责任说明包括责任者名称以及责任者所作的贡献,如"主办"、"编辑"。

R4.5.1　连续出版物的责任者。系指对该出版物的知识创作或艺术创作或对该出版物得以实现负有责任的团体或个人,一般是团体编辑者。只有对该种(不是某一册)出版物的创作、编辑内容全部负责的情况下,才著录个人。商业性出版社或其所属的一个部门,如某某编辑部(组),以及"本刊编辑部",不可作为责任者著录。责任者前用斜线"/"表示。

例:

1. 地理研究/中国科学院地理研究所

2. British Journal of Applied Physics/Institute of Physics

释:连续出版物的个人编辑者和商业性出版社不可作为责任者是因为:①连续出版物从理论上说,是可以无限期地出版下去的,但个人的任期总是有限的,是经常在更换的(而且编辑者又多),如果著录个人编辑者,不能反映出该出版物的水准,每一次更换都必须在目录中反映出来,最后将会无法容纳这样多的记录。②著录责任者的作用不仅在于识别某种出版物,更为重要的是,通过查阅责任者,可以估计该出版物的水平,对采购人员也非常有参考价值。但是,商业性出版社已经在出版者的位置得到反映,将其作为责任者重复著录已完全不必要。同样,该刊编辑部也不著录,因为任何连续出版物不会没有编辑部。著录"编辑部"这样的责任说明既不能提高著录质量,也不能增加检索点,结果只能使著录重复,目录拥挤。

出版商一般也不作为责任者,但是,当出版物由出版商与学术团体共同负责时,则可以作为责任者著录。

如责任者系另一出版物的编辑部,可以著录该编辑部。

出版物由某团体委托创办,而受委托者又是独立的学术团体,其责任者应是该学术团体。关于委托的说明可著录于附注中。

例:

> 低温物理/中国科学技术大学—V. 1, no. 1 (1979, 3) –
> v. 7, no. 4 (1985, 12). —北京:科学出版社,1979 –
> 85. 7v. ;26cm.
> 　季刊. —1980 年起有并列题名:Acta Physica Temperatu-
> rae Humilis Sinica,英文目次及文摘·—本刊受中国科学
> 院委托创办. —1986 起,改名:《低温物理学报》. – V. 2
> (1980)起公开发行.
> 　ISSN　0253 – 3634:国内发行.

　出版物的主要信息源中只有团体名称,但未说明是编辑者还是出版者,如果其位置在题名之上方,可以作为责任者。如果在题名之下方(书页的下半部分),则作为出版者。但是,如果在创刊词、征稿启事等处已明确该团体名称是编辑者或出版者时,可按有关规定著录(参见 R 4.5.4.2)。

　　例:
> 电影艺术译丛/中央电影局艺术委员会. —1953, no. 1
> 　(1953, 2) ~1958, no. 5/6 (1958, 5) = [总 1]
> 　~65/66. —北京:中央电影局,1953 ~58.
> 　6v. ;21 cm.
> 　月刊·—继承:电影艺术资料丛刊·—1958 年 7 月起
> 改名;《国际电影》·—1954 年起有总期标识·—1954
> 年起由艺术出版社出版,1957 年由中国电影出版社
> 出版.

　R4.5.2　责任说明的范围。包括:正文的著者、编者、汇编者、译者、插图者、已存在作品的改写者(可以同一种载体或另一种载体);各种数据的收集者;主办该作品的团体或个人。因此,责任说明的形式很多。

　R4.5.2.1　责任说明可以是个人或团体的名称　带有或没有表示该个人或团体所承担责任的短语或词。

328

例：

    1. Villas, pavilions et nouneaux villages/dir Jean – Paul Rouleau

    2. Health News on Film/B. H. I.

    3. 教学与研究/中国人民大学

R4.5.2.2　责任说明可以是一组短语而没有一个名称。 这组短语显示其对该出版物的知识创作负有责任。

例：

    1. College Yearbook/compiled and edited by the graduating class

释：这里"the graduating class"是一组短语,也是责任说明。它不是一个团体名称,因为不是专用名词。由每年的毕业班来编大学年鉴是极为常见的。

    2. 你我中学生/一群中学生

释：与例1的"毕业班"一样,"一群中学生"是一个群体,但由于不是一个专用名称,所以也不是"团体名称"。从这两个例子可以看出,"责任说明"不必定是"责任者",因为"者"一定是个人或团体,而"班"和"群"都不是名称。

R4.5.3　一个或多个责任说明

R4.5.3.1　一个责任说明。 如果在规定信息源中的词表示是一个责任说明,则著录一个责任说明。在一个责任说明中可以提到多个个人或团体名称,它们从事相同的职能,或者,虽然它们从事不同的职能,但是这些名称之间有连接词相连接。

例：

    1. R. L. C's Museum Gazette/compiled and edited by Richard L. Coulton with the assistance of voluntary aid

    2. 海洋湖沼通报 = Transactions of Oceanology and Limnology/山东海洋湖沼学会,青岛海洋湖沼学会

释:一个责任说明不限于一个责任者。几个责任者具有相同的职能只算一个说明。在西文出版物中,几个责任者的职能虽有不同,但是只要有连接词相连,也可算一个说明。

R4.5.3.2　不同职能的多个责任者。如果多个责任者(个人或团体名称)具有不同的职能,而又无连接词相连,除第一个责任说明外,其他责任说明前用分号";"。

例:

1. Documents de vulgarisation pratique/Centre national cooperatif agricole de traitement antiparasitaire; dir. technique Marcel Bonnefoi

2.

> 冶金文摘·第2分册/苏联科学院科学情报研究　所编辑;中国科学技术情报研究所;重庆大学冶金系译.—1962, no. 1 – no. 12; 1963, no. 1 – no. 8 = 总1 – 8·—北京:中国科学技术情报研究所,1962 – 63.
> 2v. ;26cm.
> 月刊·—1962, no. 10 – no. 12由中国科学技术情报研究所重庆分所编辑,1963年由冶金工业部编辑·—继承:《冶金文摘·第2分册,有色金属冶炼》· – 1963, no. 9起改名:《冶金文摘·第2分册,有色金属》· – 1962, no. 10 – no. 12由中国科学技术情报研究所重庆分所出版。
> ISSN

释:其他责任说明是指,当一种文献具有不同职能的多个责任者时(如编者和插图者),最先出现的是第一责任说明,第二、第三、第四……出现的便是其他责任说明。

R4.5.4　责任说明的著录

R4.5.4.1　著录明显的责任说明。按该册连续出版物中所用的词著录明显的责任说明。没有明显的责任说明则不著录。

释:原则上,责任说明应按该出版物上所见形式转录。在中文连续出版物中,做到这一点是容易的。但是,如果图书馆所编的出版物是西文,而且卡片是油印的或铅印的,又要采用划红线标目,则当团体名称中有多层次机构时(如,大学中的研究所或系,科学院下属的研究所,公司或政府机构的下属部门),会因上下级机构次序颠倒而产生困难。特别是某些团体名称离开出版物后很难区别其上下级。为此 R4.5.4.14 至 R4.5.4.15 条款将提出适合于标目形式的著录法作为一种变通的办法。

R4.5.4.2 不在主要信息源中出现的责任说明 应加方括号"[ ]"。

例:

1.　中华文学/[中华文学太原创作中心].—No. 1 [1984]
　　 – no. 17/18(1985, 2);1985, no. 7(1985, 4) – no.
　　 19/20(1985, 10)= 总 19 – 31/32; No. 33/34 [1985,
　　 11/12]・—北京:农村读物出版社,1984 – 85.
　　 2v. ;26cm.
　　 半月刊・ – No. 35(1986)起改名:《春秋》・—no、17/
　　 18(1985)起由该刊出版・—No. 1 – no. 10 为活页版.
　　 ISSN　　　　　:国内发行.

2.　Acta Botanicanica Slovaca Academiae Scientiarum Slova-
　　 cae. Series A, Taxonomica, Geobotanica/[Slovenská
　　 akadémia vied, ústav experimentálnej biológic a
　　 ekológie]. – 3 – . —Bratislava:
　　 Veda, 1978 –
　　 v. ;in. ;24cm.
　　 English, German, or Slovak, with Summaries in Ger-
　　 man and Slovak.
　　 Continues: Acta Instanituti Botanici Academiae Scien-
　　 tiarum Slovacae. Series A, Taxonomica, Geobotanica.

R4.5.4.3 有几个责任者。在一个责任说明中,如果有几个个人或团体,著录名称的多少由编目机构自行决定。可根据情况将几个名称用逗号分开,或用连接词联接。外加的连接词应置于方括号内。如果决定省略其中一部分名称,应加省略号和"〔等〕"(用于中、日文)或"et al."(用于西文)或其他语种的对应词,并置于方括号内。

例:1. 专利目录. 电工与电子技术/陕西省科技情报研究所…〔等〕

释:在《连续出版物著录规则》中,为了与《文献著录总则》相一致,略去了省略号"…"。

2. Studien zur Poetik and Geschichte der literatur/herausgegeben von Hans From…[et al.]

3. Quarterly Report/prepared by U. S. Department of Agriculture, Forest Service [and] Soli Conservation Service [and] U. S. Department of the Interior, National Park Service, Region 2

释:例中的逗号是信息源中所见,表示上下级关系。(取自《ISBD-S》修订版)

4. Enguete de conjoncture regionals:situation economique et perspectives dans le Sud – Ouest/Centre d'expansion Bordeaux Sud – Ouest, Institut national de la statistique et des etudes economiques, Institut d'economie regionale du – Ouest

5.

> 工农兵画报/浙江省革命造反联合总指挥部…〔等〕
> ·—No. 1（1967，6）- no. 88 （1969，12）；1970，
> no. 1（1970，1）- 1980，no. 12 （1980，12）= 总 89
> - 334. —杭州：该刊，1967 - 80.
> 14v. ;18 × 26cm.
> 不定期（1967 - 69）；旬刊（1970 - 71）；半月刊（1972
> - 77）；月刊（1978 - 80）. —1981 年起改名:《富春江
> 画报》·—1978 年起由浙江人民出版社出版，1980 年
> 起由浙江人民美术出版社出版·—1978 年起尺寸改
> 为 26 cm. —1978. no. 9 起公开发行.
> ISSN · :国内发行. 1986 - 1 - 1889

R4.5.4.4 责任者名称是首字母。如果责任说明中的个人或团体名称不是完整形式（如，缩写词形式），则其展开形式应著录于附注项中。

R4.5.4.5 责任说明中含有上下级形式的团体名称。则按该册连续出版物上所见的形式与次序著录。

释:由于著录是对出版物作客观的描述,所以按其原有形式和次序转录是完全正确的。对中文出版物著录并无困难,但是在西文出版物中,由于上下级团体之间的从属关系一般都用介词来表示,而且下级在上级之前,在以团体名称做标目时,就不能简单地在名称下划一条红线来表示。如果编目机构规定不用红线做标目,则采用本条款,否则可以采用 R4.5.4.14 ~ R4.5.4.15 条款。

例:1. News Flash / National and Logal Govermment officers Association. Central Electricity Generating Branch. — 〔19—〕— · —〔S - 1. 〕:The Branch, 〔19—〕—

V. :ports. ;22cm.

Description based on：June 1981 issue

2. Index to Publication/Division of Engineering and Industrial

Research, National Research Council, Highway Research Board. － 1921/1949. —Washington, D. C: The Board,1950.

Iv. ;25cm.

Irregular—Continued by: National Research Council (U. S.) · Highway Research Board, Publication Index.

R4.5.4.6 题名中有责任者名称。题名或副题名中含有责任者名称,一般不重复著录。如题名或副题名中所含责任者名称系简称,而在主要信息源中有其全称,应在此著录其全称。如不在主要信息源中,而在该出版物中有其全称者,亦应著录于方括号中。如取自出版物以外,则著录于附注中。如责任说明的展开形式已作为副题名的一部分著录,则不再进一步说明。

例:1. P. M. L. A. :publications of the Modern Language Association of America.

2. 四平师院/四平师范学院

3. 北图通讯/北京图书馆

4. IFLA Journal/International Federation of Library Associatiations and Institutions

5. RCA/Radio Corporation of America

6.
> Proceedings of the SID/Society for Information Display. —Vol. 1, no. 1 (1960) – .
>
> – New York:Palisades Institute,1960 –
>
> v. :ill. ;28cm.
>
> Quarterly –
>
> ISSN 0036 – 1496

7.
> 中央音乐学院学报·—1980，no. 1（1980，12）– =
> 总 1 – ·—北京:该院,1980 –
> v. ; 26cm.
> 季刊·—1981 年起有并列题名:Journal of the Central Conservatory of Music 及英文目次,
> ISSN

　　释:题名中若有责任者全称,一般不再著录责任者。做标目时,可以从题名中提取责任者名称,或划红线以增加检索点。但是,题名中如果只有简称,就无法正确地从中提取责任者,所以规定应另行著录责任者的全称。

　　鉴于责任者名称众多,虽然国外有些大图书馆(如,美国国会图书馆)对一些团体和个人建立了标准形式的档案,统一了一部分团体和个人的标目形式。(也就是为每一个团体和个人名称确定一个标准形式,如,从简称见全称,全称就是标准形式。当然也可以从全称见简称,此时,简称便是标准形式。个人著者有几个名字时,取其中之一作为标准形式。这些姓名也包括假名,笔名和曾用名。)在我国尚无以国家标准形式建立完整的标准档,而在著录规则中,只要规定"按文献上所见形式著录"便可以统一著录的标准。建立标准档之目的是,将同一团体(或个人)的各种不同形式的名称统一成一个标准的目形式,才能将同一团体(或个人)的出版物集中在一起。

　　R4.5.4.7　题名只有一个语种,责任说明有几个语种。若题名页或代题名页上的题名只有一个语种,也可将其他语种的责任说明作为并列责任说明。每一个并列责任说明之前用等号" = "。

例:

> Mathematics and Computers in Simulation: transactions of IMACS/International Association for Mathematics & Computers in Simulation = Association Internationale pour les Mathematiques et Calculateurs en Simulation. —Vol. 19, no. 1（1977）–. —Amsterdam: North – Hotlland, 1977 –
>
> V. ; ill. ; 27cm.

　　释:将其他语种的责任者作为并列责任者著录,对于提高目录的检索功能和大有好处,所以除采用简要著录(一级著录)外,并列责任者应根据各图书馆需要著录。并列责任者可按图书馆的目录体系,分别排入各自所属的目录,如,中文目录、拉丁字母目录、俄文、日文目录。

　　有些学报题名是拉丁文,而责任说明是英、德、法等语种,则优先著录英文名称(简要著录)。

　　R4.5.4.8　有并列题名而无并列责任说明。若题名页或代题名页上有并列题名,但责任说明只有一个语种,则将责任说明著录于所有并列题名之后。

　　例:1. 数学杂志 = Journal of Mathematics/武汉大学数学研究所

　　　2. Inter – American Review of Biliography = Revista Interamericana de Bibliografia/inter – American Committee on Bibliograpky

3.

```
临床应用解剖学杂志 = Journal of Clinical
Applied Anatomy/第一军医大学 ·  - V. 1 , no. 1
(1983,7) - v. 3, no.  4(1985,11). —广州:中国
解剖学会广东分会,1983 - 85,
    3v. ;26 cm.
季刊·一本刊受中国解剖学会委托创办·—1986
年起改名:《临床解剖学杂志》·一有英文目次.
    ISSN                    :国内发行.
```

释:不可将责任说明著录在正题名之后,因为有并列题名时,
著录次序应是"正题名 = 并列题名/责任说明"。

R4.5.4.9 并列题名和并列责任说明。 如题名页载有一个或
多个并列题名和/或并列副题名,并有一个或多个并列责任说明,
则每一个责任说明著录在与其相同文种的题名或副题名之后,

例:Statistical Yearbook/Statistical Office of the United Nations =
Annuair Statistique/Bureau de Statistique des Nations Unies

R4.5.4.10 共同题名与从属题名。 连续出版物的正题名由
共同题名(或主刊题名)和从属题名(分辑题名或副刊题名)构成
时,将责任说明著录于整个正题名之后。

例:1. 国外舰船技术·内燃机/中国造船工程学会

2.

```
农业文摘、农学/中国科学技术情报研究所重庆分所
    ·—1965, no.  7 (1965,7) - 1966, no. 9. —重庆(四
川);该所,1965 -66.
    2v. ;26cm.
月刊.一继承;《农业文摘·第一分册,农学园艺》的一部
分.—1974 年复刊时改出:《农学文摘》.
    ISSN
```

释:由共同题名和分辑题名(或主刊题名和副题名)合起来构成复合题名形式的正题名是一个不可分割的整体,其中任何一部分都不能单独存在(主刊题名是另一种出版物),所以和副题名一样,责任说明理应著录于整个正题名之后(参见4.1.3.9条款)。

R4.5.4.11 通用题名与责任者改变或改名。 如果出版物的正题名是一个通用题名(generic title),则责任者若有变动(不论是改变名称,还是更换单位),都应作改名处理。这是因为采用通用题名的连续出版物,它的识别题名(确定 ISSN 的关键因素)是"通用题名(责任者)",所以责任者的任何变动,必然导致识别题名的改变,同时也会导致 ISSN 的改变。

例:

正题名/责任者

Monthly Bulletin/People's Library of Shanghai

每月通报/上海市人民图书馆

识别题名:

Monthly Bulletin(People's Library of Shanghai)

每月通报(上海市人民图书馆)

责任者改名或改变名称后:

Monthly Bulletin/Shanghai Library

每月通报/上海图书馆

新的识别题名:

Monthly Bulletin(Shanghai Library)

每月通报(上海图书馆)

R4.5.12 独特题名与责任者改变或改名。 如果出版物的正题名是一个独特题名,(distinctive title),则当责任者有改变或改变名称时,应著录于附注项中。

释:一种连续出版物原来由一个团体编辑,后来又改由另一个团体编辑,或者这一团体名称改变了,都可以在附注项中补充说明,以便也作为一个检索点。

主要信息源未提供责任说明,但在创刊词、征稿启事或编辑说明等处有此种说明,而出版者又与之相同,则不必再在本项内著录责任者。如果这些信息源所提供的信息与出版者不同或者出版者是编辑部,则需要著录责任者。由于不在主要信息源中出现,所以要加方括号。

R4.5.4.13　机关团体和官方出版物。凡机关、团体的官方出版刊物(如,党刊、会刊、汇刊、大学学报等)一律以该机关、团体作为责任者。

R4.5.4.14　团体标目形式著录。(西文)。

释:R4.5.14 – R4.5.4.15 条款所提供的方法是一种便于手工编目时用划红线来做标目的变通办法。如果用计算机编目,则最好按原样照录。

R4.5.4.14a　团体名称具有国家、州、省、市等性质。如果主要信息源中的团体名名称具有国家、州或省、市等性质,则就在该名称之后,加注其所在国家、州或省、市等名称。

例:

/Republican Party (Ill,)

/Republican Party (Ca.)

/Sociedad Nacional do Mineria (Chile)

/Sociedad Nacional do Mineria (Peru)

R4.5.4.14b　团体名称中有地名。若团体名称中含有地名,则不必加注地名。只有在两个以上的团体名称相同时,才有必要注明其所在的国家、州、省、市以资区别。

例:

/Washington Country Historical Society (Ark.)

/Washington Country Historical Society(Md.)

/Washington Country Historical Society (PA.)

释:采用本条款时,必须查阅本馆的目录,确认有两个以上团体名称相同,否则不加注国家、州、省、市名称。因此:各家图书馆由于收藏不同,责任说明会略有差异。

R4.5.4.14c 有上级学术团体的团体。如果所著录的团体通常与其上级学术团体联系在一起,则加注其上级团体的名称,而不加注所在的地名。

例:

/Newman Club（Brooklyn College）

不是/Newman Club（Brookyn）

/Newman Club（University of Maryland）

R4.5.4.14d 团体名称的冠词。除了在文法上需要者之外,省略团体名称前的冠词。

例:

/Club（London）

不是/The Club（London）

/Library Association

不是/The Library Association

但是

/Der Blaue Adler（Association）

/Det Norsk Nobelinstitutt

释:后两例中的"Der"和"Det"分别是德文和瑞典文的冠词,因习惯上须与冠词联在一起应用,这两个团体不可省略冠词。

R4.5.4.14e 表示公司、国有团体的形容词。省略表示公司（如,Incoaporated, E. V. , Ltd. 等）或国有团体（如, VEB——全民所有）的形容词,和表示公司类型的词或短语（如, Aktiebolaget Gesellschaft mit beschrankter haftung, Kabushiki Kaisha, Societa perazione 等）除非它们是名称的一部分,或者需要用来说明该名称是一个团体。

例：

/American Ethnological Society

（省略末尾的 Inc.）

/Automobil technisohe Gesellschaft

（省略末尾的 E. V. ,即 Einegetragener Verei）

/Socity of Engineers（London）

（省略末尾的 Incorporated）

但是/Films Incorporated

（Incorporated 不可省,否则就不知道它是一家公司）

/Peter Davies Limited

（Limited 如被省略,就成为人名）

/Vickers（Aviation）Limited

（Limited 不可省略）

R4.5.4.14f 需要著录上级单位的团体。凡团体名称属于下列情况之一者,应将其上级单位一起著录：

第一类 名称中含有的名词表明该团体不是一个独立的团体,而是另一个团体的一部分（如,department, division, section, branch,部、组,分支）

例：

/British Broadcasting Corporation. Engineering Division

/International Federation of library Associations and Institutions, Section on Cataloging

/Standford University. Department of Civil Engineering

/Bank of China. Shanghai Branch

第二类 名称中含有通常表示从属的行政单位的名词（如, committee, commission）,而上一级单位的名称需要用来鉴别从属单位。

例：/Association of State Universities and Land – Grant Colleges. Committee on Traffic Safety Research and Education

/International Council on Social Welfare. Canadian Committee

/Timber Trade Federation of the United Kingdom. Statistical Co – ordinationg Committee

/National Association of Commissioners. Securities Valuation Office

/University of Wales. University Commission

(名称为 University Commission)

但是

/National Commission on United Methodist Higher Education

(全国性组织,无上级单位)

第三类 该团体名称已经或可能被另一个上级单位用于它的从属单位。

例:/Bell Telephone Laboratories. Technical Information Library

(名称为 Technical Information Library)

/Canadian Dental Association. Bureau of Public Information

(名称为 Bureau of Public Information)

/Sondley Reference Library. Friends of the Library

(名称为 Friends of the Library)

第四类 大学附属单位,如,学院、研究所、实验室等的名称,只表明其所从事的某一特定领域的教学、研究。

例:

/Princeton University. Bureau of Urban Research

/Syracuse University. College of Medicine

/University College London. Communication Research Centre

/University of London. School of Pharmacy

第五类 名称中含有其上级单位的整个名称。

例：

/American Legion. Auxiliary

（名称为 American Legion Auixiliary）

/Auburn University. Agricultural Experiment Station

（名称为 Agricultural Experiment Station of Auburn University）

/Friends of the Earth. Camden Friends of the Earth

（名称为 Camden Friends of the Earth）

/Univerty of Southampton. Mathematical Society

（名称为 Mathematical Society of the University of Southampton）

/Yale University. Library

（名称为 Yale University Library）

释：本类第一例与第五例原来所见名称只有一级，现分为上下两级著录。第二例和第四例因为上下级用介词连接，上下级倒置，需要按上下级次序著录才能排入目录。

R4.5.4.14g 团体的直接与非直接从属著录。责任单位的直接（跳级）从属著录与非直接（逐级）从属著录。凡团体名称属于4.5.4.14f 所列情况之一者，如果从属层次过多，可以不用上下各级全部著录，而采用跳级著录。跳级著录的方法是采用其能独立的高级单位与最低一级单位名称。但是，如果这个最低单位的名称已经，或可能被用于同一个上级单位的另一个下属部门，则在省略其中间级单位的名称时，应当考虑其是否能与其他单位的名称相区别。

例：

/Public Library Association. Audiovisual Committee

原来各级：American Library Association

Public Library Associeation
Audiovisual Committee
（Public Library Associeation 是一个独立单位，所以
省略 American Library Association）
／American Library Associaton. Cataloging and Classification
Section. Policy and Research Committee
原来各级：

American Library Association
Resources and Technical Services Division
Cataloging and Classification Section
Policy and Research Committee
（省略第二级，第三级不可省略。否则不能反
映这个委员会是有关编目与分类工作的）
／Americn Library Association. Resources and Technical
Services Division Board of Directors
原来各级：

American Library Association
Resources and Technical Services Division
Board of Directors
（ALA 属下有几个协会，如果省略第二级，则
Board of Directors（董事会）就成了直属于 ALA。
因此不能省略）

R4.5.4.14h　联席会议。两个或三个以上团体的代表组成
的联席会议，以联席会议本身名称著录。

例：
／Joint Committee on Individual Efficiency in Industry
（科学与工业研究部和医药研究委员会的联席会议）
／Canadian Committee on MARC

（科学进步与文献技术协会、加拿大图协、与加拿大
国家图书馆的联合委员会）如果联席会议的名称中
（或在其末尾）有其上级单位的名称，而联席会议本身的
名称足以区别于其他单位，则省略其上级单位的名称。

例： /Joint Committee on Bathing Places

不是/Joint Committee on Bathing Places of the Conference
of State Sanitary Engineers and Engineering Section
of the American Public Health Association

但是/Joint Commission of the Council for Educationin
World   Citizenship   and   the   London
International Assembly

（整个词组便是联席会议的名称）

如果联席会议本身属于一个较高的机构则作为这个机构
的从属单位著录。

例:/American Library Association. Joint Committee to Compile a
List of International Subscription Agents

R4.5.4.15   政府、立法机构、法院、军队标目形式法著录。
（西文）

R4.5.4.15a   政府名称的著录。采用政府的习惯名称，而不
用其正式名称，除非正式名称用得更普遍。政府的习惯名称是指
一个地区的地理名称，（国家、省、州、市、县或自治区等），政府在
这一地区内行使其管辖权。

例:France

不是 Republique francaise

Yugoslavia

不是 Socijalisticka Federativna Republika Jugoslavija

Nottinghamshire

不是 County of Nottinghamshire

R4.5.4.15b 政府设立或控制的机构。由政府设立或控制的机构除了属于 4.5.4.15c 所列的情况之一者,均以其自身名称著录。但是,如果一个机构从属于一个较高的机构,而这个机构已经以其自身名称著录,则按 4.5.4.15b 条款作为从属机构,直接或非直接从属著录。

R4.5.4.15c 需要著录上级机构的政府机构。若政府机构属于下列类型之一者,应同时著录其上级机构。省略从属机构名称中的政府名称或政府名称的名词形式的缩写(除非这样的省略会产生客观的误解)。

例:

/Canada. Information Canada

不是/Canada. Information

第一类 机构名称中有一个名词。这个名词从含义看来,表明这个机构是另一个机构的一部分(如,department, division, section, branch 以及其他文种中与此相当的名词)。

例:

/United States. Division of Wildlife Service

/Vermont. Department of Water Resources

/Ottawa. Department of Community Development

/China. Department of Culture

第二类 机构名称中有一般表示行政上从属性的词(如,commision, committe),而需要用政府名称来鉴别这个机构。

例:

/Australia. Bureau of Agricultural Economics

/Canada. Royal Commission on Banking and Finance

/United Kingdom. Royal Commission on the Press

/United States. Commission on Civil Rights

但是/Royal coyal Commisson on Higher Education in New

Brunswick（"in New Brunswick"这个地名足以帮助
鉴别这个机构,所以不再加政府名称）

第三类 这个机构的名称已经,或可能,会被用于另一个机
构,而需要用政府名称来识别这个机构。

例:

/Illinois. Environmental Protection Agency

（名称为 Environmental Protection Agency）

/United States. Environmental Protection Agency

（名称为 Environmental Protection Agency）

/Beziers. Musee des beaux – arts

（名称为 Musee des beaux – arts）

/Greater London Council. Research and Intelligence Unit

（名称为 Research and Intellegence Unit）

但是

/Musee do Poitier

第四类 责任者是政府和一个部或类似的主要执行机构
（即,没有其他上级机构）。

例:

/United Kingdom. Ministry of Defense

/Unsted Kingdom. Home Office

/United States. National Aeronautical and Space Adminis-
tration

第五类 立法机构。

例:

/Greenwich. Council

/France. Assemblee nationale

/United Kiugdom. Parliament. House of Lords

/United States. Congress

第六类 法院。

例：

/Ontario. High Court of Justice

/China. Supremer Court

/United States. Crown Court(Manchester)

第七类 国家一级的军、兵种

例：

/China. People's Liberation Army

/Canada. Canadian Armed Forces

/Germany. Heer

/United Kiningdom. Army

/United States. Navy

第八类 大使馆,领事馆等

例：

/Canada. Embassy (U. S.)

（加拿大驻美使馆）

/United Kingdom. Consulate (New York)

（英国驻纽约领事馆）

第九类 派向国际机构和政府间机构的代表团。

例：

/United Kingdom. Delegation to the United Nations

R4.5.4.15d **政府机构的直接与非直接的从属著录。**政府机构的直接（跳级）与非直接（逐级）的从属著录。凡政府机构名称属于4.3.4.15c 所列情况之一者,如果从属单位层次过多,可以采用跳级著录,即著录其能独立的最高一级与最低一级机构的名称。若最低一级的机构名称已经,或可能会,被同一个政府名称的另一个机构所采用,则在政府名称与最低一级机构名称之间,加最低级机构的上级名称,以资区别。

例：

/United States. Office of Human Development Services

原来各级：

    Untited States

      Departmant of Health, Education, and Welfare

        Office of Human Development Services

/United Kingdom. Nationality and Treaty Department

原来各级：

    United Kingdom

      Foreign and Commonwealth Office

        Nationality and Treaty Department

/United States. Aviation Forecast Branch

原来各级：

    United States

      Department of Transportation

        Office of Aviation Policy

          Aviation Forecast Branch

但是

/United Kingdom. Department of Employment. Solicitors Office

原来各级：

    United Kingdom

      Department of Employment

        Solicitors Offiice

（在英国，不一定只有一个部设立 Solicitorrs office，为了区别于其他部门的同名政府机构，Department of Employment 不可省略）

/France. Direction Generale des imports. Service de L′administration générale

原来各级：

France

Ministére de l'economics et des finances

Direction générals des impots

Services de l'administration générale

（只著录法国的 services de l'administration générale 无法识别这个机构）

R4.5.4.16　责任者不作为附加款目的著录法。R4.5.4.14 –R4.5.4.15 各条款是适合划红线以增加附加款目的著录法。编目员如果准备将责任者加在款目之上做标目，或者不准备将其作为附加款目（如国家书目，出版书目），则可以采用 R4、5、4、1 条款，按其原来形式著录。

R4.5.5　没有明显的责任者。 如果出版物中没有明显的责任者，则不必记录，不可猜测或臆造一个。

R5　版本项（Edition Area）

内容：

R5.1　版本说明

R5.2　并列版本说明（供选用）

R5.3　本版责任说明

R5.4　附加版本说明

R5.5　附加版本说明后的责任说明

标识符：

A. 版本项前用句点、空格、破折号、空格"．—"（中文共占两格，下同）。

B. 每一并列版本说明前用空格、等号、空格" = "。

C. 与本版有关(或附加版本说明后)的第一责任说明前用空格、斜线、空格"/"。

D. 每一个本版(或附加版本说明后)的其他责任说明前用空格、分号、空格";"。

E. 版本说明或本版责任说明后的附加版本说明前用逗号、空格","。

格式示范:

. —版本说明

. – 版本说明 = 并列版本说明

. – 版本说明/责任说明

. – 版本说明/责任说明;第二责任说明;第三责任说明

. – 版本说明/责任说明 = 并列版本说明/并列责任说明

. – 版本说明,附加版本说明

. – 版本说明/责任说明,附加版本说明/责任说明

规定信息源:题名页或其代题名页。(参见 R 1.6.2)

R5.1 版本说明

释:《国际标准书目著录》(International Standard Bibliographic Description 简称 ISBD)产生以前,传统编目中没有版本项,尽管在中文古籍中,版本是一个极为重要的著录内容。为解决版本的著录,《ISBD》规定,紧接在题名与责任说明项之后,设立了版本项。什么是版本? 这一项目应该著录些什么内容? 在我国图书馆界中曾引起一番讨论。有人认为版本说明便是版次和版刻(版本形式)。除此之外更无其他内容。另一些人则认为,版本说明应包括所有的关于版本情况的说明。对版本的两种不同认识,必然会导致对一种出版物产生两种截然不同的著录结果,而且还是出现在第一、第二两个最主要的项目内。这些不同认识势必影响著录

的标准化,因此要着重说明,以便统一认识。

首先,让我们读一下《文献著录总则》(GB3792.1–83)1.2条款:"本标准是与《国际标准书目著录》(ISBD)基本一致的。1.3条款写道,"本标准是制订各种文献著录标准的依据。"由此可见,《总则》是参照《ISBD–G》(国际标准书目著录总则)的。各个分则是参照《文献著录总则》的,也就是说,与《ISBD》的有关分则也是一致的。那末《ISBD》对版本说明是怎样解释的呢?1978年出版的《ISBD–M,第一标准版,修订版》对版本说明的定义是,"一个词或短语或一组字母,表示出版物所属的某一版本"。1977年出版的《ISBD–S,第一标准版》对版本说明所给的定义是,"一个词或短语,用以表示连续出版物是某一刊物的特定形式:地方版、专业版、特种纸张版、特种印刷或装订形式版,其他语种或其他特殊的载体"。《ISBD–S,修订版》所给的定义与《ISBD–M,第一标准版,修订版》完全一样。看来,《ISBD–S,第一标准版》对版本说明的解释比《ISBD–M》的解释更为明确。为了帮助编目员更好地理解、掌握,美国国会图书馆在解释《AACR2》有关版本说明的条款时,进一步指出,一般说来,主要信息源中有"edition"(版本)字样或与之相对应的词都是版本说明。此后,各个ISBD的修订版中都增加了与此相同的说明。应当指出,国会图书馆的解释,其目的只是为编目员提供一种简便的,识别版本说明的方法,而不是说,凡有"版"字或其他语种的对应词都是版本说明。本规则R5.1.2.7也已对此作了说明。

应当清楚的是,任何一种出版物都是一个特定的责任者的特定题名的一种版本,也就是说,任何一种出版物本身便是一种版本。这种看法不仅与国际上许多编目规则的制订者的观点是一致的,而且与我国对待古籍的传统观点同样是一致的。稍有不同便是另一种版本。但是,如果这个题名只有一种版本,我们并不著录版本说明,因为不需要用版本说明来区别于其他版本。正如我们并不著录"铅印本","第一版"或"中文版"。应当牢记,**著录版本之目的,仅仅是用以区别相同题名(相同责任者)内容或形式不同的作品的不同版本**。既然是唯一的一种版本,不存在区别于其他版本的问题,就没有必要作说明。例如,著录"儿童版"是为了要区别于"非儿童版",著录"节略本"是为了区别于"全文本"。当然,"非儿童版","全文版"我们也没有必要说明,因为"儿童版"、"节略本"是后来才产生的。即使以后出版了"非儿童版"、"节略本",仍然不必对原版做版本说明,因为"儿童版"和"节略本"都是在原本的基础上产生的。如果某种文献虽然只有一种版本,但是版本情况的特殊,而编目员认为有必要说明,可以著录在附注中。例如,建国前在解放区出版的报刊中,有一部分是油印或石印的。由于不存在另外的版式,也就不存在区别不同版本的问题。这样的说明就不一定著录在版本项中。

按照《ISBD-S,第一标准版》和最新修订的《ISBD-S,修订版》,连续出版物的版本说明有五种类型:1.表示版本名称或编号、重印或修订的说明;2.地区版本;3.特殊内容版本;4.特殊版式或外形的版本;5.文种版本。鉴于重印、修订或重版在连续出版物中并不多见,而且实际上是版式的不同,因此,《连续出版物著录规则》曾将这一类归入特殊版式或外形的版本。此外,《ISBD-S》中缺少时间版本这一类型,而这一类型在中文和日文报纸中是客观存在的,所以又增加了时间版本。

如上所述,版本说明一般都有"版"、"本"或"eition"或其对应词,但是,特殊版式或外形的连续出版物不一定有版本说明。例如,缩微印刷的连续出版物,如果已有普通印刷版,则可以在版本项中著录"缩微印刷版",或加方括号。如无其他版,则将这种特殊版式的说明在附注项中注明:

例:附注:本刊为缩微印刷

R5.1.1 版本说明的范围

版本说明由一个术语、短语或一组字母所组成,它适用于:

A. 文献的全部复本均标明版本的名称和/或编号。

B. 文献的全部复本具有特定的形式。它在知识或艺术内容方面和同样形式的其他复本有重要的不同,无论该连续出版物上是否载有这种结果的正式说明。

释:有的版本形式并无正式的版本说明,例如,缩微胶卷、平片、缩微印刷版等。版本说明一般含有"edition"、"版"、或"本"或与之相对应的其它语种的词;或一个有关连的术语和一个序数词,如,第二版,2nd edition;或一个表示与其他版本不同的术语,如,新版,标准版,new edition, first standard edition 等。(这样的版本说明在连续出版物中并不多见)。

R5.1.2　版本说明的类型

以下的类型说明应作为版本说明:

R5.1.2.1　表示有版本名称和/或版次的说明, 一种连续出版物全部重印或修订。版本说明中的数字一律以阿拉伯数字记录。

例:1,. —Joint ed. 　(联合版)

　　2,. —2nd ed. 　(第二版)

　　3,. —Reprint ed. 　(重印版)

　　4,. —Annual cum. ed. 　(全年累积版)

　　5,. —影印版

释:这个类型的版本说明除例4,5外,在连续出版物中比较少见。

R5.1.2.2　地区版本说明

例:1,. —郊县版

　　2,. —北京版

　　3,. —海外版

　　4,. —农村版

5,. —International edition(国际版)

6,. —Overeseas edition(海外版)

7,. —Domestic edition(国内版)

例:连续出版物有地区版本的差别已为国内同行所普遍接受。但是,必须指出,在两地或两地以上出版的连续出版物只要责任者不同,即使题名相同,也不应该看成"地区版本"。例如,早些年全国各省市出版的《科技参考资料》(报导国外科技信息)不下二十多种,目前在全国出版的《支部生活》也有好多种。如果将这些同名刊物都算作"地区版本",那就错了。因为光是题名相同,只能称之为同名出版物。只有在题名、责任者或出版者名称完全相同的情况下,才能构成地区版本的差别。例如,《解放日报》除了普通版之外,还有市郊版。美国的《Reader's Digest》(读者文摘)有17种版本。其中英文版就有8种,分别在全世界八个地区同时出版。它们的出版者名称相同,题名也同样是英文,所不同者只是地点的差别。这些版本的内容也不尽相同,不著录地区本说明就无以区别。

R5.1.2.3 专业版本说明

例:

1,. —农业版

2,. —科技版

3,. —社会科学版

4,. —Managers' ed. (经理版)

5,. —Ed, pour le medecin (医药版)

释:"专业版本"英文原名为"Special interest edition"。《ISBD –S》第一标准版的中译本将它译为"特殊关系的版次",《连续出版物著录规则》(GB3792.3 –85)称之为"特殊内容的版本",也有译成"供专门用途的版本","特殊需要的版本说明"、"特定读者版本"等等,但是,归根结底说明此类版本具有某些特定的专业内容,所以还是译为"专业版本"为好。

究竟有没有这样一类专业内容特殊的版本？国内一部分同行持否定态度。他们认为这种版本类型"实际上是一个分辑名",所以这样的版本说明应该作为正题名的一个组成部分。例如,《全国报刊索引》有科技版与社科版之分,著录时应该将"社科版"、"科技版"作为分辑题名,著录为：

全国报刊索引.社科版

全国报刊索引.科技版

从实质上来看,认为这样的版本说明与分辑题名的性质相同是完全说得通的。过去没有规定设立版本项时,就是这样做的—将版本说明著录在题名之后,作为对题名的修饰,用以区别相同的题名。但是,现在既然有了规定的版本项,其标识符又是那样严格地规定,而且笔者作为《全国报刊索引》两种版本的主编,认为这是版本说明。在排版格式上也是这么处理的。如果编目员都擅自按自己的看法,各行其是,著录标准化就会成了一句空话。同时,我们务必不能忘记,**正题名的著录原则是,按主要信息源中所见题名一字一词如实照录,不得有所增删。**凡属正题名所固有的版本说明(即,题名中有版本说明),应是正题名的一个组成部分。千万不可将其著录在版本项中。

例：

新版英汉大辞典

不是　　英汉大辞典·—新版

反之,显然不是正题名一部分的版本说明,也不可以通过编目员的"分析",认为"应该看作题名的一部分"而著录在正题名中。另一方面,我们也必须承认,书目著录只是对一种文献作客观的描述,没有权利对它的"不合理"之处作出修改。出版上的问题只能由出版者自己去纠正、解决。任何文献工作者无权对其作出修正。"如实反映"是文献著录标准化的核心思想,只有"如实反映"才能达到统一的著录标准。

有人列举国会图书馆的《新连续出版物题名》(New Serial Titles)所编的几种中文刊物为证,认为美国人也是将版本说明作为正题名的一部分。其实这是不足为凭的,因为任何国家对外国出版物的编目总不如对本国出版物那么精确。一般需要参考有关国家的国家书目,正如我们对英美出版物的编目,总是参考《New Serial Titles》、《National Union Catalog》(美国全国联合目录)和《British National Bibliograply》(英国国家书目)。但是这几种书目中,还没有见到过英文连续出版物的版本说明作为正题名的一部分著录的实例。

由于版本说明不易掌握,《编目服务通报》(Cataloging Service Bulletin)早几年就发表了国会图书馆对《AACR2》的解释(Interpretations to AACR2),明确提出,凡主要信息源中有,"edition"(版)或其他语种的对应词者,可以作为版本说明著录。为防止滥用版本说明,《AACR2》的 12.2B2 条款规定了某些有"eduction"字样的信息,不得作为版本说明处理(参见 R5.1.2.7)。1987 年通过的《ISBD - S》版修订和其他各种 ISBD 的修订版以及最新颁布的 ISBD - CF (Computor Files,计算机文档),都与国会图书馆持同样的观点。2.1.1 条款 A 写道,版本说明涉及"正式标明版本名称和/或编号的所有版本"。"社科版、科技版等等正是符合有版本名称的专业内容的版本"。2.1.1 条款还写道,"版本说明一般含有"edition"(版)字样(或另一语种的对应词)"。正是根据这样的原则,才使我们无法找到西文连续出版物正题名中含有版本说明的例子。

也有人认为,应该将"社科版"、"科技版"作为副题名著录,例如:

全国报刊索引:社科版

全国报刊索引:科技版

前面已经说过,任何一种出版物本身便是一个特定题名的一种版本。稍有差别(无论是内涵或外形)便是另一种版本。因此,凡是说明版本差别的文字都是一种版本说明。既然是版本说明,就应该著录在版本项内,而且为了区别不同的版本,这是一个不可或缺的项目。例如,《解放日报》原来只有一种版本,我们就不著录"中文版"和"铅印版"。后来增出了一个"市郊版",就不能不著录"市郊版"作为版本说明。如果不著录,便不能区别两种不同版本的同名报纸。但是,原有《解放日报》并不需要增加版本说明,因为文献上原来并无版本说明。又如,许多大学学报也分为"自然科学版","综合版"、"社科版"、"百科版"等等,究竟算不算版本说明,首先取决于出版者是否将其作为几种出版物,还是作为一种出版物发行。如果算作一种出版物,那就谈不上"版本"的问题,如果不算一种出版物,不著录版本说明便根本无法区分内容完全不同的同名刊物。出版者一开始便将内容作为题名的组成部分,成为"社科分册"、"科技分册"或是"社科部分"、"自然科学部分"那是另一回事。现在出版者所给的题名中没有这一部分,而将其作为一种版本说明,编目员是无权将其作为副题名的。更何况,无论按照《ISBD》,还是按照《文献著录总则》,或任何分则,副题名是提供选择采用的。不可或缺的版本说明一旦因误作为副题名而被省略,其后果是显而易见的。由此可见,除了上述原来包括在正题名中,成为正题名的一个组成部分的版本说明以及 R5.1.2.7 条款规定外,任何说明版本差别的文字都应著录在版本项中,决不可作为分辑名或副题名著录。

R5.1.2.4 特殊版式或外形的版本说明

例:

1,.—盲文版

2,.—大字印刷版

3,.—缩微印刷版

4 , .—Airmail ed. (航空版)

5 , .—Braille ed. (盲文版)

6 , .—Large print ed. (大字印刷版)

7 , .—Library ed. (图书馆版)

8 , .—Microform ed. (缩微版)

9 , .—Student software ed. (学生软件版)

释：特殊版式或外形的版本很可能在出版物的主要信息源中没有版本说明，需要由编目员自己在著录时加上。这样加上去的版本说明应加方括号，或著录在附注中。

著录版本说明必须有两个条件为前提：1. 存在着两种或两种以上版本内容或形式，2. 版本不同必须是整套出版物的所有复本均有差别，而不是某一册或几册内容或装帧不同。个别杂志某一期因发表不适合的文章而被收回重印，诸如此类的个别一期两次印刷而有内容或版式不同，决不是版本说明的内容，应在附注中注明。某些期刊装帧特殊，如《朝花旬刊》，1981 至 1982 年的《鲁迅学刊》是毛边形式。这样的形式也不可作为特殊版式或外形的版本，因为只存在一种形式。若有需要可作为附注说明之，同样道理，建国前为了通过国民党的检查，将《红旗》装上《快乐之神》的封面，《布尔什维克》换成《少女怀春》的封面，这种在出版时封面的改装不能看成一种版本形式，只能作为附注记录。如果将故意的伪装作为正式的出版形式，那末著录将产生根本的差别，因为其正题名应该是《快乐之神》和《少女怀春》，而不是《红旗》、《布尔什维克》了。总之，图书的版本概念不完全适用于连续出版物。

版本的名称、形式不胜枚举，作为编目规则或著录标准只能列举极小的一部分，借以说明有关的条款。编目员可以根据实际所见著录版本说明。

R5.1.2.5　文种版本说明

例：

1 ,. —朝文版

2 ,. —蒙文版

3 ,. —English ed.

4 ,. —Ed. francaise

释:在记录文种版本时,首先必须确认两种或两种以上的出版物:1. 题名完全相同(不是译名相同);2. 责任者或出版者相同(或一个出版者的分支机构)。因为著录版本说明之目的主要是区别题名和责任者都相同的出版物。如果正题名的文种根本不同(如,中文译成英文,或英文译成中文,就不存在相同题名的不同语种版本,不应该著录"中文版"或"英文版")(这一点与我们的习惯用法完全不同),如果需要说明,只能在附注中注明本出版物是什么题名的某一文种本或翻译本。(翻译本不是一种版本说明,因为它总是在某种文本出版以后才翻译出版,而且题名也决不会相同)。不应理解为,英文正题名需要著录"英文版"或"English ed",中文正题名还要著录"中文版"(当然,题名与正文的语种应是一致的前提下)。有的连续出版物尽管正文所用语种并不相同,但正题名却是完全相同,例如,许多学报都用拉丁文题名。英文版;德文版和法文版题名都一样。此时,不著录"×文版"或外文的对应词,就无法区别不同语种的版本。总之,语种版本说明与我们习惯上所说的"×文版"其概念截然不同。第一,必须是两种文本的题名完全一样,而不是翻译的含义相同。例如,《北京周报》(Beijing Review 的中文并列题名)它的德文、英文、法文的正题名都不一样。尽管我们习惯上称之为德文版、英文版、法文版,但是在著录时,并不著录"Deutsehe Ausg.","English ed.","Ed. Francaise",因为它们的题名各不相同,无需为区别相同题名而著录版本说明。如果需要说明其间的关系,可以作附注。第二,某一文种的译本不是版本说明的内容。

R5.1.2.6 时间版本说明

例：

1,. —上午版

2,. —朝版（相当于早报）

3,. —夕版（相当于晚报）

4,. —星期日版

5,. —Sunday ed.

释：《ISBD－S》第一标准版和修订版都没有"时间版本"这一类型。究竟有没有这一类型？确实也有人持否定态度。认为时间版本不是一种版本说明，因为它们的"内容各不相同"。很自然，凡是版本不同的，总有其不同之处，差别在于内涵或外形的不同。内容不同正是构成不同版本的条件之一。R5.2.1.2条款的"专业版本"正是反映内容不同的一种版本说明。日本报纸《日本经济新闻》有"朝版"和"夕版"两种版本（字体很小，不在报头上）。实际上便是早报和晚报。这两种报纸除了版本说明不同外，连总期号也完全一样。我国以前的报纸也有"上午版"、"下午版"、"中午版"之别。作为不同的报纸订阅。如不著录版本说明，就完全无法区别。由此可见，时间版本是一种实际存在的版本形式，是不容置疑的。也有人列举《参考资料》为例，认为"上午版"、"下午版"只是一种出版频率，不是版本说明。其实，版本说明是为了区别两种相同题名，相同责任者或出版者的出版物。《参考资料》的上午版、下午版只是一种出版物。它不能分开单独订阅。所以确实不是版本说明，与其称它为出版频率，倒不如说是一种标识，用以区别一天出版的上下两册。（参见 R2.1.5.7 条款）应当指出，凡是时间版本应当是一种单独出版，有自己的标识系统的出版物。如果只是在一周的某一天题名下印"周末版"或"星期日版"之类的说明，就只能作为一个版面说明，而不能算作版本说明。例如，新华社出版的《参考消息》，近几年在每星期六的题名下，加印"周末版"字样。但是，它既不是单独出版，总期号又与其各期相连，而且内容也无独特之处。对于这样的说明,就不应该作为版本说明。如果我们将报纸的版面说明或专栏说明误认为是版本说明,总期号就无法相连而变得十分残缺,所以在确定是否版本说明时,还要弄清这种"版本"是否单独供应。如果多种"版本"作为一种出版物供应,也就不存在需要"用以区别相同题名(相同责任者或出版者)出版物的不同版本"的问题了。

R5.1.2.7 不作为版本说明的情况

下列情况不可作为版本说明:

a. 表示卷号或年、月时间的说明(应著录在卷、期、年、月或其他标识项中)。

例:1. 21 版　　(即第 21 期)

　　2. 1988 版　　(表示卷号)

　　3. 上午版　　(表示同一种报纸一天分出两次)

　　4. 下午版　　(表示同一种报纸一天分出两次)

　　5. 周末版　　(表示一个版面)

释:例 3 和例 4 系指同一种出版物一天分两次出版。不是指一种出版物的两种不同版本(参见 R5.2.1.6 时间版本的释义)。

b. 表示有规律的修订说明(应著录于附注项)。

例:

　　1. 修订版,每半年修订一次

　　2. revised ed. Issued every 6 months

c. 表示一般资料类型或具体资料类型的说明。这些说明没有在主要信息源中出现。

d. 某些供内部交流的学术性刊物(如,部分大学的学报,某些高等专科学校的学报),每期都有不同的版本说明,或者两种不同的版本说明交替出版,但是作为一种出版物。

释:有些大学和高等专科学校的学报,在初创时,往往每期都有一个专辑,或者两种不同的专辑,如"自然科学版"与"社会科学

362

版", 交替出版, 但是合用同一个标识系统, 作为一种出版物出版。这样的"版本说明"不能作为版本说明著录, 因为, 著录版本说明之目的, 是要区别相同题名, 相同责任者(或出版者)的不同版本的连续出版物。每一个版本说明都表明了一种单独出版物的存在, 而且有着其自身的 ISSN 作为识别代码。如果每期的版本说明都不同, 或者两种版本说明交替, 而只作为一种出版物出版, 那末, 这样的"版本说明"就不能单独作为一种出版物而存在, 否则一种出版物就会有了几个 ISSN。因此, 本条款所列举的不能作为版本说明著录的四种类型, 其关键还在于, 这些说明是否用来区别相同题名(相同责任者或出版者)出版物的不同版本。也可以参考卷期号是否完整。

R5.1.3 多种版本

关于多种版本的著录见 R10.2.2 条款。

R5.1.4 版本说明改变

版本说明如有实质性改变, 应做新的著录。无实质性改变者, 可在附注中说明之。

释:版本说明作为识别一种出版物的依据, 如果发生了非实质性的改变, 如, "社会科学版"改名"社科版", "哲学社会科学版"改变为"哲社版", 只需在附注中说明改变的情况及时间。反之, 如果发生了实质性改变, 如, "医学版"改为"医药版", "农林版"改为"农业版", 就必须做新的著录。个别一、两期版本说明有改变, 可在附注中说明之。

R5.2 并列版本说明

如版本说明有两个或两个以上语种, 取与正题名相同的语种作版本说明。根据需要可以著录并列版本说明。并列版本说明前用空格、等号、空格。

R5.3 本版责任说明

R5.3.1 本版责任说明的范围

与本版有关的责任说明可涉及个人或团体,并能表示其职能(如新版的修订者),或在该新版中对提供补充资料、附录负责的个人或团体。

R5.3.2 著录

在所著录的连续出版物的主要信息源中,有与本版有关的责任说明,应著录于版本项中。如在出版物其他部位找到,应加方括号。如系在该册出版物以外取得责任说明,则著录于附注项中。

按 R4.5 条款著录本版的责任表明。

R5.4 附加版本说明

附加版本说明是指:

a.连续出版物载有正式说明,表示其属于一种版本中的一个版本,或者表示属于前面提到的版本的一个版本。

例:

    1,. —2nd ed. , rev.

    2,. —English ed. , 2nd ed.

    3,.—第二版,修订版

b.该出版物在内容上,与它所属的版本的其他印次有重大的不同。

例:

    1,.—Reprint ed. , [with an appendix]

    2,.—2nd ed. , 3rd. corr. impression

    3,.—重印版,[有附录]

R5.5　附加版本后的责任说明

附加版本说明后如有责任说明应予著录。

例：

1, . —第二版,修订版/上海造船工程学会

R6　卷、期、年、月或其他标识项
（Numeric and /or Alphabetic, Chronol ogical, or Other Designation Area）

说明　本项著录内容为本题名下第一册和最后一册的卷、期及其年、月。这些年份可能与出版项中的年份相同,也可能不同。

卷、期、年、月是识别连续出版物的重要依据之一。它们是本题名出版物出版情况的客观反映,与编目或收藏单位的馆藏情况没有任何关联。

如起讫卷、期、年、月都不清楚,则可省略。将有关的说明著录在附注项中。

标识符

A.本项之前用句点、空格、破折号、空格"—"（中文共占两格,下同）。

B.连续出版物起讫卷、期及日期之前用空格、连接号、空格"—"。

C.有卷、期号又有日期,则日期著录在卷、期号之后,并加圆括号,前后各空一格"（ ）"。

D.连续出版物同时有两种以上标识系统,第二种、第三种标识系统前用空格、等号、空格" = "。

释:连续出版物由于题名相同,每一册（期）的差别仅在于它

的卷、期标识或年、月标识,用以标志、识别每一册连续出版物。这种标识连成系列就称为标识系统。一种连续出版物并不限于一种标识系统。两种标识系统同时存在常见的,有时甚至第三个标识系统。为了明确区别各个标识系统,因此规定第二种、第三种标识系统前用等号" = "。

E. 每一个后继标识系统前用空格、分号、空格";"。

释:连续出版物的卷、期、年、月标识是一种用以识别每一册连续出版物的标志。本项所著录的是客观地反映连续出版物本身生命的起始、延续或终止情况。也就是著录该出版物本题名第一册和最后一册的卷、期、年、月或其他标识,用来反映所著录连续出版的完整范围。本项著录的内容与任何藏书单位的具体馆藏毫无关系。如果藏书单位停止订购或部分破损、遗失,不应该在本项中作出版完毕处理。如果一种连续出版物在著录时尚在继续出版,但是后来藏书单位因故停订,在停订期间该出版物发生停刊或改名、合并等变化,藏书单位可以根据自己掌握的信息对有关项目作补充或者不予理睬。

强调著录本题名下第一册是因为,连续出版物如遇到改名等情况,不再采用过去那样"新题名见旧题名"或"旧题名见新题名"的"集中反映"著录法,而是采取"分段如实反映"著录。改几次名就会分几个款目著录。每一个款目分别著录各自题名下的卷、期、年、月。这样,经过改名后的题名下,就不一定是以 Vol. 1, no. 1 开始。

例：

> 造船工程与制船时代　　美国
> P00456　　Marine Engineering and Shipping Age.
> 1470　　　　—Vol. 26, no. 9（Sept. 1921）– vol.
> 　　　　　　39（1934）. —New York：Aldrich Pub.,
> 　　　　　　1921 – 34.
> 　　　　　　14v. ;ill. ;30cm.
> 　　　　　　ISSN 0272 – 2895
> 　　　　　　Monthly. —Continues：Marine Engi –
> 　　　　　　neering. —Continued by：Marine Engi –
> 　　　　　　neering and Shipping Review.

对于除报纸以外的连读出版物，一般应以卷、期为第一标识了，年、月作为出版日期。如，vol. 1, no.1（1981,1）~。如果没有卷、期号，则以年、月代替卷、期。除非出版物上明显标志以总期号为主要标识外，总期号应作为第二标识系统著录。因为总期号对于查找资料很不方便。人们一般都是以卷、期号或年、月来查找资料。

报纸均以年、月、日为第一标识系统，总期号或卷、期号作为第二标识系统。

例：

1916 年 4 月 1 日 ~ 1920 年 6 月 8 日 = no. 1 ~ 1530（中文）

1949, 5, 26 ~ 　　= No. 1 ~ 　　　　（外文）

格式示范：

第一册日期 ~ 最后一册日期　　（出版完毕）

（中文）

第一册日期 ~ 　　　　（继续出版）

第一册卷、期号 ~ 最后一册卷、期号　　（出版完毕）

第一册卷、期号 ~ 　　　　（继续出版）

第一册卷、期号(第一册日期)~最后一册卷、期号(最后一册
日期)　　(出版完毕)

第一册卷、期号(第一册日期)~　　　(继续出版)

第一册卷、期号(第一册日期)~最后一册卷、期号(最后一册
日期);第二标识系统的第一册卷、期号~最后一册卷、期号
(出版完毕)

第一册卷、期号(第一册日期)~　　=第二标识系统的第一册
卷、期号~(继续出版)

第一册卷、期号(第一册日期)~最后一册卷、期号(最后一册
日期);后继标识说明,第一册卷、期号(第一册日期)~最后一册
卷、期号(最后一册日期)　　(出版完毕)

第一册卷、期号(第一册日期)~最后一册卷、期号(最后一册
日期);后继标识说明,第一册卷、期号(第一册日期)~　　(继续
出版)

规定信息源:

题名页,或代题名页,或出版物的其他部位。(参见 R1.6.2)

R6.1 著录

R6.1.1 著录的形式与次序

卷、期号数据应按所编出版物上的形式与次序著录,但非阿拉
伯数字、拼写数字或繁写的数字,一律以阿拉伯数字著录。这些数
据均按该连续出版物上所用的标识或其对应词的标准缩写形式著
录。中文卷(集)以"v."标识,期(册)以"no."标识。

例.

.—Bd. 1	.—1969. no. 7
.—Vol. 2	.—1 kot
.—Pt. 1	.—1980/1981
.—1974. febr	.—1916 ed.

.—1925，8，1（中文）

.—V.1，no.1（中文）

.—1969，no.1（中文）

不完整的、错误的或拼错的数据，编目员可以修改、补充，以提供正确的形式。

例：

.—[19]76—

.—vol.1（[19]83）—

.—1986 应是[1968]—

.—vol.20[i.e.21]（1846）—

R6.1.2 非公历年的著录

非公历年份按原样著录，在其后著录公历年份，并加方括号"[ ]"。

例：

1. 1353[1979]

2. 4308[1975]

3. 5730[1969 or 1970]

4. anno 18[1910]

5. 宣统 2 年[1910]

6. 昭和 25 年[1950]

释：公历年份加方括号因为不是取自主要信息源。非公历年份包括：佛历、伊斯兰教历、某一时代的政权年号，以及阴历的年份、月份和日期等等。例如，《申报》的创刊日期是清朝同治 11 年 3 月 23 日。折成公历应是 1872 年 4 月 30 日。著录为：

申报.—同治 11 年 3 月 23 日 1827 年 4 月 30 日 ~

但是，当《申报》于 1949 年 5 月 27 日停刊时，它的主要标识已经改为公历（同时还有农历年、月、日，因为已经改用公历为主要标识,不再记录农历),所以按公历记录。由于同时还有期号,而期号对于识别报纸是否完整尤为重要,因此,期号就作为第二标识,著录为:

申报.—同治11年3月23日[1827年4月30日]~1949年5月27日=No.1~25600.

R6.1.3　跨年度或跨月出版的出版物

如连续出版物的一卷(册)系跨年度或跨月出版,则在两个年份或月份之间加斜线"/"。

例:

  1,.—1970/71

  2,.—6月/9月

  3,.—July/Aug.

释:此处不用连接号"—",而改用斜线以免误认为从某年(月)至某年(月)。

R6.2　编号或日期

如连续出版物以编号或日期识别,则记录第一册的编号或日期,和最后一册的编号或日期。

例:

  1,.—Vol.1–

  2,.—Bd.1–70

  3,.—1925–

  4,.—1936–1985

  5,.—V.1,no.1–（中文）

  6,.—1988,no.1–（中文）

  7,.—1981,no.1—1987,no.12(中文)

释:如前所述,本项所著录的是客观地反映连续出版物整个生命的延续情况,所以要记录第一册至最后一册的卷、期、年、月或其他标识。如该连续出版物生命期尚未结束,也就是说继续在出版,则只著录第一册的卷、期、年、月,其后空两格(中文)或四格(西文),然后著录第二个标识系统(如果有的话)或出版项(空格要求与第一标识系统相同)。空格是象征性的,表示继续在出版,并不等于只需空两格或四格就够了。换行时,如空格正好在行首,则予省略。

例:

1.

希望/[合肥市文联]·—1980,no. 1 -   =总 85 - ·—
合肥:安徽省邮电局[发行者],1980 -
v. ;26cm.
月刊.—1983,no. 2 起有副题名:青年文学月刊.—继承:《文艺作品》.—1982,no. 11 起由合肥市邮政局发行,1983 年起由该刊出版.—1984,no. 5 起公开发行.
ISSN: 国内发行.

2.

南京林业大学学报 = Journal of Nanjing
Forestry University. —1986,no. 3(1986,9)- =
总 29 -   . —南京:该校,1986 -
V. ;26cm.
季刊.—继承:《南京林学院学报》.—有英文目次及文摘,版权页汉英对照.
ISSN 1000 - 2006

如从排版格式来看,总期号明显是连续出版物的主要标识,则以总期号作标识,其出版年、月著录于后面的圆括号内。

3.

> 中级医刊/东北人民政府卫生部。—No. 1（1951,2）~
> no. 27（1953,6）；1953,no. 7 ~ = 总 28 ~ . —沈阳:
> 该部,1951 ~
> V. ;19cm.
> 月刊. —1954 年起吸收医务生活. —1969,8 ~ 64. 9；
> 1966 ~ 78,10 休刊. —no. 18(1952)起由东北医学图书出
> 版社出版;no. 26(1953,5)起由北京人民卫生出版社出
> 版;1964,no. 10 起由中华医学会编辑出版;1978 年 11 月
> 起由人民卫生出版社出版. —1953 起尺寸改为 26 cm.
> ISSN

释:因为没有其他标识,所以不著录"总1"

R6.3 编号和日期

如连续出版物以编号和日期识别,则同时记录第一册的编号和日期,和本题名下最后一册的编号和日期。日期记录在编号之后。

例:

1,. —Vol. 7. no. 6（June,1979）—

2,. —Vol. 1,no. 1(Jan. 1981)—vol. 8,no. 9（Sept. 1988）

3,. —V. 1,no. 1（1981. 1）~ v. 8,no 9（1988,9） （中文)

4,. —V. 6,no. 6（1980,12）~（中文)

R6.4 以年代卷

如果以年代替卷号,则期号总是记录在年份之后。

例:1,. —1970,no. 1 – 1975,no. 12

2,. —1967,no. 1 –

3,. —1983,Jan. –

释:连续出版物如果没有卷、期标识,而以年份代替卷号,以月份代替期号,则年份应著录于期号之前,中文此时不再著录年、月(只有月刊才可能期号和月号完全一致)。但是,如果期号与月号不一致,则仍需在圆括号内著录年、月。

例:1,. —1984,no. 3(1984. 7) ~

2.

激光译丛/中国科学技术情报研究所重庆分所.—1978,

1978, no. 1(1978,1) – 1980. no. 6(1980. 11).—重庆

(四川):科学技术文献出版社重庆分社,1978 – 80.

3v. ;26cm.

双月刊.—1980, no. 5 起有副题名:激光科学与技

术.— 1981 年起改名:《激光科学与技术》.

ISSN   :国内发行.

R6.5 改名后的标识

如所著录的连续出版物系另一种连续出版物的继续,则所著录的编号和/或日期应是本题名下第一册和最后一册的编号和/或日期。

例:1,. —Bd. 5 (1957/63) – Bd. 6 (1964/70)

2,. —Vol. 1, no. 1 (Jan. 1960)—

3,. —No. 6 (1963)—

4,. —V. 4; no. 4 (1984, 8)

5.

> 燃料化学学报 = Acta Foculio – chimica Sinica. —V. 6, no. 1(1965,3)·—北京:科学出版社,1965 – V. ;26cm.
> 季刊.—继承:《燃料学报》.—1980 年起有并列题名: Journal of Fuel Chemistry and Technology. —1966, 7 – 1980, 11 休刊;V. 8, no. 1 起在太原出版,并由中国科学院山西煤炭化学研究所出版,V. 12(1984)起出版地改为北京,并由科学出版社出版.—有英文目次及文摘.—V. 9, no. 2(1981, 6)起版权页汉、英对照.
> ISSN 0253 – 2409

释:规定"本题名下"是因为一种连续出版物经过改名等变化后,成了一种新的连续出版物.不一定从第一卷,第一期开始.

R6. 6 两个标识系统

如所著录的连续出版物同时有两个或两个以上标识系统,则所有标识系统均应著录.

例:

1,. —V. 5, no. 7(1980, 7) ~　　= 总 55

2,. —Bd. 1, Nr. 1 – Bd. 6, Nr. 3 = Nr. 1 (Friühling 1970) – Nr. (Winter 1975)

3,. —Vol. 3, no. 7 –　　= no. 31 –

4,. —1916 年 4 月 1 日 ~ 1920 年 6 月 8 日 = no. 1 – 1530

5.

力学情报/中国科学院力学研究所.—<u>1972, no. 7</u> <u>(1972, 7) - 1979, no. 2 (1979, 6) = 总 13 - </u> <u>38.</u> —北京:该所, 1972 - 79. 8v. ; 26cm. 月刊(1972);双月刊(1973);半年刊(1974 - 75); 季刊(1976);半年刊(1977 - 78);季刊(1979). —继 承:《科技情报》.—1979, no. 3 起改名:《力学进 展》. ISSN :　　　　　　　　　　内部刊物.

R6.7　多语种的日期标识

如出版物的日期标识有多种语言/或字体,采用正题名所用的
语种。如这一准则不合适,著录所见的第一种语言标识。

例:

. —1985, May

不是. —1985, May = 1985, Mai

R6.8　后继标识系统

如一种连续出版物题名不变,但改用一种新的标识系统,应将
这种后继标识系统著录在原标识系统之后。后继标识系统一般有
"New series"、"2nd series"、"新辑"、"第二辑"等说明文字。此类
说明应著录在后继标识系统之前。此时,后继标识系统之前用逗
号","。

例:

1, .—Bd. 1 (1962) - Bd. 6(1967); N. F. , Bd. 1 (1968) -

2, .—Vol. 1, no. 1 (Jan. 1941) - vol. 4, no. 5 (May,
1950); n. s, vol. 1, no. 1 (June1950) - v. 2, no. 12(May 1952)

3, .—Vol. 1, no. 1 (Mar, 1950) - vol. 4, no. 5 (Aug. ,

375

1954）;1954, Dec. -

4,. —Vol. 1（1921）- vol. 19（1939）; 2nd series, vol. 1（1946）- vol. 30（1975）;vol.（1976 - ）

5,. —V. 1（1962）~ v. 6（1967）;新辑 V. 1（1968）~

6,. —V. 1, no. 1（1957, 4）—v. 2, no. 24（1959, 4）; no. 25（1959, 5）~

7. | 北京中医学院学报,- V. 1, no. 1（1959, 10）- v . 2, no. 2（1960,44）;1980,no. 1 - 1984,no. 6（1984,12）;V. 8,no. 1（1985,2）- . —北京:该院,1959 -

v. ;26cm.

不定期（1959 - 60）;季刊（1980 - 83）;双月刊（1984 - ）.—1983 年起有并列题名: Acta Beijing Traditional Chinese Medical College 及英文要目;1984 年起并列题名改为:Jounal of Beijing College of Traditional Chinese Medicine.—1960,.5 - 79 休刊.—1980 年起国内发行;1984 年起公开发行.

ISSN   0258 - 88118.—内部参考.

8. | Inter Electroniqui: equipements, circuits, componant. —Vol. 21, no. 1（Jan./Feb. 1966）— vol. 25, no. 12（Dec. 1970）; new ser. , vol. 26, no. 1/2（Jan./Feb. 1971）.—vol. 28, no. 117（Dec. 1973）; no. 118（Jan . 1974）- . —Paris: Compagnie Francoise d' Editions, 1966 -

v. ;ill. ; 28cm.

ISSN 0020 - 5036

释:连续出版物在其漫长的出版过程中,在题名不变的情况下,改用新的标识系统并非罕见。改用新的标识并不意味着产生一种新的连续出版物,因为题名没有改变。著录时,应先将原来的标识系统作一总结,然后著录新的标识系统。如果原来有两种标识系统,其中一种停止使用,而另一种继续使用,需要将两种标识同时结束,然后同时开始新的标识系统。

后继标识系统前如有文字说明(如,新辑、第二辑等),后继标识前用逗号","。这是因为说明文字和标识合起来构成新的标识系统。所以从整体来看,后继标识系统之前,仍旧是分号";"。改用"新辑"、"第二辑"或其他语种的对应词后,无论其卷、期是否连续(少数情况下,卷号仍然继续),都应看作一种新的标识系统的开始。

例:1.

> 中华内科杂志/中华医学会内科学会。—1953,no. 1(1953,1)~1954,no.6(1954,11); <u>v. 3, no. 1(1955, 1)</u> ~.v. 14, no. 7 (1966, 7);<u>新 v. 1, no. 1(1976, 1) ~新 v. 2, no. 6 (1977, 11); v. 17, no. 1(1978. 1)</u> <u>~</u>.—北京:中华医学会,1953 ~
> 　V. ;26cm.

释:这种连续出版物有三种后继标识,其中 1955 ~ 1966 从 v. 3 开始,而 1976 ~ 1977 又从新 v. 1 开始。1978 年又从前面三种标识累计成十六卷,故又从 v. 17 开始。

2.

> 人民音乐/中华全国音乐工作者协会. —V. 1 , no.
> 1(1950 , 9) ~ v. 3, no. 3 (1951, 12) = [总 1]
> ~15;1953,12 = 总 16; 1954, no. 1(1954,2) ~
> 1966,no. 2(1966, 4) 总 17 ~ 148, 1976, no. 1
> (1976,3) ~1978,no. 2(1978, 3) = 总 1 ~ 13;
> 1978,no. 3(1978, 5) ~   = 总 162.
> —北京:新华书店,1950 ~
> V. ;26cm.
> 月刊(1950 ~ 64);双月刊(1965 ~ 78);月刊
> (1979 ~). - 1953 年 12 月起由中国音乐家协
> 会编辑. - v.2, no. 5(1951)起有总期标识.

　释:这种连续出版物的标识有四次改变,所以有五个阶段,
1950 ~ 51 第一阶段是以卷、期作标识,兼有总期号;1952 年 1 月 ~
1953 年 11 月休刊,1953 年 12 月复刊时,改用年、月标识,兼有总
期号;1954 年 2 月起改用年、期标识,兼有总期号,因为号与月份
不一致,所以同时著录其年、月;第四阶段仍是年、期标识,兼有总
期号,但总期号从"总 1"开始;第五阶段仍用年、期作标识,兼有总
期号,但总期号是从第一至第四阶段累计,所以成了"总 162"
开始。

R6. 9　第一册无总期号

　第一册或创刊号没有总期号,而在以后出版的某一期起有总
期号,应在附注中著录"某年某期"(或某卷某期)起有总期号。本
项中著录"总 1"。

例：

1.

> 雪莲:文艺双月刊/西宁市文联. — 1979, no. 1 –
> 1985,no. 1（1985，2）=［总 1］– 22.—西宁:［该
> 刊］,1979 – 85.
>
> 　7v. ;26cm.
>
> 　双月刊(1979 – 80,2);季刊(1990，3 – 85). —
> 1980, no.2 起副题名改为:文艺季刊.—1980
> 年起有总期标识.
>
> ISSN　　　　　　　:国内发行.

R6.10　第一册无标识

如连续出版物第一册上无标识,可以记录"［No.1］",然而,如果以后各册有卷、期、年、月或其他标识,则应该改成相应的标识。但是,原有方括号不可取消,表示原来无此标识。凡主要信息源中所见数字标识,无法识别是月号或期号,而两者均可适用时,应算作期号。

例：

1,. —［No.1］–

2,. —［Pt.1］–　　　　　（按:第一册缺少标识,后各
　　　　　　　　　　　　　册为 pt. 2, pt. 3…)

3,. —［V.1., no. 1］~　　（按:第一册无标识,以后各册
　　　　　　　　　　　　　为 v. 1, no. 2,V. 1,no. 3…)

R6.11　创刊号

创刊号一般可如原样照录或作为"no. 1"著录,但当创刊号之后又出现第一期,则应作为先后两种标识系统。创刊号著录为"创刊号",第一期著录为"no. 1"。

不是一月份创刊,无期号而用月号作标识,则著录月号。

例:

1,. —创刊号(1981,1);1982,no.1 ~

(按:月份与期号一致,则不再重复)

2,. —创刊号(1981,1);1981,no.1(1981,2) ~

(按:月份与期号不一致,故重复著录年、月)

3,. —1984,10月 ~

R6.12　试刊

凡是与总期号有关联的试刊可以作为一种标识系统著录。总期号中未计算在内的试刊或非正式出版的期号可以在附注中说明(参见 R 10.3.3)。

例:

1. 附注:试刊 no.1 – ,1980 年 10 月 ~ 12 月出版。

2. 附注:1981 年 1 月 ~ 3 月为油印本,内部交流。

3.

> 关东文学—1984,试(1984, 5) = [总1];1984,
> no.1 1984,9) – = [总2] – . —辽源(吉
> 林):吉林省辽源市文联,1984 –
> V. ;26cm.
> 季刊(1984);双月刊(1985 –). —1984,no.2
> 起有总期标识.
> ISSN　　　　　　　　国内发行.

R6.13　休刊、复刊

连续出版物经过休刊而又复刊者,本项内仍按继续出版形式著录。不反映休刊、复刊情况,但是在附注项中应作说明(参见 R10.3.5)。

R6.14 起讫年、卷不明

连续出版物无法确定其起始年、卷者,可记录一个大概的日期或卷、期。由编目员推算出来的日期应加某种标识(如,问号或方括号等),表示此日期不是取自出版物的规定信息源。记录方法如下:

. —1969? —　　　表示不肯定

. —197？ -　　　表示这十年内

. —192？ -　　　　表示可能这十年内

. —ca(约)1960 ~　　　大约是这一年开始

. —Vol. 1, no. 1 (1969?)—　　年份不肯定

. —V.1, no. 1 (1959?) ~　　年份不肯定(中文)

. —Vol. (19　) ~　　年、卷都不明

. —Vol. 25, no. (1978) -　　期号不明

截止年、卷的记录方法与此相同。

释:用这种方法记录是出于这样的原因:书目记录是永久性的记录。虽然采用这些估计推算的方法记录不够精确,但是现在估计或推算总比将来的估计或推算误差少一些,以不失为一种可取的记录法。

R6.15 具体日期不明

如连续出版物的具体起讫日期不明,如,三日刊、五日刊、周刊、双周刊、半月刊等找不到确切的日期或月份,括号内可以只记录年份。

R6.16 重印本

凡属复制本的连续出版物,本项所著录的内容与原版完全相同,但出版项的年份则是重印的日期。

例：

    1. 中国青年/中国共产主义青年团. —影印版. V. 1，no. 1（1923，10）~ v. 3，no. 3（1927，10）. —北京：人民出版社，1966

    2. le Banquet. —［Reprod en fnc – sim］. —No. 1（Mars 1892）– no. 8（mars 1893）. —Geneve：Slatkine，1971—

    释：连续出版物的主要条件，必须是连续出版，而且准备长期出版下去。重印版作为一个新的品种理应也符合这个条件，但是，事实上符合这一条件的重印版（也即是，一方面原版继续在出版，另一方面，影印版也同时继续在出版）是非常少的。据著者所知，只有内部发行的外文期刊才算是真正的连续出版物。早已停刊的期刊，现在一次或分几次重印均不能算作连续出版物。然而，从其本质、内容而论，毕竟还是连续出版物。为了集中管理使用，仍作为连续出版物处理。

R7　出版、发行（等）项
（Publication，Distribution，etc. Area）

说明：

    出版项包括所著录的连续出版物的所有出版事项。在著录重印本或其他照相（或缩微）复制品时，关于复制品的出版事项应著录于本项中，而原版的出版事项应著录于附注中（见 R 10. 2. 1）。

内容：

R7. 1　出版地和/或发行地

R7. 2　出版者名称和/或发行者名称

R7. 3　发行者职能说明（选用）

R7. 4　出版年和/或发行年

R7. 5　印制地和/或制作地（选用）

R7. 6　印制者名称和/或制作者名称（选用）

R7.7 印制年或制作年(选用)

标识符：

A. 本项前用句点、空格、破折号、空格"．—"(中文共占两格，下同)。

B. 第二地名前用空格、分号、空格"；"。

C. 每一出版者或发行者或印刷者前用空格、冒号、空格"：."。

D. 编目员补充提供的发行者职能说明置于方括号"[ ]"内。

E. 出版或发行日期前用逗号"，"。

F. 第一册与最后一册的日期之间用连接号"—"，如连续出版物继续在出版，则在第一册的日期之后用连接号"—"。

G. 印刷地，印刷者和印刷日期著录在括号"( )"内。括号内的标识符用法与 B、C、E 相同。

格式示范：

．—出版地：出版者，出版年(印刷地：印刷者，印刷年)

．—出版地：出版地：出版者，出版年

．—出版地：出版地；出版地：出版者，出版年

．—出版地：出版者：出版地或发行地：出版者或发行者[发行者职能说明]，出版年

．—出版地：出版者，出版年(印刷地：印刷者，印刷年)

规定的信息源：题名页、代题名页、封面、正文第一页。刊头、编辑页及其他书页。(参见 R1.6.2)。

R7.1 出版地和/或发行地

R7.1.1 出版地和/或发行地的含义

本项目的第一个著录单元是出版地和发行地。出版地和/或发行地是指该出版物中，与出版者(如有多个名称，则是指主要出版者)或发行者有关联的城镇名称或其他地名。如未提到出版者

或发行者,则该地便是该出版物的出版地或发行地。

R7.1.2　著录

出版地或发行地应按其在所著录的连续出版物中的拼法形式和语法的格式著录。但是应删去其前面可以不用的介词和冠词。习惯上不可省略的冠词不得省略。

例:

. —V Praze　　（习惯用法）

. —Den Haag　　（习惯用法）

但是不用:A Paris,而用:Paris

R7.1.3　地名印刷错误

出版地或发行地一般都印在连续出版物上,如果确知出版地印刷错误,可以自行纠正或在其后加著正确的地名。这样的补充说明应加方括号"[　　]",也可以著录在附注中。

例:

1,. —New Work [i. e. New York]

2,. —南京[应是上海]

R7.1.4　一个出版者与多个出版地

如多个出版地与一个出版者或发行者有关联,著录排版格式上最显著的一个。如排版格式上无区别,则著录第一个地名。

释:"排版格式上最显著的一个"是指一些跨国出版公司的出版物,往往同时印有三、四个地名,其中有一个地名会以较大的字体印刷。这个地名一般不是列在最前面。"排版格式上无区别"是指三、四个地名以同样大小的字体出现,分不出主次。此时,第一出版地往往是该册出版物实际的出版地。因此建议著录第一个出版地。

R7.1.5　两个以上出版地

R7.1.4 条款所规定的情况,如果所著录的出版地(一般是西文出版物)与中国图书进出口总公司的期刊编号中的国别代码不

符,则加著与刊号相符的地名及其相应的出版、发行者

例:

1. London;New York;Longmans, Green

(按:中图公司刊号中,国别代码为 B,所以加取 New York。因为在英国、美国都是同一个出版社,所以只记录一个出版者)

2. New York;Dutton;Toronto;Clarkel,Irwin

(按:中图公司刊号表示是加拿大出版,所以加取 Toronto。两国的出版社名称不同)

3. 北京:中国科技情报研究所;太原:山西省科技情报研究所

(按:这里有两个出版地、两个出版者。按照常理,著录第一个出版地、出版者即可,但是由于邮局刊号"22"表明是山西省的期刊,所以同时著录两个出版地、两个出版者)。

4.
```
Textures and Microstructures. —Vol. 4, no. 4
(Mar. 1982) –. —New York; London; Gor-
don and Breach Science Pub. , 1982 –
    V. ;ill. ;25cm.
ISSN 0730 – 3300
Quarterly. —Continues; Texture of Crystal-
line Solids (ISSN 0309 – 7951).
    Vol. 7, no. 1 –          1987 –
```

释:关于记录两个出版地及其相应出版者的做法,《英美编目规则,第二版》要求:当所记录的第一出版地不是编目单位所在国家,则加著与编目单位相同国家的地名(如果有的话)。如 R7.1.5 第一例,编目者在美国,所以加 New York。第二例编目者在加拿大,所以加 Toronto。由于这条规定在我国极少能适用,而

在实践中常常会产生期刊上的第一出版地与中图公司的刊号中的国别代码不一致。R7.1.5 条款将有助于解决这一矛盾。

近年来,我国参加了某些国际性学术刊物的编辑工作。我国的某一城市极有可能成为几个出版地之一,但是,如果中图公司的刊号不是中国,仍然应当引用本条款规定。

R7.1.6 出版、发行地的附加

凡出版、发行地为一个国家的首都或知名的大城市(如,省会、首府),则不需加国家、州(美国)、郡(英国)或省等名称。如著录的地名有两个或两个以上同名的城市,则应加注其上一级行政区或国家。如题名页上没有其上一级行政区或国家,而从别处找到,则应置于方括号中,表示原出版物无此信息。若取自规定信息源,则加圆括号(中文)或不加括号(外文)。

例:

Waco〔Tex.〕	Tolworth, England
London〔Ont.〕	Carbondale, Ill.
Santiago〔Chile〕	兴国〔江西〕
Renens〔Switzerland〕	碤石(浙江)

例:

> 国外医学参考资料·生物医学工程分册.—
> V.1,no,1(1978,12).—简阳(四川):中
> 国医学科学院分院,1978.
> 1v.;26cm.
> 季刊.—v.2(1979)起改名:国外医学·生
> 物医学工程分册.
> ISSN   :国内发行:

释:出版地或发行地不是首都或知名大城市时,必须在地名之后加省、市、自治区、州、郡或国家。这是因为不仅外国许多城市名

称相同,国内地名相同者亦不少。虽然近年来国内一些城市和县名已经根据中央决定,改变了名称,以免发生因同名而误会,但是在这之前已经印在文献上的同名地名却不可能改变。加方括号的规定适用于国外地名,以及国内取消同名县城以前的地名。

R7.1.7　出版地有两个语种

如出版、发行地有两个或两个以上语种,用正题名所用的语种著录,如果这个规则不用,则著录最先出现的语种。

R7.1.8　地名只有简称

如果地名只有简称,则应补充全名。所补上的词应加方括号"〔 〕"

例:

. —Mpis〔i. e. Minneapolis〕 . —渝〔重庆〕 . —穗〔广州〕
. — Rio〔de Janeiro〕. —榕〔福州〕. —宁〔南京〕

R7.1.9　出版者名称不详

出版者和发行者名称不详时,可著录其详细地址。如地址系取自规定信息源中,可加括号"( )",否则应加方括号"〔 〕"。

例:

. —南京(902 信箱,323 分箱)

. —London (35 Notting Hill Gate, London, W. 11)

释:例一是个保密单位。即使能查到该单位的名称,为了保密需要,也不宜著录。邮政信箱号只能作为出版地址,而不可作为出版者代码。记录地址是为了提供尽可能多的采购信息。

R7.1.10　已著录出版地

如果已经著录出版地,则发行地不再著录。或者根据编目单位的需要著录。

释:凡出现在题名页题名上方的单位,如未说明是编辑者,一般可作为编辑者著录,凡出现在题名下方的单位,一般是出版者。如已说明是编辑者,但是未找到出版者,则兼作出版者著录。

内部刊物凡说明编印单位、或编辑、发行单位者,该单位即是出版者。

R7.1.11　无出版、发行地

如无地名可著录,可著录拉丁文 sine loco(无地名)的缩写词"S.1."或其他语种的对应词,或"出版地不详",并置于方括号内。印刷地不可作为出版、发行地著录。

例:

　　. —[S.1.]

　　. —[出版地不详]

R7.1.12　出版地无法确定

如连续出版物的任何部位均无出版地或发行地,应在方括号内提供编目员所知的地名。如果地名不能肯定,或不知,则提供可能的地名,其后加问号,一并置于方括号中。

例:

　　. —[Hamburg]

　　. —[Paris?]

　　. —[上海?]

　　. —[成都]

R7.1.13　未提供确切地名

如果无法提供城镇名称,可提供州、省或国家名称。

例:

　　. —[Canada]　　　　(按:见于规定信息源之外)

　　. —Surrey　　　　　(按:见于规定的信息源之中)

　　. —湖北

R7.1.14　重印本

著录影印本或其他复制本时,本项中应著录复制本的出版地、出版者及出版日期。原版的出版地、出版者等著录于附注中(见R10.2.1)

R7.2 出版者、发行者

释:凡"本刊编辑部"出版的刊物如有上级主办团体,则以主办单位作为出版者。只有独立的编辑部或说明出版者即本刊编辑部时,才著录"该刊"。如果由"本刊编辑部(或其它团体)编辑、发行",但是不说明出版者,则本刊编辑部即是出版者。

R7.2.1 著录

尽可能将出版者以最简单,而又能使读者容易理解的形式记录。如在题名与责任者项、或版本项中已有出版者的全称,也应当按习惯予以简化。

例:

1. 学术月刊. –上海:人民

2. 图书馆学通讯/中国图书馆学会.—北京:文物出版社

3. ASTM Bulletin/American Society for Testing Materials
   . —New York:The Society

4. Shanghai Library Monthly Bulletin
   . —Shanghai:The Library

5.
> 锻压机械/第一机械工业部铸造锻压机械研究所.—1966, no. 1(1966,1)– =总 1 – .—济南:该所,1966 –
>
> v. ;26cm.
>
> 双月刊.—1984 年起有并列题名:Metal Forming Machine Tools 及副题名:工艺、设备、管理.—1972, no.5 起,编辑出版者改名:济南铸造锻压机械研究所.—继承:《铸锻机械通讯》的一部分.—1977, no. 1 起国内发行.
>
> ISSN　　　　　　　　:内部刊物.

释:出版者名称的简化以达到能识别为度。例如,上海人民出版社可著录"上海人民"或"人民"即可。完全不必考虑某个出版社与另一出版社之间的组织关系,只要经过简化后出版者名称能与当地其它出版者相区别。例如,著录 Penguin 而不是 Penguin Books(因为没另一家 Penguin);著录 W. H. Allen,而不是 Allen,以避免与其他名为 Allen 的出版者相混淆;著录 Longmans, Green 和 Longmans Educational 而不是 Longmans 以免混淆。

R7.2.2　出版者有两个语种

出版、发行者有两个语种,则著录与正题名相同语种的出版、发行者。若有需要,将另一语种的出版者、发行者作为并列说明同时著录,其前用等号。

例:

1. ;Editions du peuple = Commoner's Pub

2. ;Bundeskanzlei = Chancellerie federale

R7.2.3　出版者即编辑者。如出版者即编辑者,本项著录可以简化(见 R 7.2.1)。

R7.2.4　两个以上出版者。如连续出版物有两个以上出版、发行者,著录第一个出版者。有以下情况之一者,同时著录后面的出版者及其相应的地名。

a. 第一个单位和后面的单位在一个说明中联在一起。如

London:Macmillan for the University of York

New York:Published for the Social Socience Research Council by Heinmnann

b. 第一个单位显然是一个发行者,而其后面的单位是出版者。

c. 从排版格式看来,后面的单位明显是主要的出版、发行者。

Toronto:Mc Clelland and Stewart:World Crafts Council

(按:第二出版者用较大黑体字印刷)

d. R7.1.5 条款所列举的情况。

R7.2.5 出版者不详

如出版物无法确定其为出版者或发行者,可著录"出版者不详"或拉丁文 Sine nomine(无名称)的缩写词"s. n.",并加方括号。印刷者不可作为出版者、发行者著录。但个人或团体兼有印刷者职能或不能确定其为出版者或印刷者,则可以作为出版者著录。

例:

> 系统工程与科学管理/中国系统工程学会. —1980,
> no. 1 (1980) ~ no. 3 (1980, 12) = 总 1 ~ 3.
> —北京(北京 112 信箱):〔出版者不详〕,1980.
> 1v. ;26cm.
> 不定期. —1979 年曾以:《系统工程与科学管理专集》试刊. —1981 年起改名:《系统工程理论与实践》.
> ISSN

R7.3 发行者职能说明

连续出版物如有出版者,不再著录发行者。如无出版者,则著录发行者。发行者名称之后应加"〔distributor〕"或"〔发行者〕"

例:

1,. —London:Educational Service〔distributor〕

2.

> 三月风/〔中国残疾人福利基金会〕. —1984,
> no. 1(1984,11) ~   = 总 1 ~   . —北京:
> 北京报刊发行局〔发行者〕,1984 ~
> V. ;26cm.
> 月刊.

释:邮局不是出版者,而出版者又找不到,所以只能著录发行者。为了区别于出版者,因此注明它是发行者,而"发行者"在原有信息源中是没有的,所以要加方括号。

R7.4 出版和/或发行年

出版年著录在最后一个出版者之后。本项著录的内容为本题名下第一册的年份和最后一册的年份。如连续出版物尚在继续出版,则著录第一册的年份。本项著录的日期一般与卷、期、年、月或其他标识项的日期相一致,但也可能不一致(如,重印本、早一年或晚一年出版的年鉴等)。

例:

    1. . —1965 –

    2. . —1936 – 1960

R7.4.1 公历年份

凡公历年份应以阿拉伯数字著录。非公历年份按规定信息源所见著录,在其后著录公历年份,并加方括号(参见 R6.1.2 条款)。

R7.4.2 年份有错

确知规定信息源中的出版年份有错,应按所见照录,但在其后著录正确年份,并加方括号。

例:

    1. 1905〔1950〕– 1970

    2. 1960〔1970〕

R7.4.3 无出版年。第一册或最后一册无出版日期,可著录版权日期或印刷日期。

例:

    1. 1934(版权)–

    2. 1978(印)–

    3. 1960 Printing –

    4. c1970 –

    5. p 1985

（按：例5中"P"是Phonogram（录制）的标准符号,专门用于连续出版的录音资料）

R7.4.4　无法确定出版年。

如所编连续出版物无法确定出版或发行日期、版权或印制日期,可在方括号内著录一个近似的日期(参见R6.14条款)

例：

1. ［ca1970］–

2. ［197　］–

3. ［1969?］–

R7.5　印刷地或制作地（选用）

R7.6　印刷者或制作者（选用）

R7.5.1 及　R7.6.1 出版、发行地和出版、发行者均不详。如果出版地或发行地、出版者和/或发行者都不知道,而在著录的连续出版物中,有印刷地或制作地、印刷者或制作者,则必须著录。如信息取自该册连续出版物以外,则著录于方括号内。

例：1. —1974 – （［Manchester:Unity Press］）

2. —［s. 1. ：s. n］,1970（London:High Fidoliiy Sound Studios）

R7.7　印刷年或制作年（选用）

R7.7.1　已用印刷年或制作年代替出版或发行年。如已用印刷年或制作年代替出版或发行年(见R7.4.3)则不再重复著录。

R7.7.2　印制年或制作年和出版、发行年不同。如印制年或制作年和出版、发行年不同,则印刷年或制作年也可以著录。

R7.8　出版事项细节变化

有关出版事项细节的变化可著录于附注中。

R8　载体形态项(Physical Description Area)

内容:
R8.1　具体资料标识与文献总数(选用)
R8.2　插图说明(选用)
R 8.3　尺寸
R 8.4　附件说明(选用)
标识符:
A.载体形态项前用句点、空格、破折号、空格". —"(中文共占两格,下同)。或另起段落,省略标识符。
B.插图说明前用空格、冒号、空格":"。
C.尺寸说明前用空格、分号、空格";"。
D.附件说明前用空格、加号、空格" + "。
格式示范:
.—具体资料标识与文献总数:插图说明;尺寸 + 附件说明。
.—尺寸
.—插图说明:尺寸 + 附件说明
规定信息源:所著录的连续出版物本身(或整套连续出版物)。

R8.1　具体资料标识与文献总数(选用)

R8.1.1　具体资料标识

具体资料标识用以识别该连续出版物所属的具体类型,并以

394

书目机构所选择的语言著录(参见 R5.1.2c 条款)。

如连续出版物是印刷形式,可以著录具体标识"V."(或 vol.)。这个标识既表示印刷品,又可表示卷。如果没有文献总数,则只著录"V.",但是该该出版物如用期号标识,则可以著录"××nos."。其他形式的连续出版物(如,连续出版的缩微制品、地图、乐谱等)应按 R1.5 条款规定,著录合适的标识。

例:

    1. 24v.

    2. v.

    3. 5v. , 42no.

    4. 3 microfiche

    5. 120 sound discs

    6. 5 film strips

    7. 10 缩微胶卷

    8. 151 张软盘

释:具体资料标识是与题名与责任者项中的文献类型与文献载体标识相对应的。在题名项中,所用的标识是一般泛指性的。例如,"缩微制品"没有说明是缩微平片还是缩微胶卷,而在本项中就应该具体说明。又如,题名项中著录的"录音资料",包括盘式磁带、盒式磁带、卡式磁带,和钢丝。在本项中应该具体地说明是什么。用于印刷连续出版物时,题名项中一般可以不著录文献类型与文献载体。在本项中用"V."表示印刷本的卷,用"no"表示期数。以年代卷或以集代卷,或以册代期的,同样以"V."和"no."表示。

R8.1.2 文献总数。如果连续出版物已经出版完毕,应著录文献总数。如果还在继续出版,则只著录具体资料标识。

释:文献总数是指连续出版物客观上出版的册数。不是任何收藏单位的馆藏数量,也不是装订成合订本的数量。因此,只能在出版完毕后才能著录总数。尚在继续出版的,著录时只是在具体资料标识前空一格(中文)或两格(外文)。不用卷号者每年算作一卷、不足一卷或一年者作一卷(年)记录。对于一些中途从卷号改用期号的连续出版物。可根据实际情况分别记录卷数和期数,两者之间用逗号","分开。

例:

1. 5v., 42no. (前后两种不同标识)

2. 32no., 8v. (前后两种不同标识)

3.
> 科技情报工作通讯/中国科学技术情报研究所. —
> no. 1(1975, 8)~ no. 31(1978, 7). —北京:该
> 所,1975~8.
>
> <u>31no.</u> ;26cm.
>
> 不定期. —1979 起改名:《科技情报工作》.
>
> ISSN—　　　　　　:内部资料.

4.
> 铁道建筑/铁道部科学技术情报研究所. —1982,
> no. 1~　. —北京:该所,1982
>
> V. ,26cm.
>
> 月刊. —继承:《铁道科学技术·工务工程分
> 册》.
>
> ISSN

5.
> 公社财务/〔农业部人民公社局〕. —1979, no. 1
> (1979, 7)~1983, no. 6(1983, 6). —北京:农
> 业出版社,1979~83.
>
> 5v. ;19cm.
>
> 双月刊(1979~80);月刊(1981~83). —继承:
> 《公社会计》. —1983, no. 7 起改名:《农村财务
> 会计》. —1983, no. 4 起由该刊出版.
>
> ISSN

R8.2 插图说明(选用)

如插图说明是连续出版物主要特点之一,可以著录插图说明。

释:插图说明对于专著的著录颇为重要,因为它能反映所著录文献的插图情况,而插图的多少直接会影响该书的用途。但是对于连续出版物,特别是期刊,插图比较普遍,因此有无说明就显得不那么重要了。至于某些画报、连续出版的画册、艺术品的彩照等,如果题名没有反映,为了对目录的使用者提供比较完整的信息,有必要著录插图说明。

R8.2.1 著录。各种插图可用"ill."(西文)或"插图"表示。若有必要,应说明插图类型。

例:1..—8vol.;ill.

2..—60vol.;ill.,maps

3..—v.;插图

4..—v.:乐谱

R8.2.2 主要是插图。若整本出版物全是图片或主要是图片,可以注明。对插图的补充说明置于其后的括号内。

例:

1.:Chiefly ill.

2.:All ill.

3.:全部图片(部分彩色)

R8.2.3 省略。如著录插图的类型,而且是唯一的类型,则插图说明"ill"或"插图"可以省略。

例:

1.—4no.;comics

2.—8v.;乐谱

R8.2.4 其他信息。关于插图的其他信息可著录于附注中。

R8.3 尺寸

R8.3.1 著录。出版物的尺寸以"cm"表示。

释:在《国家标准书目著录(连续出版物)》中,尺寸被列为本项目中唯一的必备单元,这一单元应以"cm"为记录单位。在GB3792 - 3 - 85《连续出版物著录规则》起草时,因照顾国内传统,允许以 cm 或开本为记录单位,但是,其后不久,国家颁布了度量衡标准,统一以 cm 为计算单位,而且由于机制纸张因机器大小不一,用开本计算不精确。如,32 开本就存在四种不同规格,宽度超过高度的特殊规格也无法表示,所以最后还是一律以 cm 为计算单位,完全与国际上保持一致。

R8.3.2 测量。著录的尺寸是与书脊平行测量的外框高度。不足 1cm 者以 1cm 记录。

例:

测得出版物的书脊长度(高度)为 17.2 cm,则著录

18 cm

R8.3.3 特殊规格。一般出版物均是高度大于宽度。如出版物外形特殊(如,宽度与高度相等,或宽度大于高度),则同时著录其宽度。高度与宽度之间用乘号"×"。

例:

1. ;21 × 30cm

2.

中国儿童. —no. 1(1949,9)~ no. 6
(1949,12)
. —北京:该刊,1949.
6no. ;16 × 19cm.
月刊(1949,9 ~ 10);半月刊(1949,11 ~
12). —1950 年起改名;《中国少年儿童》.
ISSN

R8.4 附件说明(选用)

R8.4.1　范围。任何随同所著录的连续出版物一起定期出版的资料都可做附件说明。如果不是定期一起出版,或不知是否一起定期出版的资料,只能在附注中说明。

R8.4.2　著录。

用表示资料性质的单词或短语著录附件说明。

例:

　　1.—25vol. ;ill. ;20cm +200 reproductions

　　2.—10vol. ;21cm + weekly price list

　　3.—V. :插图: 27cm +幻灯片

　　4.—V. :插图(部分彩色);27cm +地图

R8.4.3　对附件的描述。如有需要,对附件的描述可著录于附件名称之后,并加括号。

例:

　　1.—V. :插图;30 cm +幻灯片(彩色:5 ×5cm)

　　2.—108v. :ill. ;29cm +18maps(col. ; 65 ×90cm or smaller)

　　　　(按:已出版完毕)

R9　丛刊项(Series Area)

说明:

两种以上各自具有独立的题名的连续出版物集合在一个总的题名之下,这个总的题名便是丛刊名。如所有各册未载有丛刊名,则丛刊说明应著录于附注中。如果连续出版物载有两种丛刊名(或计划在两种丛刊中出版),则本项应予重复。其说明次序应按信息源所见先后著录。

内容

R9.1 丛刊正题名

R9.2 丛刊并列题名

R9.3 丛刊副题名(选用)

R9.4 丛刊责任说明

R9.5 丛刊 ISSN

R9.6 丛刊编号

R9.7 分丛刊正题名

R9.8 分丛刊并列题名

R9.9 分丛刊副题名(选用)

R9.10 分丛刊责任说明

R9.11 分丛刊 ISSN

R9.12 分丛刊编号

标识符

A. 丛刊项前用句点、空格、破折号、空格". —"(中文共占两格,下同)。

B. 每一丛刊说明分别置于一个圆括号内"( )"。

C. 每一丛刊说明前空一格。

D. 第一丛刊并列题名前用空格、等号、空格" = "。

E. 每一副题名前用空格、冒号、空格" :"。

F. 丛刊责任说明前用空格、斜线、空格"/"。

G. 每一其他责任说明前用空格、分号、空格" ;"。

H. ISSN 前用逗号、空格" ,"。

I. 丛刊编号前用空格、分号、空格" ;"。

格式示范:

. —(第一丛刊)(第二丛刊)

. —(丛刊正题名/丛刊责任说明;丛刊编号)

400

.—(丛刊正题名:丛刊副题名/丛刊责任说明;丛刊内部编号)

.—(丛刊正题名,ISSN;丛刊内部编号)

.—(丛刊正题名 = 丛刊并列题名,丛刊 ISSN;丛刊内部编号)

.—(丛刊题名·分丛刊题名,分丛刊 ISSN;分丛刊内部编号)

.—(丛刊题名;丛刊内部编号·分丛刊题名,分丛刊 ISSN;分丛刊内部编号)

.—(丛刊题名·分丛刊题名;分丛刊编号)

.—(丛刊题名·分丛刊题名/分丛刊责任说明,分丛刊 ISSN;分丛刊编号)

规定信息源:题名页或代题名页,或出版物的其他部位(参见 R1.6.2)。

R9.1 丛刊正题名

丛刊正题名应完全按其所见原样如实照录,但标点不一定照录。

例:1..—(Acta Universitatis Stockholiniensis)

2..—(Acta Universitatis Carolinae. Philologica)

3..—(复印报刊资料)

R9.2 丛刊并列题名

如所著录的连续出版物中,丛刊正题名有多种语种,则著录并列丛刊题名。

例:1..—(Quellenwerke der Schweiz = Statistiques de la Suisse)

2..—(Contributiones pro fauna et flora URPSS = Proceedings on the Study of the Fauna and Flora of the USSR)

R9.3 丛刊副题名(选用)

R9.3.1 著录。与丛刊有关的副题名或并列副题名,只有当其是识别丛刊正题名的必要补充时才予著录。

例:. —(Collection I. P. N. : les industries, leurs productions, leurs nuisances)

> Microcomputer System. —Ed. 1 (Jan. 1981) - . —
> San Diego, CA. :D. A. T. A. Inc. ,1981 -
> ed. :ill. ;29cm. —(D. A. TA. Book:
> Electronic Information Series).
> 2nos. a year. —Continues: Microcomputer D. A.
> T. A. Book.
> ISSN 0732 - 5894

R9.3.2 丛刊版本说明与丛刊有关的版本说明按丛刊副题名处理。著录参照版本项。

例:

. —(Sammlang Goshen:2. Ausg.)

R9.4 丛刊责任说明

如果丛刊正题名是通用术语,则责任说明必须著录。在其他情况下,如果第一和其他责任说明出现在规定信息源中,而且识别该丛刊有需要,则可以著录。并列责任说明可以著录,每一并列责任说明前用空格、等号、空格"="。

R9.5 丛刊 ISSN

如果知道丛刊的国际标准连续出版物号,应按有关规定著录。

R9.6 丛刊编号

连续出版物各册在丛刊内部有同一编号时,应予著录。

例:

    . —(Public Health Publication; no. 1124)

丛刊编号若中途有改动,可在附注中说明之。

R9.7 分丛刊正题名

分丛刊正题名按照其在规定信息源中所见著录。凡具有独特性、能独立存在的分丛刊题名,可以作为分丛刊正题名在本项中著录。其主丛刊题名著录于附注项中。

例:

    . —(American Lectures in Living Chemisty)

    附注项:The main series: American Lecture Series. .

如分丛刊题名是从属性的、不能独立存在的,则分丛刊正题名应由主丛刊题名及其后的分丛刊标识和/或分丛刊题名所构成。主丛刊题名在附注项中不再重复。

例:

    . —(Collection Armand Colin. Section de Droit)

释:分丛刊大致分为两种。一种是丛刊下的丛刊,其题名能独立存在,所以在本项中只要著录分丛刊题名。主丛刊则著录于附注中。另一种形式近似分辑题名。这种分丛刊题名就像分辑名一样,不能单独存在,因此要与主丛刊题名一起著录。

R9.8 ~ 9.10 分丛刊并列题名、副题名责任说明

如果认为分丛刊的其他信息对识别该分丛刊需要,可以按R9.2 ~ 9.4 条款著录。

R9.11 分丛刊 ISSN

如果知道分丛刊的 ISSN,可以著录。如分丛刊题名从属于主丛刊题名,则省略主丛刊的 ISSN,但是可著录在附注中。

例:

    . —(Dunantuli tudomanyos gyujtemeny. Series historica, ISSN 0475 – 9923)

    附注项: ISSN of the main series: ISSN 0475 – 9915

R9.12 分丛刊编号

如连续出版物各册均有分丛刊内部的同一编号,该编号应和该丛刊的标识一起著录在分丛刊说明中,丛刊编号应予省略。

R10　附注项(Note Area)

凡限于条文规定或其他各种原因,不能在其他各项中著录的信息,均可以在本项中作补充说明。附注的性质、范围极为广泛。有的附注还可能超越其他著录项目的范围。

规定信息源:从任何合适来源获得的信息。

释:本项著录的内容极为丰富,也比较复杂,用来补充、阐述由于规则不允许而未能著录在有关项目中的某些信息。另一方面,题名、版本、编号、出版等四个项目作为著录的主体,应力求简洁明了,不宜过于冗长、繁复。所以,凡是在其余项目中没有著录的必要信息,都应在附注中说明。本规则所列出的条款只是一些常见的附注。编目员可根据需要以及本单位的规定,著录其他必要的附注。

连续出版物书目著录的附注项一般说来是供选择的。但是,由于涉及该出版物的历史沿革以及和其他连续出版物的关系,这一部分附注是必不可少的,应按照规定著录,以保证提供完整的信息。各种附注的次序基本上与著录项目的次序一致。

　　附注中引用某一题名时,如果明显会产生题名相同的问题时(如,通报、年度报告、月报等通用题名,题名相同而版本不同;同一题名由不同地点或团体出版,已经改名而又恢复原先的题名),最好能采用识别题名。如果无法知道识别题名,则有必要在题名之后加修饰词以资区别。修饰词的内容可以是:1. 团体名称;2. 出版地;3. 出版者和出版日期或出版地和出版日期;4. 版本;5. 出版日期。修饰词应置于圆括号内。详见本书第五章5.9 统一题名。

　　按照"按本题名下第一册著录"的要求,附注项本来不应该是很复杂的,但是,对图书、情报单位来说,订阅时间越长,附注的内容也越多。当附注较多时,是按年份顺序叙述,还是按项目次序著录,曾经引起小小的争议。从手工著录来看,似乎按年份顺序更合乎逻辑,但是项目的次序就会打乱了,要照顾项目次序,年份就显得颠倒无序,似乎首尾不能兼顾难以两全。在权衡得失之际,还是以项目集中更为简练。

　　例:

国外地震/中国科学院地震物理研究所. —1974, no. 1
(1974, 2) ~ 1981, no. 12 (1981, 12). —北京:科学
技术文献出版社,1974 ~ 81.
　　8v. ;26cm.
双月刊(1974 ~ 80);月刊(1981). —继承:《科学技
术参考资料 · 国外地震资料》. —1982 年起改名:《世
界地震译丛》. —1978,no. 3 起由国家地震局地震物理
研究所编辑.
　　ISSN　　　　　　　　　　:国内发行.

释:按项目次序著录附注,因此 1982 年发生的改名应著录于 1978 年责任者改变之前。

附注的范围极广,连续出版物又是长期出版。这样会形成极其庞大的附注项,因此,附注的内容不宜过滥,用词应尽可能简练和规范化。陈旧或不必要的附注可以删除。

标识符

A. 每一个附注之前用句点、空格、破折号、空格". —"(中文共占两格,下同)。

B. 如每一个附注另起一段落,则省略项目标识符。

C. 如在附注中著录识别题名和 ISSN,它们之间用空格、等号、空格" = "相连。如著录正题名和 ISSN、ISSN 之前用逗号、空格","。

R10.0.1 著录与次序

每一个附注作为单独的一项,并按下列次序依次著录。

R10.0.2 规范化附注

用不变的导词或短语或标准形式的词作规范化附注。这有助于识别所介绍的信息类型,并且可以节省用词。常用的规范化导词有:

改名:《…》	继承:《…》	合并:《…》
改出:《…》	吸收:《…》	并入:《…》
分裂成:《…》,《…》与《…》		

R10.0.3 非规范化附注

做非规范化附注时,用简单、明了、易懂而又合乎语法的词、句介绍信息。

R10.0.4 附注中的副题名

附注中引用另一个题名时,一般不著录其副题名。但是,如果正题名是缩写词构成的题名,而副题名是正题名的全称时,应同时著录副题名,因为有时缩写题名只是全称题名部分词的缩写,而且

极易和其他题名混淆,不著录全称不易鉴别。如:

RUSI:Journal of the Royal United Services Institute for Defense Studies

DDR:Journal aus der Deutschen Demokratischen Republik

KI:Klima – Kalte Ingenieur

R10.0.5 出版频率说明

无论正题名中量否含有出版频率,均需在附注中说明出版频率。常见的出版频率说明有:

Daily	日刊、日报
Twice a week	每周两次
Weekly	周刊
Biweekly	双周刊
Twice a month	半月刊
Monthly	月刊
Bimonthly	双月刊
Quarterly	季刊
Twice a year	半年刊
Annual	年刊
Irregular	不定期
4 times a year	每年四期(不按季出版)
Frequency varies	出版频率有变化(变动三次以上,用于简要著录)
Monthly, except 2nos in Aug.	除某月出两期,每月一期
Frequency unknown	出版频率不详

释:出版频率也就是出版周期,或称刊期。它是附注项中第一个著录单元也是必备单元。对于划到、催缺和鉴别该出版物是否完整尤其重要。例如,有的大学出版物每年寒暑假都要休假不出版,如不知道其出版频率而出版物又以年、月做标识,则容易误认

为缺期。出版频率有任何改变都应及时说明。先记录最早的出版频率,在其后的圆括号内注明日期(未经改变者不记日期)。第二、第三次频率前用分号";",其后圆括号内著录起始年或起讫年。

例:

Quarterly (1960); bimonthly (1961 – 65) quarterly (1966 – 70); monthly(1971 –)不定期(1958 – 59);季刊(1961 – 66);月刊(1967 –)

文字改革/〔中国文字改革委员会〕.—1957, 8 月—12 月 = 总 1 – 5;1958,no. 1(1958,1)—1985,no. 6 (1985,12) = 总 6 – 154.—北京:文字改革出版社,1957 – 85.

14v. ;26cm.

月刊(1957 – 58,7);半月刊(1958,8 – 60,7);月刊(1960,11 – 66);双月刊(1982);月刊(1983);双月刊(1984 – 85).—继承:《拼音》.—1986 年起改出:《语文建设》.—1960,8 – 10;1966,7 – 82,6 休刊.—1982, no. 4 起由语文出版社出版.—1983 年起公开发行.

ISSN 0511 – 4764　　　　　　:国内发行.

释:出版频率的变化在三次以上者,允许不再著录,改为"出版频率有变化",但是采用详细著录的书目不宜简化。

每年 4 期与季刊不同,前者系不定期,每年出满 4 期为止。偶然出版脱期或临时两期合刊者,仍按正常频率记录。两个月出一册,但每月各有一个期号的,如,no. 35/36(5 月/6 日),应记录"每年 12 期号"或"12 nos a year"。

R10.1　关于题名与责任说明项的附注

释:凡是关于题名与责任者的情况,由于规则的限制,或根据

第一册著录以后情况发生了变化,或因排版、打字等困难,未能在
题名与责任说明项中著录者,均可在此说明。

R10.1.1　翻译注

一种连续出版物是一种先前已出版的连续出版物的翻译本,
原版的题名及其 ISSN 应予注明。

例:1.美国科学新闻
　　附注:美国 Science News 的中译本

2.
> 科学/中国科学技术情报研究所重庆分所.—1978,no.
> 1(1978,3) ~ 　　= 总 1 ~ 　　.—重庆(四川):该
> 所,1978. ~
> 　　v,;29 cm.
> 不定期(1978);月刊(1979 - 　　).—本刊为 Scientil-
> ic Ametican 的中译本,从 V.237, no. 1 (1977)起逐期
> 选择出版,1980 年起从原刊 1979, no. 9 起逐期选择
> 出版…
> ISSSN 0368 - 6396:内部刊物.

释:翻译本不能作为版本说明著录,因为著录文种版本说明应
当是两种不同文种版本的题名相同,而翻译本的题名一定是与原
版题名不同。

> Soviet Mining Science. - 1966, Jan. - 　　= Vol. 1,
> no. 1(1965). - New York:Plenum, 1966 -
> V. :ill. ;29cm.
> ISSN 0038 - 5581
> Bimothly.—Translation of:Fiziko - Tekhnickeskie
> Problemy Razrabotki Poleznykh Iskopaemykh.

释:以上是一种美国翻译的俄文期刊。俄文期刊创始于 1965
年,而翻译本则自 1966 年开始。由于现在著录的是英文译本,所

以卷、期号应以英译本的 1966 年作为本题名下的创始年、卷,而将俄文原版的卷、期作为第二个标识系统。附注中注明俄文原题名的罗马拼音。

> Soviet Journal of Optical Technology/American Institute of
> Physics. —Vol. 33, no. 1(1966) –   . —New York:
> The Instutite,1966 –
> v. :ill. ;29cm.
> ISSN
> Monthly. —Translation of: Optiko – Mekhani –
> Cheskaya Promyshlennost.

以上美国翻译的俄文期刊英译本有一个编辑单位,是英译本的编辑者。如有俄文原版的编辑者,也可以著录。英译本用的是俄文原版的卷、期号,1966 年起翻译出版。

> Soviet Microelectronics: a translation of Mikroelektroni-
> ka. —1973, Jan. – = v. 1, n. 1 (1972) –   . —New
> York:Plenum, 1973 –
> V. :ill. ;29cm.
> ISSN
> Monthly. —Translated from Russian.

这种英译俄刊的副刊名中,已经有了俄文题名的拉丁拼音,所以附注中不再重复。只表示译自俄刊即可,与一般英译俄刊相同,有两种标识。

R10.1.2 正题名来源。如果正题名不是取自规定信息源,应予注明(必备)。

例:

1. Title from cover
2. 正题名取自封面页

R10.1.3 正题名的不同形式。正题名的不同形式,如,封面题名、书脊题名、逐页题名、附加题名页题名等,应作附注(必备)。

例:

1. Cover title:Deutsche Maschinenwelt

2. 书脊题名:《…》

3. Added t. p. title:Bulletin/Societe Canadienne d'histoire orals & sonore

R10.1.4　正题名的展开形式。如正题名由一组首字母或缩略词所组成,则取自该出版物以外的正题名的全称形式可以作附注。

例:

正题名:IRLS

附注:Expanded form of title proper:Interrogation Recording and Location System

R10.1.5　正题名由数字构成或含有数字。如正题名由数字构成或含有数字,则其展开形式可以作附注。

例:

正题名:1/1

附注:Title:one/one

R10.1.6　正题名稍有变化。如正题名稍有变化,而作附注对识别该连续出版物有用,需要时,可与有关各册的编号一起作附注。正题名的稍有变化包括:

1. 偶有几册题名有改变,随后又恢复原题名。

2. 冠词、介词或连接词被替代或增、删。

3. 拼法和标点改变而不影响其含义。

4. 某些单词由单数变成复数,或由复数变成单数。

5. 连续出版物有多种语种,而题名的次序有短暂的改变(参见本条款第一条)

6. 由于加上或省略正题名与编辑单位之间的语法连接(如,

"of the"),使编辑单位置于正题名之后,或者与之分离。

释:本条款的关键条件是 ISSN 不变。在中文文献中,题名的任何词的改变或增删均算作改名,但是,本条款第一种情况对中外文均适用。第二至第六种情况对中文文献均不适用。第五、第六种情况以往均作为改名。现根据实际情况作了修订,仅作附注。

如在出版过程中,正题名曾有小变化,但没有对该连续出版物的题名构成重大影响,如偶尔有数册题名的非主要词稍有增删,但出版者不准备正式改名(出版者未作改名的说明,几期之后又恢复原名),可以说明。

例:

1. 封面题名有时为:《×××》

2. Vol. , no. (19) – vol. , no. (19)cover title:British Ceramic Journal and Transactions.

3. Title varies slightly.

4. No. 1 – 3 封面题名:海运学院学报。

5.
```
        Microelectronics. – Vol. 1 no. 1 (Jan. 1970)
        – . —London:Mercury House Business
        Pub. , 1970 –
        V. :ill. ;24cm.
        Irregular (1970 – 79); 6 times a year
        (1980 – ). —Vol. 6, no. 3, 1975
        – , cover title:Microelectronices Jour-
        nal.
        ISSN 0026 – 2692
```

R10.1.7　连续出版物所用语种的附注

a. 如果题名与正文所用语种不同,如,蒙文期刊用汉文题名;题名有两个语种,而正文只有一个语种,如不注明,看到题名无法知道正文是何语种。

例:

1. 正文系蒙文(题名不是蒙文)

2. Text in English and Japanese(正文系英文,和日文)

3. Alternate issues in English and Geman(英德文轮流出版)

4. Text in Swedish, English summaries(正文系瑞典文,有英文提要)

5.
> Thin Flim : an international journal. —Vol. 1, no. 1 (Jan. 1968) – vol. , no. (1973?). —New York: Gordon and Breach Science Pub. , 1968 – 73?
>
> ? v. : ill. ; 23 cm.
>
> Irregular. —Text in English, German & French. —Continued by: Electro Component Science and Technology.
>
> ISSN 0040 – 6082

b. 正文用两种或两种以上语种发表,则无论题名有几种语种均需注明。因为大多数有并列题名的连续出版物都只用一种语种出版。这里又分两种情况。第一种是几篇文章用某种语种发表,另外几篇用其他语种(一种或一种以上)发表。第二种情况是,同时用两种或两种以上语种对照出版。

例:

1. Text also in French, German & Swedish(正文除用题名所用语种外,还用法文、德文与瑞典文发表)

2. Text both in English & French; French text on inverted pages(正文同时以英文和法文对照发表;法文在迎面页上)

3. 汉语和世界语对照本

c. 目次、提要等所用语种除与题名相同者外,还有另外一些语种。

例：1. Contents also in English and Russian（还有英文、俄文目次）

2. Summaries in English, Polish and Russian（有英、波、俄文提要）

3. 尚有蒙文、维吾尔文目次

4.
> 矿物岩石/四川省矿物岩石地球化学学会. —
> 1980, no. 1（1980,5）- no. 2（1980,12）; V. 1,
> no. 3/4（1981, 6）- . —成都：该会,1980 -
> V. ;26cm.
> 季刊. —V. 1, no. 3/4（1981）起有并列题名：
> Minerals and Rock 及英文目次. —V. 1, no. 5
> （1981,9）起由成都地质学院出版. —1982 年起国
> 内发行.
> ISSN　　　　　　:内部发行.

5.
> EIektonische Rundschau：Zeitschrift für das gesamte
> Gebiet der Elektronik. —Vol. 9, no. 1（1955）-
> vol. 17, no. 6（June 1963）. —Berlin：Vlg. für
> Radio - Foto - Kinotechnik, 1965 - 63.
> 8v. ;ill. ;39cm.
> Monthly. —Summaries in English, German &
> Russian. —Continued by：Internationale Elektro-
> nische Rundschau.

d. 某些语种通用的地区较小，懂得的人不多的所谓难懂语种，应该在附注中说明。因为这样的国家虽不大，却可能有几个语种，不能单纯从国家来识别其所用语种。例如，捷克和斯洛伐克、南斯拉夫等。

R10.1.8　并列题名和副题名

出现在主要信息源中的并列题名和副题名，凡属下列情况之一者，可以著录在附注中：

1. 有三个以上并列题名或副题名。(参见 R4.3.1)

2. 不适合著录于题名项中。(参见 R4.3.4,R4.3.1)

3. 副题名过于冗长。(参见 R4.4.5)

4. 某些语种排版、打字有困难。

5. 本馆编目方针规定不著录并列题名和并列副题名。

6. 不是出现在主要信息源中的其他语种的并列题名。

7. 不是出现在本题名下第一册上的主要信息源中。

例:1. 尚有俄文题名(按:因打字困难,未著录于题名项中)

2. 尚有蒙文、维吾尔文题名(按:不在主要信息源中出现,转录也有困难)

3. 目次页上有英文题名:《…》

4. Titles,also in the organization's other official languages(兼有该组织的其他工作语言)

5. Titles also in French & German(尚有法文与德文题名)

6.

> 世界农业.—No. 1(1979, 5) – no. 8(1980, 5);1980,
> no.1(1980,1) – =〔总9〕– .—北京:农业出
> 版社,1979 –
>   v. ; 26 cm.
> 不定期(1979 – 80,5);月刊(1980 –).—1983 年起
> <u>有并列题名:World Agriculture.</u>—1986, no. 10 起有总
> 期标识.—1984 年起有英文要目.—1984, no. 9 起公
> 开发行。
> ISSN   :国内发行.

R10.1.9 并列题名、副题名有变化。连续出版物根据本题名下第一册著录后,并列题名或副题名若有变化,需要时,亦可在此项内著录。

例:1. 副题名多变

2. v. 3 , no. 2 起有并列题名:《…》

3. 1981 年起有并列题名:《…》

4.

> 中国麻作/中国农业科学院麻类研究所. —1979 , no. 1
> (1979,2) – =［总 1］– . —沅江(湖南):该所,
> 1979 –
>
> V. ;26cm.
>
> 季刊,—1981 , no. 3 起有并列题名:Fiber Crops in Chi-
> na,1983 年起并列题名改为: China's Fiber Crops. —继
> 承:《麻类科技》. -1980 , no. 3 起有总期标识.
>
> ISSN 1000 – 6338:国内发行.

释:并列题名是文献的检索点之一。当其在出版过程中发生
改变时,应当在附注中作出说明。这实际上等于前后两个并列题
名都是该出版物的检索点。

5.

> 民族研究/〔中国科学院民族研究所〕-1958,no. 1
> (1958,9) ~1960, no.6(1960,6). —北京:民族
> 出版社,1958 - 60.
>
> 3v. ;26cm.
>
> 月刊. —继承:《民族问题译丛》. —1961 年 4 月
> 起并入:《民族团结》. —1958, no. 2 起有英文并列
> 题名:Studies in Nationalities 及俄文并列题名. —有
> 英、俄文目次.
>
> ISSN

释:由于排版困难(目前国内在使用的计算机一般也无俄文
字母的软件),俄文并列题名没有详细著录。在国外,如果排版或
输入计算机有困难时,改以拉丁文拼音输入。

6.

> 星火燎原:丛刊.—no. 1（1980）~ no. 6（1981,10）;
> 1982, no.1（1982,2）~　=总 7 ~ .—北京:战士出
> 版社,1980 ~
> v. ;26cm.
> 不定期（1980 ~ 81）;季刊（1982）;双月刊（1983
> ~）.—1982 年起取消副题名.—1984, no.2 起出版者
> 改名解放军出版社.
> ISSN

释:在我国出版物中,"丛刊"一词的概念是相当含糊的。就目前所见的情况来看,多数出现在文艺小说文史资料之类的连续出版物上,创刊时还可能一度以图书形式不定期出版。显然,本例题名项中的"丛刊"一词与真正的丛刊毫无共同之处。

7.

> 百花洲:文学丛刊.—1979, no. 1（1979, 8）- no. 2
> （1979.12）=总 1 - 2;No. 3（1980,5）; 1980, no. 3
> （1980,7）-　=总 4 -　　.—南昌:江西人民出版
> 社,1979 -
> V. ;26cm.
> 不定期（1979 - 80,5）;季刊（1980,7 - 81）;双月
> 刊（1982 - ）.—1980, no. 3 起副题名改为:文学季
> 刊,1982 年起改为:文学双月刊.
> ISSN　　　　　　　:国内发行.

8.

<table>
<tr><td>冶金文摘·第3分册/苏联科学院科学情报研究所编;
中国科学技术情报研究所译. —1962, no. 1 – no.
12; 1963, no. 1 – no. 9 = 总 1 – 9. —北京:该译者,
1962 – 63.
2v. ;26cm.
月刊. —1962, no. 4 起与中国科学院矿冶研究所合
译,1962, no. 10 – 12 由中国科学技术情报研究所重
庆分所编辑,1963 年由冶金工业部编辑. —继承:《冶
金文摘·第 3 分册,金属压力加工、热处理和化学处
理》.</td></tr>
</table>

R10.1.10 关于责任说明的附注

R10.1.10.1 责任说明附注的内容。凡属下列情况之一的责任说明可以作附注:

1. 取自所著录的连续出版物以外的责任说明;

2. 个人或团体的不同名称或缩写名称的展开形式和假名;

3. 因职能不明或其他原因(如,委托创办单位)而不宜著录于题名与责任说明项中的团体名称;

4. 不适用于正题名或任何一个并列题名的并列责任说明。

5. 责任者在出版过程中有变动。

例:

1. 正题名:Journal of the Professional Institute

   附注:Full name of the Institute: Professional Institute of the Pubilc Service of Canada

2. 正题名:IRTU

   附注:Expanded form of title proper: Interationol Road Transport Union

3. 世界经济研究所通报

   附注:研究所全称:上海社会科学院世界经济研究所

418

4.
煤气与热力 = Gas and Heat /〔中国建筑学会城市
煤气学术委员会,中国市政工程华北设计院〕.—1982,
no. 1〔1982,2〕—1985,no.6(1985,12);V.6,no.1
(1986,2)－.—天津:天津市政工程设计院,1982－
V.;26cm.
双月刊.—1986年起中国建筑学会城市煤气学术委员
会改名全国城市煤气学术委员会.－继承:《城市煤
气》.—1982,no. 4起由中国市政工程华北设计院出版.
·—1986年起有英文要目.—1986年起公开发行.
ISSN 1000－4416:国内发行.

5.
湖南经济研究/湖南省经济研究中心,湖南省社会科学
院经济研究所.—1983,no. 1(1983,12)－1985,no.
12＝〔总1〕－19.　—长沙:该刊,1983－85.
3v.;26cm.
双月刊(1983－84);月刊(1985).—1985年由湖南
省经济研究中心与湖南省社会科学院合办.—1986年
改出:《湖南经济》.—1985,no. 2起有总期标识.
ISSN　　　　　　　:国内发行.

R10. 1. 10. 2　不在题名页上的责任说明。出现在所著录的
一册连续出版物中,但不是在题名页上的附加和其他补充资料有
关的责任说明,可以作附注。

例:

1. Official journal of: The Concrete Products Association,
Oct. 1920－Apr. 1930(本刊为…的机关刊物)

2. 本刊原为钢铁学会会刊。

R10. 1. 10. 3 责任说明有小变化。如责任说明有小变化,而作
附注对识别该连续出版物有用,需要时,可与有关各册的编号一起

作附注。责任说明有小变化包括:(本条不用于中文文献)

1.冠词、介词或连接词被替代或增、删;

2.拼法和标点改变而不影响其含义;

3.某些单词由单数变成复数,或由复数变成单数多;

4.名称中单元的次序改变;

5.责任者增加或减少;

6.部分卷、期的责任者有改变。

如正题名系通用名词,而责任者名称改变或更换责任者,则应做新的著录。这种改变不能看作小变化。

R10.1.10.4 个人编辑者

任何个人编辑者只要是鉴别该出版物的重要因素,就应该记录其姓名(即,一个编辑者编辑了全部或大部分刊物;如该编者比刊物本身的名称更出名)。

例:

1. Editor: Wyndnam Lewis

2. Editor: 1939 – 45, H. L. Meneken

3. Founded, edited, and published dy Jean – Paul Sartre

4. 本刊由李大钊创办主编

R10.1.11 每期各有题名。如果连续出版物名册除有一个总的题名外,每期尚有各自的题名,应予注明。如特别重要,可详细说明。本条款不适用于有编号的专著丛书。

例:

1. 每期各有题名

2. Each issue has a distinctive title

3. Each volume separately titled: 1939, Government, the citizens′ business, 1940, Explorations in citizenship; 1941, Selfgoverment and war pressure (各卷名称分别为:1939,…; 1940,…; 1941,…)

R10.2 关于版本项与连续出版物书目沿革的附注

释:这些附注包括:

1. 版本说明的来源或性质(参见 R5.1 释义);

2. 连续出版物有规律的修订(参见 R5.1.2.7);

3. 与其他连续出版物的关系;

4. 与连续出版物的其他版本有关的细节,包括先前出版物的重印或再发行。

例:

    1. Revised edition issued every 6 months

    2. Monthly and quarterly cumulations

    3. 每年修订两次

4.

> 浙医学报/浙江医学院 – V.2, no.1(1959,2) – V.3,no.2(1960,5).—杭州:该院,1959 – 60.
>
> 2v. ;26cm.
>
> 双月刊.—有俄文并列题名及目次.—继承:《浙江医学院学报》.—1960 年 7 月起与:《浙江中医杂志》合并;改出:《浙江医学》.
>
> ISSN

R10.2.1 复制品

如所著录的连续出版物是另一种连续出版物完整的复制品,例如,一种印刷本的摹真复制本或照相(或缩微)复制品,唱片的卡式录音带拷贝,电影胶片的录像复制品,则应当注明所著录的连续出版物是复制品。原版的题名,(如复制品的题名与原版的题名不同)出版地和出版者应予著录。原版连续出版物的出版频率也可以著录。(如复制品的题名与原版题名相同,则其识别题名与 ISSN 亦相同)。

例:

1. Le Banquet. —[Reprod. en fac - sim]. —No. 1（mars 1892）- no. 8（mars 1893）. —Geneve：Slatkine, 1971. —23cm.

附注：Reprint of the monthly serial, Paris：Librarices Rouquette：[then] Briquet

（按：原刊出版于 1892 年 3 月到 1893 年 3 月,先后由巴黎 Libraries Rouquette 和 Briquet 两家出版。1971 年由日内瓦 Slatkine 重印。）

2. Le Pianiste：[journal special, analytique et instructif]. —[Reprod. en facsim]. —1（1833/34）- 2（1834/35）. —Geneva：Minkoff, 1972. —Portr. ;31cm.

附注：Reprint of the monthly[then]bimonthly serial,Paris：H. Lemoinez（按：原刊于 1933 - 1935 由巴黎 H. Lembine 出版。1972 年日内瓦 Minkoff 重印。规定信息源中无副题名,重印本亦未说明,所以均加方括号）

3. 中国青年/中国共产主义青年团. —v.1, no.1(1923, 19)- v.8, 3(1927, 10)…

附注:影印版

（按:从外观上看得出是复制品,而在版本项中未著录,应在附注中说明之。）

4. 拓荒者, —[影印版]- V.1, no.1（1930, 1）- v.1, no.4/5(1930, 5)

附注:蒋光慈主编. —月刊. —上海:太阳社

R10.2.2 多种版本

如所著录的连续出版物有多种不同的版本,如,在不同地区,以不同语言出版,可以注明其他版本的题名或注明有多少种版本。

例:1. Numerous editions

2. Also appearing in French and German

3. 尚有印尼文、泰文版

4. 尚有俄文、法文、意大利文等十九种版本

R10.2.3　不同版本

一种连续出版物为其主要版本的辅助版(如《人民画报》以中文版为主,其余文种的版本是其辅助版),应注明其主要版本的题名。

例:1. New French Books

　　附注:English edition of: Bulletin critique du livre francais

2. 本刊系《人民画报》的朝文版

释:辅助版与主要版本一般由同一出版社或不同地点的同一系统出版社出版。出版的时间基本上差不多。辅助版不是主要版本的翻译本,它并不限于文种的不同,内容也可能小有差异。本条款只用于国家书目。其他书目机构可根据需要选用。

R10.2.4　继承、改名、改出

释:这是一个必备单元。继承与改名看上去似乎次序颠倒、提法不妥,应该先提改名,后讲继承。实际上,这里所说的"继承"是指本题名继承先前的题名。"改名"则是指本题名改成后继的题名。它们并不是前后的关系。所以还是先继承,后改名。

a.一种连续出版物继承另一种先前出版的连续出版物,则前一种出版物的题名及其 ISSN 应予注明。非国家书目可以不用 ISSN。

继承:《…》= ISSN

Continues:… = ISSN

例:1. 正题名:中国妇女

　　附注:继承:《新中国妇女》= ISSN

2. 正题名:Pointer

　　附注:Continues: Monthly Scottish News Bulletin = ISSN 0307 - 5273

3. 齐齐哈尔师院学报/齐齐哈尔师范学院. —
   1976,no. 1(1976,3) – 1979,no.3(1979,10) = 总 11 –
   19. —齐齐哈尔(黑龙江):该院,1976 – 79.
   4v. ;26cm.
   不定期. —继承:《齐齐哈尔师院》. —本刊按哲学社会
   科学版,社会科学版,生物学专辑交替出版,1980 年起分
   成:《齐齐哈尔师范学院学报》(哲学社会科学版)与:《齐
   齐哈尔师范学院学报》(自然科学版).
   ISSN   :内部发行。

4. 中国故事/〔湖北省群众艺术馆〕·—1985, no.
   1(1985;11) –   = 总 1 –   . —武汉:该刊,
   1985 –
   v. ; 26cm.
   双月刊. —继承:《中国故事选刊》.
   ISSN   :国内发行.

5. Electronic Warfare/Association of Old Crows. —Vol.
   1, no. 1 (1969) – vol. 9, no. 4 (July/Aug.
   1977). —Palo Alto, CA. : EW Communications,
   1969 – 77.
   9v. ;ill. ;28cm.
   ISSN 0363 – 258X
   Bimonthly. —Continued by: Electronic Warfare,
   Defense Electronic.

6. Electronic Warfare, Defense Electronic. —Vol. 9,
   no. 5 (Sept. /Oct. 1977) – vol. 11, no. 4 (Apr.
   1979). —Palo Alto, CA. : EW Communications,
   1977 – 79.
   3v. ;ill. ;28cm.
   Bimonthly (1977); monthly (1978 – 79). —Continues: Electronic Warfare. —Continued by: Defense Electronics.
   ISSN 0194 – 7885

7.
```
Defense    Electronics. —Vol.  11,   no.   5
( May1979 ) –    . —Palo  Alto, CA. : EW
Communications, 1979 –
     v. : ill. ;28cm.
     Monthly. —Continues: Electronic  Warfare,
Defense   Electronic. —Absorbed:   Electronic
Warfare.
     ISSN 0278 – 3479
```

假定改名时正好馆藏缺期,因此不知是第几期改名,则著录应是:(注意卷、期、年、月或其他标识项的著录)

```
Education for Librarianship. Australia.  – Vol. ? no.
? ( 198? ) – . —Wagga, NSW: Centre for LibLi-
brary Studies for the Library Association of Aus-
tralia,   Education   for   Librarianship
Section,198? —
     V. : ill. ;24cm.
     ISSN 0813 – 4235
     Quarterly. —198?  – , continues: ED Lib News –
letter.
     Vol. 4 –           1987 –
```

b. 一种连续出版物被后来出版的另一种连续出版物所继承或替代,其后继题名及其 ISSN 应予注明。

改名:《…》= ISSN

改出:《…》= ISSN

Contidued by:… = ISSN

例:

1. 正题名:Report of the General Manager for the year…/

presented to the Glasgow Corporation Transport Committee

附注：Continued by：Annual Report of the General Man-
　　　ager – Transport Department，Glasgow Corporation
　　　= ISSN 0308 – 4140

2. 正题名：新中国妇女

　　附注：本刊改名：中国妇女 = ISSN

3.
> 齐齐哈尔师院/齐齐哈尔师范学院.—1973，no. 2
> (1973,5) – 1974,no. 3/4(1974,7) = 总 4 – 10. —
> 齐齐哈尔(黑龙江)：该院,1973 – 74,
> 2v. ; 26cm.
> 不定期.—继承：(齐师院),—<u>1976 年复刊时改
> 名：《齐齐哈尔师院学报》</u>.
> 　ISSN　　　　　:内部资料。

4.
> Chemistry in Ecology.—Vol. 1, no. 1 (1983) –
> vol. 2, no. 4 (Oct. 1986).—New York；Lon-
> don：Gordon and Breach Science Pub. ,1983 –
> 86.
> 2v. ；ill. ； 23cm.
> Quarterly. — <u>Continued by：Chemistry and E-
> cology.</u>
> 　　ISSN 0275 – 7540

5.
> 中国故事选刊/〔湖北省群众艺术馆〕.—no. 1
> (1984,11) no. 4(1985).—武汉：长江文艺出版
> 社.1984 – 85.
> 4no. ；26cm.
> 双月刊,—<u>1985 年 11 月起改出：《中国故事》</u>.
> 　ISSN　　　　　:国内发行.

　　释：一种连续出版物继承另一种连续出版物,如继承者的卷、
期号与前一种相连续的称为改名。卷、期号从头开始的称为停刊
改出。标识系统虽有改变,但不是从头开始,而且与改名同时发

生,均不作为停刊改出。

无论改名还是改出,英文都用"Continues:…"表示"继承"前一种连续出版物,而以"Continued by:…"表示"改名:…"和"改出:…"。但是,在给索取号时,改名和改出两者应有所区别(参见R3.5与R3.15)。

关于改名与停刊改出的处理,《ISBD－S》和《AACR2》都不加区别,同样著录。鉴于停刊改出后的连续出版物与前一种出版物的关系,不仅卷、期号从头开始,而且有时连出版社、编辑也已更换,因此,很多情况下,两者除内容接近外,已经无实质性的联系。在索取号处理上,为了保证改名后的出版物,仍旧能与以前的出版物放在一起,同时又要使题名的更换能适应 ISSN 的改变,新的索取号是在原有索取号后面加字母。但是,改出的连续出版物则是使用完全新的索取号。前后两种题名的索取号没有任何关联。因此,用中文作说明时,最好能加以区别,这样会有利于执行编目规则。同时,为了与国际上的用词保持一致,在以英文作说明时,仍旧采用"Continues:…"来著录改名或改出后的出版物,用"Continued by:…"来著录改名前或改出前的出版物。

如果将馆藏记录放在附注中,而附注与标准号因此而交换位置,则改名或改出的说明记录在馆藏之后会更有利于读者查阅。

R10.2.5　合并、改名、改出

释:合并有两种情况:1.两种或两种以上连续出版物,以平等的地位合并成一种新的连续出版物。合并以后,不仅改用新的题名,而且采用新的标识系统,称之为合并改出;2.两种或两种以上连续出版物合并而成另一出版物,虽然改用新的题名,但是沿用其中之一的标识系统者称为合并改名。两种合并虽然不完全相同,但著录方法基本相同,只是用词上有"改出"与"改名"的差异,索取号的处理也有所不同。

a.一种连续出版物由两种以上连续出版物合并而成,应著录

合并前的各自题名及其 ISSN。

本刊由:《…》;与:《…》合并而成。

Merger of:…, and of:…

例:

1. 正题名:Journal of Applied Chemistry. Abstracts

   附注:Merger of: British Abstracts. B1, Chemical Engi-
   neering, Fuels Metallurgy, Applied Elactrochemis-
   try and Industrial Inorganic Chemistry = ISSN 0365
   –8740; and of: British Abstracts. B2, Industrial
   Organic Chemistry = ISSN 0365 –8929

2. 正题名:水利水电建设

   附注:由:《水力发电》;与:《中国水利》合并而成

3. 正题名:Transactions and Journal of the British
   Ceramic Society

   附注: Merger of: Transactions/British Ceramic Society;
   and of:Journal /British Ceramic Society

4.
> 春草:文学双月刊/[温州市文联].—1982,no. 1
> (1982, 1)1983, no. 3 (1983, 5).—温州(浙江):
> 该刊,1982 – 83,2v. :26cm.
>   双月刊.—由:《文学青年》(1981);与:《瓯海》
> 合并而成.—1983 年 7 月起改名:《文学青年》.
> ISSN:　　　　　　　国内发行.

5.
> Coal.—Vol. 25,no. 1 (Jan. 1988) – ·—Chicago;Ma-
> clean Hunter Pub. , 1988 –
>   V. ;ill. ;28cm.
> Monthly.—Merger of:Coal Age;& of:Coal Mining.
> ISSN

b. 一种连续出版物与另一种或几种连续出版物合并,而成为一种新的连续出版物,应各自著录合并的题名与新的连续出版物的题名及其 ISSN。

本刊与:《…》合并;改名:《…》

Merged with:…; to become:…

例:1. 正题名:水力发电

附注:与;《中国水利》合并;改出:《水利水电建设》

正题名:中国水利

附注:本刊与:《水力发电》合并;改出:《水利水电建设》

2. 正题名:Transactions / British Ceramic Society

附注:Merged with:Journal/British Ceramic Society = ISSN 0524 – 5133;to become:Transactions and Journal of the British Ceramic Society = ISSN 0307 –7357

3. 正题名:Revista de Actualidades, Artes y Letras

附注:Merged with:Gran via;to become:Revista Gran via do Actualidades. Artesy Letras

4.

> 瓯海/浙江省温州地区文联(筹),浙江省温州地区文化局.—1981, no. 1 – no. 5 =［总1］– 5.—温州(浙江):该刊,1981.
>
> lv. ;26cm.
>
> 季刊(1981,no. 1 – no. 2);双月刊(1981, no. 3 – no. 5).—1982 年起与:《文学青年》合并;改名:《春草:文学双月刊》.—1981, no. 2 起有总期标识.
>
> ISSN   :国内发行.

5.
```
Coal Age. —Vol. ,no.  （19  ）– vol. 92,
no. 1（Jan. 1988）. —Chicago：Maclean
Hunter Pub. , 19—1988.
? v. ;ill. ;28cm.
Monthly. —Merged with；Coal Mining；to
become：Coal.
ISSN 0095 – 8948
```

释：合并改名与合并改出的差别参见 R10.2.4。

R10.2.6　分裂与分出

一种连续出版物分裂成两种或多种连续出版物称为分裂。著录被分裂的时,应注明所分裂成的两种或多种连续出版物的题名及其 ISSN。著录因分裂产生的两种或多种连续出版物时,就注明被分裂的连续出版物的题名及其 ISSN。

本刊分成:《…》;与:《…》

Split into：…;and into：…

本刊继承:《…》的一部分

Continues in part：…

例:

1. 正题名:计算机应用与应用科学

   附注;分成:《计算机科学》;与:《计算机数学》

   正题名;计算机科学

   附注:继承:《计算机应用与应用数学》的一部分

2. 正题名:Comparative Biochemistry and Physiology

   附注:Split into:Comparative Biochemistry and Physilolgy

   A,Comparative Physiology = ISSN 0300 – 9629;

   and into:Comparative Biochemistry and Physology.

   B,Comparative Biochemistry = ISSN 0305 – 0491

430

3. | Computers & Mathematics with Applications: an international journal. —Vol. 1, no. 1 (1975) – vol. 11, no. 12 (Dec. 1985). —Oxford: Pergamon Pr., 1975—85. 11v. ; ill. ; 29cm.

Monthly. —Split into: Computers & Mathematics with Applications. Ser. A; & into: Computers & Mathematics with Applications. Ser. B.

ISSN 0097 – 4943.

4. | Computers & Mathematics with Applications. Ser. A: an international journal. —Vol. 12A, no. 1 (Jan. 1986) – no. 12 (Dec. 1986). —Oxford: Pergamon Pr., 1986.

1v. ; ill. ; 29cm.

Monthly. —Continues in part: Computers & Mathematics with Applications. —Merged with: Computers & Mathematics with Applications. Ser. B; to become: Computers & Mathematics with Applications (1987).

ISSN 0886 – 9553

5. | Computers & Mathematics with Applications. Ser. B: an international journal. —Vol. 12B, no. 1/2 (Jan./Apr. 1986) – no. 5/6 (Sept. /Dec. 1986). —Oxford: Pergamon Pr., 1986.

1v. ; ill. ; 29cm.

6 times a year. —Continues in part: Computers & Mathe matics with Applications. —Merged with:. Computers & Mathematics with Applications. Ser. A; to become: Computers & Mathematics with Applications (1987).

ISSN   0886 – 9561

冶金文摘·第 3 分册,钢铁及耐火材料. —1977,
no, 1 – 1978, no. 12. —重庆(四川):科学技术
文献出版社重庆分社,1977 – 78.

2v. ; 22cm.

月刊. —继承:《冶金文摘·第 3 分册,钢铁,焦
化及耐火材料》的一部分·—1979 年起分成:《冶
金文摘·第 3 分册,钢铁》;与:《冶金文摘·第 6
分册,耐火材料》

7.

冶金文摘·第 3 分册,钢铁. —1979, no.1 –
1972, no. 12. —重庆(四川):科学技术文献出
版社重庆分社,79—82,

4v. ;26cm.

月刊. —继承;《冶金文摘·第 3 分册,钢铁及耐
火材料》的一部分. —1983 年起改名:《冶金文摘
·第 3 分册,黑色金属生产》. —1980 年起公开
发行.

ISSN　　　　　　　:国内发行.

释:一种连续出版物发展成两种出版物,如两种出版物的题名
中有任何相同的部分(如共同题名),不得在著录时有任何省略。

b.一种连续出版物分出一种新的连续出版物,而原题名保持
不变,应分别著录有关的连续出版物及其 ISSN.

1984 年分出:《…》

1984, Separated:

本刊自:《…》分出

Separated from:…

例:

1. 正题名:Farm Journal and Country gentlemen
   附注:1931, separated: Farm News

正题名:Farm News

附注:Separated from: Farm Journal and country gentle-
men

2. 正题名:台电工程月刊

附注:19   年,分出:《原子动力通讯》

正题名:原子动力通讯

附注:本刊自:《台电工程月刊》分出

3.
> 内蒙古社会科学/内蒙古社会科学院,内蒙古哲学社会
> 科学学会联合会.—1980,no.1[1980,3]~   =总
> 1~ .—呼和浩特:该刊,1980~
>
> v. ;26cm.
>
> 季刊(1980),双月刊(1981—).—有蒙文并列题名;
> 1985,no.6有英文并列题名:Social Sciences of Inner
> Mongolia;1986年起英文并列题名改为:Inner Mongolia
> Social Sciences.—1985,no.2起由内蒙古社会科学院
> 主办.—1985年起分出:《开拓》.—有英文目次.
>
> ISSN

4.
> Journal of Engineering for Gas Turbines and Power/A-
> merican Society of Mechanical Engineers.—Vol.
> 106,no. 1(Jan. 1984) -·—New York:The Socie-
> ty, 1984 -
>
> V. ;ill. ;29cm.—(Transcations of the ASME).
>
> Quarterly.—Continues:Journal of Engineering for
> Power.—1987 - ,separated:Journal of Turbomachin-
> ery.
>
> ISSN 0022 -0825

5.

Journal of Turbomachinery/American Society of Me-
chanical Engineers. —Vol. 109, no. 1 (Jan. 1987) –
. —New York: The Society, 1987—
V. : ill. ; 29 cm.
Quarterly. —Separated from: Journal of Engineering
for Gas Turbines and Power.
ISSN 0889 – 504x

R10.2.7　吸收、并入

释:一种连续出版物吸收另一种连续出版物,其题名不变,著录所吸收的连续出版物及其 ISSN。一种连续出版物并入另一种连续出版物,应著录所并入的连续出版物及其 ISSN。

吸收与并入(被吸收)是矛盾的两个方面。被吸收者一般是经营不善,经济上无力维持下去,或者办刊方针改变,不得不并入另一种连续出版物。吸收者往往办得很成功。吸收其它出版物可以加强自身的实力。由于双方主次分明,强弱悬殊,所以从逻辑上说来,吸收另一种连续出版物后,不应该产生因受被吸收者的影响,而导致自身改名等问题。如果双方实力相差不大,一方就不可能被另一方所吸收(实际上的吞没)。这与合并的行为不同。合并双方具有相互影响的能力,使原有两个题名都可能再用下去,因而导致改名。本书著者于 1980 年编写《外文期刊工作》一书时,就将这种兼并行为算作"并入、吸收"。但是,1978 年出版的《ISBD – S》第一标准版却将这种行为算作"吸收改名"(参见 ISBD – S 第一标准版 7.3.4.2 条款)。1984 年 10 月著者就《ISBD – S》第二版(草案)中的某些问题,向国际图联书目控制办公室主任约弗夫人提出意见,其中有一条意见就是关于"吸收改名"。11 月间,约弗夫人复信肯定了这一意见,并转给 ISBD – S 工作组主席匈牙利的裴蒂斯·切尔瓦西夫人。这一意见显然被接受,因为

《ISBD－S》修订版7.2.7条款将改变为"吸收、并入"。

Absorbed：…

吸收：《…》

Absorbed by：…

并入：《…》

例：1. 正题名：人民文学

　　　附注：1984，吸收：《文艺学习》

　　　正题名：文艺学习

　　　附注：本刊并入：《人民文学》

　　2. 正题名：Reiniger Wascher－Technik－Chemie

　　　附注：1974，absorbed：Chemischreiniger Wascher Farber Zeitung

　　　正题名：Chemischreiniger Wascher Farber. Zeitung

　　　附注：Absorbed by：Reiniger Wascher－Technik－Chemie

　　3.

> 河北教育/［河北省教育厅］，－V.1，no. 1（1949，10）
> －v. 5，no. 2（1951，12）＝总 1－26；1942，no. 1－
> no.9＝总 27－34；1958，4－1966，15（1966，9）＝新 1
> －105；1978，no. 1（1978，12）－ ＝总 140－ ．—保
> 定（河北）：该刊，1949－
> 　v. ；26cm.
> 双月刊（1949－50）；月刊（1951－66，3）；半月刊
> （1966，4－9）；月刊（1978－ ）．—<u>1959 年7月起吸
> 收：《河北教育》（工农版）</u>.—1952，10－58，3；1966，
> 10－77，11 休刊.—1978 年总期号从创刊累计.—
> 1978 年起山版地改在石家庄.
> 　ISSN 　　　　　　：国内发行.

4.

国外无损检测 = NDT Abroad/中国机械工程学会无损检测学会—V.1（1981，3）-v. 5, no.4(1985, 12), —上海：上海材料研究所,1981-85.

5v. ;26cm.

季刊.—1986年起并入:《无损检测》.

ISSN　　　　　　:国内发行.

5.

Electronic Components. —Vol. 4, no. 6（June 1963）- vol. 17, no. 10（June 1975）.—London：United Trade Pr. , 1963-75.

14v. ;ill. ;28cm.

ISSN 0013-4864

Monthly（J963-70）；semi-monthly（1971-75）.—19—, variant title：EC：Electronic Components. —Continues：Radio and Electonic Components. —Absorbed by：Electronics Industry.

Abbreviated key-title：Electron. Compon.

73.761　　　　　　87-12-1140-A

R10.2.8　恢复原名

如所著录的连续出版物系恢复其原先曾用过的题名,则除注明继承某种出版物外,还需注明曾于什么时候用过本题名。

例：

1. 正题名：Revue d'Immunologie

　　附注：Continues：Revue d'Immunologic et de Therapie Antimicrobionne = ISSN 0370-582x. —Published under the same title during 1935-1945： Revue d' Immunologie（1935）= ISSN 0035-2454

2. 正题名：花讯

　　附注：继承：《花信子》. —1932-36年曾名：《花讯》

436

释:一种出版物一度改名后,又恢复原先曾用过的题名,实质上是经过两次改名。因为每一次改名都要给予新的识别题名和新的 ISSN. 即使恢复原先的题名,其识别题名之后也得加年份作修饰词(如例 1)。《ISBD – S》。第一标准版没有对此作出决定。《AACR2》经过若于修订后也没有作出决定。但是,《ISBD – S》修订版根据《ISDS Manual》的 3.2.12.1 条款,在 7.2.8 条款中提出"恢复先前的题名"。

R10.2.9 副刊、附刊、特刊

释:副刊、附刊、和特刊都是连续出版物的补充资料。在英文中都称为 supplement. 特刊有时也称 special supplement,日文则将其称为"增刊",特刊也称为"临时增刊"。副刊虽属补充资料,但是,它具有自己的题名和标识系统(与主要连续出版物的标识系统可能相同,也可能不同)可以单独著录。附刊一般没有独立的题名或缺少独立的标识系统,不具备单独存在的条件,只能附属于主要连续出版物。由于出版物尚未标准化,而且出版者对各种名称也缺少标准的定义,如果单纯从资料的名称来识别,而不是从补充资料的性质来判断,不免会产生混乱。中文出版物特别混乱,大多数印有"增刊"字样的资料,实际上是特刊,也即是临时增加的资料。这样的"增刊"只是一年中偶然增加一、二期。一般都有自己独特的题名或专题。它们缺少标识系统,也没有固定的题名,所以不能算作一种独立的出版物。此外,还有一些印有"xx 增刊"字样的出版物,题名中有另一种连续出版物的题名,也即是其主刊的题名。这种增刊如果具备独立出版的条件,应当称为副刊。它的题名应是由主刊题名加上副刊名组成的复合题名,如,《河北师院学报·刊授增刊》,前者是主刊题名,"刊授增刊"便是副刊名。又如,《萌芽·增刊》也是这样。

解放前的一些报纸经常有"副刊"。有的"副刊"还有专门的名称和自己的期号,定期出版。例如,《大公报》有"大公园地",

"大公园地"中还有"小大公园地",《申报》有"自由谈"专栏。这些所谓的"副刊"虽然有单独的题名、单独的期号,但是它们并不具备单独出版的条件。任何人不能单独买到"自由谈"、"大公园地"或"小大公园地"。它们不能单独存在,而是随报出版。实质上只是报纸的一个版面或专栏,与我们所说的副刊毫无共同之处,因此没有必要说明。

R10.2.9.1 副刊

凡连续出版物有单独出版的副刊,应注明副刊的题名。副刊的附注中应同时注明主刊的题名。

例:1. 正题名:萌芽

   附注:另有副刊:《萌芽·增刊》

   正题名:萌芽·增刊

   附注:本刊系:《萌芽》的副刊

2. 正题名:Numismatic Chronicle

   附注:Supplement：Journal of the Royal Numismatic Socie-ty – ISSN 0307 – 8019(另有副刊)

   正题名:Journal of the Royal Namismatic Society

   附注:Supplement to：Numismatic Chronicle

3.

> 国外桥梁/桥梁建设编辑组. – No. 1,（1973，1）– no. 25（1980，12）；1981，no. 1（1981，2）– ＝ 总 26 – ．—武汉:交通部大桥工程局桥梁科学研究所,1973 –
>
> V. ;26cm.
>
> 不定期（1973 – 76）；季刊（1977 – ）,—No. 4（1975,3）起出版者改名铁道部大桥工程局桥梁科学研究所.—本刊系:《桥梁建设》的副刊.—No. 25（1980,12）起国内发行:
>
> ISSN   :内部资料.

4.

> Child Education. —Vol. 1, no. 1 (1924) -. —
> Warwickshire CV: Scholastic Pub. ,1924 -
> V. ; ill. ;30cm.
> Monthly. —Supplement: Child Education Special.
> ISSN 0009 - 3947

5.

> Child Education Special. —No. 1 (19) —no. —
> (198 -). —Warwickshire CV: Proprietors,
> Scholastic Pub. , 19 - 198 -.
> ? n. ; ill. ;29cm.
> Bimonthly. —Supplement to: Child Educa-
> tion. —198 -, continued by: Infant Projects.
> ISSN 0262 - 7507

R10.2.9.2 **附刊**。连续出版物如有附刊,应予注明。

例:1. 附注:有附刊

2. 附注: With supplement

3.

> Computer Abstracts. —Vol. 1, no. 1 (1957) - —Jer-
> wey: Technical Information, 1957 -
> V. ;29cm.
> Monthly. —With supplement: Computer News.
> ISSN 0010 - 4469

R10.2.9.3 **特刊**。连续出版物如有特刊,应予注明。如特刊重要,应著录其名称。如特刊很多又不重要,可作一般说明。

例:

1. 附注:有特刊

2. 附注:特刊甚多

3. 附注: With special supplement

4. 附注：Numerous supplements

释：特刊注必须每年都有才做记录。如果偶尔有一、二册,而且不重要,可以不记录。

R10.2.9.4　附件

连续出版物的补充资料属于非书本形式的印刷品(如,地图、图表等)或非印刷资料者(如,唱片、磁盘、光盘、磁带、缩微制品或幻灯片等),统称附件。没有出版规律的重要附件应注明附件的名称。如系有规律的附件,还要记录其频率(参见 R8.4)。

例：

1. 附注：Slides with every 7th issue

2. 附注：每年第一期附有统计表和幻灯片

3. 附注：vol.7, no.6 contains wall chart (col. ; 26 × 24cm)

4. 附注：vol.36, no.7 附有薄膜唱片一张

R10.2.10　有分丛刊的丛刊

如果所著录的连续出版物是一种丛刊,可以注明在丛刊内出版的分丛刊的识别题名和 ISSN.

例：

Documentos de la Facultad de Filosofia, Letrasy Ciencias.

附注：Sub – series：Cuadernos de geohistoria regional；

Cuadernos de investigation social

如果分丛刊很多,可做概括性附注。

例：

附注：Numerous sub – series

R10.2.11　分丛刊

如果所著录的连续出版物是分丛刊,其主丛刊的细节应著录于丛刊项中,而不是在附注中。

R10.2.12　多种连续出版物合装一起出版

如果几种连续出版物合装在一起出版,而每种出版物各有自

已的题名和标识,则每一种连续出版物应分别著录,而在各自的著录中,注明与之一起出版物的题名。

例:

    1. 正题名:La Sucrerie beige

      附注:Published with:Sugar Industry Abstracts

      正题名:Sugar Industry Abstracts

      附注:Published with:La Sucrerie Belge

    2. 正题名:对联

      附注:与:《大众对联故事》一起出版

      正题名:大众对联故事

      附注:与:《对联》一起出版

释:《ISBD – S》第一标准版和《AACR2》都以"Bounded together with:…"或"with:…"表示"与:《…》一起装订",但《ISBD – S》修订版用"Published with:…"(与:《…》一起出版)。《AACR2》1988修订版用"Issued with:"两者用词不同,实质上是一样的。

R10.3　关于编号项的附注

R10.3.1　关于卷、期号的变化

有关卷、期号的变化未在卷、期、年、月或其他标识项中反映时,应予注明。

例:

    1. 1965 年起无卷号

    2. 1976 年起改用年、月标识,1978 年起恢复用卷号。

    3. 1974 – 1978 no volume number (1974 – 1978 年无卷号)

    4. 1976 – ,with chronological designation(1976 起用年、月标识)

R10.3.2　卷、期号复杂

卷、期号与年份复杂或缺少规律,而又未在题名中或卷、期项

中反映时,应予注明。

例:

1. 编号无规律

2. 每年从第一卷开始

3. 编号经常有错

4. v. 18 – 19 遗漏, v. 20 – 21 重复

5. 1989 年 no. 3 重复

6. 每年从 v. 1 开始

7. Issues for Aug. 1973 – Dec. 1974. also called v. 1, no. 7 – v. 2, no. 12(1973 年 8 月 – 1974 年 2 月即 v. 1, no. 7 – v. 2, no. 12)

8. vol. numbering irregular, vols. 15 – 18 omitted, vols. 20 – 21 repeated(卷号无规律, v. 15 – 18 未出版, v. 20 – 21 重复)

9. Report year ends June 30(报告截至每年 6 月 30 日)

10. Report year varies(报告包括时间不定)

11. Each issue covers:Apr. 1 – Mar. 31(每期包含 4 月 1 日至翌年 3 月 31 日)

12. Each issue covers:Every two years since 1961 – 1962 (1961/1962 起,每两年一期)

13.

甘肃师范大学学报·自然科学.—1962,no.1
(1962,5)~1964,no.3(1965,2)=总30~50.—
兰州:该校,1962~65.
3v.;26cm.
不定期.—继承;《甘肃师范大学学报》的一部
分.—1975年复刊时改出:《甘肃师大学报》(自然科
学版).—总期号与:《甘肃师范大学学报·人文科
学》交替.
ISSN

R10.3.3 试刊

连续出版物正式出版以前,以试刊形式出版者,如试刊与总期
号有关联(总期中已计算在内),则应著录于卷、期项中,作为一种
标识系统。如无关连,则作附注。

例:

1. Introductory no. called vol.1, no.0, issued Nov. 30,
1935(试刊编号为 v.1,no.0,1935 年 11 月 30 日发
行)

2. Prepublication issues no. x1 – x7 (1980 –81); trial no.
1 –13(May1981)(预印本编号 no. x 1 – x 7(1980 –
81),试刊 no.1 –13(1981.5)

3. 1973 年 8 月至 1974 年 12 月即 v.1,no.7~v.2,no.12

4. 试刊无编号

5. 正式出版前有两期试刊

> 民族文学研究/中国社会科学院少数民族文学研究
> 所.—1983,no,1(1983,11) – . =［总1］– .—北
> 京:中国文艺联合出版公司,1983 –
> v. ;26cm.
> 季刊;(1983 – 85);双月刊(1986 –).—<u>1981 年起</u>
> <u>有试刊3 期</u>.—1984 年起有总期标识.—1986 年起
> 有英文目次。

试刊如另有题名,可在附注中说明之。

例:1987 年2 月曾有试刊一期,题名为:《探索》。

释:试刊、预印本都是一种连续出版物正式发行前,作为试探性出版的样本。其形式和范围与将要正式出版的连续出版物大致相同。只是编号方面可能用"试刊"、"vol. 0 no. 0"或"no, x – 1"或"trial no. 1"等。但是,在某些刊物上,"试刊"可能计算在总期号,因此,v. 1, no. 1 的总期号便成了"总2"或"总3",而不是"总1"。对于这样的试刊,应当作为一种标识,记录在编号项中,以保持信息的完整。若没有总期号或没有将试刊计算在总期号中,则应在附注中作出说明。英文期刊的试刊一般采用"Introductory no. 1"、"Prepublication no. 1"或类似意义的字样。例2 是英文《中国日报》前后两次试刊。中文期刊如《科学实验》也曾出过三期试刊。试刊一般只出一至两期。

R10.3.4　副刊编号与主刊编号有关。

如所著录者为副刊,而其编号与主刊的编号有关联,则注明其与主刊编号的关系。

例:

1. 附注:No. 1（1983）of the supplement corresponds to 10. evf.（1983）1. sz. of the main publication(副刊 no. 1（1983）相当于主刊 vol. 10. no.1（1983））

2. 附注:1980 年 v.7 相当于主刊的 v.181

R10.3.5　休刊、复刊

连续出版物经休刊后复刊,应注明休刊、复刊的年、月。

例:

1. 附注:1966—1967 年休刊

2. 附注:1980 年休刊,1981 年复刊

3. 附注:1956—1960 unpublished

4. 附注:suspended 1939 – 1945(1939 – 1945 休刊)

> 石油地球物理勘探/[石油工业部石油地球物理勘探
> 局]. —1966, no. 1(1966, 1) - 1979, no. 6(1979,) =
> [总1] – 56;1980, no. 1(1980, 2) - 1984, no. 6(1984,
> 12);V. 20, no. 1(1985, 2) - . —涿县(河北):该局,
> 1966 -
>
> 　　v. ;26cm.
> 双月刊. —1980 年起有并列题名:Oil Geophysical Pros-
> pecting. —1969 – 70 休刊. —1980, no. 5 起由该刊出
> 版. —1980 年起有英文目次及文摘. —1985 年起版权页
> 汉英对照. —1980 年起公开发行.
> 　　ISSN 1000—7210;国内发行.

释:连续出版物经常有休刊和复刊。若有下列情况之一者,可以算作休刊:

　　1. 出版者说明休刊,而后又恢复出版。

　　2. 出版者说明停刊,而后又恢复出版。

　　3. 出版者未作任何说明而停止出版。后来恢复出版。

承认休刊的前提是恢复出版。在未曾恢复出版以前,编号项、出版项与载体形态项的著录与停刊相同。复刊以后,这三个项目的著录应恢复到休刊以前的著录,同时在附注中注明休刊的时期。

如果恢复出版时改变题名,则按改名处理,同时在前一题名下,注明某一段时期未出版,恢复刊时改名为:《…》。

R10.4 关于出版、发行(等)的附注

R10.4.1 著录内容

这些附注可包括该连续出版物的其他出版者或发行者的细节,不同的出版、发行等信息,出版时间无规律以及出版变化等情况。

例:1. 附注:Vol. 4 published in 1939, vol. 5 in 1946

　　2. 附注:Imprint varies

　　3. 附注:1970 – 76 由河北人民出版社出版

　　4. 附注:1942 – 43 由汉口新生社出版,1944 改由上海新生
　　　　活书店出版

　　5.

> 核物理动态/中国科学院近代物理研究所. —1974,
> no. 1(1974, 1)—1983, no. 4(1983, 12); v. 1, 1
> (1984, 3 - . —重庆(四川):该所, 1974 –
> v. ; 26cm.
> 　季刊. —1984 年由科学技术文献出版社重庆分
> 社出版. —v. 1(1984)起国内发行. —根据 v. 1,
> no. 1(1984)著录.
> 　ISSN　　　　　　:内部发行.

R10.5　关于载体形态的附注

R10.5.1　著录内容

这些附注包括对载体形态项著录的补充和说明,如尺寸的改变、无规律出版的附件说明等。

例:1. 21 – 30cm

2. Beginning with vol. 9, no. 1 (Jan. 1970) height is 38 cm

3. 有的期号有图片

4. 报纸型

5. 第 4 – 5 卷 40cm

6. no, 4 附有"渤海湾地区图"

7. 每年 no. 3 有统计图表

8. slides in pocket

9. Sound disc with last issue of the year

10. Slides with every 7th issue

11. Vol. 7, no. 6 contains wall chart(col. ;26 × 40cm)

12.

> 美与当代人/[河南省美学学会,郑州大学美学研究
> 室].—1985, no, 1 – no. 2 = 总 1 – 2. ;1986, no;1
> – .—郑州:该刊,1985 –
>
> V. ;39cm.
>
> 不定期(1985);月刊(1986—   ).—<u>1986 年起尺</u>
> <u>寸改为</u>
>
> 26cm.
>
> ISSN :   国内发行.

R10.6　关于丛刊的附注

R10.6.1　同时属于两种丛刊

如果已知所著录的连续出版物同时属于两种丛刊或分丛刊,但是在规定信息源中未提供此种信息,可在附注中注明所属丛刊或分丛刊的题名。

R10.6.2　丛刊内部编号

如果各册出版物的丛刊内部编号不同,应予注明。

例:

1. Each issue numbered 10,20,30etc. in the series

2. Each issue individually numbered in the series

R10.7 关于索引与内容的附注

有关连续出版物的内容与索引的情况应予注明。插入件、书目,以及载有这些内容的刊、期应同时注明。

例:

1. Includes: Bibliography of Northwest materials

2. Indexes: vols. 1 – 25(1927—1951) in vol.6, no.1

3. Contents: vol.1/1: Alphabetic index.

4. Indexes: vol.1(1927) – 25(1951) in v.26, no.1

5. Indexes: vols. 10 – 17 issued as v. 18, no.3

6. Indexes: subject index, vol. 1 – 11 in v. 13; Auther index, vol. 1 – 11 in V.14

7. Indexes published separately every Dec.

8. Every third volume is an index to all preceeding volumes

9. Indexes covering every 5v.

10. 索引:v.1(1981) – v.5(1985)合装在 v.6, no.1 中

11. 索引:V.10 – 17 即 v18, no.3

12. 每5卷有一索引

13. 索引在第二年第一期中

14. 每年12月份有一索引

15.
```
┌─────────────────────────────────────────────┐
│  分析化学文摘/中国科学技术情报研究所重庆分      │
│  所—1973,no.1(1973 , 7)- 1980,no.6(1980,     │
│  11);V.1,no.1(1982,1)- no.12(1982,12);       │
│  1983,no.1 - . —重庆(四川):该所,1973 -        │
│  v. ;28cm.                                    │
│  月刊(1973 - 74);双月刊(1975 - 80);月刊(1982  │
│  -). —继承:《化学文摘,分析化学》—1981 年休     │
│  刊. —1974 年起由科学技术文献出版社重庆分社出   │
│  版. —1982 年起每年有主题索引。                 │
│  ISSN                    :国内发行.            │
└─────────────────────────────────────────────┘
```

R10.8 与 ISSN 和获得方式有关的附注

这些附注可以包括有限的印刷册数和有限的发行。

如在所著录的一册连续出版物上,ISSN 印刷错误,则在标准号项中著录正确的 ISSN,而在附注中说明印错的 ISSN(必备)。

R10.9 关于著录依据的附注

如著录不是根据该连续出版物题名下的第一册,则必须注明据以著录的卷、期号。

例:

1. 根据 V.5,no.6(1985,6)著录

2. Description based on vol.3 , no.3 (May/June 1975)

R10.10 其他附注

任何关于该连续出版物著录上所特有的情况,而编目员认为重要的,均可以作附注。

R11 标准号(或代替号)和获得方式项 (Standard Number (or Alternative) and Terms of Availability Area)

内容：

    R11.1 国际标准连续出版物号(ISSN)

    R11.2 识别题名

    R11.3 获得方式和/或价格(选用)

    R11.4 附加说明

标识符

    A.标准号(或代替号)和获得方式前的句点、空格、破折号、空格"．—"。

    B.识别题名前用空格、等号、空格"＝"。

    C.获得方式和/或价格前用空格、冒号、空格"："。

    D.附加于 ISBN 或获得方式和/或价格的限定说明,置于圆括号内"( )"。

格式示范：

    ·—ISBN ＝ 识别题名

    ·—价格

    ·—ISBN ＝ 识别题名:价格

    ·—ISBN(修饰说明) ＝ 识别题名:获得方式:价格(限定说明)

    ·—ISBN ＝ 识别题名:价格(限定说明)

    规定信息源:从任何合适的来源获得的信息。

R11.1 国际标准连续出版物号（ISSN）

R11.1.1 著录已知的（ISSN）

R11.1.2 ISSN 的转录

著录标准号时，应先著录"ISSN"字样，其后著录 8 位数字。第四位与第五位之间加连号"—"。

释：按国际连续出版物数据系统（International Serials Data System，简称 ISDS）出版的《ISDS 手册》规定，ISSN 八位的第四、五位数之间应加连接号。与 ISBN（国际标准书号）不同的是，ISBN 用连接号分成四段，分别代表语种、出版社、种次号和校对号，而 ISSN 所加的连接号仅是为了阅读方便，并无实际含义。

例：ISSN 0027 - 7495

R11.1.3 ISSN 印刷错误

如果所著录的连续出版物的 ISSN 印刷有错，应著录正确的 ISSN，并在圆括内著录"Corrected"或"改正"字样，或另一语种和/或字体的对应词。错误的 ISSN 可著录于附注中（见 R10.8）

例：

. —ISSN 0027 - 7494（corrected）

. —ISSN 0011 - 3344（改正）

释：获得方式和/或价格是指，通过何种方式或以什么价格可以获得此种连续出版物。一般都是采购得来的，就著录价格。但是也有免费供应的，函索即赠送，或是限于内部发行，不对外供应，也只有供应本组织的成员，或是团体与个人供应价格不同，国内外供应价格也不同。这都是正常供应的情况，与某图书馆通过交换或受赠获得要区别开来。这种特定的供应和获得方式，只能记录在本馆的采购卡，不可以作为书目记录的内容。

本条款主要用于国家书目，一般图书馆没有必要采用。

R11.1.4 非书资料上的代替号

非书资料上的代替号可按《ISBD(NBM)》或用于非书资料的书目著录规则著录。

释:标准号项著录内容应当是国际公认的标准号。目前得到国际公认的标准号仅限于专著图书和连续出版物的 ISBN 和 ISSN。由于各种非书资料的号码,暂时还不会制订标准号,所以只能以各公司的编号代替。

R11.2 识别题名

由国际连续出版物数据制(ISDS)统一指定的识别题名,如能在该出版物上找到,即使与该连续出版物的正题名完全相同,也应著录。

例:

1. ISSN 0308 – 1249 = Medicos(Nottingham)
2. ISSN 0268 – 9707 = British Library Bibliographic Services newsletter
3. ISSN 0319 – 3012 = Image. Niagara edition
4. ISSN 1000 – 2480 = 湖南科技大学学报

释:连续出版物的识别题名是 ISDS 国际中心或地区中心、国家中心分配 ISSN 的依据。每一个识别题名分配一个固定不变的 ISSN,而指定识别题名则是按照《ISDS 手册》的规则。鉴于识别题名是由 ISDS 中心控制,一般书目机构不一定能够完全掌握,因此除国家书目外,图书馆目录中可以不必著录。

R11.3 获得方式和/或价格(选用)

R11.3.1 获得方式的著录

连续出版物的获得方式可以说明。这些说明包括,是否公开发行、免费赠送还是供出售、出租、出借。如供出售而出版物上载有价格(各册价格固定),或有年度订价均可说明。若既有单册价,又有年度订价,则先著录单册价,后记录年度订价。货币单位以有关的官方货币标准符号记录。价格以数字著录。

释:"内部发行"与"限国内发行"从发行者角度来看,可作为出版、发行的附注。但是,从获得方式、供应条件角度来看,应当属于标准著录的第八项。在制订标准过程中,经反复研究,认为放在第八项中作为供应条件,对国家书目更为合适。

例:

1. 内部发行:每册￥1.50

2. 限国内发行

3. 免费赠送

4. 函索即赠

5. 每册￥200:全年订价￥24

6. 免费外借

7. 供出租

8. not for sale(不供出售)

9. free loan(免费出借)

10. for hire(供出租)

11. annual subscription ￥50(全年订价)

12. private recording, not flr sale(自有记录,不供出售)

13. $1.50 per issue:$16p. a. (单册价:全年订价)

R11.4 附加说明

对获得方式和价格的附注说明可置于其后的圆括号内。

例:

1. £1.00(£0.50 to menters)(1 英镑,会员 0.5 英镑)

2. $18.16($16.25until 1 January 1991)(1991 年 1 月以前 16.25 美元)

3. C￥25.00(Association members C￥16.00)(协会会

员 16 加元)

    4. Private individuals £ 8p. a. （Libraries and institutions £ 22.40p. a.）全年订价个人 8 英镑（图书馆与研究机构 22.40 英镑）

    5. 全年订价￥48（学生减半）

R12　馆藏的记录（Library Holdings）

R12.1　馆藏记录的位置

馆藏记录的位置大致有三：

R12.1.1　馆藏单独列出，放在标准号之后。单独成为一个项。

R12.1.2　编目与划到相结合

将馆藏以划到卡形式印在编目卡反面，这种方法的优点是，藏馆清楚、精确。缺点是，每期到刊都要及时在内部目录和读者目录上同时记录，因此工作量较大，而且年深月久之后，目录卡会随之大量增加。

R12.1.3 ISSN 放在附注项之前，并使馆藏成为附注项的最后一个单元。虽然两个项目次序对换，但标准号因有"ISSN"作标头（不论什么文种都用"ISSN"作标头）不致引起误解，而且也不影响机读目录的编制。这样做，还可以使馆藏说明更容易修改或补充。

R12.2　藏馆记录的方法

R12.2.1　逐卷（年）记录法

每年在目录卡上加早一年合订本的卷、期。

例：

1. V. 5	1975	2. 1981
V. 6	1976	1982, no. 2 – 10
V. 7	1977	1983
V. 8, no. 1 – 5, 8 – 12	1978	1985, no. 1 – 6, 8 – 12

释:这种记录法虽然很详细,但馆藏年稍久,就显然十分累赘。卡片数量激增,目录拥挤,反而不利于查找。

R12.2.2 简明记录法

本著录法的记录原则是:

a. 以卷(年)为单位记录。若干卷无缺,可以合并成一行记录。完整的卷(年)不记期号。

b. 当卷(年)有缺时,另起一行记录。

c. 只有总期号时,先记录总期号,后记录年份。

d. 有两种标识时,将总期号置于期号后的圆括号内。

e. 停刊、停订或休刊,应取消最后一个年份和卷号后的起讫号"–",并将馆藏的起讫年、卷全部记录。

f. 以年、月代卷、期的记录方式与卷、期、年、月或其他标识项的记录方式相同(参见 R6 条款)。

记录方式如下:

1. 只有一卷(年)

| V. 3 | 1970 | Vol. 6 | 1984 |

1968

2. 只有几期

| V. 5, no. 3, 5 | 1976 | Vol. 8, no. 6 – 24 | 1985 |

1963, no. 8 – 15

3. 某卷(年)起馆藏全

| V. 8 – | 1988 – | Vol. 1 – | 1986 – |

1952 –

4. 某卷(年)至某卷(年)馆藏全

    V. 1 – 9   1940 – 48   Vol. 3 – 7   1973 – 77

1957 – 1966

5. 缺卷(年)分行记录

    V. 1 – 3   1966 – 68   Vol. 4 – 16   1969 – 81

    V. 5 – 7   1970 – 74   Vol. 19 –   1984 –

1981 – 1985

1987

6. 残卷不作说明,而是将残卷分行记录

    V. 1 – 3   1966 – 68   1981 – 1985

    V. 4 , no. 8 – 12   1969   1986 , no. 1

    V. 5 – 7   1970 – 74   1987

    Vol. 4 – 16   1969 – 81

    Vol. 17 , no. 4 – 10   1982

    Val. 19 –   1984 –

7. 标识系统改变不作说明,因为在卷、期、年、月标识项中已清楚反映其改变情况,两者可以对照。

    V. 1 – 3   1975 – 77   Vol. 2 – 15   1964 – 77

    No. 37 –   1978 –   1978

8. 休刊后复刊不作说明,因为附注中已有说明。如复刊时卷号不连贯,可作附注。馆藏中不再说明。

    V. 1 – 6   1964 – 69

    V. 9 –   1972 –

    (按:本例复刊时为 V. 9。附注中应说明"1970 – 71 休刊,V. 7 – 8 未出版"。)

    1960 – 66

V. 8 –   1979 –

（按：1967 – 1978 未出版,复刊时已改变标识系统）

9. 两种标识系统。圆括号内为总期号。

V. 8, no. 1(56) – 8(63)   1973   1970, Jan. (171) – Dec. (182)

V. 9, no. 1(69) –   1974 –   1971, Jan. (183) –

1981,7(1) – 1988,11095

1989,1(97) – 10(106)

1990,(107) –

10. 停刊、停订,或休刊在馆藏中不加区别。

停刊前：   停刊后：

V. 1 – 5   1971 – 75   V. 1 – 5   1971 – 75

V. 6, no. 1 – 10, 12   1976   V. 6, no. 1 – 10, 12   1976

V. 7 –   1977 –   V. 7 – 20   1977 – 90

11. 报纸按年、月、日记录。若有总期号,可著录于圆括号内。

1948, 9, 1 – 1952, 3, 29   1948, 9, 1(1) – 1951, 3, 31(944)

1956, 1, 1 –   1952, 1, 1(1219) –

例：

	金属冲压 美国
P11341	Metal Stamping/American Metal Stomping
12242	Association. – Vol. 1, no. 1(Jan. 1967) –
	vol. 22, no. 5 (May 1988). – Richmond
	Hts, OH. : PMAServices, Inc., 1967 – 88.
	22v. : ill. ; 28cm.
	ISSN 0026 – 069X
	Monthly. – Continued by: Metal Forming.
	Vol. 10 – 12 1976 – 78
	Vol. 13,no. 1 – 10 1979
	Vol. 14 – 22,no. 5 1980 – 88
773B58	
TG3	88 – 9 – 564

科技参考,计算机应用与应用数学/北京市 2704 信箱,
中国科学技术情报研究所重庆分所. —1974, no. 1
–1978, no. 2. —重庆(四川):科学技术文献出版
社重庆分社,1974 –78.
5v. ;26cm.
月刊. —1979 年起分成:《计算机科学》;与:《应用数
学与计算数学》。
ISSN :国内发行
1974,no. 1 – 1978, no. 2
[78 – 65] [78 – 68]
TP39 73. 879 1986 – 7 – 3183

R13 联合目录中的馆藏代码(Holdings Code used in the Union Catalog)

释:各种联合目录中大约有 70% 是连续出版物的联合目录。
但是,成员馆的藏刊完整与否差异很大,反映馆藏就占用了相当多
的篇幅。为了避免占用过多的篇幅,国外一些大型联合目录都采
用代码来表示馆藏。美国的 New Serial Titles 可能是世界最大的
连续出版物联合目录,由于参加的成员馆多达 527 家,它已经无法
一一列出各家图书馆的馆藏,所以只记录收藏单位的代码。本规
则推荐两种代码法供有关单位编制联合目录时采用。

R13.1 梯级代码法

假设联合目录记录各馆最近十年的收藏情况,则按下列梯级
代码图记录一个合适的代码。

释:联合目录的覆盖年份一般在十年以内,所以这一个表格已

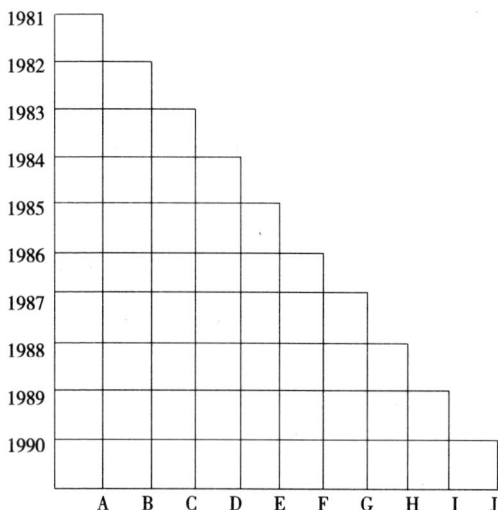

经足够应用。如果超过十年可以按这一表格类推,用两个字母、三个字母、四个字母表示,如,10 年用"A", 15 年用"AF", 18 年用"AC", 23 年用"AAH", 35 年用"AAAF"。如果从创刊到现在都有收藏,则记录"A + ", " + "表示创刊(现名)。如 8 年前开始用本刊名,也记录"A + "。

例:

假设上海图书馆自 1981 年起收藏至今,则馆藏代码应是:

541 = A

"541"是上海图书馆代码,"A"表示 1981 年起藏

如果是 1984 年起收藏,则记录;

541 = D

"D"表示 1984 年起藏

如果是 1970 年起藏,则记录:

541 = AAJ

一个"A"等于十年,两个"A"等于 20 年,再加"J"(1

459

年),共 21 年

如果是 1956 年起订,则记录:

541 = AAAF

每个"A"等于 10 年,"F"等于 5 年

如果是 1944 年创刊时起订(无改名)则记录:

541 = A +

不管是多少年,只要创刊年至今未改名,都用"A +"表
示。书目记录中已有创刊年(本题名下第一册),所以
不再记年份。

这样的记录十分简单,所占篇幅不多,很适用于在一段时期内
收藏比较完整的单位。

如果编制联合目录的方针要求将偶尔缺藏的少数几期也列
出,则可以在代码后的圆括号内列出(前两位数为年份,后两位数
为期号),前面用减号"－"

541 = D(－8603,8608,8701)

表示 1984 年起藏,中间缺 86 年第 3 期,86 年第 8 期和
87 年第 1 期

R13.2 年份代码法

假设联合目录记录各馆最近十年的收藏情况,而各馆收藏又
时断时续,则可采用下述方法,将最近十年分别给予一个字母(超
过十年,以此类推),如

1981—A	1986—F
1982—B	1987—G
1983—C	1988—H
1984—D	1989—I
1985—E	1990—J

例:

假设上海图书馆 1981 - 84 年曾有收藏,1985 - 87 年停
订,1988 年恢复订购至今,则记录:

541 = A - D,H - J

如果其中缺 88 年第 3 期、第 8 期,则记录:

541 = A - D,H - J(- 8803,8808)

R14　标目(Headings)

释:标目是指一个名字(名称)、词或一组短语,置于款目之
首,以在目录中提供一个检索点。用于连续出版物时,基本上有三
种标目:1. 题名标目;2. 团体名称标目;3. 主题标目。由于连续出
版物一般不以个人作为责任者(极少数情况下,个人为出版物的
创作、编辑负全部责任者,则可以作为责任者),期刊均以题名标
目,而既可作专著也可作连续出版物的年鉴、手册、指南(单册作
书,成套作为连续出版物处理),一般均以题名为主要款目标目,
责任者大多为附加款目标目。虽然目前我国多数图书馆只有题名
目录(一般也只有正题名和分类目录),但是,要增加检索途径,组
成完整的目录,其他各种标目也是必不可少的。

例:

1.

> Seychelles Monetxary Authority.
> Annual report covering the period ···/Seychelles
> Monetary Authority. - 1st Dec. 1978 - 31st Dec.
> 1979 - 　. - [Victoria Seychelles]: The Authority,
> [1980] -
> 　　V. ;25cm.
> 　　Annual.

2.

Mississippi Emergency Management Agency.

Annual report of the Mississippi Emergency Management Agency. —July 1. 1979 – June3O，1980 – . —Jackson，Miss. ;The Agency，[1980] –

v. :ill. ; 180m.

Annual.

Report year ends June 30.

Continues：Mississippi. Civil Defense Council. Annual report of the Missisissippi Civil Defense Cuoncil.

R14.1 信息源

本项的信息来自正题名、不同题名、责任说明、出版说明或附注。

释：

限于规定,某些责任说明,如,第一册中没有责任说明或主要信息源中没有责任说明,而是在出版物的其他信息源中出现,只能著录于附注中。

R14.2 题名标目

连续出版物除了下列五种情况外,均以正题名为主要款目标目：

1. 机关、团体行政性质的出版物。

2. 机关、团体的报告。

3. 某些立法和政府文件。

4. 会议、考察队或某一事件或节日的集体活动的报告。

5. 演出团体所作演出的录音、录像或影片。

即提供正题名为主要的检索点。但是,以其他题名标目作为附加款目的还可以有:1.全称题名的简称;2.简称题名的全称;3.并列题名;4.封面题名;5.书脊题名;6.丛刊题名;7.逐页题名;8.其他不同题名。

释:

并列题名因为是另一种文字,应当排入有关文种的目录中。

R14.3 通用题名的标目

若出版物的正题名不能表示其特点,而只是表示资料类型,或出版物种类的题名(即通用题名),则在正题名之后的圆括号内加:

1.团体名称   或

2.出版地   或

3.出版者和出版日期   或

4.版本   或

5.日期

详见 R14 统一题名。

R14.4 团体标目

团体标目的主要对象是也版物的责任者,但是,记录在题名或附注中的责任者。以及以题名或出版情况看,出版者即责任者的团体名称,也都属于团体标目的范围。编目机构应对团体名称建立标准档(确定以全称标目或简称标目,上下级层次较多的团体,应确定如何跳级标目,以求统一。详见 R4.5.4.4i.14 – R4.5.4.15)。

R14.5 主题标目

根据本单位所采用的主题标目工具书选择主题词。每种连续出版物所用主题不宜过多,一般不超过三个。

R14.6 分类号与代码

分类号、ISSN 及其他各种代码虽然也是一些检索点,但不是标目的内容。它们属于另外一些目录组织。

R14.7 划红线标目

为了简化工作,凡是题名标目和团体名称标目时,图书馆如不准备将标目置于款目之首,并改变排列格式,则允许将应该标目的内容下划红线。排卡时,按划红线内容排入目录。但是,对于具有上下级的外国团体需要将上下级次序重新排列者,还是应将标目置于款目之首。

R15 统一题名(Unform title)

释:连续出版物的统一题名是一种因标目需要,而由编目员根据不同目录的不同情况,在正题名后的圆括号内加上各种修饰词而组成的题名。连续出版物的统一题名与专著图书的统一题名的作用有所不同。用于后者时,当一种作品的各种出版形式(如,版本、译本)以不同的题名出现时,统一题名能够提供一种手段,将它所有的目录款目集中在一起。当一种正在编目的作品题名与作品熟知的题名不同时,统一题名还能用来识别它。用于连续出版物时,统一题名的用途有二:1.用来区别正题名相同的不同的连续出版物(包括经过改名后又恢复原名的连续出版物);2.将与某种连续出版物有关的不同款目(如、副刊、累积索引)集中在一起。

例:

```
[少年文艺(上海)]
少年文艺. —1953,7 – 1958,8 = 总 1 – 62;1958, no. 9
(1958,9) – 1960, no. 7(1960,7);1961,5 – 1966,
7.—上海:少年儿童出版社,1953 – 66.
14v. ;21 cm.
月刊. —1979 年复刊时,改名:《上海少年》.—1960,8
– 61,4 休刊.
ISSN
```

R15.1 统一题名应用的范围

统一题名的采用,须视图书馆本身的馆藏而定,并不是所有的图书馆都必须采用统一题名。凡有下列情况之一者,应当采用统一题名:

1. 馆藏中已有与正在编目的连续出版物正题名完全相同的连续出版物。

2. 正在编目的连续出版物系馆藏某种连续出版物的副刊或累积索引,而该连续出版物因为与馆藏的另一种连续出版物正题名相同,所以要做统一题名,则副刊或累积索引也需要做统一题名。

释:按照《英美编目规则,第二版》25.2A 条款规定,有下列情况之一者,采用统一题名:

1. 该文献有一个与统一题名不同的正题名。

2. 为了组织目录,有必要加上另一个单元(如,一种文献的语种名称)。

后来,经"修订英美编目规则联合指导委员会"通过,1988 年《英美编目规则,第二版》修订本 25.2 条款规定,有下列情况之一者,应该采用统一题名:

1. 作品曾以不同的正题名出现过(不包括修订本),而且正在编目的文献的正题名与统一题名不同。

2. 正题名需要加上另外一些单元以组成目录。

3. 用作一种文献的主要款目或附加款目标目的题名,需要区别于另一种文献的主要款目或附加款目标目的题名。

4. 该作品的题名由于正题名的用词(如,题名中的开头词或责任说明)而含糊不清。

连续出版物的统一题名主要用于第三条。

R15.2　统一题名的形式

由于统一题名是一种为了标目而自拟的题名,它客观上并不存在,因此,统一题名应该加方括号以资区别。构成连续出版物统一题名一部分的修饰词亦置于方括内。统一题名的著录位置在正题名之上,并代替题名标目。

例:

　　［正题名(修饰词)］

　　［数学学报(上海)］

R15.3　修饰词的内容

用作修饰词的内容有:1. 团体名称;2. 地名;3. 日期;4. 版本。

R15.3.1　加团体名称

如果正题名有下列情况之一者,可以用团体名称作为修饰词:

a. 表示出版物类型,如,通讯、新闻通讯、newsletter, bulletin, catalogue, notes

例:

简报/上海图书馆

　　统一题名:［简报(上海图书馆)］

Newsletter/Association for Soviet Studies

　　统一题名:［Newsletter (Association for Soviet Studies)］

466

b. 表示出版频率,如,出版周刊、年度报告、quarterly,Monats-
bericht,yearbook。

例:

每月新书通报/福建省图书馆(按:这个题名含有出版物
类型和出版周期)

统一题名:[每月新书通报(福建省图书馆)]

Annual List of Publications/Department of Health and Social
Security Library

(按:这个题名含有出版物类型和出版周期)

统一题名:[Annual List of Publications (Department of
Health and Social Security Library)]

c. 表示出版物的主题内容,如,摄影杂志、铁道建筑、国外地
震、Journal of Chemistry,Ceramics,Serials Librarian。

例:

图书馆杂志/上海市图书馆学会

统一题名:[图书馆杂志(上海市图书馆学会)]

Applied Mathematics Monthly

(按:这个题名含有主题内容和出版周期)

统一题名:[Applied Mathematics Monthly(American Math-
ematical Society)]

R15.3.2   加出版地

当题名不符合用团体名称作修饰词的条件时,可以用出版地
作修饰词。

例:

百花园(按:题名不符合用团体名称作修饰词的条件)

统一题名:[百花园(广西·宜山)]

Odssey(按:题名不符合用团体名称作修饰词的条件)

统一题名:[Odyssey (Milwaukee, Wis.)]

R15.3.3　加团体名称和出版日期或出版地和出版日期

如果加团体名称作为修饰仍不足以识别某一种连续出版物时,可在修饰词中再加日期。由于日期也是一种修饰词,因此要在两个修饰词之间,外文加"空格、冒号、空格"(:),中文加"冒号"(：)分开。

例:

这里所举的例子是一个必须采用统一题名的通用题名"通报"。从1979年创刊起题名一直未变,但是,在1980年,它的责任者兼出版者名称改变了。1981年出版者的名称又恢复原名。如果我们现在来编目,则它们的统一题名应分别为:

1.统一题名:[通报(商品经济研究所:1979)]

2.统一题名:[通报(出口商品经济研究所)](按:通用题名必须以统一题名代替正题名标目,因加团体名称足以识别该出版物,所以不再加日期。)

3.统一题名:[通报(商品经济研究所:1981)]

第一、三两个例子由于题名、责任者完全相同,必须加年份才能区别。所用年份应是本题名下第一册(期)的年份。如第一册的年份不详,则可用已知最早的年份。这个要求与标准著录不同,因为统一题名并非各馆之间都通用。

又如,一份期刊《论坛》在上海出版。后来又收到另一份期刊《论坛》,也在上海出版,但是时间相差三十多年,则新到期刊的统一题名应是:[论坛(上海:1981)]

如果后来又收到福州出版的《论坛》,则统一题名是:

[论坛(福州)]

这是因为加"福州"足以识别,所以不再加日期。

R15.3.4　加版本说明

有些连续出版物的题名、出版地、出版者、出版日期都相同,只有版本不同,则加版本说明作为修饰。

例：

全国报刊索引/上海图书馆. —社科版

统一题名:[全国报刊索引(社科版)]

全国报刊索引/上海图书馆. —科技版

统一题名:[全国报刊索引(科技版)]

Bedfordshire Journal. —Mid Beds ed.

统一题名:[Bedfordshire Journal(Mid Beds ed.)]

Bedfordshire Journal. —North Beds ed.

统一题名:[Bedfordshire Journal(North Beds ed.)]

R15.3.5 采用统一题名的主刊与副刊、索引

当一种副刊或索引的正题名中有主刊的正题名,而主刊已经采用统一题名的标目,则副刊或索引也应采用统一题名,以便将同一种文献有关的不同款目集中在一起。

例：

主刊正题名:化学学报

统一题名:[化学学报(中国化学会)]

副刊正题名:化学学报·增刊

副刊统一题名:[化学学报(中国化学会)·增刊]

R15.4 用作修饰词的团体名称改变

如果用作修饰词的团体名称发生改名或换了另一个团体,则应该作为改名,另行著录。

R15.5 用作修饰词的出版地改变

如果统一题名中用作修饰词的出版地有变动,可不予考虑。

R16　跟查(Tracings)

　　本项的位置在馆藏之下。中间适当空几行。

　　释:"跟查"一词英文为"Tracings",含有跟踪的意思。最初,这些内容注在编目卡的反面,用来追踪已经排入目录的各种标目卡。凡著录内容有变动,需要抽出原卡更换或修正时,就按此跟查原卡,以免造成漏抽或"死卡"。后来为了印刷方便,国外都印在卡片的下部,并以此作为确定印卡、排卡数量的依据。在我国,过去将"Tracings"译成"根查",这样便缺少了"动"的含义。著者根据原文含义,以及这个项目的用途,在《外文期刊工作》一书中改译为"跟查"。近年来,一部分编目工作者也称之为"排检项"。

R16.1　信息源

　　本项的信息源为各种标目(包括题名标目、团体标目、统一题名和主题标目)。

R16.2　编号

　　每一个跟查内容均应给予编号。主题标目以阿拉伯数字依次编号。题名标目、统一题名和团体标目以罗马数字依次编号。

General Policy Market. —Vol. 79, no. 3293 (Jan. 1980)
–. – London: Stone & Cox, 1980 –

V. : ill. ; 30cm.

ISSN 0261 – 0841 = General Policy Market: £ 12. 00

Cover title: Policy Market. —Continues in part: Policy. —with insert: Life Policy Market. —Description based on: vol. 80, no. 3305 (Jan. 1981).

1. Policy. 2. Policy Market 3. Life Policy Market
                                              81 – 3 – 000

欧洲经济共同体与第三世界　　　　　　英国

EEC and the Third World: a survery. —1 –. —London:

Hodder and Staughton in association with the Overseas

Development Institute and the Institute of Development

Studies, 1981 –

V.

ISSN 0261 – 3484 = EEC and the Third World: £ 5,00

1. European Economic Community. Economic relations with developing countries I. Title II. Overseas Development Institute III. Institute of Development Studies.

                                              81 – 3 – 000

释:用罗马数字,还是阿拉伯数字来做跟查编号,在国外也不一致。有的图书馆全部作阿拉伯数字编号,有的则分别用两种数字编号。

R17　卡片号

R17.1　位置

本项位置在卡片上的右下角,平卡片孔。

R17.2　功能

卡片号实际上是款目的代码。它的功能是便于核对、查找、修改或更换卡片。

R17.3　结构

卡片是由制卡年份、月份和当年卡片流水号所组成。三个部分之间加连接号"—"

例:

　　90 – 1 – 123　　　(1990 年 1 月,当年第 123 卡)

　　90 – 3 – 569　　　(1990 年 3 月,当年第 569 号)

参考文献

1.《外文期刊工作》/吴尤涛、叶奋生编著　1983

2.《连续出版物著录规则》(GB3792.3-85)/吴龙涛、叶奋生起草　1985

3.《连续出版物著录规则例释》/吴龙涛、叶奋生编著　1986

4.《期刊资料工作》/王一熙编著　1983

5.《期刊管理》/江乃武编著　1983

6.《期刊管理概论》/何鼎富编著　1983

7.《期刊管理》/于鸣镝、朱育培编著　1986

8.《中国当代期刊总览》　黑龙江人民出版社　1987

9.《外国报刊目录》(第七版)　1988

10.《港澳台报刊目录》　1990

11.《外国报刊目录·补充本》　1990

12. 1961 年国际编目原则会议论文选译　1962

13. Irregular Serials and Annuals　1988

14. Ulrich's Update

15. Sources of Serials 2nd ed. 1981

16. New Serial Titles

17. New Serial Titles - Classed Subject Arrangement

18. Serials in the British Library

19. Serials for Libraries

20. ISDS Bulletin

21. British National Bibliography

22. Ulrich's International Periodicals Directory　1989/90

23. Serials in Microform   1986

24. Guide to Microforms in Print   1988

25. Anglo – American Cataloging Rules. – North American Text   1967

26. Anglo – American Cataloging. Rules – 2nd edition, 1988Rev.

27. SIDS Manual

28. Serials Publications: their place and treatment in libraries/A. D. Osborn 3rd ed.   1980

29. Introduction to Cataloging & Classification 6the ed. —A. T. Dowell & J. Osborn   1980

30. Introduction to Cataloging and the Classification of Books. / Magarat Mann. —2nd ed.   1943

31. ALA Cataloging Rules for Author the Title Entries/ed. by C. Beetle   1949

32. Periodicals Administration in Libraries/ed. by P. Mayes

33. Cataloging Service Bullet in/Library of Congress

34. ISO4 – 1972（E）期刊刊名缩写的国际规则

35. Handbook for AACR2/M. F. Maxwell   1980

36. Serials Librarianship/ed. by Ross Bourne 1980

37. Serials: Past, Present and Future/Brown & Smith. —2nd rev. ed.   1980

38. The Serials Collection/ed. by N. J. Melin   1982

39. Library Management/Stueart & Moran. —3rd ed.   1987

40. The Making of a Code/D. H. Clack   1980

41. International Standard Bibliographic Description for Serials. —Rev. ed.   1987

42. International Standard Bibliographic Description for Monographs. —Rev. ed. 1987

43. International Standard Bibliographic Description for Printed Music. —Rev. ed. 1987

44. International Standard Bibliographic Description for Computer Files   1990

45. International Standard Bibliographic Description for Non Book Materials. — Rev. ed.   1987

46. International Standard Bibliographic Description for Cartographic Materials. — Rev. ed. 1987